Kinderliteratur
im interkulturellen Prozeß

Kinderliteratur im interkulturellen Prozeß

Studien zur allgemeinen und vergleichenden Kinderliteraturwissenschaft

Herausgegeben von Hans-Heino Ewers, Gertrud Lehnert
und Emer O'Sullivan

Verlag J.B. Metzler
Stuttgart · Weimar

Die Deutsche Bibliothek – CIP-Einheitsaufnahme

Kinderliteratur im interkulturellen Prozess: Studien zur allgemeinen und vergleichenden Kinderliteraturwissenschaft/hrsg. von Hans-Heino Ewers ... – Stuttgart; Weimar: Metzler, 1994
ISBN 3-476-00989-0
NE: Ewers, Hans-Heino [Hrsg.]

ISBN 3-476-00989-0

© 1994 J. B. Metzlersche Verlagsbuchhandlung
und Carl Ernst Poeschel Verlag GmbH in Stuttgart

Einbandgestaltung: Willy Löffelhardt
Satz: multimedia, Konstanz
Druck: Franz Spiegel Buch GmbH, Ulm
Printed in Germany

Verlag J. B. Metzler Stuttgart · Weimar

EIN VERLAG DER SPECTRUM FACHVERLAGE GMBH

Inhalt

1. Theorie

2. Rezeption, Wechselwirkungen, Analogien

3. Übersetzung und Adaption

4. Neuere Tendenzen der Forschung

Vorwort

>»Wer auf dem Wege zur Komparatistik je glaubt, er sei an seinem Ziele angelangt, muß wissen, daß er von diesem Weg abgekommen ist.«
>(Erwin Koppen)

Der vorliegende Band präsentiert die Ergebnisse einer von der Deutschen Forschungsgemeinschaft geförderten Tagung, die im Juli 1990 als erste ihrer Art im deutschsprachigen Bereich in Bonn stattfand: »Internationale Aspekte der Kinder- und Jugendliteratur. Theorie – Übersetzung – Rezeption«. Veranstaltet wurde sie von Erwin Koppen, Inhaber des Lehrstuhls für Vergleichende Literaturwissenschaft der Universität Bonn, der sie indessen nicht mehr miterleben konnte: Wenige Wochen zuvor war er nach schwerer Krankheit im Alter von 60 Jahren gestorben. Die Komparatistik der Bundesrepublik verlor damit einen ihrer bedeutendsten Fachvertreter, einen herausragenden Gelehrten von immenser Belesenheit und einen toleranten und verständnisvollen akademischen Lehrer und Vorgesetzten. Hans-Heino Ewers, Direktor des Instituts für Jugendbuchforschung Frankfurt, der als Mitveranstalter von vornherein maßgeblich an der Konzeption beteiligt gewesen war, übernahm dankenswerterweise die Leitung und ermöglichte so die Durchführung der Bonner Tagung.

Die Innovationskraft von Erwin Koppens Begeisterung für grenzüberschreitende literarische Phänomene sowie seine Offenheit gegenüber dem Neuen, gegenüber auch dem, was nicht dem bisherigen, eingefahrenen Wissenschaftskanon entspricht, wird gerade an der Konzeption einer solchen Tagung deutlich. Als erste komparatistische Veranstaltung zur Kinder- und Jugendliteratur in Deutschland erschloß sie sowohl der Kinderliteraturforschung als auch der Komparatistik neue Arbeitsfelder und -methoden. Die Kinder- und Jugendliteratur war lange kein Thema für die traditionelle Komparatistik, obgleich sie ein komparatistischer Gegenstand par excellence ist. In ihrer internationalen Vernetzung entspricht sie mehr noch als das literarische Leben schlechthin der Goetheschen Vorstellung von Weltliteratur als einem Prozeß des wechselseitigen Austauschs der Nationalliteraturen – eben dieses Verständnis von Weltliteratur ist zentral für das Selbstverständnis der Vergleichenden Literaturwissenschaft, und damit auch das Bewußtsein für das Spezifische sprachgrenzenüberschreitender literarischer Phänomene.

Im Hinblick auf ihre Verbreitung und Rezeption durch das kindliche wie erwachsene Lesepublikum ist gerade die Kinderliteratur ein Weg zur Komparatistik, wie es kaum einen besseren gibt. Kindliche LeserInnen werden gleichsam wie von selbst zu einer internationalen Literaturkonzeption erzogen, die wenig von nationaler Beschränkung weiß. Wie selbstverständlich wird die Kinder- und Jugendliteratur von ihren jugendlichen LeserInnen so rezipiert, als gebe es nur eine unteilbare Literatur und nicht viele Literaturen in vielen Sprachen. Das hat Vor- und Nachteile und liegt unter anderem am spezifisch inhaltsorientierten Leseinteresse des kinderliterarischen Publikums. Über eine Reihe anderer Gründe ist im vorliegenden Band einiges zu lesen. So hat ein gesellschaftlich dominantes Bild von den intellektuellen Fähigkeiten der kindlichen LeserInnen zur Folge, daß etwa fremdsprachige Texte, insbesondere solche aus ganz fremden Kulturkreisen, in der Adaptation für den – beispielsweise – deutschen Buchmarkt zuweilen stark verändert, vereinfacht und somit erheblich verfälscht werden, um einem ›durchschnittlichen‹ deutschen (oder englischen oder italienischen) Kind verständlich zu sein. Die Problematik solcher Verfälschungen liegt auf der Hand und kann gerade in einer Zeit, in der das Wort von der multikulturellen Gesellschaft in aller Munde ist und zugleich die gesellschaftlichen Entwicklungen gegenläufig sind, nicht unkritisiert bleiben, ganz abgesehen davon, ob das damit verbundene Kindheitsbild nicht selbst eine ideologische Vereinfachung darstellt.

Die Rezeption der Kinderliteratur als einer einzigen, unteilbaren Literatur ist aber auch darin begründet, daß in der Öffentlichkeit ein Bewußtsein für die literarische Übersetzung als eigenes literarisches Genre weitgehend fehlt – und damit fehlt auch das Bewußtsein für die Leistung der ÜbersetzerInnen und für deren Bedeutung hinsichtlich der Rezeption der Texte. Das wird augenfällig in der Tatsache, daß in Rezensionen außerordentlich selten – und wenn, dann oberflächlich und oft ohne jede Sachkenntnis – auf die jeweilige Übersetzung eingegangen wird. Gilt dies schon für die Literatur schlechthin, so noch mehr für die Kinder- und Jugendliteratur. An genau diesem Punkt setzt die Komparatistik ein und differenziert die Vorstellung von der einen, unteilbaren Literatur, indem sie die Vielfalt und damit die Besonderheiten und Eigenarten des vielen betont.

Die Neugier auf das Fremde, auf das andere, gehört mithin ebenso zur Komparatistik wie die Erkenntnis des Spezifischen des je einzelnen Werks, der je einzelnen Nationalliteratur. Dies hat Erwin Koppen immer wieder betont und mehr noch: er hat es praktiziert und demonstriert. Er nannte die Komparatistik deswegen einmal polyglott und international, nicht universal oder integral. In einem sehr persönlichen Text spricht er von dem »lustbetonten, fast erotischen Verhältnis zu fremden Sprachen«, das jedem Komparatisten eignen müsse, damit er die jeweilige Literatur wirklich verstehen könne (und, so möchte ich hinzufügen, damit er die Übersetzungen beurteilen kann), und von der Faszination durch das Fremde, das auch das Eigene erst interessant mache, indem es es spiegele. Er schreibt von der entscheidenden Lektion, die er selbst in der Nachkriegszeit gelernt habe, daß nämlich die deutsche Literatur »erst dann anfange, interessant zu werden, wenn sie sich, in welcher Form auch immer, mit dem Ausland einläßt.«[1] Diese Position läßt sich auch und gerade auf die Kinder- und Jugendliteratur übertragen. Erwin Koppen hat sich immer wieder mit Themen befaßt, die im weiteren oder engeren Sinn mit Kinder- und Jugendliteratur zu tun hatten. Es sei hier nur verwiesen auf seine Auseinandersetzung mit Otto Julius Bierbaums deutscher Bearbeitung von Collodis *Pinocchio*[2] sowie auf Seminare über Kindheit als literarisches Thema oder über Kinderlitera-

---

1 »Über Zufall, Notwendigkeit und anderes – Ein Schlängelweg zur Komparatistik«, in: *Wege zur Komparatistik*. Sonderheft für Horst Rüdiger zum 75. Geburtstag, hg. v. Erwin Koppen (=arcadia-Sonderheft 1983), 63 – 70.

tur und Weltliteratur. Dieses Interesse führte nicht minder als Koppens Auffassung von Komparatistik schließlich zur Veranstaltung jener Tagung, während der in theoretischen Erörterungen und anhand von Fallbeispielen genetische und typologische Beziehungen der verschiedenen Kinderliteraturen in einem dezidiert internationalen Kontext erforscht und erörtert wurden.

Mit dem vorliegenden Band wird fortgesetzt, was die Bonner Tagung in die Wege leitete: Es wurde und wird Neuland in der europäischen Komparatistik und Kinderliteraturforschung betreten. Zum einen wurde der deutschsprachigen Komparatistik die Kinder- und Jugendliteratur als ernstzunehmender Gegenstand erschlossen, zum anderen wurde die Notwendigkeit klarer komparatistischer Fragestellungen innerhalb der Kinderliteraturforschung verdeutlicht. Diese beiden Ziele können mit einer einzigen Tagung naturgemäß nicht erreicht werden, und so führt der Band in umfassender Weise fort, was damals nur ein Impuls sein konnte. Gemeinsames Anliegen aller Beiträge ist die Betonung eines strikt literaturwissenschaftlich-theoretischen Gesichtspunkts und der damit einhergehende weitgehende Verzicht auf die auch bei LiteraturwissenschaftlerInnen oft noch vorherrschende pädagogisch-didaktische, auf konkrete Anwendungsmöglichkeiten (Leseempfehlungen etc.) zielende Perspektive. Der Aufbau des Buches wurde neu konzipiert, die meisten Beiträge wurden stark überarbeitet, und einige Beiträge kamen ganz neu hinzu, um die Analysen zu vervollständigen bzw. das Spektrum der Diskussionsbeiträge zu erweitern. Die Anordnung der nun vorliegenden Aufsätze folgt also nurmehr locker der Konzeption der Tagung: Den Anfang bilden Auseinandersetzungen mit theoretischen Ansätzen der zeitgenössischen Kinder- und Jugendliteraturforschung. Genetische und typologische Beziehungen in einem größeren Rahmen stehen im Mittelpunkt des zweiten Teils; es folgen Fallbeispiele zum Problem der Übersetzung und Adaptation. Den Abschluß des Bandes bilden zwei Forschungsberichte zur Lage der anglo-amerikanischen und der französischen Kinder- und Jugendliteraturforschung.

Gertrud Lehnert

---

2 »Pinocchio im Reich des Simplicissimus – Otto Julius Bierbaum als Bearbeiter Collodis«, in: *Stimmen der Romania*. FS für Theodor W. Elwert zum 70. Geburtstag, hg. v. G. Schmidt u. M. Tietz. Wiesbaden 1980, Teil 1: Literaturen der Romania, 225 – 242.

1. Theorie

Beyond the Restrictive Frameworks of the Past: Semiotics of Children's Literature – A New Perspective for the Study of the Field

Zohar Shavit (Tel-Aviv)

In this rather programmatic and provocative paper, I would like to shed light on the current state of affairs prevailing in the field, and to propose some new research perspectives which could better materialize the disciplinary potential of children's literature studies and lead the way to a new and promising future.

1. From being shrouded in total oblivion, children's literature has become an issue worthy of discussion. A new interest in children's literature has arisen during the last three decades. New works have been published, new journals established, and the field has become so active that sometimes we might even be mislead into believing that it is prospering.

Playing the devil's advocate, I must say that I am not party to what I regard as an act of self-deception. Granted, I am very suspicious. After reading a large portion of the studies on children's literature, I am afraid I cannot but conclude that this new field of research, which is in the process of development, has not been fully utilized by its scholars. This is so because scholars are not really interested in studying children's literature as a literary-cultural phenomenon, but prefer to impose upon it methods whose value lies in dealing with adult literature, if at all. Most scholars prefer to study children's literature within the context of traditional and rather worn-out questions of »literary criticism« instead of applying the latest achievements of literary studies and cultural studies to this new field.

2. Let us begin with a simple question:

Why study children's literature?

Why not peacefully tread the familiar paths of traditional disciplines of »literary criticism«, pay a visit to Shakespeare and Dante, stroll with Goethe and Schiller and then go back as far as Homer?

Why agonize over a field which is just beginning to acquire a name for itself as a legitimate field of academic scholarship?

Why seek to break new grounds?

The answer to all these questions lies, to my mind, in the scholarly value of the field, its recent achievements, in what is yet to be accomplished, and most important of all – in the academic challenge latent within the field:

Researching children's literature constitutes a stimulating academic challenge because the field is new, young and currently generating sound and responsible scholarly work whose value lies beyond mere innovation. Most important of all, this field, more than any other field of literary studies and related disciplines, enables us to be engaged in innovative and pioneering work, instead of treading the beaten tracks marked out for us by previous researchers.

Furthermore, for scholars of cultural studies, children's literature offers a much wider range of academic issues than do traditional fields of research. This is the case because children's literature, more than any other literary system, results from a conglomerate of relationships between several systems in culture, among which the most important are the social, the educational and the literary. If one is interested in studying such complex relationships in culture, if one is interested in the mechanism of culture and its dynamics, children's literature is the most promising area of research.

No other field equals children's literature in the immense scope of the cultural parameters involved. Children's literature is the only system I know of that belongs simultaneously and indispensably to the literary and the social-educational systems. It is the only system whose products have always purposefully addressed two antithetical audiences, catering to the needs and expectations of both.

No other field is, to quite the same extent, the result of such diverse cultural constraints; consequently, no other field enables us to inquire into the mechanism of culture, cultural manipulations and cultural procedures in the same way as children's literature does. Some excellent studies of childhood, children's culture and children's literature published in recent years (to mention just few: Ariès 1962, 1972; Arnold 1980, Badinter 1980, Brüggemann 1982, 1987, 1991; Coveney 1967, Cripps 1983, Dahl 1986, Darling 1968, Davis 1976, de Mause 1975, Donelson 1975, 1978; Dusinberre 1987, Ewers 1989, 1990; Ghesquiere 1989, Grenz 1981, Hearne 1989, Jackson 1989, Kaminski 1987, Klingberg 1978, Macleod 1975, Perrot 1992, 1993; Pickering 1977, 1981, 1993; Pollock 1983, Rose 1984, Steinlein 1987, Stewart 1979, Stone 1977-80, Summerfield 1984, Tabbert 1991, Thwaite 1972, Zipes 1988) support, I believe, my conviction and point to the huge potential of the field. As is clearly manifested by these recent studies, inquiry into children's literature proffers a whole new cultural perspective, based on a newly discovered body of primary works which has yet to be academically examined, and new, different methodological approaches through which this body of knowledge may be apprehended.

From what I have said, it is quite clear that I strongly believe in the huge academic potential of the field. I also believe that a lot has recently been achieved, but much more is yet to be accomplished. It seems to me that we face the danger of resting on our laurels without fully realizing the potential of the field; that we are not aware enough of where we stand and what we are confronting at a crucial academic crossroads in terms of the development of the field.

3. In an interview with Maurice Sendak, he made the following remark: »We who work on children's books inhabit a sort of literary shtetl.«

We, scholars of children's literature, may well borrow Sendak's phrasing. There is no doubt in my mind that we are the shtetl of literary studies. In the academic world today, research into children's literature is not really legitimized, not highly respected, and if is tolerated at all, it is perceived as a peripheral and insignificant field of research. In short, research into children's literature currently suffers from an inferior status. And if nothing is done about it, this will remain so for years to come.

In order to eliminate any doubts, let us examine some facts first. A good point of departure, is for example, the status of research into children's literature in the Western world today. A survey of various academic curricula reveals that only a few countries support the existence of academic institutions devoted to research into children's literature. Fewer offer positions in children's literature, let alone chairs. Most well known universities in the United States, the United Kingdom and France for instance, do not offer courses, not to mention full programs, in children's literature.

Even in cases when children's literature is taught at a university level, even when we find odds and ends of research here and there, we should not be misled by delusions: Children's literature is regarded by traditional »dressed to kill« literary criticism as an unwanted step-child.

Being the step-child, the Cinderella of literary studies, entails several implications. Like Cinderella, who has to prove that she can indeed wear the »right« shoe, a scholar of children's literature doesn't stand on his/her own merits. He (or she) is always asked to prove that he (or she) can wear the hat of »a real scholar« if he (or she) wishes to be accepted by scholars of »general literary criticism.« Only if one is esteemed in a field other than children's literature, does one stand a fair chance of becoming a member of the academic-literary community. Otherwise, one would most probably be regarded as a »fellow-traveler«, belonging essentially to a different academic domain, certainly not to »Literary Studies«.

If we paraphrase what Maurice Sendak said upon receiving a prize for his children's illustrations (his father then asked him whether he would now be allowed to work on »real books«: »When I won a prize for *Wild Things*, my father spoke for a great many critics when he asked whether I would now be allowed to work on »real books«), we can say that in most cases one »is allowed« to deal with children's literature either because one is not very highly esteemed, or because one has gained recognition as a scholar of adult literature, or any other »respectable« field. Research into children's literature is regarded at worst as a whim, or at best, as an additional component of other disciplines such as education, sociology and psychology. To the famous American saying: Publish or Perish, one can easily add: publish in fields other than children's literature, if you do not wish to perish.

4. When an academic is presented as a scholar of children's literature, he will most likely encounter a skeptical reaction, and if the scholar happens to be female, this would most likely be followed by »how nice«. Most academics tend to regard children's literature as »nice« and »cute«, but not as anything »significant« enough to be dealt with seriously.

By no means do I wish to claim that children's literature is neither »nice« nor »cute«. I would even go as far as saying that in most cases it is less boring than modern adult literature. However, I do wish to emphasize that this is not the point. The question of whether we like children's literature or not is simply irrelevant to its potential for constituting a worthy subject of scholarship.

I contend, that this question of its disciplinary potential can be dealt with only in terms of the academic value of the field, or otherwise phrased, in its ability to supply frames of reference for new questions, that is to say, questions which otherwise could not be dealt with so expediently.

In my view, the rationale for choosing children's literature as an object for research inheres in its status as a catalyst for the discussion of complex questions relating to the study of the history of culture and cultural mechanisms. In children's literature, scholars can find one of the most fascinating and most fruitful fields of research for questions of this kind in their broad sense.

Nevertheless, as things now stand, scholars of the semiotics of culture have hardly discovered the academic potential of the field, whereas scholars of »literary criticism« and »literary aesthetics« show no interest in making children's literature their object of research.

In light of the achievements of the study of children's literature in the last decades in terms of its contribution to our understanding of mechanism of culture, I hope that the first group of scholars will soon adopt a different position. On the other hand, I believe that from their point of view, scholars of »literary criticism« are right in their rejection of children's literature as a legitimate field of research, since they differ in their research motivation. In fact, I contend that research into children's literature is misplaced among traditional studies of literature.

Analysis of the state-of-the-art of »literary criticism« in the Western world requires a separate discussion. Here I would like briefly to refer to the point of departure of literary disciplines and to explain why, in my view, research into children's literature cannot find an appropriate niche among them.

In the Western academic world, especially in the United States, the field of literary studies is still often governed by traditional questions of »literary criticism«. The point of departure of »literary criticism« has been and still is, a normative one: i.e., texts are discussed in order to explore their merits and values; the main business of the scholar remains to establish a cultural paradigm, and to participate in its examination.

5. Since its inception, children's literature has maintained a different set of literary norms from those which govern adult literature. Societal literary norms demanded that writing for children differ from writing for adults. It can be formulated as a universal that the norms governing adult literature never simultaneously govern children's literature. Furthermore, literary norms are more often than not translated into children's literature by way of simplification. Hence for instance, when norms of sophistication or complexity prevail in adult literature, they will be extensively modified or sometimes even altogether discarded in children's literature. Thus, due to the circumstances of its development, it has become impossible to attribute »high literary quality« to books for children in the same manner as it is possible for adult literature.

I do not see much point in initiating an attempt to change this state of affairs. Culture, by its very nature, is stratified and hierarchical. Trying to change the status of children's literature is bound to be a waste of time and will not lead us anywhere. What is left for us to do is to realize that as long as the academic criteria for selecting texts as an object of study are determined primarily by the alleged »literary value« of the texts, research into children's literature has very little to do and even less to accomplish. Any attempt to attribute high literary value to a text for children can only end up in a farce.

6. Thus, the study of children's literature can never hope to flourish within the frame-

work of traditional »literary criticism«. However, surprising as it may sound, a survey of a large portion of the studies on children's literature, demonstrate clearly that quite a few scholars, especially in the United States of America, prefer to study children's literature within the context of traditional questions of »literary criticism«, though, more often than not, these questions are recycled with glossy new embellishments.

We may ask why scholars venturing into a new academic field prefer to work in a traditional discipline? Why has the thrust of studies in children's literature to date been lacking in the self-confidence essential to the pursuit and acquisition of a new theoretical framework? Why do students adhere to prevailing and well-acclaimed tenets, and why are they not able to break away from conceptual commitments to the past?

The answer lies perhaps in the lack of self-assurance required for a theoretical venture. Scholars feel more secure and self-assured sticking to familiar issues that have already been raised, because their choice of the field of study is problematic enough. The result, however, has been unmistakable.

In spite of the massive spurt of so-called research into children's literature, we cannot really admit pride in a great many achievements. The main outcome has been that much of the research has underlined the deflated image of the field, and strengthened the opposition between »serious« research on »serious« works of literature, and the less important type of research, i.e. that which dominates children's literature. The »commodity«, to use Bourdieu's term, offered by scholars of children's literature, has not successfully convinced the academic world to accept children's literature as a legitimate field of research for literary studies.

Dare I elaborate the metaphor of Cinderella by slightly changing the fairytale: I believe that in trying to place the study of children's literature among traditional literary studies, we are trying on the wrong shoe. Like the sisters of Cinderella who cut off their toes and heels respectively, we would be cutting off our noses to spite our faces if we try to wear the shoe; we shall have achieved little, and be handicapped to boot.

If the traditional road cannot lead us very far, which road should we then take?

7. Before answering this question, I would like to make a small digression and to maintain that at least one area of research had flourished, despite the overall sterile position of the field. I refer here to studies on the history of children's literature, which have managed in the last two decades to yield significant and innovative scholarly works. These studies have primarily dealt with the questions of the emergence of children's literature and the creation of the boundaries between adult and children's literature, the process in which the system of books for children was established, the question of the linkage between societal concepts and children's literature, the textual implications of this linkage and textual manipulations. Scholars, who based their research on this new body of primary works, have discovered a new cultural horizon.

Why has historical research been so fruitful? Why did it mange to succeed where other aspects of study failed?

The answer, to my mind, is evident: The scholarly results of historical research into children's literature were valuable due to the nature of the questions raised, and the disciplines employed. What historical research has retained that other spheres of research lacked, is a clear system of theoretical concepts which allowed it to pursue an adequate standard of research.

8. Hence, it was an appropriate set of questions, placed in a coherent theoretical framework, that allowed for the potential of the field to be actualized and generated noteworthy issues for research.

There is no need to repeat here the question of the need for a theoretical framework. Most philosophers of science would agree that any research with academic aspirations is unworkable without the support of a theory, namely, without an explicit or implicit set of concepts which establish a distinct set of questions. This set of questions designates the scope of the research, its corpus, its line of argument and its course of development.

If we adopt this understanding of a scientific theory as our point of departure, the issue at stake is not whether the academic study of children's literature must take place within a theoretical framework. The issue at stake is which theory can provide the best framework for our academic needs.

I would like to emphasize right now that I strongly reject the juxtaposition between competing theories which is so fashionable at present in the United States. When structuralism, semiotics, feminism etc. are put in one pot, no more than lip service can be paid to the academic enterprise. Competing theories, if they are indeed competing in terms of their conceptual perception of the issues involved, exclude each other, as such they do not belong to the same »family of theories.« There is conceptually no way to reconcile them: they differ in their basic assumptions, in their interests – in fact in their subject matter. When carefully analyzed, it becomes obvious that quite often they do not even relate to the same field. The fashionable attempt to bring them together fails to take note of these differences and their lack of a common scientific language, and cannot carry research very far.

It is true that all scholars stand to benefit from the results of research done in fields other than their own; only a narrow-minded scholar would deny this. But scholars who wish to do scientific scholarship, must work within a coherent framework of theoretical concepts. Needless to say, this set of theoretical concepts should be continuously and permanently examined and re-examined.

9. I contend that, in terms of the existing theories in the humanities, it is the semiotics of culture which can ensure a vital reservoir of questions to be addressed by research into children's literature.

Before exploring the hidden possibilities of the semiotics of culture, I would like to make a small digression concerning the development of semiotics in the 20th century. Most scholars seem to be unaware of the fact that semiotics has developed in two different directions. The one, which became popular in the Western world mainly through the French school of semiotics, was not capable of dealing with issues pertaining to cultural history in terms of their diversity, heterogeneity, and contradictory aspects. The other one, known as semiotics of culture, developed within the Slavic tradition and latter within the Tel Aviv School of Semiotics, concentrated exactly on such issues (Bogatyrëv 1976, 1976a, 1976b; Even-Zohar 1979, 1990; Jakobson 1934, 1960; Lotman 1976, 1976a, 1976b, 1978, 1984; Tynajanov 1971, and to some extent Bourdieu 1971, 1984).

This latter tradition of semiotics of culture, postulated from its inception that culture entails a highly complicated set of relations and developed a set of theoretical concepts as well as a methodology for dealing with such relations. Thus it became possible to discuss issues involving complex oppositions, contradictory historical developments, ambivalent patterns as well as their dynamics in terms of the systemic relations in culture and their functioning.

With this postulate as its point of departure, the semiotics of culture enables us to handle the multi-systemic situation typical of children's literature and its various implications. Since the semiotics of cultural postulates the hierarchical organization of culture, one of its main tasks is to ask how this hierarchy was created and is being created, rather than to try to participate in the process of shaping it.

Thus, within this frame of reference, a scholar does not need to change the evaluation of texts for children, in order to legitimize their study.

10. In order to establish the field of semiotics of children's literature, scholars must change their postulate of study. As a first step, scholars should rest their study neither on value judgment, nor on »educational purposes.« As I have already claimed, evaluative questions, by their very nature, limit the scope of research, and in the case of children's literature, they may even boomerang.

Yes, it makes sense to discuss *Alice in Wonderland* and *Watership Down* in the framework of the questions offered by traditional literary studies (though this may not necessarily be very rewarding), but these works belong to a limited category of texts which are purposely designated officially for children but appeal in fact to adults (an issue with which I deal in Shavit 1986, chapter on »Ambivalent texts«). At any rate these works of literature are simply exceptions which prove my general argument: they do not represent the substance of children's literature, not even in terms of the official system of books for children; consequently scholars who study them cannot but be pretending to deal with »children's literature.«

Educational aspirations, on the other hand, turn children's literature into a mere vehicle for achieving other goals. Such an approach is of course justifiable in the framework of pedagogics; it actually constitutes the core of this undertaking. The mandate given to educationalists is exactly this one, but this does not necessarily mean that pedagogical issues should determine options or objectives of research, as has more often than not been the case.

In order to free the discussion from such limitations, our point of departure should assume that children's literature is an integral part of a stratified system. Secondly, normative or ideological questions must be totally excluded from research practice. Instead, a descriptive-analytical approach must be adopted. This means that the texts for discussion should be selected not on the basis of value judgments, but due to their significance for the issues at stake and their capability to illuminate them. Thus, texts will be studied not because they are believed to be of high literary value, or of high educational value, but because their analysis can contribute to a better understanding of a specific literary-cultural phenomenon.

The benefits of such an approach are, it seems, self-evident.

10.1. A normative approach considerably limits the scope of potential questions. Moreover, it imposes on scholars the task of the critic whose main, if not sole, responsibility is to determine the public's taste. Such a task, important as it is, simply does not belong to our domain of research. Rather it belongs to the domain of »people-in-the-culture«, whom society has mandated to determine the public's taste. Thus, the first step which must be taken involves a redefinition of the boundaries between research and criticism which have been obscured in most traditional literary studies.

Once the boundaries become clear, as well as the mandate given to the scholar, scholars will invest their time and energy in scientific work, rather than in interfering with the critic's tasks. This of course does not mean that as people-in-the-culture we cannot take part in the process of determining public taste, nor that as scholars we cannot describe this process and account for it, or wear the hat of critics outside our scholarly enterprise and engage in this process. It only means that the two different spheres are not to be confused. In the same way that we do not become children while reading children's literature, we should not change into critics when we are involved in the scholarly investigation of children's literature.

10.2. Such an approach will enable raising new questions whose potential is virtually unlimited. It is, after all, the very objective of a theory to generate as many questions as possible, which can guarantee its flexibility and its capacity to survive. It is the existence of a reservoir of new questions, or the very existence of its potential, which ensures the ongoing vitality of any discipline. When the same questions are repeated over and over again, the discipline in which they are asked tends to exhaust itself rather rapidly.

11. One of the advantages of a semiotic discipline lies in its spectrum of options for the questions raised by research, their flexibility and openness. However, a semiotic frame of reference is very ambitious with regard to the almost unlimited perspectives it involves, but it is also very modest, or if you wish, unambitious, with regard to the eventual answers reached.

This is so first of all because of methodological possibilities which enable us to deal with minor as well as major segments of culture, and secondly because the semiotics of culture does not seek to monopolize answers. Quite the contrary, by its very nature, it almost rules out the possibility of a simple, one-sided answer for any question.

As I have said, studying children's literature in the framework of the semiotics of culture, promises to be most fruitful in dealing with the conglomerate of cultural relationships provided by children's literature. From this perspective, it seems to me that »the sky is the limit«. It would be impossible to cover here even a small range of the potential options generated.

12. A thorough description of the hidden possibilities of the semiotics of children's literature is not only time consuming; at this stage it is unfortunately an impossible mission, as the field has only just begun to blossom. Yet, because semiotics of culture is already considerably accomplished, and even more crucially, because quite a few scholars of children's literature have done semiotic research without explicitly indicating this as such (to mention just few: Brückman 1982, Brüggemann 1985, Chambers 1977, Ewers 1987, 1991; Higonnet 1992, Lehnert 1992, Macleod 1976, 1992; O'Sullivan 1990,

Wunderlich & Morrissey 1982, Wunderlich 1992, Zipes 1979, 1983) it is possible to outline some directions for research.

In a semiotic conceptual framework children's literature is understood as one component in a polysystem of signs, which maintains a complicated network of relationships with other systems, and whose processes of development are determined by these relations.

When children's literature is understood as such, one can inquire into children's literature in the broadest possible context – into its multi-relationship with social norms, literary norms and educational norms, and analyze how texts for children are a product of this complicated net of relationships. Furthermore, one can examine how texts for children in turn shape societal ideals and ideas and take part in transforming them into new patterns.

Issues of a very broad nature can be raised, such as, who is culturally responsible for children's literature as a literary product of society; or how is it possible to understand the behavior of children's literature as a result of various cultural constraints; or what is the particular cultural context in which children's literature has developed.

13. In the framework of the semiotics of culture, the equivocal features of children's literature become an object for our research, instead of a catalyst for attempting to change the status of children's literature, as was often the case in the past. Consequently, we can try to understand why children's literature was subordinate to adult literature from its very foundation, which cultural forces dictated this status; and the textual and other implications of the position of children's literature in culture.

Furthermore, we can ask why children's literature is today the only literary system which is perceived by culture as belonging to both the educational and the literary systems at one and the same time? What are the implications of this dual attribution? How does it affect the development, structure, textual options, readers and writers of children's literature? How and to what extent do notions of childhood determine the character of the texts for the child as far as poetic norms are concerned and in regard to the acceptance of such texts by the »people-in-the-culture«? What are the relationships between cultural concepts, images and societal consciousness and the texts produced for the child? How do writers for children react to such societal and poetic demands in producing their texts?

Or we can ask why the governing literary norms of adult literature are transformed at a later stage of development into children's literature. Why does their transformation involves a process of simplification?

The answer to these questions lies partially in the systemic implications of the status of children's literature in culture. Analysis of the cultural position of children's literature reveals that the processes and procedures involved in the production of the children's system are neither random nor static. Research shows that they can be described as having an accountable and recurring pattern, as dynamic processes, governing the history and the development of children's literature since its inception.

In fact, recent research into children's literature has reopened accepted questions, through re-examining accepted tenets of previous research: The question of the emergence of children's literature and the creation of the boundaries between adult and children's literature; the process in which the system of books for children was established; the question of the link between societal concepts and children's literature, the textual implications of this link and the textual manipulations thereof, were found to be highly complex issues, having a different status than first assumed (to mention just a few examples: Ewers 1988, 1989; Grenz 1990, Hunt 1991, Lypp 1984, Shaner 1992).

14. On the other hand, from the point of view of the semiotics of culture, children's literature presents a range of highly provocative and productive questions, concerning the history of culture and cultural mechanisms. One might even go so far as to say that no other sphere of cultural studies contends with quite such a vast scope of cultural issues as does children's literature. Indeed, historical research into children's literature managed to introduce into the academic world a new corpus which had never previously been dealt with. By inquiring into this new domain, research proved able to shed new light on cultural history. The study of this corpus proved to be of substantial importance for the understanding of cultural life (especially European and American cultural life), including some of its more intimate aspects.

Few, if any, cultural fields have come about as the result of, and despite, quite so many cultural constraints, as children's literature. Consequently, no other field is able to examine cultural mechanisms, manipulations, and procedures in quite the same way as children's literature. Children's literature evolved from the fusion of and interaction among several cultural fields or systems, of which the most prominent were the social, the educational, and the literary systems. Any interest in studying the complexity of such reciprocal cultural relationships, or examining the mechanisms and dynamics thereof, proves to be rewarded by the study of children's literature, which has recently raised some most promising issues.

15. The few questions to which I have just pointed, do not of course constitute a full program. One of the major tasks of a program for the field will be to outline a new set of questions which would suggest further directions for study and new research options.

The field's current state-of-the-art is characterized by the emergence of a range of new issues and directions to be addressed. How many of these will in fact be attained depends entirely on us as scholars of children's literature. There is, however, a price to pay for being new and untested: the pioneering nature of this new field of study means that current research cannot hope to guarantee to immediate and long-lasting answers. We know that some working hypotheses will fail to be confirmed at all, others will require modification, while still others will enable progress and advancement. As things stand, what we do have to offer is the hope of generating a lively, provocative, and stimulating field of inquiry for the coming decades.

References

Ariès, Philippe, 1972. »At the point of origin«, in: P. Brooks Ed., *The child's part* 15-23. Boston: Beacon Press.

Ariès, Philippe, 1962. *Centuries of Childhood*. London:Jonathan Cape.

Arnold, K., 1980. *Kind und Gesellschaft in Mittelalter und Renaissance*. Würzburg: Schoningh.

Badinter, Elisabeth, 1980. *L'amour en plus: Histoire de l'amour maternel (XVIIe-XXe siecles)*. Paris: Flammarion.

Baran, Henryk (ed.), 1976. *Semiotics and Structuralism*. New York: International Arts and Sciences Press.

Bogatyrëv, Peter, 1976. »Costume as a Sign«, in: Matejka and Titunik 1976: 12-20.

Bogatyrëv, Peter, 1976a. »Folk Song from a Functional Point of View«, in: Matejka and Titunik 1976: 20-32.

Bogatyrëv, Peter, 1976b. »Semiotics in the Folk Theatre«, in: Matejka and Titunik 1976: 33-50.

Bourdieu, Pierre, 1971. »Le Marché des biens symboliques«, in: *L'année sociologique* 22: 49-126 [Bourdieu, Pierre (1971) 1985. »The Market of Symbolic Goods«, *Poetics*, 14: 1/2, 13-44].

Bourdieu, Pierre, 1984. *Distinction: A Social Critique of the Judgement of Taste*, translated by Richard Nice. Cambridge: Harvard University Press.

Brockman, Bennett H., 1982. »Robin Hood and the Invention of Children's Literature«. Children's Literature, 10, 1-17.

Brüggemann, Theodor / Brunken, Otto, 1987. *Handbuch zur Kinder- und Jugendliteratur. Vom Beginn des Buchdrucks bis 1570*. Stuttgart.

Brüggemann, Theodor / Brunken, Otto, 1991. *Handbuch zur Kinder- und Jugendliteratur. Von 1570 bis 1750*. Stuttgart: J.B.Metzler.

Brüggemann, Theodor / Ewers, Hans-Heino, 1982. *Handbuch zur Kinder- und Jugendliteratur. Von 1750 bis 1800*. Stuttgart.

Brüggemann, Theodor, 1985. »Das Bild des Juden in der Kinder-und Jugendliteratur von 1750-1850«, in Peticha, Heinrich (Hg.), 1985. *Das Bild des Juden in der Volks-und Jugendliteratur vom 18 Jahrhundert bis 1945*. Schriftenreihe der deutschen Akademie für Kinder und Jugendliteratur. Volkach, 61-83, 143-178.

Chambers, Aidan, 1977. »The Reader in the Book«, *Signal*, 8.23: 64- 87.

Coveney, P., 1967. *The Image of Childhood*. London: Penguin Books.

Cripps, E. A., 1983. »Alice and reviewers«, *Children's literature*, 11, 32-48.

Dahl, Erhard, 1986. *Die Entstehung der Phantastischen Kinder- und Jugenderzählung in England*. Paderborn, München, Wien, Zürich: Schoningh.

Darling, R., 1968. *The rise of children's book reviewing in America, 1865-1881*. New York: Bowker.

Davis, J. E. 1976. »Recent censorship fires: Flareups or Holocaust?«, *Journal of research and development in education*. 9, 22-32.

DeMause, L. (ed.), 1975. *The history of childhood*. New York: Harper & Row.

Donelson, Ken, 1975. »Censorship and Arizona English Teaching, 1971- 1974«, *Arizona English Bulletin*, 17: 1-39.

Donelson, Ken, 1978. »Nancy, Tom and Assorted Friends«, *Children's Literature*, 7: 17-44.

Dusinberre, Juliet, 1987. *Alice to the Lighthouse*. Houndmills, Basingstoke: Macmillan Press.

Even-Zohar, Itamar, 1979. »Polysystem Theory«, *Poetics Today 1* (1-2): 287-310.

Even-Zohar, Itamar, 1990. *Polysystem Studies. Poetics Today* special issue, Durham:Duke University Press, 11:1.

Ewers, Hans-Heino (Hg.), 1988. »Anmerkungen zum aktuellen Stand der Kinderliteraturforschung«, in: Oellers, Norbert (Hg.). *Germanistik und Deutschunterricht im Zeitalter der Technologie*. 4 Bde., Tübingen: Niemeyer, Bd.3, S. 227-240.

Ewers, Hans-Heino (Hg.), 1989. »Vorüberlegungen zu einer Theorie der Kinderliteratur. Ein Diskussionsbeitrag«, in: Conrady, Peter (Hg.). *Literaturerwerb*. Frankfurt/Main: Dipa-Verlag.

Ewers, Hans-Heino (Hrsg.), 1991. *Kindliches Erzählen – Erzählen für Kinder*. Erzählerwerb, Erzählwirklichkeit und erzählende Kinderliteratur. Weinheim/Basel: Beltz.

Ewers, Hans-Heino, 1987. »Das doppelsinnige Kinderbuch. Erwachsene als Leser und als Mitleser von Kinderliteratur«, *Fundevogel, Kritisches Kinder-Medien-Magazin*, 14/42, 8-12.

Ewers, Hans-Heino, 1989. *Kindheit als poetische Daseinsform*. München:Wilhelm Fink.

Ewers, Hans-Heino/Lypp, Maria/Nassen, Ulrich (Hg.), 1990. *Kinderliteratur und Moderne. Ästhetische Herausforderungen der Kinderliteratur im 20. Jahrhundert*. Weinheim/ München: Juventa.

Fokkema, Douwe W./Ibsch Elrud, 1977. *Theories of Literature in the Twentieth Century. Structuralism, Marxism, Aesthetics of Reception, Semiotics*. London: Hurst.

Ghesquiere, Rita, 1989. »De plaats van de jeugdliteratuur in de Nederlandse letteren«. *Ons Erfdeel*, 23 (1): 89-99.

Grenz, Dagmar, (Hg), 1990. *Kinderliteratur – Erwachsenenliteratur*. Wilhelm Fink: München.

Grenz, Dagmar, 1981. *Mädchenliteratur. Von den moralisch-belehrenden Schriften im 18. Jahrhundert bis zur Herausbildung der Backfischliteratur im 19. Jahrundert*. Stuttgart: Metzler.

Hearne, Betsy Gould, 1989. *Beauty and the Beast*. Chicago: The University of Chicago Press.

Higonnet, Margaret, 1992. »Civility Books, Child Citizens, and Uncivil Antics«, *Poetics Today*, 13:1, 123-140.

Hunt, Peter, 1991. *Criticism, Theory, and Children's Literature*. Oxford: Blackwell.

Jackson, Mary, V., 1989. *Engines of Instruction. Mischief and Magic*. Lincoln: University of Nebraska Press.

Jakobson, Roman, 1934. *Prinzipien der historischen Phonologie. TCLP 4: 247-267 (Rep. Kra Reprint, Lichtenstein, 1968)*.

Jakobson, Roman, 1960. »Linguistics and Poetics«, in: Sebeok 1960, 350-377 .

Kaminski, Winfred, 1987. *Heroische Innerlichkeit*. Frankfurt: Dipa.

Klingberg, Göte, 0rvig, Mary and Stuart, Amor (eds.), 1978. *Children's Books in Translation: The Situation and the Problems*. Proceedings of the Third International Research Society for Children's Literature. Stockholm: Almqvist & Wiksell.

Lehnert, Gertrud, 1992. »Training of the Shrew«. *Poetics Today*, 13:1, 109-122

Lotman, J. M. Uspenskij, B. A., 1984. *The Semiotics of Russian Culture*. Ann Arbor: Michigan Slavic Contributions, No. 11.

Lotman, J. M./Uspenskij, B. A./Ivanov, V. V. /Toporov,V. N./Pjatigorskij, A. M., 1975. »Theses on the Semiotic Study of Cultures (as Applied to Slavic Texts)«, in: Sebeok 1975. Lisse: Peter de Ridder Press, 57-84,.

Lotman, Jurij, 1976. »The Content and Structure of the Concept of ›Literature,W1C1«, PTL 1(2): 339-356.

Lotman, Jurij, 1976a. »Theater and Theatricality in the Order of Early Nineteenth Century Culture«, in: Baran 1976: 33-63.

Lotman, Jurij, 1976b. »On the Reduction and Unfolding of Sign Systems (The Problem of ›Freudianism W1C1‹ and ‹Semiotic Culturology›)«, in: Baran 1976: 301-309.

Lotman, Jurij, 1978. »On the Semiotic Mechanism of Culture«, *New Literary History* 9(2): 211-232.

Lypp, Maria, 1984. *Einfachheit als Kategorie der Kinderliteratur*. Frankfurt: Dipa.

Macleod, Anne Scott, 1975. *A Moral Tale*. Hamden, Conn.: Archon Books.

Macleod, Anne Scott, 1976. »For the Good of the Country«, *Children's Literature*, 5: 40-51.

MacLeod, Anne,Scott, 1992 .»From Rational to Romantic: The Children of Children's Literature in the 19th Century«. *Poetics Today*, 13:1, 141-153.

Matejka, Ladislav, Titunik, I.R. (eds.), 1976. *Semiotics of Art: Prague School Contributions*. Cambridge: MIT.

Matejka, Ladislav/Pomorska, Krystyana (eds.), 1971. *Readings in Russian Poetics*. Cambridge: MIT.
O'Sullivan, Emer, 1990. *Friend and Foe*. Tübingen: Gunter Narr Verlag.
Perrot, Jean, 1992.»Pan and Puer Aeternus: Aestheticism and the Spirit of the Age«, *Poetics Today*, 13:1, 155-167.
Perrot, Jean, 1993 (ed.). *Culture, Texte et Jeune Lecteur*. Nancy: Presses Universitaires de Nancy.
Pickering, Samuel F., 1977. »The Evolution of Genre: Fictional Biographies for Children in the Eighteenth-Century«, *Journal of Narrative Techniques*, 7: 1-23.
Pickering, Samuel, F.,1981. *John Locke and Children's Books in Eighteenth-Century England*. Knoxville: University of Tennessee Press.
Pickering, Samuel, F., 1993. *Moral Instruction & Fiction for Children*. Athens & London: University of Georgia Press.
Pollock, Linda A., 1983. *Forgotten Children*. Cambridge: Cambridge UP.
Rose, Jacqueline, 1984. *The Case of Peter Pan*. London: Macmillan Press.
Sebeok, Thomas A. (ed.), 1975. *The Tell-Tale Sign*. Lisse: Peter de Ridder Press.
Sebeok, Thomas A. (ed.). *Linguistics and Style*. Cambridge: MIT Press,
Shaner, Mary E., 1992. »Instruction and Delight: Medieval Romances as Children's Literature«, *Poetics Today*, 13:1, 5-15.
Shavit, Zohar, 1978. »Translation of Children's Literature as a Function of its Position in the Literary Polysystem«, in: Majonica, *Modern Realistic Stories for Children and Young People*. Munich: IBBY/, 180-187 [Reprinted in Poetics Today 2(4): 171-179].
Shavit, Zohar, 1980. »The Ambivalent Status of Texts: The Case of Children's Literature«, *Poetics Today* 1(3): 75-86.
Shavit, Zohar, 1986. *Poetics of Children's Literature*. Athens & London: University of Georgia Press.
Shavit, Zohar, 1989. »The Concept of Childhood and Children's Folktales: Test Case: ›Little Red Riding Hood‹ «, in: Alan Dundes (ed.). *Little Red Riding Hood: A Casebook*. Wisconsin Press, 129-159.
Shavit, Zohar, 1990. »Cultural Notions and Literary Boundaries: On the Creation of the Systemic Opposition between Children's Literature and Adult Literature in the 18th Century«. *Proceedings of the XIIth Congress of ICLA*. (A Selection). München: Iudicum Verlag, , 414-429.
Steinlein, Rüdiger, 1987. *Die domestizierte Phantasie*. Heidelberg: Carl Wineter Universitätsverlag.
Stewart, Susan, 1979. *Nonsense*. Baltimore: The Johns Hopkins UP.
Stone, Harry, 1977-80. »Dickens, Cruikshank and Fairy-tales«, *Princeton University Library Chronicle*, 35: 213-47.
Summerfield, Geoffrey, 1984. *Fantasy and Reason*. Athens & London: University of Georgia Press.
Tabbert, Reinbert, 1991. *Kinderbuchanalysen II*. Frankfurt: Dipa.
Thwaite, Mary F. 1972. *From Primer to Pleasure*. London.
Tynjanov, Jurij, 1971. »Problems in the Study of Literature and Language«, in: *Matejka and Pomorska, 1971: 79-81*.
Wunderlich, Richard, 1992. »The Tribulations of ›Pinocchio‹: How Social Change Can Wreck a Good Story«, *Poetics Today*, 13:1,197-219.
Wunderlich, Richard/Morrissey Thomas J., 1982. »The Desecration of ›Pinocchio‹ in the United States«, in: *Proceedings of the Eighth Annual Conference of the Children's Literature Association. University of Minnesota, March 1981, 106-18*.
Zipes, Jack, 1979. *Breaking the Magic Spell*. Austin: University of Texas Press.
Zipes, Jack, 1983. *The Trials and Tribulations of Little Red Riding Hood*. South Hadley, Mass.: Bergin and Garvey.
Zipes, Jack, 1988. *The Brothers Grimm – From Enchanted Forests to the modern World*. New-York.

Theorie der Kinderliteratur zwischen Systemtheorie und Poetologie. Eine Auseinandersetzung mit Zohar Shavit und Maria Lypp.

Hans-Heino Ewers (Frankfurt/M)

I.

Der vielfach beschriebene und auch jenseits der Grenzen des Forschungsgebietes registrierte Aufschwung der literaturwissenschaftlichen Beschäftigung mit der Kinder- und Jugendliteratur in der Bundesrepublik seit den 70er Jahren scheint mir auf einer Ebene in jüngster Zeit zu stagnieren – und zwar auf literaturtheoretischer Ebene. Soweithin anerkannt es mittlerweile auch ist, es mangelt diesem Forschungsgebiet immer noch an einer tragfähigen literaturwissenschaftlichen Grundlegung. Sichtbarstes Zeichen hierfür ist, daß eine literaturwissenschaftliche Einführung neueren Datums immer noch fehlt.[1] Der Rückgriff auf Göte Klingbergs Einführung ist schon deshalb problematisch, weil diese 1972 in Schweden erschienene Arbeit keine Auskunft über die einschneidenden Veränderungen dieses Gebietes in den 70er und 80er Jahren zu geben vermag (Klingberg 1973). Ein weiteres Zeichen der Stagnation ist in meinen Augen darin zu sehen, daß die vereinzelten kinderliteraturtheoretischen Innovationen seit Mitte der 80er Jahre, so sehr ihnen allseitig Reverenz erwiesen wird, nicht wirklich aufgegriffen und kontrovers diskutiert werden.[2] Von außen sieht es gelegentlich so aus, als hätten sich gerade die jüngeren WissenschftlerInnen in den während der 70er Jahren bezogenen Positionen geradezu verschanzt; dahinter steckt freilich oft genug eine berufliche Blockade gerade der ForscherInnengeneration, von deren Habilitationsschriften zahlreiche Innovationen ausgingen und die dann durch äußere Umstände an der Weiterentwicklung ihrer Positionen gehindert war bzw. noch ist.

Ziel der nachfolgenden Ausführungen ist es, die Theoriediskussion innerhalb der Kinder- und Jugendliteraturforschung ein Stückweit zu beleben. Ich werde mich auf zwei Mitte der 80er Jahre erschienene Arbeiten konzentrieren, von denen nach meiner Auf-

---

1 Einführungen wie die von Kaminski (1987) und Marquardt (1977) sind vorwiegend für den Einsatz an Fachhochschulen gedacht, bei Wilkending (1988) handelt es sich um einen für Einführungszwecke zusammengestellten Reader.

2 So hat, um nur ein Beispiel zu nennen, Rüdiger Steinlein in seiner umfangreichen Arbeit über die »domestizierte Phantasie« einen auf Lacan basierenden psychohistorischen Ansatz auf die Kinderliteratur von Aufklärung und Romantik zugewandt, der zu Reiner Wilds vornehmlich an Freud und Elias orientierter Studie in markanter Opposition steht. Die hier angeschnittene Kontroverse ist bislang nicht aufgegriffen und geführt worden. Vgl. Steinlein (1987) und Wild (1987).

fassung wichtige Impulse für eine Kinderliteraturtheorie ausgegangen sind. Eine der Publikationen stammt von einer israelischen Forscherin, die als Humboldtstipendiatin die Erforschung der jüdischen Kinderliteratur in Deutschland initiierte und deren literaturtheoretische Beiträge ab etwa 1980 erschienen, 1986 dann in Buchform zusammengefaßt wurden: Gemeint ist Zohar Shavits »Poetics of Children's Literature« (Shavit 1980, 1986). Bei der zweiten Publikation handelt es sich um Maria Lypps 1984 erschiene Habilitationsschrift *Einfachheit als Kategorie der Kinderliteratur* (Lypp 1984). Eine Auseinandersetzung mit Zohar Shavits Positionen hat bislang nur in Einzelfällen stattgefunden.[3] Maria Lypps Studie findet allseits lobende Erwähnung, doch hat sich bislang niemand an eine kritische Auseinandersetzung mit ihr gewagt; in den Forschungsalltag sind aus diesem Theorieentwurf lediglich einzelne Schlagworte gedrungen.

II.

Zohar Shavit setzt an beim Ganzen des »literarischen Systems« (als Teilelement des kulturellen Systems als dem Inbegriff aller Zeichensysteme), das sie im Anschluß an Itamar Even-Zohar als komplexes »Polysystem« begreift (vgl. Even-Zohar 1980). Das literarische Polysystem besteht aus einer Vielzahl von Subsystemen, die hierarchisch angeordnet sind; ausschlaggebend für die Position eines Subsystems ist dessen Nähe zum Zentrum des Polysystems; je stärker es an der Peripherie situiert ist, umso geringer sind der kulturelle Status, das kulturelle Ansehen eines Subsystems. Die Kinderliteratur ist in den Augen Zohar Shavits – zumindest in geschichtlicher Hinsicht – ein Teilsystem eher peripheren Charakters, ausgestattet in der Regel mit relativ geringem kulturellen Prestige, was sich im zwiespältigen Selbstverständnis der an ihrer Hervorbringung und Verbreitung Beteiligten niederschlägt.[4]– In meinen Augen gibt die Theorie des literarischen Polysystems eine tragfähige systematische Basis ab für die Bestimmung der Relation zwischen der Kinder- und Jugendliteratur einerseits, der »Erwachsenenliteratur«, besser gesagt: den weiteren Teilsystemen des literarischen Polysystems andererseits. Sie beseitigt damit ein bislang unerledigtes systematisch-begriffliches Problem der Kinderliteraturforschung, das sich bislang in recht problematischen Klassifikationen dieses Literaturzweiges als einer »Gattung«[5] oder als einer »Parallelliteratur«[6] manifestierte. Es muß weiterer Theoriearbeit vorbehalten bleiben zu überprüfen, inwieweit die ins Konkretere gehenden Kategorisierungen der mittlerweile verfeinerten Polysystemtheorie (Even-Zo-

---

3 Vgl. weiter unten Anmerkung 10.
4 Vgl. das zweite Kp. »The Self-Image of Children's Literature« (Shavit 1986, 33 ff.), das auf einen Vortrag von 1979 zurückgeht (vgl. Shavit 1980, 1986). Heranzuziehen wäre in diesem Zusammenhang auch Shavit 1990
5 Vgl. etwa den Untertitel der ersten Auflage des von Gerhard Haas herausgegebenen Handbuches, wo von der Kinder- und Jugendliteratur als einer literarischen Gattung die Rede ist (Haas, 1974).
6 Magda Motté spricht von der Kinderlyrik als einer »Parallelform neben der Erwachsenenlyrik«, sieht in ihr einen »selbständige(n) Zweig der großen Gattung Lyrik« (Motté 1983, 1984).

har 1990)[7] kinderliteraturwissenschaftlich fruchtbar zu machen sind. An dieser Stelle sei lediglich angemerkt, daß die Konstitution der literarischen Subsysteme (anders gesprochen: die Binnendifferenzierung des literarischen Polysystems) mitnichten aufgrund von Textmerkmalen erfolgt, sondern sich ausschließlich auf der Ebene kulturellen Handelns ergibt, d.h. allein aus einer »institutionellen Zuschreibung« resultiert. Von hier aus wird erklärlich, daß einzelne Texte durchaus in mehreren literarischen Subsystemen eine Rolle spielen können – und zwar sowohl in diachroner wie synchroner Hinsicht.

An letzteres knüpft ein anderes Kapitel der *Poetics of Children's Literature* an: Es handelt sich um die im Anschluß an Jurij M. Lotmans entwickelte Theorie Zohar Shavits vom »ambivalenten Status« eines Teils der kinderliterarischen Texte.[8] Mit Ambivalenz ist hier die gleichzeitige Zugehörigkeit eines Werks zu zwei (oder mehreren) literarischen Subsystemen gemeint (Shavit 1986, 66), was im hier erörterten Fall bedeutet, daß ein Text eine doppelte Adressierung aufweist, eine (offizielle) an kindliche, eine (inoffizielle) an erwachsene Leser. Die wissenschaftliche Wiederentdeckung der Uneindeutigkeit der Adressierung kinder- und jugendliterarischer Texte ist ein keineswegs geringer Verdienst von Zohar Shavit. Eingeläutet ist damit jedenfalls das Ende der Ära jener naiven kinderliterarischen Kommunikationsmodelle, die auf der Empfängerseite nur den kindlichen bzw. jugendlichen Leser ansiedeln und die Botschaft (den Text) nur auf diesen abgestimmt wähnen (und nicht immer auch zugleich auf einen mitlesenden Erwachsenen). Fortan ist nicht mehr hinter die Einsicht zurückzugehen, daß die kinderliterarische Kommunikation ein höchst vertracktes literaturkommunikatives Doppel–, ja, Mehrfachspiel auf verschiedenen, parallelen Signalebenen darstellt.[9] In Einzelfällen ist dies gewiß immer schon wahrgenommen worden, doch ist es bei den vielfältigen Definitionen und Wesensbestimmungen des Gegenstands stets außen vor geblieben, kinderliteraturtheoretisch also bislang nicht fruchtbar gemacht worden.

Nach Auffassung Shavits bedeutet die Doppeladressierung für die Kinderliteratur gleichsam eine andauernde Widersprüchlichkeit, ein Zerriebenwerden zwischen zwei an sich unvereinbaren Erwartungshaltungen. Es handelt sich um ein Dilemma, dem die Kinderliteratur zu entgehen sucht. Hierbei zeichnen sich nach Shavit zwei immer wieder beschrittene Lösungswege ab: Der eine führt in das Teilsystem »Erwachsenenliteratur« – und zwar dadurch, daß die Adressierung an Kinder zu einer Pseudoadressierung herabgesetzt wird. In diesem Falle führen die Texte im Subsystem »Kinderliteratur« gleichsam nur noch eine Pseudoexistenz. Der andere Weg bestehe in der Ignorierung der Erwachsenen als gleichzeitigen Adressaten von Kinderliteratur, er beinhaltet den Verzicht auf Anerkennung durch die kulturellen Eliten und pädagogischen Zensoren. Auf diesem Wege konstituiert sich die von Shavit so genannte »nicht-kanonisierte« Kinderliteratur.

---

7   Für die Kinderliteraturtheorie von Interesse sind in diesem Zusammenhang auch die Ausführungen von Werner Faulstich zum »Literaturbetrieb« (Faulstich 1986)

8   Vgl.das dritte Kapitel »The Ambivalent Status of Texts« (Shavit 1986, 63 ff.); vgl. auch Shavit 1980.

9   An anderer Stelle habe ich versucht, als Resultat auch meiner Auseinandersetzung mit Shavit den kinderliterarischen Kommunikationsprozess als komplexe Verschränkung mehrerer Kommunikationsebenen zu beschreiben (Ewers 1990, 78-83).

Mit diesem Theorieteil des Entwurfs von Zohar Shavit habe ich mich bereits 1987 in einem Vortrag auseinandergesetzt, der mittlerweile auch in publizierter Form vorliegt.[10] Ich beschränke mich deshalb an dieser Stelle auf eine mehr stichwortartige Auflistung meiner Einwände:

– Gegenüber Shavit halte ich es für angebracht, die stete Adressiertheit von Kinderliteratur auch an Erwachsene selbst noch einmal in zwei verschiedene Ausprägungen zu unterteilen. Der Erwachsene kann hinsichtlich der Kinderliteratur zwei unterschiedliche Leserrollen übernehmen. Die eine nimmt er in seiner Funktion als Vermittler wahr; es ist die Rolle des »Mitlesers«. Er liest hier in dem Bewußtsein, selbst nicht der eigentliche Adressat zu sein, und versucht im besten Falle, seine Beurteilung nicht von seiner, sondern von der Warte des kindlichen Rezipienten aus vorzunehmen. Daß er dabei dennoch viel von sich selbst ins Spiel bringt, habe ich an anderer Stelle bereits aufgezeigt (Ewers 1990a, 16f.). In der anderen Rolle ist er eigentlicher Leser, unterscheidet sich also rollenmäßig nicht vom kindlichen Rezipienten. Hier erst liegt eine Doppeladressierung im vollen Sinne vor, und ich würde vorschlagen, von zwei »eigentlichen«, im Fall einer gezielten Doppeladressierung von zwei »offiziellen« Adressaten zu sprechen. Die Rede von »inoffiziellen« Adressaten dagegen sollte auf den kinderliterarischen Normalfall einer Integrierung der Erwachsenen bloß als uneigentlicher, als Mitleser beschränkt bleiben.

– Kinderbücher, die in nennenswertem Maße erwachsene (eigentliche) Leser gefunden haben, wie etwa die Alice-Bücher Lewis Carrolls, vermag Zohar Shavit nur als Pseudokinderliteratur anzusehen. Dem habe ich den Begriff des »doppelsinnigen Kinderbuches« entgegengestellt, das an zwei eigentliche Leser gerichtet ist und folglich, insofern es sich um zwei verschieden geartete, nicht zuletzt auch unterschiedlich kompetente Leser handelt, zwei prinzipiell differente Lektüren zulassen muß. Auf seiten des Textes ist in diesem Fall eine Doppel- bzw. Mehrschichtigkeit erfordert, die jedem einzelnen Element eine Doppel- bzw. Mehrdeutigkeit verschafft, die in der Konkretisierung durch verschiedene Rezipientengruppen unterschiedlich ausgeschöpft werden kann.[11] Mir geht es nicht darum, die Existenz von Pseudokinderbüchern zu leugnen, vielmehr darum, daneben die Existenz von »doppelsinnigen« (systematisch) zuzulassen. Im Einzelfall wird man sich hierbei durchaus darüber streiten können, welche der beiden Denkmöglichkeiten die zutreffende ist.

– Sind im Fall der »nicht-kanonisierten« Kinderliteratur (der zweite Lösungsweg aus dem Dilemma eines ambivalenten Status), so möchte ich Shavit gegenüber zu bedenken geben, tatsächlich die Erwachsenen als Adressaten grundsätzlich umgangen? Wird in diesem Fall nicht vielmehr nur eine bestimmte kulturelle bzw. pädagogische Elite ignoriert, diejenige nämlich, der das Geschäft der offiziellen Sanktionierung, der »Kanonisierung« zugeteilt ist? Auch die von Shavit so genannte »nicht-kanonisierte« Kinderliteratur, womit am ehesten wohl die kommerzielle gemeint ist, hat meines Erachtens einen »inoffiziellen« erwachsenen Adressaten; auch sie kalkuliert mehr oder weniger offen mit

---

10 Ewers 1990a, in der Sache weiterentwickelt Ewers 1990b.
11 Dies habe ich an anderer Stelle am Beispiel der Kunstmärchendichtung der deutschen Romantik näher ausgeführt. (Ewers 1986, 477 ff.)

erwachsenen Vermittlern (die hier freilich rein ökonomisch motiviert sind) und erwachsenen Käufern, signalisiert den einen Verkäuflichkeit, den anderen altersadäquate problemlose Konsumierbarkeit.

Den Sacheinwänden sollen einige systematische Bedenken an die Seite gestellt werden. Bei Shavit kommt es hie und da zu Oppositionsbildungen, deren Glieder nicht auf ein und derselben Ebene angesiedelt sind. Nicht zur Genüge auseinandergehalten werden die Ebene der unterschiedlichen Adressierungen einerseits, die der kulturellen Sanktionierung andererseits – und zwar in dem Versuch, die »nicht-sanktionierte« Kinderliteratur genetisch aus einer besonderen Form von Adressierung herzuleiten. Mein Vorschlag wäre hier, mit zwei klar getrennten begrifflichen Unterscheidungsebenen zu operieren. Auf der ersten ginge es um die Ausprägungen von Kinderliteratur, soweit sie sich aus der unterschiedlichen Form der Adressierung ergeben: Es handelt sich hier um die Pseudo- und um die doppelsinnige Kinderliteratur, um die Kinderliteratur also mit ambivalentem Status auf der einen, um die nicht-ambivalente, »eindeutige«, d.h. ausschließlich einem Subsystem zugeordnete, Kinderliteratur auf der anderen Seite. Eine Doppeladressierung besitzen alle genannten Ausprägungen; sie bedingt also nicht automatisch einen ambivalenten Status innerhalb des literarischen Polysystems.

Auf der zweiten Ebene wäre die Kinderliteratur nach den unterschiedlichen Graden ihrer gesellschaftlichen Sanktionierung zu differenzieren. Hier wäre die von der herrschenden Kultur geprägte, von ihren Eliten bzw. Institutionen sanktionierte Kinderliteratur von derjenigen zu unterscheiden, die dieser Sanktionierung ermangelt. Zu letzterer wäre keineswegs nur die sogenannte »kommerzielle« Kinderliteratur[12] zu zählen, sondern auch die abweichenden bzw. oppositionellen kinderliterarischen Tendenzen, wozu etwa im Zeitalter der Aufklärung die fortlebende, vorwiegend mündlich tradierte Kinderfolklore gehört (die dort, wo sie im Medium des Buchs, in den »chapbooks«, reproduziert wird, Teil der kommerziellen Kinderliteratur wird).

Zohar Shavits Begriff der nicht-kanonisierten Kinderliteratur gerät – zumindest für deutsche Leser – in eine gewisse Nähe zu dem, was als triviale Kinderliteratur bezeichnet wird. Nun ist Shavits Ansatz streng analytisch, an keiner Stelle selbst auf literarische Wertungen aus. Wenn ich dennoch den Begriff der Trivialliteratur an dieser Stelle ins Spiel bringen möchte, dann nicht als eine Kategorie literarischer Wertung, sondern gleichfalls als rein analytischen Begriff. Ich greife dabei auf einen funktionsanalytischen Begriff von Trivialliteratur zurück, wie er innerhalb eines Forschungsansatzes entwickelt worden ist, der sich »Archäologie der literarischen Kommunikation« nennt. Dieser Ansatz nimmt einerseits von der strukturalistischen Folkloretheorie (Jacobson/Bogatyrev 1966), andererseits von der Oralitäts- und Literalitätsforschung und den damit verknüpften kulturanthropologischen Theorien von Gedächtnis- bzw. Schriftkulturen (Assmann/Hardmeier 1983) seinen Ausgang. Ihm geht es um die Eruierung grundlegend differenter Überlieferungsformen, um die Abgrenzung unterschiedlicher Typen der

---

12 Genauer müßte von der rein kommerziellen Kinderliteratur die Rede sein, hat doch auch die kanonisierte Kinderliteratur eine kommerzielle Seite; man denke hier nur an die Personalunion von Pädagoge, Kinderbuchautor und Verleger, wie sie Joachim Heinrich Campe repräsentierte.

»Textverwendung«. Hierbei lassen sich vier solcher »Textverwendungstypen« herauskristallisieren: (mündliche) »Folklore«. »schriftliche Folklore«, »Trivialliteratur« und »Literatur« (A. Assmann 1983). Von kinderliteraturtheoretischer Relevanz ist dieser Ansatz deshalb, weil sich innerhalb des Subsystems »Kinderliteratur« bis auf den heutigen Tag alle der genannten Textverwendungstypen erhalten haben; ja, dieses Nebeneinander der verschiedenen Umgangsweisen mit poetischer Überlieferung bzw. mit Texten scheint ein geradezu exklusives Kennzeichen dieses literarischen Subsystems zu sein. Ich habe an anderer Stelle dargelegt, in welcher Weise die »Archäologie der literarischen Kommunikation« in eine Kinderliteraturtheorie einzubringen wäre (Ewers 1990b). Deshalb begnüge ich mich hier mit dem Hinweis, daß Zohar Shavits Theorie des Systems »Kinderliteratur« (als eines Subsystems des literarischen Polysystems) in diesem Punkt um eine weitere begriffsanalytische Ebene zu erweitern wäre – um eine Ebene übrigens, die von derjenigen analytisch klar abzugrenzen wäre, auf der es um die Unterscheidung von »kanonisierter« und »nicht-kanonisierter« Kinderliteratur geht.

Als Resultat meiner Auseinandersetzung mit Zohar Shavits Theorieentwurf ergäbe sich der Vorschlag, die Kennzeichnung des Systems »Kinderliteratur« (jeweils in einer epochalen bzw. nationalliterarischen Ausprägung) auf drei analytisch getrennten Ebenen vorzunehmen: Auf einer ersten Ebene wäre zwischen systemeindeutigen und ambivalenten Texten zu unterscheiden. (In der Gewichtung beider ginge es nicht zuletzt um die Einschätzung des Grades der Abgeschlossenheit, des Ghettocharakters dieses Subsystems). Auf einer zweiten Ebene wäre die durch die jeweils herrschende Kultur sanktionierte von dem nicht-sanktionierten kinderliterarischen Bereich abzugrenzen. Auf einer dritten Ebene wäre der jeweilige Anteil der unterschiedlichen Überlieferungspraktiken auszumachen, die Gewichtsverteilung zwischen dem gebrauchsliterarischen (dem nach Gesetzen der schriftlichen Folklore funktionierenden), dem trivialliterarischen und dem literarischen Sektor zu bestimmen. – Der jeweilige kulturelle Status des Subsystems »Kinderliteratur« ist in meinen Augen eine recht komplexe Größe: Er ist um so höher, je größer der Anteil ambivalenter Texte ist (erste Ebene), je umfangreicher und beherrschender sich die kanonisierte Kinderliteratur erweist (zweite Ebene)[13], schließlich je ausgedehnter der Funktionstyp »Literatur«, je höher der Grad der »Literarisierung«[14] dieses Literaturzweiges ist.

---

13 Um ein Beispiel zu geben: Während die deutsche Kinderliteratur des späten 18. Jahrhunderts wesentlich durch ihren kanonisierten Teil geprägt ist (und dementsprechend ein relativ hohes Ansehen genießt), gilt das Subsystem Kinderliteratur Ende des 19. Jahrhunderts in der kulturellen Öffentlichkeit als weitgehend kommerzialisiert (entsprechend gering ist nun sein Ansehen).

14 Zum Prozeß der »Literarisierung« der Kinderliteratur (insbesondere in jüngster Zeit) und dem damit verbundenen Gewinn kulturellen Ansehens vgl. Ewers 1990b, 86f., 90f..

III.

Während Zohar Shavits Theorieentwurf, jedenfalls soweit ich mich hier mit ihm befaßt habe, auf die Kinderliteratur als kulturelle Institution, als kulturelles Handlungssystem zielt, bezieht sich die Studie von Maria Lypp auf Elemente bzw. Merkmale kinderliterarischer Texte, genauer gesagt: auf deren poetische bzw. literarische »Verfahren«, womit sich bereits Lypps deutliche Orientierung am russischen Formalismus zeigt. Aufgabe der Kinderliteraturtheorie auf dieser Ebene ist es, wie Lypp mit Jurij M. Lotman formuliert, die literarischen Verfahren in eine »Hierarchie des Fortschreitens vom Einfachen zum Komplizierten« (Lotman 1972, 143) zu bringen. Mittels einer solchen Positionierung wird die jeweilige kinderliterarische Wertigkeit der einzelnen literarischen Verfahren, der Grad nämlich ihrer Einfachheit, bestimmbar. – Die Arbeiten von Zohar Shavit und Maria Lypp sind, wie schon bei erster Annäherung deutlich wird, verschiedenen, doch gleichermaßen legitimen kinderliteraturtheoretischen Aufgabenfeldern zuzuordnen; sie konkurrieren also nicht miteinander, sind nicht unmittelbar kontrovers, deshalb auch nicht gegeneinander abzuwägen. In der Verschiedenheit beider Ansätze reproduziert sich in gewissem Ausmaß die traditionelle Aufgabenteilung zwischen Literatursoziologie und Poetologie.

Lypps Theorieentwurf hat, soweit mir ersichtlich, zwei Ausgangspunkte: zum einen die im russischen Formalismus entwickelte Unterscheidung von Umgangssprache und poetischer d.i. Verssprache – und zwar nicht in ihrer ersten Fassung, sondern in ihrer semiotischen Reformulierung durch Jurij M. Lotman, d.h. als Unterscheidung von konventionsbedingten und abbildenden, ikonischen verbalen Zeichen; zum anderen Lotmans Theorie der künstlerischen Prosa und die damit zusammenhängende Hierarchisierung der literarischen Genres nach Graden der Kompliziertheit. Bei der Anknüpfung an das erstgenannte Theorem geht es Maria Lypp um das prinzipielle Verhältnis des kindlichen Rezipienten zur poetischen Rede. Bei Lypp erscheint die Poesie als ein »sekundäres« Zeichensystem, das ein »primäres« Zeichensystem, in diesem Fall: die Umgangssprache, überlagert; mehr noch: Poesie konstituiert sich allererst in dieser Überformung eines bereits existierenden verbalen Zeichensystems, tritt als dessen »Deformierung« in Erscheinung. Die kinderliterarische Anwendung dieses Theorems zerstört in Lypps Augen den romantischen Mythos von der ursprünglichen Nähe von Kindheit und Poesie. Die Erfahrbarkeit von Poesie setze die Beherrschung der Umgangssprache voraus, und je mehr dieses primäre Zeichensystem angeeignet sei, umso leichter gestalte sich der Umgang mit dem sekundären Zeichensystem. Weil die kindlichen Rezipienten erst noch mit dem Erwerb der Umgangssprache befaßt seien, d.h. das primäre Zeichensystem nur unvollkommen beherrschten, besitze die poetische Rede für sie einen vergleichsweise höheren Kompliziertheitsgrad als für den Erwachsenen, für den die Umgangssprache bereits zur »natürlichen Sprache« geworden sei.

Ich bleibe gewissermaßen darin ein Romantiker, daß ich gegen Lypp daran festhalte, daß die poetische Rede zumindest in gewissen elementaren Ausprägungen dem kindlichen Rezipienten näher ist als die prosaische, daß sich auf der Stufe des Spracherwerbs , der »sprachlichen Ontogenese«, das ikonische Zeichen gegenüber dem konventionsbedingten als das einfachere, früher zugängliche erweist. Maria Lypp übersieht in meinen Augen, daß sich bei Lotman zwei unterschiedliche Hierarchisierungen der beiden verbalen Zeichenarten finden: neben der aus dem russischen Formalismus übernommenen Anordnung, in der das ikonische bzw. darstellende dem konventionsbedingten Zeichen nachgeordnet ist, auch eine umgekehrte Anordnung. So heißt es bei Lotman: »Darstellende Zeichen haben [...] den Vorteil, daß sie wegen der intendierten äußerlichen, anschaulichen Ähnlichkeit zwischen Bezeichnetem und Bezeichnendem [...] zum Verständnis keines komplizierten Kodes bedürfen.« (Lotman 1962, 90) An späterer Stelle spricht er von »geringerer Kodebedingtheit« und »größerer Verständlichkeit« abbildender Zeichen. (Lotman 1972, 91) Auch wen Lotman diese zuletzt genannte Hierarchisierung im weiteren Verlauf seiner Darstellung nicht mehr zum Tragen kommen läßt, so ist sie dennoch in meinen Augen kinderliteraturtheoretisch höchst relevant. Für den kindlichen Rezipienten sind gewisse elementare abbildende sprachliche Zeichen – Geräusch- und Stimmenimitation etwa – früher, so meine ich, beherrschbar als konventionsbedingtes sinnhaftes Sprechen.

Maria Lypp muß aufgrund ihrer theoretischen Prämissen den Kinderreim ontogenetisch einer zwar nicht vollendeten, aber doch schon einer fortgeschritteneren Beherrschung der Umgangssprache nachordnen. Denn für sie konstituiert sich der Kinderreim auch in seinen einfachsten Ausprägungen mittels einer geradezu bewußten Absetzung von, einer Deformation und Verdunkelung der Umgangssprache – und zwar als eine dezidiert andere Rede. Dem möchte ich entgegenhalten, daß Kinder bereits über ein-, zwei- oder gar mehrzeilige Lautformeln aus der Welt des Kinderreims spielerisch verfügen, längst ehe sie umgangssprachliche Äußerungen von vergleichbarer Länge hervorzubringen in der Lage sind. Gegenüber dem sinnhaften Sprechen mittels konventionsbedingter Zeichen ist der Kinderreim in seinen elementarsten Erscheinungsformen, entgegen Maria Lypp, als ontogenetisch früher einzustufen. Generell dient, wie mir scheint, im Bereich der Anfängerliteratur die Zuhilfenahme ikonischer Zeichen (Gestik, Pantomimik, Illustration) der Vereinfachung der literarischen Kommunikation, ist sie, um einen Terminus Göte Klingbergs zu benutzen, als »medienwählende Adaption« zu qualifizieren (Klingberg 1973, 92f., 97). Mit Maria Lypps Auffassung der Umgangssprache als des auch für Kinder primären, »natürlichen« Zeichensystems ist übrigens ein Aufklärungstheorem wieder auferstanden: Nach Rousseau beispielsweise ist die Prosa die prima lingua des »homme naturel«.

Kommen wir zum zweiten Ausgangspunkt des Theorieentwurfs von Maria Lypp: der Lotmanschen Theorie der künstlerischen Prosa. Sie dient Maria Lypp dazu, eine innerliterarische »Stufenfolge der Komplexität« zu konstruieren, die »eine Möglichkeit der Unterscheidung einfacherer von komplexeren Texten« eröffnet (Lypp 1984, 27). Die Pointe bei Lotman liegt in der Einschätzung der künstlerischen Prosa als gegenüber der Lyrik nicht einfacherer, sondern komplexerer Gattung, so daß sich als Abfolge der Genres ergibt: Umgangssprache – Lied (Text und Melodie) – »klassische Poesie« – künstlerische Prosa (Lotman 1972, 143; Lypp 1984, 25). Lotman sieht hierin nicht nur eine literaturgeschichtliche, sondern auch eine ontogenetische Abfolge: »Bezeichnenderweise sind für das Kind die erste Form verbaler Kunst immer Verse, d.h. eine der gewöhnlichen unähnliche Rede.« (Lotman 1972, 144) Maria Lypp sucht diesen eher beiläufigen Hinweis Lotmans nun in eine ausgefeilte Kinderliteraturtheorie umzusetzen. Sie löst sich hierbei von Lotmans Gattungseinteilung, um stattdessen literarische Komplexitätsbereiche zu umreißen, die durch gattungsübergreifende bzw. quer zur Gattungsdifferenzierung liegende literarische Verfahren und Strukturen charakterisiert sind. Das Resultat ist eine dreigliedrige Stufenkonstruktion, deren unterer Bereich strukturell mit Lotmans Lied-Stufe und deren oberer Bereich mit der der künstlerischen Prosa identisch ist. Lypps eigentliche Entdeckung stellt der bei Lotman noch nicht vorgezeichnete »mittlere Bereich« dar, ein Bereich »zwischen der Gebundenheit an Codes und dem negativen Bezug auf diese«. Dieser Bereich stellt in Lypps Augen das eigentliche kinderliterarische Feld dar, in ihm »werden konventionelle literarische Mittel eingesetzt, um komplexe Erscheinungen der Realität auf einfache Weise zugänglich zu machen« (Lypp 1984, 27).

Ist nun, so möchte ich fragen, die Lotmansche Genre-Hierarchie in der Weise kinderliteraturtheoretisch anwendbar, wie es bei Maria Lypp geschieht? Wie schon die russischen Formalisten, so bezieht sich meines Erachtens auch Lotman unausgesprochen auf eine dezidierte Kunstliteratur, auf eine die eigene Literarizität stets mitreflektierende Literatur, die ihrerseits eine »kunstbewußte« Rezeption voraussetzt. Diese den eigenen Kunstcharakter betreffende Reflexivität erwächst hierbei in nicht unbeträchtlichem Maße aus einem Sich-Absetzen vom Nicht-Literarischen, aus einem Sich-Setzen als das Andere der Umgangssprache. Die Wahrnehmung der Literarizität eines Textes stellt sich dabei mehr oder weniger leicht und handgreiflich ein – und zwar in Abhängigkeit von den Genrecharakteristika des jeweiligen Textes. Sinnfällig tritt der Kunstcharakter bei versifizierten Texten hervor. Bei Prosatexten dagegen ist er geradezu verborgen, versteckt, ähneln diese doch rein äußerlich der Umgangssprache; die Wahrnehmung ihres Kunstcharakters erweist sich als vergleichsweise schwierig. Auf den Schwierigkeitsgrad der Literarizitätserfahrung – auf nichts sonst – bezieht sich, soweit ich es abzuschätzen vermag, Lotmans Genre-Hierarchie.

Indem nun Maria Lypp die Lotmannsche Stufenkonstruktion zum Rahmen ihres Theorieentwurfes macht, unterstellt sie unausgesprochen, daß die Kinderliteratur von Beginn an eine ausgesprochene Kunstliteratur, eine die eigene Literarizität reflektierende Literatur ist; unterstellt ist damit gleichzeitig, daß für den Anfänger, den kindlichen Rezipienten, die ersten literarischen stets zugleich auch schon Literarizitäts-Erfahrungen sind. Diese unausgesprochenen Grundannahmen sind in meinen Augen problematisch. Ist die Kinderliteratur anfänglich nicht eher das Gegenteil, nämlich eine die eigene Literarizität überspielende, den Kunstcharakter gerade verbergende Literatur? Sollte dies zutreffen, dann ist die Anwendbarkeit der hier zur Rede stehenden Lotmanschen Genre-Hierarchie auf die literarische Ontogenese, auf den Prozeß des Literaturerwerbs, in Frage gestellt. Nach meiner Einschätzung kann Lotmans Theorem zur Rekonstruktion lediglich eines Teilprozesses der literarischen Ontogenese verwandt werden: des Prozesses der schrittweisen Ausbildung der kindlichen Literarizitätserfahrung nämlich, der die Entwicklung eines Fiktionalitätsbewußtseins als Moment einschließt. Tatsächlich stellt sich die Literarizitätserfahrung bei Kindern nicht mit einem Schlage und nicht bezogen auf das literarische Feld als Ganzes ein; es entwickelt sich vielmehr schrittweise und von

Gattung zu Gattung zu unterschiedlichen Zeitpunkten, in der Kinderlyrik beispielsweise früher als im Bereich der erzählenden Literatur. Insgesamt jedoch setzt dieser Prozeß erst relativ spät ein: nicht vor dem Grundschulalter, wie ich vermute. Vorausgegangen ist dem bereits eine Vielzahl literarischer Erfahrungen, haben sich unzählige Schritte der Aneignung literarischer Schemata und Redekonventionen beim kindlichen Rezipienten vollzogen, die ganz offensichtlich noch von einer »inadäquaten« Einstellung getragen werden, nicht von einem adäquaten Literarizitätsbewußtsein begleitet sind. Auf diesen gewissermaßen primären Teil der literarischen Ontogenese ist Lotmans Genre-Hierarchie meiner Einschätzung nach nicht anwendbar. Maria Lypp zwingt beide Prozesse, die zwar eine gewisse Parallelität aufweisen, zeitlich jedoch erheblich auseinanderliegen, zu einem Prozeß zusammen – mit der Auswirkung, daß sie die kindlichen Literarizitätserfahrungen entschieden zu früh ansetzt. Der von ihr unterstellte kindliche Rezipient weist von Beginn an eine hohe Reflektiertheit im Umgang mit literarischen Texten auf, was der Erfahrung, wie ich meine, widerstreitet. Es käme darauf an, die – übrigens außerordentlich originellen – Einzelbefunde bei Maria Lypp auseinander zu dividieren und auf zwei getrennte prozessuale Abfolgen aufzuteilen, von denen sich die eine auf die *literarischen*, die andere auf die *Literarizitätserfahrungen* des kindlichen Rezipienten bezieht.

Meine Auseinandersetzung mit Maria Lypps Studie hat nur erst zwei Aspekte berührt; auf die Fülle weiterer Theoreme einzugehen, sprengt den Rahmen dieses Diskussionsbeitrages. Der hier vorgebrachte systematische Einwand fällt übrigens unter die Art von Kritik, die als immanente bezeichnet wird. D.h. die Grundidee Maria Lypps, eine Poetik der Kinderliteratur als hierarchische Anordnung poetischer Verfahren nach Einfachheits- bzw. Komplexitätsgraden zu entwerfen, hat sich meine Kritik zu eigen gemacht, so daß nur noch die Art und Weise der Realisierung dieser Grundidee zur Debatte steht.[15] In vergleichbarer Weise gilt dies auch für meine Kritik am Theorieentwurf von Zohar Shavit. Die Leistung beider besteht darin, daß sie – auf jeweils unterschiedlichen Aufgabenfeldern der Kinderliteraturtheorie – Theorie-Grundrisse entworfen haben, hinter die in meinen Augen nicht zurückgegangen werden, an denen es erst recht kein Vorbeigehen mehr geben kann.

Literatur

Assmann, Aleida u. Jan Christoph Hardmeier (Hrsg.): *Schrift und Gedächtnis.* Beiträge zur Archäologie der literarischen Kommunikation. München 1983.
Assmann, Aleida: »Schriftliche Folklore. Zur Entstehung und Funktion eines Überlieferungstyps«. In: Assmann, Hardmeier (Hrsg.), 1983, 175-193.
Even-Zohar, Itamar: »Polysystem Theorie«. In: *Poetics Today* Vol. 1, 1979/80, 287-310.
– »Polysystem Studies«. In: *Poetics Today*, Vol. 11, 1990, Nr. 1, 1-268.

---

15 Vgl. in diesem Kontext meine Ergänzungsvorschläge in medialer (Oralität und Literalität) und historischer Hinsicht in Ewers 1989, 63f. und 65f., und die Antwort von Maria Lypp (Lypp 1989).

Ewers, Hans-Heino: »Die Kinderliteratur – eine Lektüre auch für Erwachsene? Überlegungen zur allgemeinliterarischen Bedeutung der bürgerlichen Kinderliteratur seit dem ausgehenden 18. Jahrhundert«. In: *Wirkendes Wort*, 36. Jg. 1986, H. 6, 467-482.

– Vorüberlegungen zu einer Theorie der Kinderliteratur. In: P. Conrady (Hrsg.): *Literatur-Erwerb*. Frankfurt 1989 (Jugend und Medien Bd. 17), 61-69.

– (1990a) »Das doppelsinnige Kinderbuch. Erwachsene als Mitleser und Leser von Kinderliteratur«. In: D. Grenz (Hrsg.): *Kinderliteratur – Literatur auch für Erwachsene? Zum Verhältnis von Kinderliteratur und Erwachsenenliteratur.* München 1990, 15-24.

– (1990b) Die Grenzen literarischer Kinder- und Jugendbuchkritik. In: B. Scharioth/J. Schmidt (Hrsg.): *Zwischen allen Stühlen. Zur Situation der Kinder- und Jugendbuchkritik.* Tutzing 1990, 75-91.

Faulstich, Werner: Systemtheorie des Literaturbetriebes: Ansätze. In: *Linguistik und Literaturwissenschaft 62* (1986), 125-133; 63 (1986), 164-169.

Haas, Gerhard (Hrsg.): *Kinder- und Jugendliteratur. Zur Typologie und Funktion einer literarischen Gattung.* Stuttgart 1974, 2. Auflage 1976.

Jacobson, Roman/Bogatyrev, P.: Die Folklore als eine besondere Form des Schaffens (1929). In: Roman Jacobson: *Selected Writings,* Paris 1966, Vol. IV, 1-15.

Kaminski, Winfred: *Einführung in die Kinder- und Jugendliteratur. Literarische Phantasie und gesellschaftliche Wirklichkeit.* Weinheim, München 1987 (Grundlagen sozialer Berufe).

Klingberg, Göte: *Kinder- und Jugendliteraturforschung. Eine Einführung.* A.d. Schwed. v. Erich Jürgen Pöck. Wien, Köln, Graz 1973 (Böhlens wissenschaftliche Bibliothek).

Lotman, Jurij M.: *Die Struktur literarischer Texte.* A.d. Russ. v. Rolf Dietrich Keil. München 1972. Aufl. 1981 (UTB 103).

Lypp, Maria: *Einfachheit als Kategorie der Kinderliteratur.* Frankfurt 1984 (Jugend und Medien Bd. 9).

– Literarische Bildung durch Kinderliteratur. In: P. Conrady (Hrsg.): Literatur-Erwerb. Frankfurt 1989 (Jugend und Medien Bd. 17) 70-79.

Marquardt,Manfred: *Einführung in die Kinder- und Jugendliteratur.* München 1977 (Sozialpädagogische Studienreihe).

Motté, Magda: *Moderne Kinderlyrik: Begriff – Geschichte – literarische Kommunikation – Bestandsaufnahme.* Frankfurt, Bern 1983.

Shavit, Zohar: The »Ambivalent Status of Texts. The case of Children's Literature«. In: *Poetics Today* Vol. 1, 1980, Nr. 3, 75-86.

– Poetics of Children's Literature. Athens, Georgia 1986.

– Systemzwänge der Kinderliteratur. In: D. Grenz (Hrsg.): *Kinderliteratur – Literatur auch für Erwachsene? Zum Verhältnis von Kinderliteratur und Erwachsenenliteratur.* München 1990, 25-34.

Steinlein, Rüdiger: *Die domestizierte Phantasie. Studien zur Kinderliteratur, Kinderlektüre und Literaturpädagogik des 18. und frühen 19. Jahrhunderts.* Heidelberg 1987 (Probleme der Dichtung Bd. 18).

Wild, Reiner: *Die Vernunft der Väter. Zur Psychographie von Bürgerlichkeit und Aufklärung in Deutschland.* Stuttgart 1987.

Wilkending, Gisela: *Kinder- und Jugendbuch.* Bamberg 1988 (Themen, Texte, Interpretationen Bd. 10).

Phantasie und Geschlechterdifferenz. Plädoyer für eine feministisch-komparatistische Mädchenliteraturforschung

Gertrud Lehnert (Bonn)

I. Zur Funktion von (Mädchen-) Lektüre

Emma Bovary, damals noch Emma Rouault, lernt im Pensionat eine »vieille fille« kennen, die zum Nähen ins Haus kommt und den jungen Pensionärinnen heimlich Romane ausleiht. Was für Emma zunächst wie ein Glück aussieht, entpuppt sich auf lange Sicht gesehen als Unglück: Durch seine Lektüre nämlich wird das junge Mädchen für das unromantische Alltagsleben völlig verdorben. Es besitzt keine ungetrübte Realitätswahrnehmung mehr, mißt das Leben stets an der Literatur und versucht gar, es der Literatur anzugleichen. Als Emma, die aus einer für sie unbefriedigenden Ehe auszubrechen versucht, sich ihren ersten Liebhaber genommen hat (oder von ihm genommen worden ist), realisiert sie das erst dann voll und ganz, als sie sich in ihrem Spiegel erblickt und laut zu sich selbst sagt: »J'ai un amant! un amant!«[1] Sie muß ihr Leben, um es überhaupt erleben zu können, in Worte fassen, literarisieren, interpretieren, aber das tut sie nicht etwa in origineller und innovativer Form, sondern ausschließlich nach dem Muster der gelesenen literarischen Texte – die wiederum bewirken, daß sie ihr eigenes Leben nur noch literarisiert, und das heißt damals noch: »verfälscht« wahrnehmen kann. Ein Teufelskreis also, aus dem es keinen Ausweg gibt.

Was ist das aber auch für eine Literatur, die das junge Mädchen von dem »alten« ausgeliehen bekommt?

»Ce n'était qu'amours, amants, amantes, dames persécutées s'évanouissant dans des pavillons solitaires, postillons qu'on tue à tous les relais, chevaux qu'on crève à toutes les pages, forêts sombres, troubles du cœur, serments, sanglots, larmes et baisers, nacelles au clair de lune, rossignols dans les bosquets, messieurs braves comme des lions, doux comme des agneux, vertueux come on ne l'est pas, toujours bien mis, et qui pleurent comme des urnes.«[2]

Kein Wunder also, daß Emma sich eine Vorstellung vom Leben macht, die wenig realistisch ist – der Erzähler jedenfalls läßt kaum einen Zweifel daran, daß die Literatur, die Emma liest, nicht nur allzu romantisch und trivial ist, als daß man sie mit »realistischen«

---

1 Gustave Flaubert: »Madame Bovary.« In: Flaubert: *Œuvres* 1. Ed. établie et annotée par A. Thibaudet et R. Dumesnil, Paris (Gallimard) 1951 (=Bibliothèque de la Pléiade), 269 – 683; hier: 439.

2 Ebda., 324/325.

Maßstäben messen könnte, sondern daß sie darüber hinaus gerade einem jungen Mädchen aus einfachen bäuerlichen Verhältnissen nicht angemessen ist, weil sie ihr Flausen von einem Leben in Reichtum, Müßiggang und mit ununterbrochenen galanten Liebesabenteuern in den Kopf setzt, das sie weniger noch als jede andere jemals wird führen können. So endet Emma im Kontext dieser einigermaßen affirmativ-deterministischen gesellschaftlichen Bestandsaufnahme des Romans folgerichtig, nachdem sie ihren langweiligen, plumpen und unbegabten Mann moralisch und finanziell ruiniert hat, im Selbstmord, den sie als letzte großartige Szene eines nur aus Rollenspiel bestehenden Lebens inszeniert. Es ist ihr nicht gegeben, aus ihrem Leben »das Beste zu machen« – sie kann stets nur das Beste aus zweiter Hand träumen. Aber irgendwann wird die Macht der Realität gegenüber der Illusion dann doch so groß, daß (Selbst-)Zerstörung der einzig mögliche Ausweg ist. Und nur mehr in dieser inszenierten und doch zugleich tödlich ernsten Selbstzerstörung vermag Emma als die Heroine zu überleben, die sie im Leben nie sein konnte.

Kaum ein Zufall ist es im übrigen, daß die Verleiherin dieser das Leben verfälschenden Literatur eine »alte Jungfer« aus verarmter Adelsfamilie ist, die sich Ersatzbefriedigung für das ihr vorenthaltene Leben aus der Literatur holt. Die unzufriedene alte Jungfer ist ein patriarchales Klischee, das sich als abschreckendes Beispiel für die Frauen und als lächerliche Figur für die Männer durch die androzentrische Literatur Europas zieht. »La vieille fille« ist das Gegenbild zu Emma insofern, als sie sozial eine gegenläufige Bewegung macht: Emma will – aufgrund und mithilfe der Literatur – von unten nach oben und landet doch nur ganz unten, »la vieille fille« ist bereits von oben nach unten gelangt und verwendet jetzt erst die Literatur als Trösterin. So wird hier bereits deutlich, wie sehr die Funktion der Literatur in diesem Roman von der jeweiligen sozialen Stellung der Leserin abhängig ist.

Der Erzähler läßt keinen Zweifel daran, daß Literatur das Leben – oder doch zumindest: die Wahrnehmung eines Menschen – beeinflussen und betroffenen Individuen demzufolge auch unmittelbar schaden könne. Diese präsupponierte unmittelbare Wirkmöglichkeit von Literatur, so obsolet sie im Sinne einer monokausalen Beziehung zwischen Werk und RezipientIn längst geworden ist, liegt dennoch ausgesprochen oder unausgesprochen als Grundüberzeugung der Mädchenliteraturkritik zugrunde, wie sie in den letzten beiden Jahrzehnten in Deutschland mit zunehmender Intensität betrieben worden ist. Vorwiegend didaktisch-pädagogisch orientiert, steht sie in einer viele Jahrhunderte zurückreichenden Tradition der Mädchenerziehung: Abhandlungen über die rechte Erziehung allgemein und über Mädchenerziehung speziell widmen sich immer wieder der Frage der Lektüre, und es herrscht Konsens darüber, daß Mädchen möglichst gar nicht oder wenn, dann höchstens ausgewählte moralisch-religiöse Schriften lesen sollten – in keinem Fall aber Romane, weil diese das Mädchen verderben könnten.[3] Wenn dennoch in der zweiten Hälfte des 19. Jahrhunderts eine speziell für heranwachsende Mädchen gedachte Roman-Literatur, die Backfischliteratur, entsteht, so ist dies

---

3 Vgl. hierzu etwa Susanne Zahn: *Töchterleben. Studien zur Sozialgeschichte der Mädchenliteratur.* Frankfurt (dipa) 1983.

kein Widerspruch.[4] Zwar wird weiterhin eine unmittelbare Einflußmöglichkeit durch Literatur als selbstverständlich unterstellt, aber man macht sich diese Möglichkeiten jetzt in einem gewandelten gesellschaftlichen Rahmen auf andere Art zunutze als früher. Allerdings wird hier eine den Geschlechterdiskursen der letzten Jahrhunderte innewohnende Uneindeutigkeit, ja Widersprüchlichkeit sichtbar. Wenn den Männern die zivilisatorische Kraft zugeschrieben wird und sie zugleich als erziehbar gelten, die Frauen komplementär dazu als »natürlich«, naturnah und nur in Maßen zu zivilistorischer Leistung und Bildung befähigt definiert werden, fragt es sich doch, warum ein Mädchen überhaupt erst zur Weiblichkeit erzogen werden muß. In den meisten erzieherischen Schriften geht es, ebenso wie in der Backfischliteratur, natürlich vorwiegend darum, die weiblichen Unarten auszumerzen. Aber diese Unarten bestehen oft genug in »männlichem« Verhalten: Wildheit, zuviel Interesse an Büchern oder ähnliches. Die scheinbar fraglos gegebene weibliche Natur muß verändert und verbessert werden, um die weibliche Bestimmung erfüllen zu können, die ebenfalls als natürlich gegeben gilt. So wird die Natur gleichsam kulturell durchsetzt, und die Naturdefinitionen werden fragwürdig.

Das Beispiel Emma Bovary jedenfalls verdeutlicht, daß ein von Pädagogen ausgesprochenes Leseverbot wenig fruchtet, wenn das Mädchen lesen *will* und in einem der elterlichen Kontrolle weitgehend entzogenen außerhäuslichen Rahmen auch die Möglichkeit dazu erhält (bzw. wenn es dazu »verführt« wird). Folglich bietet es sich an, jenes Leseinteresse (bzw. die vielzitierte »Lesewut«) zu kanalisieren und auf diese Weise wenigstens gezielten Einfluß zu nehmen. Bereits der Fürstenerzieher Bischof Fénelon hatte in seinem berühmten Traktat *De l'education des filles* von 1687[5] vorgeschlagen, man solle dem Kind das Ausleben seiner Unarten erlauben, damit man diese desto besser kontrollieren könne. Das läßt sich leicht vom Individuum hinweg verallgemeinern und auf den literarisch-pädagogischen Prozeß übertragen. Strukturell besitzt – bei durchaus gewandelten Inhalten – diese Position innerhalb der Mädchenliteraturforschung noch immer Gültigkeit. Inzwischen argumentiert man zwar nicht mehr in Richtung auf eine nahtlose Anpassung des Kindes an bestehende gesellschaftliche Normen, sondern eher für eine kritische Haltung gegenüber solchen Normen sowohl allgemein sozialer als auch im besonderen geschlechtsspezifischer Art. Aber es hat sich wenig daran geändert, daß Mädchenliteratur mehr noch als die Kinder- und Jugendliteratur schlechthin vorwiegend als repressives oder emanzipatorisches, in jedem Fall unmittelbar wirksames Instrument der Sozialisation betrachtet wird. Das hat zur Folge, daß in der Mädchenliteraturkritik ästhetische Gesichtspunkte oder, was noch wichtiger wäre, narratologische Fragen oft nur eine untergeordnete Rolle spielen. Vielmehr wird häufig rein inhaltlich-politisch argumentiert; die

4 Vgl. hierzu vor allem Gisela Wilkending: »Mädchenliteratur von der Mitte des 19. Jahrhunderts bis zum Ersten Weltkrieg«, in: *Geschichte der deutschen Kinder- und Jugendliteratur*, hg. v. Reiner Wild. Stuttgart (Metzler) 1990, 220 – 250. – Die Zeit davor wird abgedeckt von der umfassenden historischen Darstellung des Genres von Dagmar Grenz: *Mädchenliteratur. Von den moralisch-belehrenden Schriften im 18. Jahrhundert bis zur Herausbildung der Backfischliteratur im 19. Jahrhundert*. Stuttgart (Metzler) 1981.
5 Fénelon: *Œuvres*, Vol. 1. Ed. établie par Jacques Le Brun. Paris (Gallimard) 1983, 89 – 171 (=Bibliothèque de la Pléiade).

politische Korrektheit der geschilderten Frauen- und Mädchenrollen wird zur Norm gemacht, die Texte werden als »gut« oder als »schlecht«, »richtig« oder »falsch« klassifiziert; kurz: es wird ge- und verurteilt, und es werden nicht zuletzt auch Ratschläge erteilt.[6] Die Argumentation ist oft nicht nur rein inhaltlich fundiert, sondern basiert häufig auf einer theoretisch wenig problematisierten feministischen Ideologie, in der eine einfache, monokausale und vorgeblich allgemein gültige Struktur mit unterdrückenden Männern einerseits und unterdrückten Frauen andererseits postuliert wird, die allzu leicht durchschaubar und kritisierbar ist und deren jeweilige gesellschaftliche und historische Bedingtheit selten reflektiert wird. Daraus resultiert die oben erwähnte Orientierung an vorgefaßten Urteilen wie »richtig« oder »falsch« (die ohnehin im literarischen Bereich wenig sinnvoll sind); kurz: die Texte werden ausschließlich als pädagogische Indoktrinationswerkzeuge betrachtet, deren innertextuelle wie interkulturelle Vielschichtigkeit wenig Betrachtung finden.[7]

Daß dieses Erkenntnisinteresse außerordentlich notwendig und nützlich ist, steht außer Frage. Es ist indessen zu einseitig und verspricht auch inzwischen kaum noch neue Aufschlüsse. »Feminismus« läßt sich nicht mehr – wenn es überhaupt je möglich war – als ein homogenes Phänomen verstehen, sondern ist aufgesplittert in »Feminismen«; d. h. der Monokausalität wird eine Pluralität entgegengesetzt, die nicht mit Beliebigkeit zu verwechseln ist. Extreme auf dem Spektrum der »Feminismen« wären der politisch-pragmatische, anwendungsbezogene Feminismus einerseits und ein rein theoretisch-reflexives Modell andererseits, dem es nur mehr um die Erkenntnis von vielfach verwobenen Strukturen, etwa auch Machtstrukturen in der Sprache, geht. Der gegenwärtigen Tendenz zu größerer Differenziertheit läßt sich Rechnung tragen, wenn man dem anglo-amerikanischen Beispiel folgt, der die Begriffe »Woman's Studies« oder »feminist criticism« inzwischen oft ersetzt oder doch wenigstens erweitert durch »gender studies«, weil dieser Begriff sofort verdeutlicht, daß es kaum um eine isolierte Betrachtung von Frauen/Mädchen/Weiblichkeit gehen kann, sondern daß es um eine kontextabhängige Analyse von Geschlechterrollen und Geschlechterdifferenzen gehen muß, die nur dann, wenn man sie in Interaktion miteinander sieht, sinnvoll zu untersuchen sind. Im deutschen Bereich gewinnt analog dazu der Begriff »Geschlechterdifferenz« als Bezeichnung für einen Untersuchungsgegenstand zunehmend an Bedeutung, wobei nicht verhehlt werden soll, daß ein spezifisch frauenorientiertes (feministisches) Interesse dabei immer noch im Spiel sein muß.

---

6 Vgl. Brigitte Pyerin: *Mädchenliteratur und Emanzipation. Kritische Fragen an Dagmar Chidolue im Kontext feministischer Literaturpädagogik.* Frankfurt (dipa) 1989. – Siehe auch Malte Dahrendorf: *Das Mädchenbuch und seine Leserin. Jugendlektüre als Instrument der Sozialisation.* Weinheim – Basel (Beltz) 1978.

7 Die wichtigste Ausnahme von diesem zugegebenermaßen einigermaßen einseitig und vereinfachend skizzierten Befund bilden die Arbeiten von Gisela Wilkending; und zwar die bereits erwähnte historische Darstellung der Mädchenliteratur, vor allem aber auch der einer psychoanalytischen Betrachtungsweise verpflichteter Aufsatz: »Man sollte den Trotzkopf noch einmal lesen. Anmerkungen zu einer anderen Lesart«, in: *Fundevogel* 78/79 (Sept./Okt. 1990), 4 – 9.

II. Theoretische Grundlagen

So ist gegen den weiter oben kurz skizzierten Ansatz ein Konzept von Kinderliteratur als Teil eines komplexen kulturellen Systems zu setzen, der jenseits aller ästhetischen oder pädagogischen Wertungen in seinen Zusammenhängen und Funktionsweisen analysiert werden müßte und paradigmatische Aufschlüsse über das Kultursystem schlechthin verspricht. Es scheint außerordentlich vielversprechend, dieses von Zohar Shavit[8] in die Kinder- und Jugendliteraturforschung eingeführte kultursemiotische Konzept auf den Spezialfall der Mädchenliteraturforschung zu übertragen und zu ergänzen durch andere erkenntnistheoretische Ansätze aus den poststrukturalistisch orientierten feministischen Kulturwissenschaften. Der Aspekt der Geschlechterdifferenz und seiner Konstruktion mittels narrativer Mittel sollte im Zentrum der Analyse stehen, und zwar sowohl auf einer synchronen als auch einer diachronen Ebene. Daß dies nur im komparatistischen Rahmen geschehen kann, liegt auf der Hand, da ein einzelphilologischer Ansatz weder methodisch noch hinsichtlich des zu analysierenden Materials genügend ausgestattet ist bzw. ausreichend allgemeine Aussagen zuläßt. Komparatistik jedoch als internationale und interkulturelle Wissenschaft bietet sich wie keine andere an, um zu allgemeinen, sowohl praktisch-historischen wie theoretischen Aussagen über »die« Mädchenliteratur zu kommen und außerdem diese Befunde entsprechend dem jeweiligen kulturellen und historischen Rahmen zu spezifizieren. Beispielsweise dürfte ein Querschnitt durch die internationale Mädchenbuchproduktion zu einem gegebenen Zeitpunkt unterschiedliche Befunde etwa für den deutschen und den anglo-amerikanischen Sprachraum ergeben, die sich aber gegenseitig erhellen und ergänzen würden. Dies kann kaum geschehen, wenn man, wie dies in der Kinder- und Jugendliteraturforschung oft genug geschieht, fremdsprachige Texte in deutschen Übersetzungen liest und sie behandelt wie originär deutsche Texte oder doch wie Elemente aus einem als homogen aufgefaßten Corpus von Kinderliteratur schlechthin, das in sich nicht mehr differenziert wird nach kulturellen, sozio-historischen, literaturgeschichtlichen und speziell kinderliteraturgeschichtlichen Aspekten. Das hat viel mit der Frage der Übersetzung und der Rezeptionshaltung zu tun, d. h. mit dem in der Übersetzungskritik seit Schleiermacher und Goethe auf die Formel gebrachte Dilemma: Soll ein Text eingedeutscht, zum Leser gebracht werden, so daß er sich wie ein von vornherein in der Zielsprache verfaßter Text liest, oder wird der Leser zum Text gebracht, d. h. Brüche und Fremdheiten des ursprünglichen Originals schimmern noch in der Übersetzung durch?

Ist der komparatistische Ansatz also sinnvoll im Interesse einer stärkeren Differenziertheit sowohl der Methoden als auch des Gegenstandes selbst, so muß dies ebenso gelten für die jeder Untersuchung zugrundeliegenden ideologischen Konzepte wie beispielsweise das für eine auf Geschlechterdifferenz zielende Analyse zentrale Problem von gesellschaftlicher Macht und Ohnmacht. Macht läßt sich spätestens seit Michel

---

8 *Poetics of Children's Literature*, Athens-London (University of Georgia Press) 1986. Vgl. auch Shavits Beitrag in diesem Band.

Foucault[9] nicht mehr begreifen als etwas, was eine Person oder eine Bevölkerungsgruppe auf eine andere ausübt, sondern muß verstanden werden als ein komplexer Interaktionszusammenhang, der alle gesellschaftlichen Bereiche umfaßt und an dem alle – auch und gerade im Widerstand – teilhaben. Die inhärente Problematik dieses Ansatzes ist von feministischen und nichtfeministischen TheoretikerInnen zum Ausgangspunkt ihrer weiterführenden Überlegungen gemacht worden: Wie ist es möglich, eine Subjektposition außerhalb eines Systems zu beziehen, wenn man doch rettungslos im System steckt? Ist (und wenn ja, wie) Veränderung innerhalb dieses letztlich geschlossenen Systems überhaupt möglich?

Die Relevanz des Foucaultschen Ansatzes für die Erforschung der Mädchenliteratur liegt auf der Hand. Mädchenliteratur kann auf dieser Prämisse nicht mehr nur als einfache passive Widerspiegelung bzw. pädagogisch orientierte Affirmation ungerechter und in jedem Fall klar zu durchschauender Machtverhältnisse begriffen werden (*die* Männer unterdrücken *die* Frauen), sondern vielmehr in sehr viel subtilerer und komplexerer Weise als aktiver und konstruktiver (und das heißt möglicherweise auch: subversiver) Bestandteil jener durchaus komplexen Machtverhältnisse innerhalb eines kulturellen Systems, über dessen Funktionsweise sie paradigmatischen Aufschluß verspricht. Mit »Feindbildern« ist hier wenig zu erreichen: Die vor allem amerikanische feministische Kulturkritik hat längst selbst die in ihren Anfängen (zum Zweck der politischen Konsolidierung notwendigerweise) praktizierte Proklamation von Homogenität (etwa der Gruppe *der* Frauen gegenüber *den* Männern) kritisiert und als aporetisch erwiesen, da solche zwanghaften Homogenisierungen nicht nur die Unterschiede innerhalb der einzelnen Gruppen (zwischen den einzelnen Frauen etwa) ignorieren, ja unterdrücken, sondern auch eine Tendenz aufweisen, selbst imperialistisch zu werden und mit radikalem Ausschluß alles dessen zu arbeiten, was sich der Homogenität widersetzt oder entzieht. Das führt nur mit umgekehrten Vorzeichen genau das fort, was im logozentrischen, auf binären Oppositionen basierenden abendländischen Denken seit jeher praktiziert wurde. So wird etwa die Annahme eines universell gültigen Patriarchats längst als imperialistisch verworfen, da sie ethnischer Eigenheiten nicht Rechnung trage, sondern weiße Mittelschichtmaßstäbe als allgemeingültig setze.[10] Diese Prämissen bedeuten keineswegs, daß Geschlechtsunterschiede völlig wertfrei als »gender difference« zu analysieren wären. Vielmehr ist stets im Auge zu behalten, daß diese »gender difference« (im poststrukturalistischen Sinne) stets auch eine je nach Gesellschaft und Zeit unterschiedliche »gender hierarchy« impliziert, die von der marxistisch-feministischen Kritik betont wird.[11]

---

9   Vgl. vor allem: *Surveiller et punir. Naissance de la prison.* Paris (Gallimard) 1975. *Histoire de la sexualité.* Vol. 1: *La volonté de savoir.* Paris (Gallimard) 1976.

10 Vgl. u. a. Gayatri Chakravorty Spivak: *The Post-Colonial Critic. Interviews, Strategies, Dialogues.* Ed. by Sarah Harasmyn. New York – London (Routledge) 1990.

11 Vgl. Elaine Showalters »Introduction: The Rise of Gender«, in: S*peaking of Gender.* Ed. by E. Showalter, New York-London (Routledge) 1989, 1 – 13.

Für die Geschlechterrollen und Geschlechterverhältnisse ergibt sich auf der Basis des oben skizzierten Machtkonzepts ein durchaus differenzierteres Bild, als dies die schlichte Gleichsetzung: Männer=Unterdrücker; Frauen=Unterdrückte suggerieren möchte. Dies gilt auch für die Repräsentation dieser Verhältnisse in literarischen wie außerliterarischen Zeichensystemen. Wenn Teresa de Lauretis Satz gilt: »the representation of gender *is* its construction«[12], dann hat alle Repräsentation aktiven und konstruktiven Charakter, der über das pädagogisch Nützliche hinausgeht, und muß auf eben dies hin analysiert werden. Das kann unmöglich nur auf der Ebene vordergründiger inhaltlich-politischer Aussagen getan werden, wie dies im Bereich der Mädchenliteraturkritik noch häufig geschieht, sondern es muß notwendigerweise die narrative Struktur der jeweiligen Texte (Bilder, Symbole, sprachliche Brüche) in den Vordergrund gestellt werden, die der Polyvalenz (und damit auch Widersprüchlichkeit) sowohl des einzelnen Textes selbst als auch seiner Beziehung zu außerliterarischen Diskursen eher gerecht wird. Das impliziert eine Lektüre gegen den Strich, um die Aktualität von Texten zu erweisen, die oft nur im Bereich der jener narrativen Strukturen zu finden ist. So läßt sich dann beispielsweise – etwa auch unter Einbeziehung der an Freud und Lacan orientierten psychoanalytischen Literaturkritik – differenzierter diskutieren, welcher Weiblichkeitsbegriff in einem gegebenen Text mit sprachlichen Mitteln konstruiert wird, wie er teilhat an außerliterarischen oder andersliterarischen Diskursen der jeweiligen Zeit; und wie dieser Weiblichkeitsbegriff verwendet wird, um Geschlechterrollen zu konstruieren, zu affirmieren oder in Frage zu stellen. Daran schließt sich automatisch die Frage an, wie ein solcher Weiblichkeitsbegriff überhaupt theoretisch zu fassen ist. Die amerikanische Philosophin Judith Butler stellt in ihrem Buch *Gender Trouble*[13] die Annahme eines fraglos gegebenen biologischen Geschlechts (im Sinne von »sex«) *vor* jedem psychosozialen Geschlecht (im Sinne von »gender«) grundsätzlich in Frage. Die Stabilität der binären Geschlechterverhältnisse sei gerade dadurch gewährleistet, daß die Zweiheit der biologischen Geschlechter in einen prädiskursiven, eben als »natürlich« angenommenen Bereich verlagert werde. Dies wiederum perpetuiere die bereits oft kritisierte Annahme, das psychosoziale Geschlecht sei der mehr oder weniger getreue kulturelle Ausdruck des biologischen Geschlechts, während doch die Frage sei, ob das biologische Geschlecht nicht eine ebenso kulturelle Konstruktion sei wie »gender«, ja sogar durch das psychosoziale Geschlecht allererst produziert werde. Unabhängig von der Möglichkeit der praktischen Anwendbarkeit solcher Theorien (um die es ihnen qua Theorien auch gar nicht gehen kann) ist deren heuristischer Wert doch unbestreitbar. Sie bedeuten eine Kritik des in der feministischen Diskussion umstrittenen Essentialismus, dem Butler einen »Konstruktionismus«[14] entgegensetzt, der zumindest der Falle entgeht, in die der Essentialismus oft genug fällt: nämlich Althergebrachtes unter neuen Vorzeichen ideologisch verbrämt zu

---

12 »The Technology of Gender«, in: T. de Lauretis: *Technologies of Gender. Essays on Theory, Film and Fiction*. Bloomington-Indianapolis (Indiana UP) 1987, 1 – 30, hier: 3.

13 *Gender Trouble. Feminism and the Subversion of Identity*. New York-London (Routledge) 1990. Seit 1991 auch auf deutsch unter Titel: *Das Unbehagen der Geschlechter* bei Suhrkamp erhältlich.

14 Diesen Begriff entnehme ich als wörtliche Übersetzung von »constructionism« Diana Fuss: *Essentially Speaking. Feminism, Nature and Difference*. New York-London (Routledge) 1989.

perpetuieren, indem Frauen plötzlich wieder als »von Natur aus« anders gelten, und d. h. im neuen Kontext: *besser* als die Männer, statt schlechter oder unterlegen, wie diese vorgebliche weibliche »Natur« oft gedeutet wurde und wird. Trotz einer veränderten Wertung muß diese fortgesetzte Festlegung der Frauen auf ihre aus ihrer Biologie resultierende »Natur«, die etwa das Lebensspenden einschließt, in der (erkenntnistheoretischen und veränderungsbezogenen) Aporie enden.

Die Mädchenliteratur nun geht in der Regel ebenso wie ihre bisherigen KritikerInnen von einem solchen Essentialismus aus, der aber, was bisher kaum geschehen ist, kritisch auf seine Funktion und sein Funktionieren innerhalb bestimmter Machtstrukturen hin befragt werden muß. Dabei kann sich durchaus zeigen, daß Essentialismus keineswegs »rein« vorkommt, sondern (wie dies Diana Fuss in einem allgemeinen Kontext für viele TheoretikerInnen der einen wie der anderen Richtung aufzeigt) oft ein gehöriges Maß an Konstruktionismus enthält (wie umgekehrt konstruktionistische Ansätze selten ohne jeden Essentialismus auskommen). Das Gegeneinander und Miteinander solch unterschiedlicher Tendenzen innerhalb eines (oder vieler) Texte in ihren je unterschiedlichen Gewichtungen sowohl systematisch als auch historisch aufzuzeigen, wäre eine der Aufgaben einer feministischen Mädchenliteraturkritik, die damit Einsichten in kulturelle Mechanismen erlauben würde, in denen die Repräsentation mit der Konstruktion und Dekonstruktion ein unauflöslich scheinendes Verhältnis eingeht. Dabei ist dann durchaus auch zu fragen, wie sehr die Essentialismusproblematik auf der kritischen Ebene wiederholt und affirmiert wird, indem Frauen beispielsweise als die »von Natur aus« (oder aufgrund ihrer sozialen Konditionierung, was dabei fast auf das gleiche hinauskommt) mütterlichen und lebenszugewandten Menschen gesehen und deshalb, ob sie selbst Mütter sind oder nicht, in einen essentiellen Zusammenhang mit Kindern und dann auch mit Kinderliteratur gestellt werden. Dem zugrunde liegt auch die unausgesprochene Vorstellung von einer fruchtbar zu machenden größeren Naturnähe von Frauen und Kindern. So sehr dies als Chance begriffen werden kann, setzt es doch nur die lange Tradition der Gleichsetzung von Frauen und Kindern fort, deren tertium comparationis gesellschaftliche Minderwertigkeit und Unmündigkeit war. Praktisch wird sie darin sichtbar, daß Frauen am ehesten die gesellschaftlich weniger hochangesehenen Tätigkeiten übernehmen durften wie etwa das Schreiben von Mädchenbüchern.[15] Es ist gefährlich, alte ideologische Strukturen beizubehalten und nur neu zu werten, denn daß die Wertungen dem historischen Wandel unterliegen und ganz schnell wieder in ihr Gegenteil umschlagen können, ist bekannt und oft genug geschehen.[16] Viel sinnvoller scheint es für die Literatur- und Kulturkritik, die Problematik von Identität im allgemeinen und von geschlechtsspezifischer Identität im besonderen innerhalb der Texte zu analysieren. Ist (geschlechtsspezifische) Identität ein Erfahrungswert oder ein normatives Ideal, das u. U. der Ver-

---

15 Diesen Zusammenhang macht Gisela Wilkending sehr deutlich: » Mädchenliteratur von der Mitte des 19. Jahrhunderts bis zum ersten Weltkrieg« a.a.O., 1990.
16 Siehe hierzu etwa Silvia Bovenschen: *Die imaginierte Weiblichkeit. Exemplarische Untersuchungen zu kulturgeschichtlichen und literarischen Präsentationsformen des Weiblichen.* Frankfurt (Suhrkamp) 1979.

schleierung des Interesses an einer Stabilisierung und Perpetuierung des Status quo dient, der seinerseits durch »multiple« oder offene Identitäten entscheidend in Frage gestellt würde? Wieweit ist es möglich, innerhalb der Mädchenliteratur »offene« oder »multiple« Identitäten zu gestalten, wenn sie, wie die Kinder- und Jugendliteratur schlechthin, dem Strukturprinzip der »Einfachheit«[17] verpflichtet ist (die nicht mit Simplizität verwechselt werden darf)? Inwieweit sind das Sprechen über Identität und das über Sexualität untrennbar miteinander verwoben, und wie ist das in der Mädchenliteratur umgesetzt? Michel Foucault hat in seiner *Geschichte der Sexualität* eine Entfaltung der Diskurse über Sexualität unter anderem im 19. Jahrhundert konstatiert. Es ist auffällig, daß die Backfischliteratur gerade in jener Zeit entstanden ist. Das dürfte kaum ein Zufall sein und hat nicht nur mit gewandelten sozio-ökonomischen Bedingungen zu tun, die ihre Rückwirkungen auch auf das (Selbst-) Bild des (weiblichen) Individuums hatten, sondern ebenso mit einem zunehmenden Sprechen über Sexualität. Nun wird zwar in den Backfischbüchern in aller Regel gerade die Sexualität konsequent ausgeklammert.[18] Aber um was anders als um Sexualität geht es in Literatur über heranwachsende (pubertierende) Mädchen für heranwachsende (pubertierende) Mädchen, auch wenn es nicht explizit gemacht wird? Zumindest die Auswirkungen einer sich entfaltenden und zu unterdrückenden Sexualität werden thematisiert, und damit kommt auf Umwegen auch die Sexualität selbst wieder zur Sprache – die Unterdrückung ist ja gerade das Kennzeichen der (weiblichen) Sexualität im Viktorianismus. In vielen Texten tauchen auf der Ebene der Bilder und Symbole Zeichen auf, die sich einer eindeutigen soziologischen Interpretation entziehen, aber unter Heranziehung psychoanalytischer Kriterien erklärbar sind als Repräsentationen von (verdrängtem?) Begehren. Auf genau dieser Ebene ist die Sexualität allgegenwärtig, und es wird – uneigentlich – beständig über sie gesprochen. Sie kommt in diesem uneigentlichen Sprechen als Verdrängtes zur Sprache, aber zugleich als Erwartetes, unbennbar zwar, aber doch das weibliche Leben unablässig bestimmendes, alles durchdringendes Element gerade aufgrund der diskursiven Leerstellen, von denen sie – ex negativo und vage ausweichend – geschaffen wird. D. h.: Sie wird als Unbenennbares, aber Allgegenwärtiges – als Machtinstrument – überhaupt erst diskursiv produziert und zugleich klassifiziert und geregelt, und ein wichtiger Ort dieser Produktion von Sexualität zum Zwecke ihrer Verwaltung und Kanalisierung auf bürgerliche Ziele hin ist die Mädchenliteratur. Literatur funktioniert bekanntlich oft wie die Produktion von Träumen: Es wird verschoben, verdichtet, verdrängt – und doch ausgesagt.[19] Dies ist, wie Freud erklärt hat, an »trivialen« Texten noch deutlicher zu erkennen als an den

---

17 Maria Lypp: *Einfachheit als Kategorie der Kinderliteratur.* Frankfurt (dipa) 1984 (=Jugend und Medien 9).

18 Vgl. hierzu Wilkending: »Mädchenliteratur von der Mitte des 19. Jahrhunderts...«, *1990.*

19 Sigmund Freud: *Die Traumdeutung* [1900] Bd. II der Sigmund Freud-*Studienausgabe*; hg. v. Alexander Mitscherlich, Angela Richards, James Strachey. Frankfurt 1989. Ders.: »Der Dichter und das Phantasieren« [1908]. In: *Studienausgabe* Bd. X: *Bildende Kunst und Literatur*, Frankfurt 1989 (=9. Auflage); 169 – 179.

»Höhenkammtexten«; und die Mädchenliteratur gilt bekanntlich weitgehend als trivial.[20]

Bestimmte familiäre Konstellationen wie der Ödipuskomplex sind in der Backfischliteratur auffallend häufig als kulturelle Grundmuster (im Sinne kultureller Konstrukte, nicht anthroplogischer Konstanten) erkennbar; Giesela Wilkending hat dies für den *Trotzkopf* herausgearbeitet,[21] und dasselbe läßt sich etwa auch in Henny Kochs *Papas Junge* nachweisen. Man mag füglich bezweifeln, daß der Ödipuskomplex ein allgemeingültiges, überzeitliches Phänomen sei. Er ist vielmehr der komprimierte wissenschaftlich-bildliche Ausdruck bestimmter Konstellationen, die in einer bestimmten Gesellschaft unter bestimmten Bedingungen kulturell produziert werden. Aber gerade darum lassen sich auch beispielsweise in der Literatur Konstellationen aufdecken, die diesem Muster entsprechen. Das wiederum bedeutet, daß man nicht bei der Konstatierung solcher Übereinstimmungen stehenbleiben und sie als »naturgegeben« hinstellen sollte, sondern daß eine Analyse der Entstehungsbedingungen solcher Konstellationen und ihrer kulturellen Funktion sich notwendig anschließen muß. Pointiert gesagt: Indem man solche Konstellationen (etwa den Ödipuskomplex) als anthropologische Konstante akzeptiert, verschließt man die Augen vor den gesellschaftlichen (patriarchalen) Interessen, denen sie dienen, und verhindert jede Veränderung.

Das psychoanalytische Konzept soll mithin keineswegs überinterpretiert werden: Es ist ein kulturelles Konzept, das nur für eine bestimmte Kultur zu einer bestimmten Zeit modellhaft-komprimierende Gültigkeit beanspruchen kann und seinerseits in hohem Maße deutungs- und kritikbedürftig ist. Dennoch scheint es mir wichtige Anregungen für die Analyse von Literatur zu geben, und es ist zu untersuchen, wieweit dies auch für die Analyse der Mädchenliteratur fruchtbar zu machen ist.

In der Mädchenliteratur wird häufig noch immer davon ausgegangen, daß das, was ausgesagt wird, klar definierbar und fixiert sei. Bezeichnetes und Bezeichnendes scheinen in eins zu fallen, und es gibt keine Verschiebungen, Grauzonen der Bedeutung, keine Konnotationen – es gibt nur Denotate. Mir scheint es nun aber gerade wichtig zu sein, daß diese Grauzonen und Verschiebungen, die Brüche und Kontexte stärker berücksichtigt werden, um der Mädchenliteratur als sozialem und literarischem System gerecht werden zu können. Erst dann kann sich u. U. eine Bedeutungsvielfalt enthüllen, die einer einsinnigen Betrachtung verloren geht und die tiefere Einblicke in feinverästelte und subtilere Prozesse der Erzeugung und Konstruktion von Machtverhältnissen, von Realität und Identität ermöglicht. In dieser Fragestellung geht es nicht mehr um die Beibehaltung der binären Struktur mit ständig wechselnden Vorzeichen (mal ist die eine Seite gut, mal die andere), sondern letztlich um die Frage, ob diese binären Strukturen verlassen werden können, und zwar einerseits in der theoretischen Reflexion, andererseits inner-

---

20 Es steht hier im übrigen ja auch keine ästhetische Aufwertung zur Debatte, sondern eine Umverteilung der Schwerpunkte: Kinderliteratur – und speziell Mädchenliteratur – kann man kaum gerecht werden, wenn man sie entweder nur als pädagogische Literatur betrachtet oder, als anderes Extrem, versucht, sie mit allgemeinen ästhetischen Maßstäben als Kunstwerke zu beurteilen.

21 »Man sollte den Trotzkopf noch einmal lesen...« a.a.O.,1990.

halb der zu untersuchenden literarischen Texte. Hier wäre etwa auf die kinderliterarischen Beispiele zu verweisen, in denen ein Spiel mit geschlechtsspezifischer Identität
etwa mittels Verkleidung betrieben wird. Dieses Spiel wäre im Hinblick auf die damit
implizierten Probleme der Identität – deren Affirmation, Konstruktion oder Subversion
– hin zu untersuchen. Die damit zusammenhängende Frage ist, wem oder was die Beibehaltung der binären Struktur dient. Dies wiederum setzt notwendig kritische Selbstrefle-
xion voraus, und es schließt sich der Kreis zur oben kurz erwähnten Problematik, wie
man zugleich innerhalb *und* außerhalb des Systems argumentieren könne. Die feministische Reader Response-Theorie setzt sich mit diesem Aspekt auseinander, denn eine feministische Leserin/Kritikerin ist zunächst einmal nicht nur mit »männlichen« Texten
groß geworden, sondern auch und vor allem mit »androcentric reading strategies and
values [...] The feminist story [of reading] stresses that patriarchal constructs have objective as well as subjective reality; they are inside and outside the text, inside and outside the
reader.«[22] Daraus ergibt sich der Begriff der »Bitextualität«: »woman's writing is always
›bitextual‹, in dialogue with both masculine and feminine literary traditions.«[23] In bezug
auf die Mädchenliteratur wird dies in besonderer Weise relevant: Sie ist Literatur für
weibliche Leserinnen, in der Regel geschrieben von weiblichen Autorinnen, und meistens kritisiert von weiblichen Kritikerinnen. Aber all dies ist überhaupt nur möglich im
sanktionierten patriarchalen Rahmen, der die Bedingungen setzt, die Frauen erfüllen
müssen, um überhaupt öffentlich zu Wort kommen zu dürfen. Dieser patriarchale Rahmen wird also auf mindestens drei Ebenen wirkungsvoll: Erstens setzt er die Entstehungsbedingungen der Mädchenliteratur fest, er bestimmt zweitens über deren Rezeption, und drittens wird er auch auf der textuellen Ebene wichtig, denn die Mädchen im
Text werden ja meist nur in bezug auf den Mann definiert und erzogen. Auch wenn kein
Mann vorkommt (obgleich Väter oft da sind, und später dann der Bräutigam auftaucht,
der den Vater ideal ersetzt), ist der Mann stets der sichtbare oder unsichtbare Bezugs-
punkt sämtlicher weiblicher Existenzen im Buch. Um so interessanter ist es zu untersuchen, welche narrativen Strategien diesen Rahmen entweder voll zur Geltung bringen –
oder ihn gar aufbrechen. Eine Untersuchung solcher Strategien mag durchaus zu einem
Ergebnis kommen, das dem der Textoberfläche diametral entgegengesetzt ist.

In diesem Zusammenhang wäre auch der Wandel des Subgenres Mädchenliteratur
speziell in den letzten Jahrzehnten zu untersuchen, der sich auf inhaltlicher Ebene ebenso realisiert wie auf erzähltechnischer und sprachlicher. Welche Faktoren tragen zu einem solchen Gattungswechsel bei? Ändert sich die Mädchenliteratur, oder löst sie sich
ganz auf, indem sie mit anderen Gattungen verschmilzt? Sind strikte Gattungsgrenzen
überhaupt noch klar zu ziehen? Hier wäre auch nach dem Stellenwert der Mädchenliteratur im literarischen Subsystem Kinderliteratur zu fragen: Hat die Mädchenliteratur
nicht die gleiche unterlegene Position innerhalb des Systems Kinderliteratur, wie die
Kinderliteratur als ganze wiederum innerhalb des Polysystems Literatur? Wenn ja: Hat

---

22 Patricinio P. Schweickart: »Reading Ourselves: Toward a Feminist Theory of Reading«. In:
   Speaking of Gender, 17– 44; hier: 34.
23 Showalter, Introduction, a.a.O., 4.

dies Auswirkungen auf die literarische Gestaltung, konkret etwa auf die von Shavit konstatierte Phasenverschiebung der kinderliterarischen Entwicklung im Vergleich zur allgemeinen Literatur, die u. U. im Hinblick auf die Mädchenliteratur noch einmal differenziert werden muß?

III. Mädchenliteratur und Phantasie – Ein Fallbeispiel

Eine deutlich zu erkennende Wunscherfüllungsphantasie nach dem Märchenmuster ist Frances Hodgson Burnetts *A Little Princess*,[24] 1888 erstmals erschienen und schnell zum Klassiker avanciert. Geschlechtsidentität wird in diesem Roman niemals thematisiert, ist aber in geradezu aufdringlicher Weise ständig als implizites Thema präsent. Die erstaunliche geistige Selbständigkeit und Lebendigkeit der »kleinen Prinzessin« Sara Crewe, vordergründig ein emanzipatorisches Moment, kann sich im Grunde aber doch nur im Rahmen einer rein patriarchal orientierten Welt der Männer entfalten. Der Roman besitzt ungeachtet der geradlinigen und dem vergleichsweise einfachen Märchenmuster verpflichteten Erzählung eine gewisse Komplexität hinsichtlich der Konstruktion der Geschlechterrollen, der scheinbare Emanzipation der Protagonistin, hinsichtlich der nur scheinbar erschütterten sozialen Ordnung, und last but not least im Hinblick auf den Stellenwert der Phantasie. Unter anderem deswegen soll eine Analyse dieses Romans als Gegenstück zu *Madame Bovary* den Schluß dieses Aufsatzes bilden.

Sara lebt, nachdem ihr Vater sie von Indien nach London gebracht hat, in der reinen Frauenwelt des Pensionats, zunächst als der verhätschelte Liebling aller, dann, nach dem Bankrott und Tod ihres Vaters, als armes und ausgebeutetes Dienstmädchen. Damit ist zweierlei erreicht. Die Lösung vom Vater wird vollständig; Sara ist nun ganz und gar auf sich gestellt. Damit wird nicht nur ein Märchenmotiv (das vom Aschenputtel) wiederaufgenommen,[25] sondern zugleich wird – auf der psychologischen Ebene – ein neuer Schritt innerhalb der psychischen Entwicklung des Kindes getan. Die ödipale Bindung an den Vater war bislang trotz der großen Entfernung noch immer latent lebensbeherrschend für Sara gewesen. Es ist auffällig, wie liebevoll Vater und Tochter miteinander umgehen, und wie sehr Sara dem Vater die – natürlich längst verstorbene – Mutter zu ersetzen versucht: Die klassische, in diesem Text (wie in etlichen anderen Mädchenbüchern) als realisiert dargestellte ödipale Phantasie. Diese Bindung wird nun radikal unterbrochen – sie muß unterbrochen werden, damit das Mädchen in seinem zukünftigen Mann einen Ersatzvater finden und damit die ödipale Bindung auf der symbolischen Ebene erhalten bleiben kann. Zugleich wird dem Kind die Geborgenheit der mütterlichen/weiblichen Gemeinschaft aufgekündigt, die ohnehin nur ein vorübergehender Ersatz war, und die bislang oberflächlich freundliche Ersatzmutter entpuppt sich als die böse Stiefmutter (als der Ersatz), die sie schon immer eigentlich gewesen ist. Das Kind verpuppt sich folglich

---

24 New York (Bantam/Dell) 1975.
25 Die böse Stiefmutter des Märchens wird von der Pensionatsinhaberin ersetzt.

in seinem Kokon und wartet ab, es tritt, um es mit Freud zu sagen, in die Latenzphase ein. Auf einer anderen narrativen Ebene wird die Beständigkeit des Glücks, der »Fortuna« – vorläufig – in Frage gestellt, und alles scheint auf die Botschaft hinauszulaufen, daß man sich auf weltliche Güter so wenig verlassen dürfe wie auf die Freundlichkeit der Menschen. Für die völlig mittellose und zukunftslose Sara kann es also zunächst nur um das reine Überleben gehen, und das ohne Verbitterung (denn letztere würde Korrumpierbarkeit implizieren) und unter Bewahrung der eigenen moralischen Integrität und Heiterkeit. Sara, die von Anfang an als ein außergewöhnliches Kind geschildert wird (»She was such a little girl that one did not expect to see such a look on her small face. It would have been an odd look for a child of twelve, and Sara Crewe was only seven. [...] She felt as if she had lived a long, long time«, 7), schafft dies mit Hilfe ihrer Phantasie, die einhergeht mit »typisch weiblichem« Einfühlungsvermögen und Verständnis für andere Menschen und Situationen. Kraft dieser Phantasie vermag Sara die Umwelt zu poetisieren und damit erträglich zu gestalten; sie imaginiert sich beispielsweise selbst als Prinzessin, und das daraus resultierende Selbstgefühl hat zur Folge, daß sie sich niemals wie ein Bettelmädchen benimmt. Zugleich bemüht sie sich, auch ihre Quälgeister nicht zu verurteilen, denn, so sagt sie sich, sie steht so hoch über allen, daß sie unverletzbar ist. Trotz der moralischen Einkleidung (Nächstenliebe und die Fähigkeit zu verzeihen sind ja höchste christliche Tugenden vor allem für Frauen) handelt es sich dabei um eine ganz eigentümliche Phantasie der Grandiosität und Wunscherfüllung, wie sie Freud in *Der Dichter und das Phantasieren* als charakteristisch für das Schaffen literarischer, vor allem trivialer Texte dargestellt hat – so daß Saras Geschichte gleichsam die Geschichte der Entstehung des Romans über sie widerspiegelt. Zugleich läßt sich in dieser Grandiositätsphantasie ein nur unterschwellig thematisierter Ausbruchsversuch aus der typisch weiblichen Rolle der Bescheidenen und des Opfers erkennen, die aber zugleich gerade durch die Phantasiemöglichkeiten affirmiert wird. Auffallend im Vergleich zu *Madame Bovary* ist nämlich, wie sehr hier die Imagination gutgeheißen und als ein Mittel der Alltagsbewältigung gesehen wird – statt, wie im Falle Emmas, als reiner Eskapismus, der letztlich lebensunfähig macht. Bei genauerem Hinsehen jedoch zeigt sich, daß die Wirkmöglichkeiten der Literatur bzw. der Phantasie im Falle Emmas weit größer und unmittelbarer sind als im Falle Saras, denn Sara überlebt zwar besser mit Hilfe ihrer Imaginationskraft, sie ändert jedoch ihr Leben deswegen nicht. Der für die unterschiedliche Bewertung der Phantasie maßgebliche Unterschied ist darin begründet, daß sämtliche Phantasien Saras ihre Rechtfertigung darin finden, daß sie in Erfüllung gehen. Würde Sara nicht durch die reale Wunscherfüllung legitimiert, würden ihre Phantastereien auch für die Leserinnen bald den Charakter des Unangemessenen und damit in hohem Maße Lächerlichen erhalten, wie es bei Emma letzten Endes der Fall ist. Die Phantasie hat mithin nur den Zweck, die Zeit des Elends zwischen zwei Perioden wohlverdienten Wohlergehens zu überbrücken – von Selbstzweck der Kunst kann keine Rede sein. das Schöne wird vielmehr in einer Trivialisierung aufklärerischer Poetik zum Nützlichen umfunktioniert. Und damit erhält es auch einen spezifisch weiblichen Stellenwert. Frauen haben ja die Aufgabe, das Leben zu verschönern, den Kindern Märchen zu erzählen. Sàra ist folglich in nuce bereits die ideale Ehefrau und Mutter, die ihre Mütterlichkeit weniger mit der Puppe praktiziert als mit den anderen Kindern, so, wie sie ihre Qualitäten als Ehefrau im Zusammenleben mit dem Vater unter Beweis stellt. Sara ist eine statische Persönlichkeit, sie ändert und entwickelt sich nicht, ganz gleich was ihr widerfährt. Damit ist sie keine eigentliche Romanfigur, sondern eine Märchenfigur, aber zugleich auch die ideale Verkörperung einer Weiblichkeit, die von vornherein naturgegeben *ist* und keiner Erziehung und Ausbildung mehr bedarf, um das zu sein, was sie sein soll. Damit wird Natur hypostasiert als Grundlage aller geschlechtsspezifischen Unterschiede, die nicht mehr hinterfragt werden müssen oder können, und ein Naturbegriff wird ins Spiel gebracht, der alle soziale Ungleichheit legitimiert, indem er sie überhaupt erst schafft. Denn statisch sind neben den Charakteren auch die sozialen Verhältnisse in diesem Roman, die auch durch Saras vorübergehenden sozialen Abstieg nicht in Frage gestellt werden. So fällt es auf, daß das ausgebeutete Dienstmädchen Becky, die letzte auf der sozialen Stufenleiter, trotz aller Solidarität nach Saras Abstieg keineswegs zu einer wirklichen Freundin oder Vertrauten wird. Freundin bleibt Ermengarde, die, obgleich dumm, doch wenigstens der gleichen sozialen Schicht wie Sara entstammt. Becky gegenüber bleibt Sara die Prinzessin, die gelegentlich Brosamen von ihrem Tisch verteilt, obgleich beide nun die gleiche Arbeit und die gleiche Schlafkammer auf dem Dachboden teilen. Das vermag weder den Abstand zwischen beiden zu verringern, noch führt es zu einer Problematisierung sozialen Unrechts: Becky steht schließlich aufgrund ihres Herkommens außer mehr Wohltätigkeit kaum etwas anderes zu. Zwar muß man der bösen Miss Minchin vorwerfen, daß sie nicht menschenfreundlicher mit dem Mädchen umgeht – aber das impliziert nur die Forderung nach mehr freiwillig geleisteter Wohltätigkeit (wie Sara sie immer übt, ganz gleich, wie arm sie selber ist), keineswegs aber nach einer Strukturveränderung. Saras Funktion ist es im Gegenteil gerade, diesen Status quo zu bestätigen: Sie ist so gut, daß sie das Vertrauen in die Macht der Wohltätigkeit am Leben erhält. Die Miss Minchins sind die Ausnahme und stellen das System nicht in Frage, zumal sie die mythische Rolle der bösen Stiefmütter übernehmen, die ja auch letztlich eine affirmative Funktion haben und besonders wichtig sind als ein dem positiven kontrastiertes negatives Weiblichkeitsbild.

Saras Phantasie hat mithin keine wirklich kreative oder gar subversive Macht. Sie kann sich damit in Illusionen träumen, aber sie vermag die Realität nicht zu ändern – und würde sie sie ändern, so täte sie dies nur im Sinne des Status quo, denn die Inhalte ihrer Träume sind politisch in hohem Maße reaktionär. Dies zeigt auch die tatsächliche, den Träumen folgende Veränderung von Saras Lebensrealität, die dem männlichen Deus ex machina vorbehalten bleibt – dem indischen Diener aus dem Nachbarhaus, der des Nachts durchs Fenster einsteigt und Saras schäbige Kammer mit Decken, Kissen, einem Feuer und Lebensmitteln ausstattet. Diese Phantasie entspricht durchaus Saras Märchenphantasien bzw. Tagträumen, sie gehorcht demselben Prinzip. Sie hat zugleich einen eigentümlich sexuellen Beigeschmack, oder besser, den einer Initiation: Der intime Schlafraum wird durch Eindringen und Ausrüsten bereitet für den Empfang des Mannes. Übrigens ist auch hier auffallend, daß nur Sara, die analog zum allmächtigen Ich des Tagtraums gezeichnete Heldin des Romans, beschenkt wird, keineswegs die nicht weniger bedürftige Becky. Das ermöglicht es Sara, sich erneut als mildtätige Almosenspenderin zu zeigen, und läßt sie zugleich absoluter Mittelpunkt des Geschehens bleiben.[26] Und natürlich, den Gesetzen des Tagtraums folgend, stellt sich heraus, daß der kranke Herr im Nachbarhaus der Freund von Saras Vater ist, der Sara nach ihrer Leidenszeit in ihre Rechte einsetzt, ihr das verloren geglaubte Vermögen zurückerstattet und ihr zugleich ein neues Heim bietet. Er wird zum Ersatzvater, wenngleich aufgrund des (äußerlich) jugendlichen Alters Saras (noch) nicht zum Ehemann. Aber die ödipale Konstellation ist wiederhergestellt; das kleine Mädchen hat einen neuen Vater gefunden; das Verhältnis zwischen den beiden ist ganz analog dem Saras zu ihrem Vater, das ja wiederum analog dem von Ehefrau und Ehemann geschildert wurde. Der neue Vater behandelt Sara ganz ähnlich, wie ihr leiblicher Vater das tat: Mit einer Mischung aus Respekt und Belustigung. So behandelt man im 19. Jahrhundert nicht nur Töchter, sondern auch Ehefrauen, die ja ohnehin als kindähnlich vorgestellt wurden, wofür es genügend »wissenschaftliche Beweise« gab.[27] Darüber hinaus beruhte die Konvenienzehe ja nicht zuletzt aufgrund konkreter ökonomischer und gesellschaftlicher Faktoren auf einem großen Altersunterschied zwischen Ehemann und Ehefrau, durchaus dem zwischen Vater und Tochter vergleichbar. Indem väterlicher Freund und Mädchen sich finden, ist die viktorianische Familienwelt mithin wieder in Ordnung gebracht (und zeigt ihre Unordnung für heutige LeserInnen um so deutlicher auf). Sexualität ist in diesem Text in hohem Maße sublimiert und doch in diesen auffallenden Konstellationen stets vorhanden.

Saras Geschichte ist also ein patriarchales Märchen mit der unübersehbaren Moral: Das menschliche Leben ist sozial nicht weniger als biologisch völlig determiniert, ja beide Faktoren fallen in eins und werden darum um so unausweichlicher. Nicht minder fallen Geschlechterrollen und sozialer Stand in eins: Saras Weiblichkeit ist die einer Frau von gehobenem Stand, die einer bürgerlichen Prinzessin; das ist sie ganz fraglos, gleichsam naturgegeben. Die Weiblichkeit einer Becky ist ganz anders zu definieren: Zwar ist auch sie Opfer, aber anders als Sara ist sie das gleichsam wesensmäßig; sie wird dieser Situation nie entgehen können, sie gehört zu ihrer »condition féminine« wie das Prinzessinnensein zu dem Saras.

Sara ist nun so erwachsen, wie sie als Frau überhaupt werden kann. Sie ist dies aber nicht etwa aufgrund ihrer eigenen Leistung oder einer wie auch immer gearteten Ent-

---

26 Umgekehrt ist der indische Diener nur der Handlanger seines Herrn, auf den die gesamte Ehre zurückfällt – obwohl es der Diener ist, der nicht nur die Idee entwickelt, sondern sie auch durchführt.

27 Vgl. hierzu etwa Elizabeth Fee: »Nineteenth-Century Craniology: The Study of the Female Skull«, in: *Bulletin of the History of Medicine* 53 (1979), 415 – 433. – Nance Leys Stepan: »Race and Gender: The Role of Analogy in Science«, in: *Isis* 77 (1986), 261 – 277. – Zum 18. Jahrhundert: Londa Schiebinger: »Skeletons in the Closet: The First Illustrations of the Female Skeleton in Eighteenth-Century anatomy«, in: *Representations* 14 (Spring 1986), 42 – 82. – Thomas Laqueur: »Orgasm, Generation, and the Politics of Reproductive Biology«, in: *Representations* 14 (1986), 1– 35. – Zum »Geschlechtscharakter« Karin Hausen: »Die Polarisierung der Geschlechtscharaktere‹ – Eine Spiegelung der Dissoziation von Erwerbs- und Familienleben«, in: *Sozialgeschichte der Familie in der Neuzeit Europas. Neue Forschungen*, hg. v. Werner Conze. Stuttgart 1976, 363 – 393.

wicklung, auch wenn der Text das zu suggerieren scheint. Vielmehr ist sie von Anfang an »fertig«; sie muß nur noch gewisse Schicksalsschläge überstehen, die ihr, wie auch das Gute, von außen oktroyiert werden. Zwar ist Sara nichts als weiblicher Spielball eines Schicksals, auf das sie nicht den geringsten Einfluß hat. Ihre »naturgegebene« Heiterkeit und ihr phantasievoller Überlebenswillen – idealtypische »weibliche« Eigenschaften – affirmieren das nur, denn das – zeitweise nur imaginierte – Glück steht ihr aufgrund ihrer Geburt in jedem Falle zu; tatsächlich erinnert und antizipiert sie nur das, was von Rechts wegen Realität sein müßte und früher oder später auch wird. Das ist der entscheidende Unterschied zu Emma Bovary – und vielleicht eine Parallele zu dem Schicksal des verarmten Adelsfräuleins, von dem Emma ihre Romanzen erhält. Sara ist eben in der Tat eine »Prinzessin«, ob sie in Lumpen oder Samt und Seide gekleidet ist: Indem sie sich als Prinzessin auch im Elend erweist, verdient sie auch den Überfluß: »›Whatever comes‹, she said, ›cannot alter one thing. If I am a princess in rags and tatters, I can be a princess inside. It would be easy to be a princess if I were dressed in cloth of gold, but it is a great deal more of a triumph to be one all the time when no one knows it.‹« (136) Zugleich ist Sara vorübergehend Opfer, wie das die traditionelle weibliche Rolle verlangt, aber diese Rolle wird für die Leserinnen neutralisiert durch die Demonstration der schicksalhaftzwangsläufigen Befreiung. Wie jede Prinzessin im Märchen bedarf sie des Prinzen, der sie erlöst. Das ist die einzige Veränderung, die ihrem Schicksal zugestanden wird. Ansonsten ist sie Frau, natürlich, unausweichlich und unveränderlich von Anfang an. Ein geradezu archetypisches Frauenbild wird in diesem Roman entworfen, das in seiner Statik seinesgleichen sucht und gerade darin treffender Ausdruck einer Weiblichkeitsideologie ist, die Veränderung nicht zulassen kann, weil sonst der »Angel of the House« zu einem Menschen werden würde.

Literatur und Phantasie gelten weder im Fall der Emma Bovary noch in dem von Sara Crewe als von autonomem künstlerischem Interesse. Anders als im Falle der *Madame Bovary* haben sie in *A Little Princess* keine unmittelbaren oder gar negativen Folgen für das Leben. Aber: Sie verhelfen einem Mädchen, dessen Bestimmung ein langweiliges Provinzehefrauenleben ohnehin nicht ist, zum angenehmeren Überstehen einer »Durststrecke«. Mit anderen Worten: Sie haben genau den Sinn, den sie für eine Dame der gebildeten und vor allem reichen Schichten durchaus legitimerweise haben durften: Sie vertreiben die Zeit auf angenehme Weise. Nie kommt der Gedanke auf, daß Sara, wie Emma dies tut, Literatur und Leben verwechseln könnte. Analog dazu ist sie selbst als literarische Figur aufgrund ihrer spezifischen Begabung ganz offensichtlich keine Identifikationsfigur für ihre Leserinnen, sondern sie besitzt Vorbildcharakter und schafft dadurch bei aller Sympathie und Empathie, die sie auszulösen vermag, eher Abstand als Nähe. Das gilt aus ganz anderen Gründen auch für Emma, die aber als Figur sich mit den vor ihr gelesenen Texten viel zu sehr identifiziert und so Literatur und Leben tatsächlich verwechselt. *Madame Bovary* als Roman legt für die realen LeserInnen diese Verwechslung indessen nicht nahe (obgleich er bei seinem Erscheinen einen Skandal auslöste und sich der Autor in einem Prozeß gegen den Vorwurf der Obszönität zu verteidigen hatte), bzw. wenn, dann kann das Ergebnis nur eine Warnung sein. Die LeserInnen werden zu eigenem Urteil aufgefordert, das im Text nicht explizit gemacht ist. Nichts dergleichen geschieht in *A Little Princess*: Hier ist mit Abschluß des Romans auch die Phantasietätigkeit der Leserinnen an ihr Ende gekommen. In beiden Fällen besteht also eine Diskrepanz zwischen dem, was die Texte aussagen, und dem, was sie qua Texte tatsächlich kommunizieren und auslösen.

Literaturverzeichnis

Bovenschen, Silvia: *Die imaginierte Weiblichkeit. Exemplarische Untersuchungen zu kulturgeschichtlichen und literarischen Präsentationsformen des Weiblichen*. Frankfurt 1979.

Butler, Judith: *Gender Trouble. Feminism and the Subversion of Identity*. New York-London 1990 (dt.: Das Unbehagen der Geschlechter. Frankfurt 1991).

Dahrendorf, Malte: *Das Mädchenbuch und seine Leserin. Jugendlektüre als Instrument der Sozialisation*. Weinheim-Basel 1978.

De Lauretis, Teresa: »The Technology of Gender«, in: T. de Lauretis: *Technologies of Gender. Essays on Theory, Film and Fiction*. Bloomington-Indianapolis 1987, 1 – 30.

Fee, Elizabeth: »Nineteenth-Century Craniology: The Study of the Female Skull«, in: *Bulletin of the History of Medecine* 53 (1979), 415 – 433.

Fénelon: *Œuvres*, Vol. 1. Ed. établie par Jacques Le Brun. Paris (Gallimard) 1983, 89 – 171 (=Bibliothèque de la Pléiade).

Flaubert, Gustave: *Madame Bovary*. In: G. Flaubert: *Œuvres* 1. Ed. établie et annotée par A. Thibaudet et R. Dumesnil, Paris 1951 (=Bibliothèque de la Pléiade), 269 – 683.

Foucault, Michel: *Histoire de la sexualité*. Vol. 1: *La volonté de savoir*. Paris 1976.

Foucault, Michel: *Surveiller et punir. Naissance de la prison*. Paris 1975.

Freud, Sigmund: »Der Dichter und das Phantasieren« [1908], in: *Studienausgabe* Bd. X: *Bildende Kunst und Literatur*, Frankfurt 1989 (=9. Auflage); 169 – 179.

Freud, Sigmund: *Die Traumdeutung* [1900] Bd. II der Sigmund Freud-*Studienausgabe*; hg. v. Alexander Mitscherlich, Angela Richards, James Strachey, Frankfurt 1989.

Fuss, Diana: *Essentially Speaking. Feminism, Nature and Difference*. New York-London 1989.

Grenz, Dagmar: *Mädchenliteratur. Von den moralisch- belehrenden Schriften im 18. Jahrhundert bis zur Herausbildung der Backfischliteratur im 19. Jahrhundert*. Stuttgart 1981.

Hausen, Karin: »Die Polarisierung der ›Geschlechtscharaktere‹ – Eine Spiegelung der Dissoziation von Erwerbs- und Familienleben«, in: Sozialgeschichte der Familie in der Neuzeit Europas. Neue Forschungen, hg. v. Werner Conze. Stuttgart 1976, 363 – 393.

Hodgson Burnett, Frances: *A Little Princess*, New York 1975.

Laqueur, Thomas: »Orgasm, Generation, and the Politics of Reproductive Biology«, in: *Representations* 14 (1986), 1 – 35.

Leys Stepan, Nancy: »Race and Gender: The Role of Analogy in Science«, in: *Isis* 77 (1986), 261 – 277.

Lypp, Maria: *Einfachheit als Kategorie der Kinderliteratur*. Frankfurt 1984 (=Jugend und Medien 9).

Pyerin, Brigitte: *Mädchenliteratur und Emanzipation. Kritische Fragen an Dagmar Chidolue im Kontext feministischer Literaturpädagogik*. Frankfurt 1989.

Schiebinger, Londa: »Skeleton in the Closet: The First Illustrations of the Female Skeleton in Eighteents-Century Anatomy«, in: *Representations* 14 (Spring 1986), 42 – 82.

Schweickart, Patricinio P.: »Reading Ourselves: Toward a Feminist Theory of Reading«, in: *Speaking of Gender*. Ed. by E. Showalter, New York-London 1989. 17 – 44.

Shavit, Zohar: *Poetics of Children's Literature*, Athens-London 1986.

Showalter, Elaine: »Introduction: The Rise of Gender«, in: *Speaking of Gender*. Ed. by E. Showalter, New York-London 1989, 1 – 13.

Spivak, Gayatri Chakravorty: *The Post-Colonial Critic. Interviews, Strategies, Dialogues.* Ed. by Sarah Harasmyn. New York-London 1990.

Wilkending, Gisela: »Mädchenliteratur von der Mitte des 19. Jahrhunderts bis zum Ersten Weltkrieg«, in: *Geschichte der deutschen Kinder- und Jugendliteratur,* hg. v. Reiner Wild. Stuttgart 1990, 220 – 250.

Wilkending, Gisela: »Man sollte den Trotzkopf noch einmal lesen. Anmerkungen zu einer anderen Lesart«, in: *Fundevogel* 78/79 (Sept./Okt. 1990), 4 – 9.

Zahn, Susanne: *Töchterleben. Studien zur Sozialgeschichte der Mädchenliteratur.* Frankfurt 1983.

Was macht erfolgreiche Kinderbücher erfolgreich?
Vorläufige Ergebnisse einer Untersuchung

Reinbert Tabbert (Schwäbisch Gmünd)

Als Anglist an einer Pädagogischen Hochschule beschäftige ich mich seit längerem mit klassischen und modernen Kinderbüchern und mit ihrer theoretischen Erschließung durch Konzepte der Rezeptions- und Kommunikationsästhetik. Durch die Mitarbeit in Jurys und in der Ausbildung von Kinderbibliothekarinnen hat diese Beschäftigung auch eine praktische Orientierung bekommen. So entstand ein Interesse, aus Büchern, die sich anhaltender Beliebtheit erfreuen (insbesondere sogenannte Klassiker), generelle Gesichtspunkte abzuleiten für die Auswahl und Empfehlung von Kinderlektüre, die mit der Zustimmung des Publikums rechnen kann. Ich stellte mir die Frage: Was macht erfolgreiche Kinderbücher erfolgreich?

1991 ermöglichte mir ein Forschungssemester, eine Antwort auf diese Frage zu erarbeiten. Es zeigte sich, daß die eigenen Überlegungen, die vor allem rezeptions- und kommunikationsästhetisch begründet sind (Tabbert 1980), in zwei Richtungen ergänzt werden können. Zum einen führte mich die Beobachtung, daß erfolgreiche Kinderbücher wunschtraumhafte Züge aufweisen, zu Heinz Hillmanns *Alltagsphantasie und dichterische Phantasie. Versuch einer Produktionsästhetik* (1977). Diese Studie erfaßt Literatur von den Konflikterfahrungen eines Autors her; und daß solch ein Ansatz auch der Kinderliteratur angemessen sein kann, zeigt u.a. Humphrey Carpenters historische Darstellung englischer Klassiker (Secret Gardens, 1985). Zum anderen stellte ich fest, daß es seit einigen Jahren eine durchdachte und ergebnisreiche empirische Rezeptionsforschung zur Kinderlektüre gibt (vgl. bes. die Ermittlungen zu holländischen Schulkindern, geleitet oder angeregt von Saskia Tellegen; Untersuchungen zur Märchenrezeption in der DDR von Kristin Wardetzky; unterschiedliche Individualstudien des Australiers Hugh Crago, z. T. gemeinsam mit seiner Frau Maureen; und die amerikanische »Children's Literature Association Quarterly« 13, 3/1985 zum Thema »Childhood Reading Experiences«). Es schiene mir wünschenswert, meine eigenen an impliziten Lesern orientierten Beobachtungen an Ergebnissen und mit Methoden dieser empirischen Rezeptionsforschung zu überprüfen, doch war mir dies noch nicht in umfassender Weise möglich.

Ich gebe im folgenden eine knappe Darstellung meiner vorläufigen Antwort auf die Frage: Was macht erfolgreiche Kinderbücher erfolgreich? In Klammern gesetzte Namen und Jahreszahlen verweisen auf Titel in der angefügten Bibliographie. Das Kernstück der Darstellung ist als Diagramm im Anhang zusammengefaßt (»Komponenten erfolgreicher Kinderbücher«). Was an Leseanreizen und an Rahmenbedingungen der Buchvermittlung herausgearbeitet worden ist, müßte an signifikanten Beispielen in seinem Zusammenwirken veranschaulicht werden. Zwei vorliegende Fallstudien können aus

Platzgründen leider nicht abgedruckt werden: Die eine betrifft Binette Schroeders besonders in Frankreich geschätztes Bilderbuch *Lupinchen* (1969), die andere Roald Dahls international erfolgreichen komisch-phantastischen Roman *The BFG* (1982). (Material in: Duborgel 1983; Tabbert 1986 a, b)

1. Varianten des literarischen Erfolgs

Literarischer Erfolg ist am eindeutigsten zu bestimmen mit dem Begriff des Bestsellers, der ein Buch bezeichnet, von dem »innerhalb eines Jahres nach seinem ersten Erscheinen mindestens 100 000 Exemplare verkauft werden.« (Gerth 1987) Für den Kinderbuchmarkt gilt schon die Zahl 50 000 (Haas 1987). Über die Ursachen des Erfolgs ist damit noch nichts gesagt.

Mir scheint es sinnvoll zu sein, zunächst pragmatisch zu unterscheiden zwischen Büchern, die von Kindern und Kritikern gleichermaßen geschätzt werden (Beispiel: Bücher von Lindgren), und solchen, die gegen Vorbehalte von Kritikern nur bei Kindern sehr beliebt sind (Beispiel: Bücher von Blyton). In Bekenntnissen der genannten Autorinnen klingt der Unterschied so: Lindgren: »Ich muß eine gewisse Begabung haben, mich zu erinnern, wie es war, ein Kind zu sein.« (Tabbert 1975) – Blyton (über ihre jungen Leser): »I love them and understand them, and know exactly what they want.« (Tucker 1981). Ich neige dazu, mit Begriffen David Riesmans von einer innengeleiteten und einer außengeleiteten Art der Literatur zu sprechen, mag auch der Übergang fließend sein. Wenn man als die zwei Grundfunktionen von Literatur Wunschbefriedigung und Wirklichkeitsdeutung (Bredella 1976) annimmt, dann hat im Fall beider Autorinnen der Erfolg mit einer starken Berücksichtigung der Wunschbefriedigung zu tun. Aber während diese Tendenz bei Lindgren inneren Auseinandersetzungen mit der eigenen unbewältigten Kindheit entspringt, ergibt sie sich bei Blyton aus einer Orientierung an dem, was viele Kinder gerne hätten; das bedingt eine gewisse Stereotypie in Inhalt und Sprache, die in der Kritik auf Ablehnung stößt.

Unter Bezug auf Riesman wäre zu ergänzen, daß es noch einen dritten Typ von Literatur gibt, nämlich den traditionsgeleiteten – im Bereich der von Kindern rezipierten Erzählformen etwa die Märchen und Sagen. Erfolg zeigt sich hier allein schon darin, daß ein Text überliefert worden ist. Hätte er nicht gefallen, wäre er nicht weitergegeben worden. Auffallend, daß zumindest im Märchen ebenfalls das Moment der Wunschbefriedigung eine wichtige Rolle spielt (Tolkien; Bettelheim). Gegen die festen Strukturen der Volksliteratur gibt es in der Kritik keine Vorbehalte. Mythen: ja, Stereotypen: nein.

Der Reiz von Büchern wie den Lindgrenschen mag darauf beruhen, daß sie Züge aufweisen, die von der Individualität ihrer Autorin zeugen. Ihr Erfolg wäre aber kaum möglich, wenn sie nicht auch Elemente traditions- oder außengeleiteter Literatur enthielten. Auf Lindgrens Bezüge zur Volksliteratur ist des öfteren hingewiesen worden. (Ritte 1983) Ihr *Kalle Blomquist* andererseits partizipiert an populären Zügen des Unterhaltungsgenres Detektivroman. Bei der Klassikerin Frances Hodgson Burnett ist der Anteil an Märchen- wie an Trivialromankonventionen besonders auffallend. (Bixler 1984)

Etwas anders begründete Bewertungen von klassischen Kinderbüchern als literarischen Grenzfällen finden sich bei Wilkending (1983) und Shavit (1986).

2. Autoren und Leser von Kinderbüchern

Daß Bücher von ihren Autoren zeugen, ist schon von John Milton prägnant formuliert worden: »For books are not absolutely dead things, but do contain a potency of life in them to be as active as that soul was whose progeny they are; nay, they do preserve as in a vial the purest efficacy and extraction of that living intellect that bred them.« (nach Reichert, 1977) Heinz Hillmann (1977) knüpft an Freuds Gedanken vom »persönlichen Wunsch als Triebkraft der Phantasie« an und entwickelt daraus eine Theorie, wie eine solchermaßen motivierte dichterische Phantasie auch Umwelt und Mitwelt einbeziehen und gesellschaftliche Probleme durcharbeiten kann – aus Tagtraum wird Problemlösungsspiel.

Daß es einen engen Zusammenhang gibt zwischen dem im Buch implizierten Autor und dem im Buch implizierten Leser, ist von Wayne C. Booth (1961) hervorgehoben worden: »The author creates, in short, an image of himself and another image of his reader: he makes his reader as he makes his second self.« In diesem Sinne könnten Selbstaussagen von Kinderbuchautoren Aufschlüsse zulassen über die in ihren Texten implizierten jungen Leser.

Dabei ist von zentraler Bedeutung der »positionelle Unterschied« zwischen Kind und Erwachsenem (Ziehe/Stubenrauch 1982). In der älteren (oder auch neueren) didaktischen Literatur, zeigt sich dieser Unterschied in einem Autor-Leser-Bezug, den Lypp (1975) als »asymmetrische Kommunikation« gekennzeichnet hat, ein »Von-oben-herab« des belehrenden Erzählens. Erfolg bei Kindern hat eine solche Literatur, wie das Beispiel des *Struwwelpeters* deutlich macht, allenfalls durch eine Rezeption, die gegen seine Intention geht, die die dargestellte Normabweichung genießt, ohne sich um die abschließende Moral zu kümmern. (Ries 1990)

Züge der asymmetrischen Kommunikation können auch in der nichtdidaktischen Literatur auftauchen. Entscheidend für den Typus, den ich als innengeleitet bezeichnet habe, ist aber, daß hier der positionelle Unterschied in der Doppelung von Erwachsenen- und Kind-Ich des Autors ins Spiel kommt. Ein Lindgren-Buch ist für ein Kind nicht attraktiv durch die Zuwendung von Lindgrens Erwachsenen-Ich, sondern durch den Einklang beim Lesen mit ihrem Kind-Ich. (Tabbert 1975) Da dieses aber mit Erinnerung zu tun hat, ist es stets in der Gefahr, nostalgisch verbrämt zu werden, d.h. in rückwärts gewandtem Wunschtraum zu figurieren, was dann einen größeren Appeal für Erwachsene als für Kinder hat (vgl. die englischen Klassiker bei Carpenter 1985).

Was die außengeleitete Literatur betrifft, so läßt sich der positionelle Unterschied in einem Autor-Leser-Bezug wiedererkennen, den man kritisch mit »Anbiederung« umschreiben könnte. In den Worten eines ehemaligen Blyton-Lesers: »Blyton rarely tried to improve or educate her readers in her fiction. Rather, she constantly presented children with a flattering and jolly picture of themselves in stories where they regularly outwit adults.« (Tucker 1975) Wunschtraum hier als Angebot auf Nachfrage. Ein anderer ehemaliger Blyton-Leser nennt einen charakteristischen Grund für seine Abwendung von der Lieblingsschriftstellerin mit 12: »I realised then that when I read an Enid Blyton book, I was being ›talked down to‹, and I did not like this. I realised that Blyton talked down to me in particular ways: asking me unnessary questions (›wasn't that silly of him?‹), telling me what to think (›it really was very exciting‹) and repeating information.« (Crago 1990). Also eine deutlich spürbare asymmetrische Kommunikation!

In den Originaltexten traditionsgeleiteter Erzählliteratur schließlich spielt der positionelle Unterschied von Kind und Erwachsenem in der Regel keine Rolle. Erinnert sei an ein Wort Goethes über seine eigene Kindheit: daß es nämlich noch keine Bibliotheken für Kinder gab, da die Alten selbst noch kindliche Gesinnungen hatten. Dargestellte Wunschträume sind die eines Kollektivs von jung und alt.

An dieser Stelle sei noch einmal betont, daß für eine gründliche Fundierung der vorangehenden wie der nachfolgenden Überlegungen Befragungen und Aussagen tatsächlicher Leser herangezogen werden sollten, wie sie sich bei Tellegen (1987 u.a.), Wardetzky (1990) u.a. finden. Tatsächliche Leser schlüpfen selten einfach in die Rolle des im Text angelegten impliziten Lesers, sondern wenden sich im allgemeinen Geschichten zu, um ihre eigene Identität zu erproben und zu bestätigen. Das hat schon Holland (1975) empirisch nachgewiesen und der Kinderbuchautor Shannon (1988) prägnant dadurch bezeugt, daß er die unbewußte Fortschreibung existentieller Erfahrungen seiner Kindheitslektüre in eigenen viel späteren Texten darlegt. Warum also nicht gleich das Theorem des impliziten Lesers zugunsten tatsächlicher Leser aufgeben? Das hieße, das Kind mit dem Bade ausschütten. Da gerade erfolgreiche Bücher sehr unterschiedliche Menschen ansprechen, ist es sehr wahrscheinlich, daß Gründe für diesen Erfolg im Text angelegt sind, und das bedeutet auch: im impliziten Leser.

3. Leseanreize

Nach Aussage Lindgrens sind es sehr unterschiedliche Dinge, die Kindern an ihren Büchern derart gefallen, daß sie es ihr brieflich mitteilen. (Tabbert 1975) Für andere erfolgreiche Autoren und Bücher gilt sicher Ähnliches. Vielleicht ließen sich aus vielen Kinderäußerungen zu erfolgreichen Büchern Ursachen für den Erfolg abstrahieren. Hier soll versucht werden, sie auf Komponenten dieser Bücher und ihres Kontextes zurückzuführen. Dabei geht es nicht um eine prinzipiell unbegrenzte Zahl von Einzelheiten, sondern um eine Auswahl von Strukturelementen, die wirkungsvollen Einzelheiten zugrundeliegen. Zwei werden von jungen Lesern selbst oft genannt, wenn sie sich nämlich von Büchern wünschen, daß sie lustig oder spannend sein sollen. Humor und Spannung werden angemessen zu berücksichtigen sein.

Ein Modell der Leseanreize ließe sich verschieden konzipieren. So könnte man Moebius (1990) folgen, der seinerseits Barthes folgt, wenn er vorschlägt, die Erschließung von Bilderbüchern nach Codes vorzunehmen, die untereinander gleichwertige Zeichenensembles markieren (z.B. Code der Position, der Größe, der Farbe usw.). Ich möchte gern um der besseren Verständigung willen an gebräuchlichen Kategorien für Leseanreize festhalten und diese nur mit einiger Plausibilität zu einem Schichtenmodell anordnen, wie es in etwas anderer Zusammensetzung schon von Wellek und Warren (1956) aufgestellt wurde, sehr vereinfacht im Hinblick auf Kinderbücher auch von Hunt (1984 b). Im Anhang ist mein Modell als Diagramm abgebildet. Die folgende schriftliche Darstellung folgt den Schichten in der Richtung von unten nach oben.

Zuvor aber noch eine generelle Anmerkung zur Frage der Wirkung. Spätestens seit Iser (1970) wissen wir, daß die Wirkung einer Erzählung auf den Leser nicht nur von Elementen der dargestellten Welt ausgeht, sondern zu einem erheblichen Teil auch von den Leerstellen und Unbestimmtheiten, die sich gewollt oder ungewollt bei der Darstellung ergeben. Sie sind es, die der Phantasie Spielraum lassen und die den Leser damit zum aktiven Partner des Autors machen. Sie können im folgenden nicht bei jedem Leseanreiz zusätzlich angeführt werden, sind aber jeweils mitzudenken. Insofern Märchen etwa in der Darstellung von Figuren, Schauplatz und Handlung einen besonders hohen Grad von Unbestimmtheit aufweisen, können sie besonders wirkungsvoll sein. Eine ähnliche Betätigung und Bestätigung für das lesende Ich bietet die schematische Darstellung einer Enid Blyton. Die Unbestimmtheit von Fantasy-Elementen, wie sie in verschiedenen englischen Klassikern auftauchen, erfordert insofern eine größere Anstrengung der Einbildungskraft, als sie ja nicht wie im Falle gängiger Schulgeschichten aus vertrauter Erfahrung konkretisiert werden kann. Das mag als herausfordernd oder aber als mühsam empfunden werden.

3.1 Psychische Faktoren

Faktoren, wie wir sie aus Entwicklungspsychologien und Lernzielkatalogen kennen, fließen auch in Erzählwerke ein: sensomotorische, affektive, kognitive und moralische – leichter unterscheidbar in Texten für Kinder als in Texten für Erwachsene. Sie werden hier an erster Stelle genannt, weil sie an allen nachfolgend angeführten Komponenten Anteil haben. Bis etwa zum Rhythmus eines Satzes oder zum Bildwechsel im Bilderbuch ist Bewegung, ist Gefühl spürbar. Diese beiden Faktoren scheinen wie im Märchen, so auch in erfolgreichen Kinderbüchern von spezifischer Bedeutung zu sein. Aus tiefenpsychologischer Sicht wird die Kraft des Affektiven etwa von Scherf (1978, 1987) favorisiert. Aber auch das Moralische kann immer noch, freilich in einem sehr weiten Sinn, im Mittelpunkt des Forscherinteresses stehen (Kreft 1978, Inglis 1981). Und daß das Kognitive keineswegs unbeachtet bleiben darf, das beweist schon die Beliebtheit von Jugenddetektivromanen. Freilich in dem Maße, wie erfolgreiche Kinderbücher Wünschenswertes darstellen, ist das Affektive in der psychischen Instrumentierung wohl tatsächlich tonangebend.

3.2 Humor

Humor, wie er von Kindern verstanden und geschätzt wird, ist von Helmers (1971) als ein Infragestellen von Normen definiert worden, das nur vorübergehend, jedenfalls nicht grundsätzlich ist und damit die Gültigkeit der Normen bestätigt. Lypp (1986) hat etwas konkreter die Wirkung des Elementar-Komischen aus einer Kontextverschiebung erklärt. Ein Hund, eingefärbt in Blaubeermarmelade, das ist für Kinder komisch. Mit ihrem Lachen zeigen sie, daß sie schon wissen, wie das, was als »falsch« erscheint, richtig sein müßte. Insofern kann das Komische in Büchern entwicklungsfördernde Bestätigung schaffen und erfreut sich als solches großer Beliebtheit. Das genannte Hundebeispiel läßt erkennen, daß sehr unterschiedliche Grade der Subtilität möglich sind.

Humor kann stärker emotional (Edward Lear) oder stärker rational (Lewis Carroll) geprägt sein, und das Lachen, das auf andere Menschen zielt, kann moralisch gerechtfertigt sein – oder auch nicht, wie manchen Büchern Roald Dahls angekreidet wird. Anzutreffen ist er in Figuren, in dargestellten Situationen und in der Sprache, und wo alle drei Erscheinungsformen zusammenkommen wie in *Pippi Langstrumpf*, da ist das eine gute Voraussetzung für kinderliterarischen Erfolg.

3.3 Mythen (Stereotypen)

Ewers (1984) hat in Anknüpfung an Pape (1981) die Vermutung geäußert, klassische Kinderbücher könnten dadurch gekennzeichnet sein, daß sie besonders prägnant den herrschenden Kindheitsmythos ihrer Zeit darstellen. Doch gibt es ja auch Klassiker, die gar nicht von Kindheit handeln (etwa Robinson-Fassungen, Lederstrumpf oder der Hobbit). Es scheint aber, daß Bezüge zu jeweils anders gearteten Mythen zur Klassizität, ja zum Erfolg von Kinderbüchern beitragen. So hat schon C.S. Lewis (1966) den Erfolg von Haggards *King Solomon's Mines* auf dessen mythische Grundierung zurückgeführt, und für seine eigenen Narnia-Bücher gilt sicher Ähnliches. Sein Schriftstellerkollege Peter Dickinson (1981) sieht in unserer Zeit eine besondere Affinität zwischen Unterhaltungsliteratur und Mythen.

Dickinsons Definition von Mythen als »dreams that a society dreams« ist im vorliegenden Zusammenhang von großem Interesse. Sie legt den Gedanken nahe, daß in erfolgreichen Kinderbüchern der private Wunschtraum eines Autors mit dem Wunschtraum eines Kollektivs zusammenfällt. Eine Tendenz zur Idealisierung, bzw. Dämonisierung, wie sie Mythen eigen ist, hätte somit in erfolgreichen Kinderbüchern zwei Wurzeln. An einem Klassiker wie Hodgson Burnetts *Little Lord Fauntleroy* ist das gut ablesbar. Dickinsons Definition enthält aber auch einen Hinweis auf die Relativität des Geltungsbereichs von Mythen. Dementsprechend hat nicht jeder Klassiker Weltgeltung wie *Tom Sawyer* oder *Pippi Langstrumpf*, manch einer wird nur in einem einzigen Kultur- oder Sprachbereich geschätzt wie etwa die deutsche *Häschenschule*. (Tabbert 1991)

Von ihrem religiösen Ursprung bringen Mythen allenfalls einen schwachen Abglanz in die Kinderliteratur mit, wie ihn Carpenter (1985) in dem religionslos gewordenen *Golden Age of Children's Literature* ausmacht. Wichtiger im Hinblick auf den Erfolg ist wohl das Moment kollektiver Bindekraft, das an eine prägnante und leicht auffaßbare Gestalt geknüpft ist, sei es der Umriß von Figuren (die fliegende Mary Poppins), Schauplätzen (Robinsons Insel) oder Handlungen (die zielgerichtete Queste etwa in *Treasure Island*). Schließlich hat die Idealisierungstendenz von Mythen ja, psychologisch gesehen, die Fähigkeit, Schwächen oder Mängel zu kompensieren, wie sie in Anbetracht der

Überlegenheit von Erwachsenen (vgl. den »positionellen Unterschied«) Kindern eigen sind. Die siegfriedhafte Stärke einer Pippi Langstrumpf oder eines Supermanns bedeutet Kindern mehr als Erwachsenen.

Ihrem Ursprung nach traditionsgeleitet, werden Mythen literarisch besonders fruchtbar, wenn sich individuelle dichterische Phantasie bewußt oder unbewußt mit ihnen auseinandersetzt. Starke Gefühle, moralische Entschiedenheit oder Humor können sie sowohl mitbringen als auch auslösen. In einer außengelenkten Zeit sind sie aber universal verfügbar geworden (Ramer 1984) und können auch ohne innere Auseinandersetzung effektvoll eingesetzt werden, etwa in der Serienliteratur, und keineswegs immer so intelligent wie in den Asterix-Bänden. Mythen werden auf diese Weise ununterscheidbar von Stereotypen, wie sie soziale Ressentiments in triviale Kinderbücher transportieren. Blyton schreibt nicht erfolgreiche Kinderbücher, die leider auch Vorurteile enthalten, sondern: sie schreibt Kinderbücher, die nicht zuletzt dank der Vorurteile und deren kollektiver Bindekraft erfolgreich sind.

3.4 Erzählperspektive

Die Frage nach der Erzählperspektive, die in den 60er Jahren von zentraler Bedeutung für die literaturwissenschaftliche Diskussion war, zumal die anglistische (vgl. etwa Booth; Stanzel), scheint im Hinblick auf kinderliterarischen Erfolg nicht entscheidend zu sein. Crago (1990) stellt nach einer Bestandsaufnahme der bleibenden Eindrücke seiner Kindheitslektüre mit einigem Recht fest: »Naive readers (whether child or adult) do not appear to notice or care about such author-controlled aesthetic features as language, tone , point-of-view, and so on, until these features have been explicitly pointed out to them in literature classes.«

Anders als Crago ist mir allerdings zu meiner eigenen Kindheitslektüre erinnerlich, daß die Frage der Erzählperspektive nicht ganz ohne Bedeutung war. Meine Bücherwünsche in der öffentlichen Bücherei hatten eine Zeitlang die Einschränkung »aber keine Ich-Romane«. Ich halte mich in dieser Hinsicht für keinen Einzelfall. So kann es zwar nicht darum gehen, die differenzierten Perspektivetypologien eines Booth oder Stanzel bei der Erörterung kinderliterarischen Erfolges zu berücksichtigen, doch die elementare Unterscheidung zwischen Außenperspektive und Innenperspektive (Leibfried 1970) ist immerhin bedenkenswert. Mir scheint die Außenperspektive in erfolgreichen Kinderbüchern vorzuherrschen, doch muß die Innenperspektive den Erfolg keineswegs ausschließen, wie beispielsweise neuere Kinderbücher von Nöstlinger oder Mebs zeigen.

3.5 Faktoren der dargestellten Welt
Mythen bringen aus anderen Lebens- oder Literaturzusammenhängen ein gewisses Potential in eine entstehende fiktive Welt mit, und aus einer vom Autor gewählten Perspektive wird diese Welt strukturell organisiert. Als ihre wichtigsten Bestandteile möchte ich mit Kayser (1972) ansehen: Raum, Figuren und Handlung.

3.5.1 Raum

Der Raum ist mehr als Schauplatz der handelnden Figuren. Seine intensive Atmosphäre kann dasjenige sein, was ein Buch am stärksten prägt und sich einem Leser am stärksten einprägt. Als einschlägiger Buchtyp könnte hier das Bilderbuch genannt werden und als herausragendes Beispiel der reinen Sprachkunst Grahames *Wind in the Willows* (Tabbert 1986). Ein bevorzugter Schauplatz von mythischer Eindringlichkeit ist zumal in der viktorianischen Kinderliteratur der »secret garden«. (Carpenter 1985) In beliebten deutschen Märchen und Bilderbüchern spielt der Wald eine wichtige Rolle. (Tabbert 1991) Auch Insel und Höhle sind in ihrer emotionalen Wirkung nicht zu unterschätzen (z.B. in *Tom Sawyer*). Eine systematische Darstellung wirkungsvoller fiktiver Örtlichkeit ist mir nicht bekannt, doch kann Bachelards *Poetik des Raumes* (1960) noch immer gedankliche Anregung geben.

3.5.2 Figuren

In wirkungsästhetischer Hinsicht sind literarische Figuren die Träger von Identifikations-angeboten, die für den Erfolg von Büchern herausragende Bedeutung haben. Ich habe an anderer Stelle versucht, in Anknüpfung an Jauß (1977) eine Typologie kinderliterarischer Identifikationsangebote aufzustellen. (Tabbert 1987) Hier nur wenige Hinweise.

Nach dem Motto gleich und gleich gesellt sich gern sollte eine dargestellte Figur Züge haben, in denen sich ein junger Leser wiedererkennen kann. Anziehend wird eine Figur aber erst dann, wenn man zu ihr hinauf- oder hinunterschauen kann, um damit die eigene grundsätzliche Unterlegenheit zu kompensieren. Gleichheit und Differenz können je nach Situation von derselben Gestalt suggeriert werden (Tom Sawyer) oder aber auf verschiedene Gestalten verteilt sein (hier die gewöhnlichen Geschwister Thomas und Annika, da die ungewöhnliche Pippi Langstrumpf). Nicht selten wird die Position des Helden in der Kinderliteratur zum dritten von einer Gruppe eingenommen (etwa im Jugenddetektivroman), die nicht nur Identifikationsangebote zur Auswahl stellt, sondern auch gleichsam den Leser auffordert, sich anzuschließen und mitzumachen. Der Sog der »peer group«, von dem Riesman beim außengeleiteten Verhalten spricht, ist hier als Fiktion wirksam. Bei Blyton bezeichnenderweise das bevorzugte Identifikationengebot.

Folgende Typologie wäre denkbar – jeder Typ veranschaulicht durch je ein Beispiel aus der Volks- und der erfolgreichen Kinderliteratur:

A. Hinaufschauen
   = bewundernswert
   a. aufmüpfig (Kasper; Max und Moritz)
   b. unglaublich stark (der starke Hans; Pippi)
   c. klein, aber clever (Igel gegenüber Hasen; Kalle Blomquist)
   d. Gefahren bestehen (Däumling; Jim in *Schatzinsel*)
   e. in den Griff kriegen (Knüppel aus dem Sack; Jim Knopf)

B. Hinunterschauen
   a. bedauernswert (Hänsel und Gretel; Peter Hase)
   b. belächelnswert (Hans im Glück; Pu der Bär)

C. Hinzugesellen
   = Viel zusammen machen (Bremer Stadtmusikanten; Bullerbü)

Auch bei den Identifikationsangeboten dominiert die affektive Komponente, mit Ausnahme der Kategorien Ac und Bb, wo das Rationale in Verbindung mit Humor bestimmend ist. Zumal bei allen bewundernswerten Figuren kann die Idealisierungstendenz des Wunschtraums, wenn nicht des Mythos wirksam sein. Wird das Geschehen um eine bedauernswerte Figur aus der Innenperspektive dargestellt, als Ich-Erzählung in der Regel (wie in Mebs' *Sonntagskind*), kann die Wirkung besonders nachhaltig sein.

3.5.3 Handlung
Wie die Figurengestaltung auf den Leser als Identifikationsangebot wirkt, so kann die Handlungsführung ihn durch Spannung fesseln. Bewußtmachen läßt sich Spannung in Form einer Frage (Koch 1985), die im weiteren Verlauf des Geschehens beantwortet wird. Zu unterscheiden wäre mit Scherf (1978) zwischen einer Grundspannung, die eine ganze Erzählung überwölbt (wird auf der Schatzinsel tatsächlich ein Schatz gefunden werden?) und einer Episodenspannung, die nur von einer Phase der Gesamthandlung ausgeht (wird Jim in der Apfeltonne von den Piraten entdeckt werden?). Beim Bilderbuch bedeutet jedes Umblättern eine Frage nach dem Fortgang. Entschiedener als im Falle anderer literarischer Komponenten ist für die Spannung Unbestimmtheit konstitutiv. Im Sinne von Rätselfragen hat sie eher etwas Rationales, gefärbt von Furcht (als »Suspense«, vgl. Highsmith 1972) oder von Vorfreude eher etwas Emotionales.

Kein literarischer Wirkfaktor ist leichter herstellbar als Spannung, und außengeleiteter Literatur merkt man das an. Bedeutungsvoller wird sie, wenn die zugrundeliegende Handlung mythische Implikationen aufweist (wie etwa das traditionsreiche Muster der »quest story«) oder mit psychischen Prozessen der Hauptfiguren verbunden erscheint (wie etwa dem tiefenpsychologischen Sachverhalt der Ablösung. Vgl. Scherf 1978).

3.6 Gattungsmerkmale

Gattungen der Erzählliteratur ergeben sich durch eine besondere Akzentuierung oder Ausformung der bisher aufgeführten Komponenten. So könnte man mit Kayser (1972) grundsätzlich zwischen Raumroman, Figurenroman und Geschehnisroman unterscheiden. Die Schulgeschichte wäre eine Spezifizierung des Raumromans, die Lausbubengeschichte des Figurenromans und die Abenteuergeschichte des Geschehnisromans. Eine besondere Modifikation der dargestellten Welt führt zur phantastischen Erzählung und die Fokusierung auf einen ihrer möglichen Bestandteile zum Pferdebuch.

In seinem *Versuch einer Produktionsästhetik* hat Hillmann (1977) literarische Genres als »Deutungsmuster« verstanden: »Übernommen von den voraufgehenden ... Autoren, werden sie auf die aktuellen Probleme angewandt und modifiziert.« Eine vergleichbare Orientierung bieten sie wohl auch den Lesern, ob alt oder jung. Gattungsmerkmale sind nicht als solche attraktiv, aber sie stellen Attraktives in Aussicht, sei es die Rätselspannung eines Detektivromans, den zumindest fiktiven Umgang mit geliebten Tieren im Pferdebuch und das Vergnügen an Frechheiten in der Lausbubengeschichte. Außengeleitete Literatur garantiert durch Serien (Baur 1984), daß ein Leser, der von einem Buch eines bestimmten Typs angetan ist, keinerlei Umstellungsprobleme hat, wenn er ein zweites oder gar drittes Buch desselben Typs sucht. Innengeleitete Literatur dagegen setzt auf den Reiz der Abweichung vom vertrauten Schema. Der erfolgreiche Autor Roald Dahl, oft der Trivialität bezichtigt, hat sich nur einmal von seinem Verleger überreden lassen, eine Fortsetzung zu einem Kinderbuch zu schreiben (nämlich zu *Charlie and the Chocolate Factory*). Seine Erfahrung: »It wasn't much fun writing. I'll never do it again.« (West 1990) Er kann wohl doch nicht nur auf Erfolgswiederholung aus sein.

3.7 Sprach- und Bildgestalt

Wie schon in dem angeführten Zitat Cragos (1990) festgestellt wurde, werden Besonderheiten der Sprache vom naiven Leser kaum wahrgenommen. Doch gibt es Stellen in einem Text, die Crago selbst als sehr bestimmend für die Lektüre eines Kindes ansieht, nämlich den Anfang und das Ende.

Der Anfang entscheidet darüber, ob ein Buch überhaupt gelesen wird, und das Ende, ob es als zufriedenstellend empfunden wird. Der Schriftsteller Peter Weiß behielt von seiner Kindheitslektüre: »Bald zeigten mir schon die ersten Worte eines Buches die Wesensart des Sprechenden. Ich wollte gleich von ihm angerührt werden, wollte gleich seine Glut und innere Überzeugung erfahren.« (Unseld 1975) Das ist wohl nicht untypisch. Vielleicht kann ein starkes Gefühl zu Beginn tatsächlich am unmittelbarsten für ein Buch einnehmen. Es kann ja in unterschiedlichen Erscheinungsformen auftreten: als Spannung, Identifikationsangebot oder Atmosphäre, als humorvolle Äußerung oder mythisches Bild. (Tabbert 1986)

Zur Frage des Endes ein Zitat von Isaac Bashevis Singer: »I try to give a happy ending to a story for a child because I know how sensitive a child is. If you tell a child that a murderer or a thief was never punished and never caught, the child feels that there is no justice in the world altogether. And I don't like children to come to this conclusion, at least not too soon.« (Singer 1984) Mir scheint diese Argumentation einleuchtend, schließt sie doch die Auseinandersetzung mit ernsthaften Problemen keinesfalls aus. Für den Kritiker weniger befriedigend, wenn der Erfolgsfaktor Happy-End durch die Lösung von Scheinproblemen oder durch den Einsatz von Supermännern erreicht wird. Eine historische Betrachtung des Happy-Ends bietet Pape (1990).

Gewiß nicht so entscheidend für die Wirkung wie Anfang und Ende eines Textes, aber immerhin erwähnenswert sind als Drittes die Einteilung in Kapitel und deren Überschriften.

Wenn auch Bilder bei einem erfolgreichen Kinderbuch ins Kalkül zu ziehen sind, gar im Falle eines Bilderbuchs oder einer Bildergeschichte, wird im allgemeinen eine höhere Wirkung des visuellen Elements gegenüber dem verbalen zu veranschlagen sein.

(Schwarcz 1991) Das gilt nicht nur für Comics und für Geschichten, die im Zusammenspiel von Bild und Wort erzählt werden (Shulevitz 1985), sondern auch für die Kombination à la *Peter Rabbit*, in der eine selbständige Geschichte von Bildern begleitet wird. Aufschlußreich, was der Schriftsteller Gerhard Roth von seinen frühen Leseversuchen erinnert: »Als Kind war Lesen für mich mit großen Mühen verbunden[...] Farbige Illustrationen halfen mir sehr. Sie regten häufig meine Phantasie so stark an, daß ich doch zu lesen begann.« (Unseld 1975) So sollte nicht als gering eingeschätzt werden, welche Wirkung auch das Äußerlichste eines Buches haben kann: der Umschlag und insbesondere das Umschlagbild.

4. Voraussetzungen des Erfolgs

Auf dem Weg zum Erfolg eines Buches kann es ernsthafte Hindernisse geben. Sie können sich aus dem Buch selbst oder aus seinem gesellschaftlichen Kontext ergeben. Hier nur wenige Anmerkungen dazu.

4.1 Buchbezogene Voraussetzungen

Ein Buch sollte für Kinder lesbar sein. Damit meine ich äußerliche Voraussetzungen wie Schriftbild, Gesamtlänge und Kapitellänge. Ein Buch sollte außerdem verständlich sein, d.h. nicht in einem unbekannten Dialekt oder Soziolekt abgefaßt sein und nicht zu viele Schwierigkeiten aufweisen in bezug auf Wortschatz und Syntax einerseits und dargestellte Sachverhalte andererseits.

Eine konsequente Beachtung dieser Voraussetzungen wie in den Taschenbuchreihen, die von mehreren deutschen Verlagen für Leseanfänger herausgegeben werden, führt allerdings kaum je zu literarischem Erfolg, da die Einschränkungen der dichterischen Phantasie offenbar nicht förderlich sind. Korschunows *Findefuchs* (dtv-junior 1982), ansprechend durch starke Gefühle und eindringliche Bilder, ist eine Ausnahme von der Regel. Paul Maars Bücher für Leseanfänger erreichen zumindest nicht die gleiche Popularität wie seine Sams-Bände, die keinen Vorgaben folgen.

Wenn andererseits die Leseanreize stark genug sind, so können sie die Unverständlichkeit mancher Wörter oder auch die übermäßige Länge eines Romans durchaus vergessen lassen. Selbst Blyton-Bücher sind sprachlich nicht so simpel, wie häufig zu hören ist, und gelegentlich ausgefallenere Wörter tun ihrem Erfolg keinen Abbruch.

4.2 Kontextbezogene Voraussetzungen

Wenn die buchbezogenen Voraussetzungen in erster Linie mit den jungen Lesern zu tun haben, so die kontextbezogenen mit den erwachsenen Vermittlern von Kinderbüchern.

Aus ideologiekritischer Sicht ist beanstandet worden, daß klassische Kinderbücher Vehikel der Ideologie ihrer Zeit sind. (Doderer 1969; Dahrendorf 1979) Mir scheint ein gewisser Anteil an der Ideologie, die in einer Gesellschaft vorherrscht, zu den Erfolgsvoraussetzungen eines Buches zu gehören. Die bürgerliche Anpassung Tom Sawyers am Ende des Romans halten wir heute für bedauerlich; ob aber die innovativen Frechheiten des Helden auch ohne dieses Ende einen so gewaltigen literarischen Erfolg möglich gemacht hätten, läßt sich bezweifeln. Es ist wohl in seinem Fall ähnlich wie im Fall von Dumas' Kameliendame, die als Hure dem Wunsch nach Libertinage entgegenkam und als Heilige das schlechte Gewissen der Wohlanständigkeit beruhigte (Neuschäfer 1971).

Den Vermittlern stellt sich in Anbetracht von Kinderbüchern, die aus anderen Zeiten oder anderen Kulturen zu uns kommen, die Frage, wieviel fremde Ideologie sie zu akzeptieren bereit sind. Einen Klassiker wie Helen Bannermans *Little Black Sambo* halte ich wegen seiner herablassenden Darstellung von Farbigen für nicht mehr vermittelbar in einer demokratischen Gesellschaft, auch wenn er von großem ästhetischen Reiz ist. Bei anderen Klassikern wird versucht, sie durch Bearbeitung dem jungen Lesepublikum zu erhalten – und so wird beispielsweise aus der autoritären Pädagogik von Collodis *Pinocchio* in der Fassung Nöstlingers nahezu eine antiautoritäre. (Nöstlinger 1988; Marx 1990)

In stark reglementierten Gesellschaften kann gerade das Unterlaufen der herrschenden Ideologie, kann der Tabuverstoß eine wichtige Voraussetzung für den Erfolg eines Buches sein. In der DDR gab es dafür nicht nur in der Erwachsenenliteratur, sondern auch in der Kinder- und Jugendliteratur Beispiele. Wolf Spillners Jugendroman *Wasseramsel* wurde vermutlich zum Bestseller wegen eines doppelten Tabuverstoßes, nämlich der offenen Darstellung von Sexualität und der Kritik an Funktionärsprivilegien.

Ideologie ist eine kulturelle Kategorie, die in der literaturkritischen Diskussion seit Ende der 60er Jahre eine Schlüsselrolle gespielt hat und deshalb an dieser Stelle aufgegriffen wurde. Kulturelle Voraussetzungen für die Vermittlung von Kinderbüchern können jedoch auch unter anderen Aspekten gesehen werden. Im Hinblick auf Bilderbücher ließe sich von ästhetischen Konventionen oder von Geschmackspräferenzen reden, die es etwa schwierig machen, eine in Japan erfolgreiche Bildfolge in Europa zu vermitteln.

Schließlich sollten bei allem Interesse an Buch und kulturellem Kontext nicht die ökonomischen Voraussetzungen eines literarischen Erfolges übersehen werden. Es kommt darauf an, unter welchen Verlagsbedingungen ein Buch entsteht und unter welchen Distributionsbedingungen es in den Buchhandel und in die Bibliotheken gelangt. Die im englischen Sprachbereich weit verbreiteten Bilderbücher David McKees, die meist Geschichten von universeller Geltung erzählen, haben sich in Deutschland vermutlich deshalb weniger durchgesetzt, weil sie in verschiedenen Verlagen herauskommen. Und daß Hilke Raddatz mit ihrer gleichermaßen ansprechenden und anspruchsvollen Bildgeschichte *Die Große Liebe von Bockenheim* noch keinen hohen Absatz erreicht hat, könnte daran liegen, daß sie sie in einem Verlag veröffentlicht hat, der sich primär an jugendliche Comicleser wendet, während ihr Buch eher ein Doppelpublikum von Kindern und Erwachsenen erfordert. In diesen und ähnlichen Fällen kann also das ökonomische Umfeld eines Buches bedingen, daß ein potentieller Erfolg nicht zu einem tatsächlichen wird.

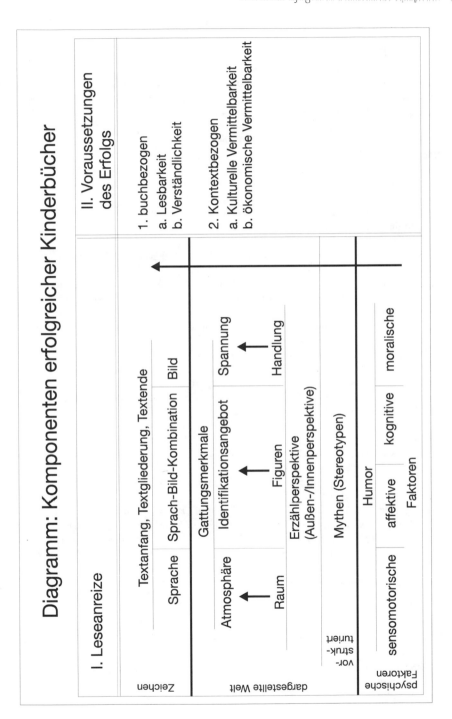

Diagramm: Komponenten erfolgreicher Kinderbücher

Literaturverzeichnis

1. Theoretische Grundlagen

Bachelard, Gaston: *Poetik des Raumes.* München 1960.

Baur, Uwe: »Für eine Gattungstheorie des Comics«. In: Zdenko Skreb/Uwe Baur, Hrsg.: *Erzählgattungen der Trivialliteratur.* Innsbruck 1984. S 263 – 273.

Bettelheim, Bruno: *Kinder brauchen Märchen.* Stuttgart 1977.

Booth, Wayne C.: *The Rhetoric of Fiction.* Chicago 1961.

Bredella, Lothar: *Einführung in die Literaturdidaktik.* Stuttgart 1976.

Dahrendorf, Malte: »Der Ideologietransport in der klassischen Kinderliteratur: vom Struwwelpeter zum Anti-Struwwelpeter«. In: Gorschenek, M./A.M. Rucktäschl, Hrsg.: *Kinder- und Jugendliteratur.* München 1979. S. 20 – 48.

Dahrendorf, Malte: *Kinder- und Jugendliteratur im bürgerlichen Zeitalter.* Königstein 1980.

Dankert, Birgit: »Klassiker – Bestseller – Lieblingsbuch«. In: *Informationen des Arbeitskreises für Jugendliteratur* 1/1984. S. 37 – 51.

Dickinson, Peter: »The day of the tennis rabbit«. In: *The Quarterly Journal of the Library of Congress* (Fall 1981). S. 203 – 219.

Doderer, Klaus: *Klassische Kinder- und Jugendbücher. Kritische Betrachtungen.* Weinheim 1969.

Dorfman, Ariel: *The Empire's Old Clothes. What ›The Lone Ranger‹, ›Babar‹ and other innocent heroes do to our minds.* New York 1983.

Ewers, Hans-Heino: »Kinderbuch-Klassiker zwischen Aufklärung und Romantik«. In: *Informationen des Arbeitskreises für Jugendliteratur* 1/1984. S. 21 – 36.

Gerth, Klaus: »Bestseller«, In: *Praxis Deutsch* 86/1987. S. 12 – 16.

Haas, Gerhard: Bestseller in der Kinder- und Jugendliteratur. In: *Praxis Deutsch* 86/1987. S. 17 – 20.

Helmers, Hermann: *Sprache und Humor des Kindes.* Stuttgart [2]1971.

Hienger, Jörg, Hrsg.: *Unterhaltungsliteratur. Zu ihrer Theorie und Verteidigung.* Göttingen 1976.

Highsmith, Patricia: *Plotting and Writing Suspense Fiction.* Boston 1972.

Hillmann, Heinz: *Alltagsphantasie und dichterische Phantasie. Versuch einer Produktionsästhetik.* Kronberg 1977.

Hunt, Peter: »Childist criticism. The subculture of the child, the book and the critic«. In: *Signal* 43/1984.(a) S. 42 – 60.

Hunt, Peter: »Questions of method and methods of questioning: Childist criticism in action«. In: *Signal* 45/1984. (b) S. 180 – 200.

Hunt, Peter, Hrsg.: *Children's Literature. The Development of Criticism.* London, New York 1990.

Inglis, Fred: *The Promise of Happiness: Value and Meaning in Children's Fiction.* Cambridge 1981.

Iser, Wolfgang: »Die Appellstruktur der Texte: Unbestimmtheit als Wirkungsbedingung literarischer Prosa« (1970). ND in: Rainer Warning, Hrsg.: *Rezeptionsästhetik.* München 1975. S. 228 – 252.

Iser, Wolfgang: Der *implizite Leser.* München 1972.

Jauß, Hans Robert: »Interaktionsmuster der Identifikation mit dem Helden«. In: Jauß: *Ästhetische Erfahrung und literarische Hermeneutik I.* München 1977. S. 212 – 258.

Kayser, Wolfgang: *Das sprachliche Kunstwerk.* Bern/München [12]1972.

Koch, Walter A.: »Tension and suspense. On the biogenesis and the semiogenesis of the detective novel, soccer and art«. In: Thomas T. Ballmer, Hrsg.: *Linguistic Dynamics.* Berlin u.a. 1985.

Kreft, Jürgen: »Der Literaturunterricht und die moralische Entwicklung der Schüler«. In: *Westermanns Pädagogische Beiträge* 12/1978. S. 498 – 502.

Leibfried, Erwin: *Kritische Wissenschaft vom Text.* Stuttgart 1970.

Lewis, C.S.: *Über das Lesen von Büchern.* Freiburg 1966 (bes. S. 43 – 50: Über die Mythe).

Lypp, Maria: »Asymmetrische Kommunikation als Problem moderner Kinderliteratur«. In: *Literatur für viele 1. Zeitschrift für Literaturwissenschaft und Linguistik.* Beiheft 1. Göttingen 1975.

Lypp, Maria: »Lachen beim Lesen. Zum Komischen in der Kinderliteratur«. In: *Wirkendes Wort* 36 (1986). S. 439 – 455.

Moebius, William: »Introduction to picture book codes (1986)«. ND in: Peter Hunt, Hrsg.: *Children's Literature. The Development of Criticism.* London/New York: 1990. S. 131 – 147.

Neuschäfer, Hans-Jörg: »Mit Rücksicht auf das Publikum... Probleme der Kommunikation und Herstellung von Konsens in der Unterhaltungsliteratur, dargestellt am Beispiel der ›Kameliendame‹«. In: Poetica 4/1971. S. 478 – 514.

Nikolajeva, Maria: *The Magic Code. The use of magical patterns in fantasy for children.* Stockholm 1988.

Pape, Walter: *Das literarische Kinderbuch.* Berlin, New York 1981.

Pape, Walter: »Happy-Ends? Vom glücklichen Ende in der Erwachsenen- und Kinderliteratur«. In: Dagmar Grenz, Hrsg.: *Kinderliteratur – Literatur auch für Erwachsene?* München 1990. S. 43 – 56.

Praxis Deutsch 86/1987 (»Bestseller«).

Ramer, Ulrich: *Mythos und Kommunikation.* Frankfurt 1987.

Reichert, John: *Making Sense of Literature.* Chicago 1977.

Riesman, David: *The Lonely Crowd. New Haven* [20]1969.

Ruthven, K.K.: Myth. *The Critical Idiom.* London 1976.

Sarland, Charles: »Piaget, Blyton, and story: children's play and the reading process«. In: *Children's literature in education* 16,2 (1985). S. 102 – 109.

Scherf, Walter: *Strukturanalyse der Kinder- und Jugendliteratur.* Bad Heilbrunn 1978.

Scherf, Walter: *Die Herausforderung des Dämons. Form und Funktion grausiger Kindermärchen.* München etc.: 1987.

Schwarcz, Joseph H./Chava Schwarcz: *The Picture Book Comes of Age.* Chicago, London 1991.

Shavit, Zohar: *Poetics of Children's Literature.* Athens 1986.

Shulevitz, Uri: *Writing with Pictures.* New York 1985.

Stahl, August: »Comics and Mythenkritik«. In: *Fabula* 19 (1978). S. 241 – 251.

Stanzel, Franz: *Typische Formen des Romans.* Göttingen 1964.

Suleiman, Susan R./Inge Crosman, Hrsg.: *The Reader in the Text. Essays on Audience and Interpretation.* Princeton U.P. 1980 (bes. Susan R. Suleiman: Introduction: Varieties of Audience-oriented Criticism. S. 3 – 45).

Tabbert, Reinbert: »The impact of children's books – cases and concepts«. In: *Geoff Fox* u.a., Hrsg.: *Responses to Children's Literature.* New York u.a. 1980. S 34 – 58. Deutsche Fassung in: Tabbert: *Kinderbuchanalysen* II. Frankfurt 1991. S. 9 – 29.

Tabbert, Reinbert: »Literarische Modelle von Kindheit und Jugend« (1985). ND in: *Kinderbuchanalysen.* Frankfurt 1989. S. 141 – 158.

Tabbert, Reinbert: »Lockende Kinderbucheingänge (1986)«. ND in: Tabbert: *Kinderbuchanalysen.* Frankfurt 1989. S. 76 – 97.

Tabbert, Reinbert: Pippi, Pu und die Bockenheimer. Eine Ausstellung erfolgreicher Kinderbücher. Reutlingen, Stuttgart 1987. ND in: *Kinderbuchanalysen II.* Frankfurt 1991. S. 69 – 78.

Tabbert, Reinbert: »Nationale Mythen in drei klassischen Bilderbüchern«. In: *Kinderbuchanalysen II.* Frankfurt 1991. S. 117 – 129.

Tolkien, J.R.R.: »On fairy-stories«. In: *The Tolkien Reader.* New York 1966. S. 3 – 84.

Tompkins, Jane P., Hrsg.: *Reader Response Criticism.* Baltimore: 1980.

Tucker, Nicholas: *The Child and the Book.* Cambridge 1981.

Wellek, René/Austin Warren: *Theory of Literature.* New York 1956.

Wilkending, Gisela: »Der Widerspruch in der klassischen Kinder- und Jugendliteratur: Grenzüber-

schreitung und Erziehungsfunktion«. In: *Informationen des Arbeitskreises für Jugendliteratur 1/1984.* S. 52 – 66.
Ziehe, Thomas/Herbert Stubenrauch: *Plädoyer für ungewöhnliches Lernen. Ideen zur Jugendsituation.* Reinbek 1982.

2. Leserstudien und -zeugnisse

Castermans, Win: *Verbeeldend lezen. Onderzoek naar zintuiglijke verbeelding in drie populaire kinderboeken.* Diss. Universität Amsterdam 1989.
Childhood Reading Experiences. Children's Literature Association Quarterly 13,3 (1985).
Crago, Maureen & Hugh: *Prelude to Literacy. A Preschool Child's Encounter with Picture and Story.* Southern Illinois U.P. 1983.
Crago, Hugh: »The readers in the reader«. In: *Signal* 39/1982. S. 172 – 181.
Crago, Hugh: »Childhood reading revisited«. In: *Papers* 1,3 (1990). S. 99 – 115.
Hillmann, Heinz: »Empirische Rezeptionsforschung oder: Gespräche über Literatur?« In: *Jahrbuch des Vereins für niederdeutsche Sprachforschung* 111 (1988). S. 81 – 102.
Holland, Norman N.: *Five Readers Reading.* New Haven 1975.
Jansson, Tove: »Tarzan the incomparable«. In: *Signal* 64/1991. S. 1 – 5.
May, Jill P.: »Two children's responses to literature«. In: *Childrens's Literature Association* Quarterly 13,3 (1988). S. 128 – 131.
Pearce. Philippa: » ›Robin Hood and his Merry Men‹: A rereading«. In: Children's literature in education 16,3 (1985). S. 159 – 164.
Rünger, Bertold: »Private Funktionalisierung von Literatur. Über einige psychische Mechanismen beim literarischen Lesen«. In: *Der Deutschunterricht* 6/1990. S. 73 – 82.
Sale, Roger: »Child reading and man reading: Oz, Barbar, and Pooh«. In: Francelia Butler/Richard Rotert, Hrsg.: *Reflections on Literature for Children.* Hamden 1984. S. 19 – 31.
Scherf, Walter: »Das Kind als Rezipient des Märchens«. In: *Märchen in Erziehung und Unterricht.* Kassel 1986. S. 61 – 77.
Shannon, George: »Once and forever a platypus: child reader to writing adult«. In: *Children's Literature Association Quarterly* 13,3 (1988). S. 122 – 124.
Tellegen-Van Delft, Saskia: »Images from the past: The influence of reading on Dutch children and adolescents«. In: *International Review of Children's Literature and Librarianship* 1,2 (1986). S. 33 – 47.
Tellegen, Saskia/Ineke Catsburg: *Waarom zou je lezen?* Groningen 1987.
Unseld, Siegfried, Hrsg.: *Erste Lese-Erlebnisse.* Frankfurt 1975.
Walsh, Jill Paton: »The writer in the writer. A reply to Hugh Crago«. In: *Signal* 40/1983. S. 3 – 11.
Wardetzky, Kristin: *Märchen-Lesarten von Kindern. Eine empirische Studie zum Verhältnis 6- bis 10jähriger zum Märchen.* Dissertation B. Humboldt-Universität Berlin 1990.
Whitehead, Frank u.a.: *Children and their Books.* London 1977.
Woolf, Virginia L.: »Readers of ›Alice‹: My children, Meg Murry, and Harriet M. Welsch«. In: Children's Literature Association Quarterly 13,3 (1988). S. 135 – 137.

3. Fallstudien erfolgreicher Kinderbücher

Barker, Keith: »The use of food in Enid Blyton's fiction«. In: *Children's literature in education* 13 (1982). S. 4 – 12.
Bergsten, Staffan: *Mary Poppins and Myth.* Stockholm 1978.

Bixler Koppes, Phyllis: »Tradition and the talent of Frances Hodgson Burnett«. In: Francelia Butler/Richard Rotert, Hrsg.: *Reflections on Literature for Children*. Hamden: Library Professional Publications 1984. S 201 – 214.

Bixler, Phyllis/Lucien Agosta: »Formula fiction and children's literature: Thornton Waldo Burgess and Frances Hodgson Burnett«. In: *Children's literature in education* 15,2 (1984). S. 63 – 71.

Blake, Kathleen: »The sea-dream: ›Peter Pan‹ and ›Treasure Island‹«. In: Francelia Butler/Richard Rotert, Hrsg.: Reflections on Literature for Children. Hamden: Library Professional Publications 1984. S. 215 – 228.

Bosmajian, Hamida:» ›Charlie and the Chocolate Factory‹ and other excremental visions«. In: The Lion and the Unicorn 9/1985. S. 36 – 49.

Carpenter, Humphrey: *Secret Gardens. A Study of the Golden Age of Children's Literature*. London 1985.

»Choosing a modern classic«. In: *Times Literary Supplement*, 25.11. 1983.

»Desert Island. Which children's book would you choose if you were stranded on a desert island?« In: *Books for Children* 25,2 (1990). S. 2 – 5.

Duborgel, Bruno: »Fleur-de-Lupin ou l'escargot mythique«. In: *Bildungsforschung und Bildungspraxis. Education et recherche*. Stuttgart 1983. S. 231 – 249. (Schroeder: Lupinchen)

Fetterley, Judith: »The sanctioned rebel«. In: *Studies in the Novel* 3/1971. S. 293 – 304 (Tom Sawyer).

Kuznets, Lois R.: »Toad Hall revisited«. In: *Children's Literature* 7/1978. S. 115 – 128 (The Wind in the Willows).

Lundqvist, Ulla: *Arhundradets Barn. Fennomenet Pippi Langstrump och dess förntsättningar.* Malmö 1979.

Marx, Sonia: *Le Avventure tedesche di Pinocchio*. Florenz 1990.

Morgan, Argiro L.: »The child alone: children's stories reminiscent of ›E.T.‹: The Extra-Terrestrial«. In: Children's literature in education 16,3 (1985). S. 131 – 142.

Moseley, Ann: »The journey through the »Space in the text« to ›Where the Wild Things Are‹«. In: Children's literature in education 19,2 (1988). S. 86 – 93.

Nöstlinger, Christine: »Pinocchio oder die Leiden des Übersetzers«. In: *Die Zeit.* 25.3.1988.

Opie, Iona & Peter: *The Classic Fairy Tales*. London u.a. 1974.

Petzold, Dieter: »Vom Umgang mit Unterhaltungsliteratur für Kinder am Beispiel der kritischen Rezeption der Serienromane Enid Blytons«. In: *Unterhaltungsliteratur. Ziele und Methoden ihrer Erforschung*. Hrsg. v. Dieter Petzold & Eberhard Späth. Erlanger Forschungen A. Bd. 55. 1990. S. 103 – 116.

Powling, Chris: *Roald Dahl.* Harmondsworth 1985.

Ray, Sheila G.: *The Blyton Phenomenon. The controversy surrounding the world's most successful children's writer.* London 1982.

Ries, Hans: »Der Weg des Bösen. Die Stellung von ›Max und Moritz‹ im deutschen Bilderbuch des 19. Jahrhunderts nebst einem Ausblick in die Gegenwart«. In: 125 Jahre Max und Moritz. Entstehung und Wirkung des berühmten Buches. Stuttgart 1990.

Ritte, Hans: »Volksüberlieferung bei Selma Lagerlöf und Astrid Lindgren«. In: A.C. Baumgärtner, Hrsg.: *Volksüberlieferung und Jugendliteratur.* Würzburg 1983. S. 117 – 128.

Sarland, Charles: »The Secret Seven vs The Twits: Cultural clash or cosy combination?« In: *Signal* 42/1983. S. 155 – 171.

Sendak, Maurice: *Caldecott & Co. Notes on Books and Pictures*. New York 1988.

Singer, Isaac Bashevis: »On writing for children«. In: Francelia Butler/Richard Rotert, Hrsg.: *Reflections on Literature for Children*. Hamden 1984. S. 51 – 57.

Tabbert, Reinbert: »Astrid Lindgren – Leben, Werk und Leserschaft«. (1975). ND in: *Kinderbuchanalysen II*. Frankfurt 1991. S. 88 – 97.

Tabbert, Reinbert: »Jim Knopf, Michael Ende und die Lust am Funktionieren«. (1979). ND in: *Kinderbuchanalysen*. Frankfurt 1989. S. 22 – 36.

Tabbert, Reinbert: »»Lupinchen«, »Münchhausen« und jetzt »Die Schöne und das Tier«. Ein Besuch bei Binette Schroeder (1986a)«. ND in: *Kinderbuchanalysen*. Frankfurt 1989. S. 159 – 166.

Tabbert, Reinbert: »Roald Dahls bestes Kinderbuch. Fragen an den Autor und den Übersetzer« (1986b). ND in: *Kinderbuchanalysen*. Frankfurt 1989. S. 202 – 208.

Tucker, Nicholas: »The Blyton enigma«. In: *Children's literature in education* 19 (1975). S. 191 – 197.

West, Mark I.: »Interview with Roald Dahl«. In: *Children's literature in education* 21,2 (1990). S. 61 – 66.

2. Rezeption, Wechselwirkungen, Analogien

Die west-nordeuropäische Kinderliteraturregion im 19. Jahrhundert.
Einige vergleichende Beobachtungen

Göte Klingberg (Göteborg)

Mein Beitrag bezieht sich auf solche Untersuchungen, die die nationalen Kinderliteraturen in einer internationalen Perspektive studieren. Sie können sich gegen Unterschiede richten, z. B. in der Auffassung von der Kinderliteratur oder in den pädagogischen Ideen und Methoden. Sie können sich auch für Ähnlichkeiten interessieren, z. B. in der Entwicklung von Gattungen, Motiven und anderen Erzählelementen. Später will ich das Auftreten von zwei Erzählelementen in dem west-nordeuropäischen Raum während des XIX. Jahrhunderts behandeln.

Ein Problem bei komparatistischen Untersuchungen ist es, Kenntnis von den Büchern, die man studieren sollte, zu erhalten. Freilich werden die Meisterwerke auf Französisch, Englisch, Deutsch usw. in den nationalen Kinderliteraturgeschichten erwähnt. Es gab und gibt aber auch eine Vielzahl von Werken, die oft eine niedrige literarische Qualität haben und u. a. darum heute vergessen sind. Sie dürfen aber nicht unbeachtet bleiben, wenn man z. B. die Entwicklung von Gattungen und Erzählelementen studieren will.

Hier braucht man vollständige Nationalbibliographien – und zwar kommentierte – der Kinderliteraturen, die auch die wenig bekannten Bücher beachten und die nicht nur gewöhnliche bibliographische Information geben, sondern auch den Inhalt der Bücher zusammenfassen, so daß man die Titel finden kann, die in einem speziellen Zusammenhang von Interesse zu sein scheinen. Viel bibliographische Arbeit ist heute im Gang. Der große Umfang der Literaturmasse bewirkt aber, daß man nicht erwarten kann, daß z. B. deutsche oder englische Bibliographien vollständig werden. Auch wenn wir ziemlich umfangreiche Bibliographien finden, gibt es meistens keine Inhaltsbeschreibungen, was sehr zu bedauern ist.

Englische, deutsche und französische Kinderbücher wurden und werden aber auch in die Sprachen naheliegender Länder übersetzt. Da die Literaturmassen in diesen Ländern nicht so groß sind, besteht dort eine bessere Möglichkeit, vollständige Bibliographien zu erstellen, und wenn sie viele Übersetzungen verzeichnen, sind sie nützliche Hilfsmittel für vergleichende Untersuchungen.

Der Ausgangspunkt meiner heutigen Ausführungen ist ein Werk, das meine Mitarbeiterin Ingar Bratt und ich im Jahre 1988 veröffentlicht haben, eine Bibliographie aller Bücher für Kinder (und Jugendliche), die von schwedischen Verlegern zwischen 1840 und 1889 veröffentlicht wurden. Da ich schon früher bibliographische Arbeiten über die Zeit vor 1840 publiziert habe, gibt es nun ein ziemlich vollständiges Verzeichnis der in

Schweden vor 1890 veröffentlichten Kinderliteratur, das auch Werke von schlechter Qualität sowie Übersetzungen umfaßt und das den Inhalt der Bücher beschreibt. Gewiß ist die Literaturmasse auch in diesem Fall ziemlich groß, und die neue Arbeit hat uns sieben Jahre gekostet. Zur Zeit arbeitet Ingar Bratt über die Literatur der 1890er Jahre. Die zeitliche Begrenzung der bisherigen Arbeit ist aber der Grund dafür, daß ich heute nur vom XIX. Jahrhundert sprechen will.

Während der fünf Jahrzehnte, die in der neuen Bibliographie behandelt worden sind, kann man mit ungefähr 70 bis 80 Prozent Übersetzungen rechnen. Da die Verfasser der Bücher oft anonym sind, war dies nicht immer offensichtlich; wir haben uns aber viel Mühe gegeben, die ausländischen Originale oder mindestens die Ausgangssprachen zu identifizieren. Die wichtigsten Ausgangssprachen waren Deutsch, (britisches und amerikanisches) Englisch, Französisch und, aber in sehr geringem Maße, Dänisch und Norwegisch. Mitunter wurde eine Übersetzung nicht aus der Sprache des Originals, sondern aus einer früheren Übersetzung in eine andere Sprache hergestellt, jedoch aus einer der erwähnten Sprachen.

Es kann bemerkt werden, daß Übersetzungen die Aufmerksamkeit auf Bücher lenken können, die in ihrem Heimatland unbeachtet sind. Dies gilt nicht nur für die Menge von Texten niedriger Qualität, sondern auch für bedeutende Werke. Beispiele sind zwei deutsche Schattenspiele aus der romantischen Epoche, für die ich schon früher die deutschen Kinderliteraturforscher zu interessieren versucht habe, jedoch, glaube ich, nicht mit größerem Erfolg, August Wilhelm Zacharias *Kronprinzchen von Kinderland* von 1821 und *Das neue Schattenspiel aus Kinderland* (aus demselben Jahr oder vielleicht von 1822). Sie wurden in den 1820er Jahren ins Schwedische übersetzt. Daß sie in Deutschland unbeachtet blieben, kommt vermutlich daher, daß Exemplare sehr selten sind (in der Tat scheint der einzige existierende Text von *Dem neuen Schattenspiel* die schwedische Übersetzung von 1822 zu sein).

Ein anderes Beispiel ist die französische Autorin Laure Surville. Sie ist in Frankreich als Balzacs Schwester und die Autorin von einem Buch über ihn bekannt. Daß sie auch Kinderbuchautorin war, ist aber von den französischen Kinderbuchhistorikern nicht beachtet worden. Es gibt zwei Kinderbücher von Surville, beide aus dem Jahre 1854 und später neuaufgelegt, *Le compagnon du foyer* und *La fée des nuages, ou la reine Mab*. Die schwedische Übersetzung von 1879 von *La fée des nuages* hat meine Aufmerksamkeit auf Surville gelenkt, über die ich dann einen Artikel für eine französische Zeitschrift geschrieben habe.

Zacharias' Schattenspiele sind in der Geschichte der Kinderliteratur mit absurden Zügen von Bedeutung, Survilles Bücher in der Geschichte der phantastischen Erzählung.

Es ist natürlich nicht unproblematisch, Übersetzungen als Originale zu behandeln. Eine Übersetzung mag sehr treu oder auch sehr frei sein. Man muß versuchen, Originalexemplare aufzutreiben. Leider ist dies aber nicht immer so leicht (zu dem praktischen Problem will ich zurückkommen), und mitunter ist kein Original vorhanden, wie Zacharias' *Das neue Schattenspiel* exemplifiziert.

Es muß aber auch hervorgehoben werden, daß gerade die Übersetzungen ein Material für vergleichende Untersuchungen sein können, nämlich, wenn man die Veränderungen studiert, die die Übersetzer oder Verleger vorgenommen haben. In erster Linie gilt dies für Untersuchungen über Verschiedenheiten in der Auffassung von der Kindernatur und den pädagogischen Ideen; Veränderungen bei Übersetzungen können aber auch die Entwicklung der Gattungen und Erzählelemente illustrieren.

Ich will nun ein Beispiel des komparatistischen Studiums der Erzählelemente geben, und zwar von Elementen in der absurden Kinderliteratur – der Nonsensliteratur. Alle angeführten Texte finden sich in der schwedischen Kinderliteratur des XIX. Jahrhunderts, hauptsächlich als Übersetzungen. Die Schwierigkeiten, die das Aufspüren von Originalen mit sich bringt, führen dazu, daß ich auch Texte berücksichtige, die meine heutigen Zuhörer schon kennen, deutsche Texte von Brentano und Hoffmann, englische von Thackeray und Tom Hood. Ich will aber auch ein paar anonyme Texte auf Schwedisch erwähnen, die möglicherweise schwedische Originale sind, und dazu zwei Übersetzungen, Dumas' französische Übersetzung von 1844 von Hoffmanns *Nußknacker und Mausekönig*, d. h. *Histoire d'un casse-noisette*, die im Jahre 1848 via die deutsche Übersetzung von 1846 nach Schweden kam, und die schwedische Übersetzung von 1878 von Thackerays *The rose and the ring*.

Meine Absicht war, mehrere Erzählelemente zu behandeln. Da mir Zeit fehlt, will ich mich aber auf zwei absurde Elemente beschränken, auf den »Ordensspaß« (d. h. Spaß über das Ordenswesen) und »Zahlenunsinn«. Als Zahlenunsinn bezeichne ich übertrieben große oder übertrieben exakte und dadurch absurde Zahlen. Der Ordensspaß hat wohl seinen Ursprung in Ordenssatiren und Monarchiesatiren für Erwachsene. Wenn er in der Kinderliteratur erscheint, kann er aber nur den Zweck haben, komisch zu wirken und zu unterhalten. Woher der Zahlenunsinn stammt, weiß ich nicht.

In Brentanos *Gockel und Hinkel* (d. h. »Urgockel«, spätestens im Jahre 1816 geschrieben, möglicherweise von Brentano als Kinderliteratur verfaßt und später von anderen als Kinderliteratur veröffentlicht) wird ein absurdes Hofmilieu beschrieben, darunter der Ordensspaß. Zu Ostern feiert man das große Ordensfest des Ostereierordens. Der König hat zwei Ostereierorden zu verteilen, einen roten und einen goldenen. Als zwei von Gockels Dienern vom König Abschied nehmen, »hängte er ihnen beiden den Orden des Roten Ostereis dritter Klasse zur Belohnung um den Hals«. Gockel selbst bekommt eine bedeutendere Auszeichnung. Der König »zog dann den Gockel in ein Fenster und hing ihm das Großei des Ordens des Goldnen Ostereis mit zwei Dottern um den Hals und borgte hundert Gulden von ihm«. (In der späteren Version von 1838, die von Brentano gedruckt wurde, aber nicht als Kinderliteratur betrachtet werden kann, hat der Autor übrigens dies verbessert. Er betont dort, daß die dritte Klasse des Ostereierordens »ohne Dotter« und »taxfrei« war. Weiter ist das Großei nicht nur mit zwei Dottern, sondern auch mit Petersilie versehen worden.)

Hoffmanns *Nußknacker und Mausekönig*, zuerst im Jahre 1816 gedruckt, kann zu den phantastischen Erzählungen gezählt werden, wenn auch nicht in demselben Grade wie *Das fremde Kind*. Das eingeschobene *Mährchen von der harten Nuss* gehört aber zu der absurden Tradition. Unter den Erzählelementen findet sich wie bei Brentano ein absurdes Hofmilieu, auch mit Ordensspaß. Als Drosselmeier die frohe Nachricht verkündet, daß Pirlipat geheilt werden kann, heißt es, daß der König ihn mit heftigem Wohlwollen umarmte und ihm einen diamantenen Degen, *vier* Orden und zwei Sonntagsröcke versprach.

Dies ist nun aber nur eine Andeutung von Ordensspaß. Darum ist die Behandlung von Interesse, die Dumas diesem Erzählelement in seiner bearbeiteten Übersetzung gab. In mehreren Fällen hat er die absurden Züge bei Hoffmann verstärkt und vermehrt (auch wenn etwas weggefallen ist). So hat er einen absurden Ordensnamen eingeführt. Außer dem diamantenen Degen und einem ganz neuen Rock verspricht der König den goldenen Spinnenorden, »l'ordre de l Araignée d' or qui était le grand ordre de l'Etat«. Später, als diejenigen eintreffen, die Krakatuk zu knacken versuchen wollen, verheißt der König den Präsidentenstuhl der Akademie – für welchen, wie es gesagt wird, man keine Gelehrsamkeit brauchte – und dazu den goldenen Spinnenorden. Als der Hofuhrmacher zum Hofe gerufen wird, führt Dumas noch einen Orden ein. Der König war ganz überzeugt, heißt es, daß der Uhrmacher wohl nicht kommen werde, falls ihm versprochen werde, aufgehängt oder enthauptet zu werden. Darum schien es besser, ihm den neuen Orden zu versprechen, den der König eben für Schriftsteller, Künstler und Mechaniker gestiftet hatte.

Thackerays *The rose and the ring* trägt das Druckdatum 1855, wurde aber zu Weihnachten 1854 herausgegeben. Unter den vielen absurden Zügen finden wir auch den Ordensspaß. Paflagonia hat »the Order of the Cucumber«, Crim Tartary »the Order of the Pumpkin«. Der letztere Orden hat mehrere Grade: Prinz Bulbo ist »Knight Grand Cross of the Order of the Pumpkin«. Lord Spinachi wird zum Ritter zweiter Klasse dieses Ordens geschlagen (es wird bemerkt, daß die erste Klasse gekrönten Häuptern vorbehalten war), während der Hofmaler sich mit »the Order of the Pumpkin (sixth class)« begnügen muß. Nach der großen Schlacht zwischen Giglio und Padella verteilen die Könige »freely« (wie gesagt wird) »the Crim Tartar Order of the Pumpkin« und »the Paflagonian decoration of the Cucumber«. Die Königin Rosalba trägt »the Paflagonian Biband of the Cucumber«, König Giglio zeigt sich niemals ohne »the Grand Cordon of the Pumpkin«. Eine andere Ehrenbezeigung, die in dem Zusammenhang erwähnt werden kann, ist »the wooden spoon«, die höchste Auszeichnung einer Universität.

Die neue schwedische Bibliographie enthält 32 Schattenspiele, 78, wenn auch neue Auflagen mitgerechnet werden. Offenbar sind sie alle für Kinder, in einigen Fällen ist dies in den Textheften angegeben. In dreizehn von diesen Schattenspielen, deren Erstauflagen zwischen 1850 und 1875 erschienen, sind absurde Elemente vorhanden. Diese dreizehn Schattenspiele sind alle anonym. Einige scheinen deutschen Ursprungs zu sein, was ich aber nicht belegen kann. Der Ordensspaß tritt auf in *Prinz Fidibuss och den sköna Pepparmynta* (d. h. ... und die schöne Pfefferminze), 1873 und 1882 herausgegeben. Der Prinz will dort einem Gastwirt wegen seiner vorzüglichen Verdienste »die große Kartoffelmedaille mit eiserner Kette« verehren.

Die schwedische Übersetzung von Thackerays *The rose and the ring*, im Jahre 1878 von Herman Annerstedt vorgenommen, ist in dieser Hinsicht von besonderem Interesse. Annerstedt war Marineoffizier, gehörte aber zu einer akademischen Familie, wo der Universitätswitz vielleicht nicht unbekannt war. Einige von den absurden Zügen bei Thackeray fehlen in der Übersetzung, es gibt aber auch Zusätze dieser Art. Zumeist gelten diese Zusätze den Ordensspaß, auch wenn Annerstedt »the wooden spoon« gestrichen hat. Thackerays Ordensnamen sind mit Edelmetallen versehen worden. Wie Dumas einen goldenen Spinnenorden im Hoffmanschen Hof einführte, wandelte Thackerays schwedischer Übersetzer »the Order of the Cucumber« in »die Goldene Gurke« um, »the order of the Pumpkin« in »die Kaiserliche Silberrübe«, ja sogar »die Goldene Silberrübe«. Die Königin Rosalba, »die nichts zu geben hatte« (ein parodistischer Zusatz, wenn es sich um Ordensverleihen handelt), machte »die ganze Getreue Schar« (d. h. die, die dem alten Königshaus treu waren) zu »Goldenen Silberrüben mit besonderen Gnaden für alle Grafen«. Dazu kommen spezielle Verzierungen, die bei Thackeray nicht zu finden sind. Bulbo hat nicht nur einen »Grand Cross of the Order of the Pumpkin«, sondern ein »Großkreuz der Kaiserlichen Silberrübe, zweiter Klasse mit Stern«, eine Angabe, die von einer Parenthese begleitet ist: »die Kleinkreuze zweiter Klasse sind nämlich ohne Stern, wogegen alle möglichen Kreuze der ersten Klasse Sterne haben, sowohl vorn als hinten, der allerfeinste Grad sogar einen solchen an der Weste, zwei Zoll vom Rande des Aufschlags, drei und ein halber Zoll über der linken Westentasche«.

Der Hofmaler wird – ohne Deckung im Originaltext – »Kommandeur von der Goldenen Gurke, dritter Klasse, mit dem Kreuz hinten«. Die Anzahl von Orden an dem paflagonischen Hofe ist vergrößert worden; es gab einen (besonders vornehmen) »Salzgurke, eine Essiggurke, eine eingemachte Gurke, eine Västeräsgurke und eine Kahns Gurke« (die beiden letzteren sind schwedische kulinarische Spezialitäten). Die Ordensverteilung nach der großen Schlacht, die bei Thackeray »freely« geschah, erfolgt nun »fass- und eimerweise.« Als alle Menschen dekoriert worden waren, kam man auf die Idee, daß es nicht nur »Einzelgurken«, sondern auch »Doppelgurken« geben konnte.

Eine entsprechende Exemplifikation von »Zahlenunsinn« kann mit Dumas' Übersetzung von Hoffmanns *Mährchen von der harten Nuß* beginnen. Während Hoffmann nur erzählt, daß die Mäuse, die in Drosselmeiers Mausefallen umgebracht wurden, »alle sieben Söhne und viele, viele Gevattern und Muhmen der Frau Mauserinks« umfaßten, hat Dumas dies zu einer Absurdität ausgebaut. Erwähnt werden achtzehn Geschwisterkinder, fünfzig Vettern und Kusinen, zweihundertfünfunddreißig andere Verwandte und Tausende von Untertanen: »les sept fils de dame Couriconne, dix-huit de ses neveux, cinquante de ses cousins, et deux cent trente-cinq de ses parents à différents degrés, sans compter des milliers de ses sujets«. – Als Krakatuk geknackt werden soll, erscheinen bei Hoffmann einfach »viele hübsche Leute, unter denen es sogar Prinzen gab«. Dumas hat dies in eine große Prozedur umwandelt. Eine Kommission mit dem Hofzahnarzt an der Spitze inseriert mehrmals, um Kandidaten zu bekommen, und untersucht in drei Etappen ihre Zähne. Zu der ersten Untersuchung werden 3 500 hereingelassen, zu der zweiten 5 000. Als die dritte Untersuchung vollendet ist, haben insgeamt 11 374 Mitwerber ihr Glück versucht und ihre Kiefer und Zähne verdorben bekommen. Der erfolgreiche junge Drosselmeier (»Drosselmayer«) ist Nummer 11 375. Was die runden Zahlen 3 500 und 5 000 betrifft, hat der schwedische Übersetzer von 1848 (oder seine deutsche Vorlage) durch mehr exakte Zahlen den Zahlenunsinncharakter verstärkt: dreitausendünfhundertvier bzw. fünftausendfünf.

Bei Thackeray, in *The rose and the ring*, kommt der Zahlenunsinn vor, als das Geld erwähnt wird, das Prinz Giglio von seinem »poor dear father« bekommen hat. Die Gesamtsumme wird auf eine absurd exakte Weise als »two hundred and seventeen thousand millions, nine hundred and eighty-seven thousand, four hundred and thirty-nine pounds, thirteen shillings, and sixpence halfpenny« angegeben, in einem späteren Kapitel mit Ziffern ausgeschrieben. Die Königsnummer »Valoroso der Vierundzwanzigste« kann wohl auch als Zahlenunsinn betrachtet werden. Der schwedische Übersetzer Annerstedt hat die Geldsumme nicht übernommen; er hat aber »Valoroso der Vierundzwanzigste« verbessert: »Valoroso der Sechsundsiebzigste«, und Casolfiore, der bei Thackeray keine Nummer hat, nennt er »Casolfiore den Achtunddreißigsten«.

Tom Hoods *Petsetilla's posy*, im Jahre 1870 herausgegeben, wird gewöhnlich als von Thackerays *The rose and the ring* beeinflußt angesehen. Auch hier kommt ein absurdes Hofmilieu vor, jedoch kein Ordensspaß. Wie bei Thackeray finden wir aber Zahlenunsinn. In Aphania gibt es nur vier Monate: »Growsy, Rosy, Blowsy« und »Snowsy«. Die drei ersten haben 91 Tage, Snowsy aber 92 und ein Viertel, warum man das Schaltjahr vermeiden konnte. Eine große und absurd exakte Preissumme ist auch erwähnt worden: »two thousand eight hundred pounds nineteen shillings and elevenpence three farthings«. Die Könige haben hohe Nummern: »Buffo der Erstundsechzigste«, »Rumti der Hundertneunzigste«.

Auch in den schwedischen Schattenspielen gibt es Beispiele von Zahlenunsinn. In *Röfvarehalan i de mesopotamiska bergen* (Die Räuberhöhle in den mesopotamischen Bergen), im Jahre 1850 herausgegeben, kommt eine Hexe vor, die in ihrer Jugend viele Freier gehabt hatte, »5 Fürsten, 10 Grafen, 25 Freiherren, 52 Edelmänner und 7 111 Knappen«. – In *Prins Fidibuss och den sköna Pepparmynta*, wie eben gesagt in den Jahren 1873 und 1882 veröffentlicht, ruft Fidibuss, als er endlich seine Pfefferminze gefunden hat: »Jawohl, sie ist es! Es ist meine geliebte Pfefferminze, die ich umsonst während 15 Jahre, 8 Monate, 19 Tage, 20 Stunden, 35 Minuten und 2 Sekunden gesucht habe«.

Das heute vorgelegte Material ist so klein, daß einige Schlußfolgerungen vergleichender Art eigentlich nicht gezogen werden können. Man kann sich aber fragen, welche Schlußfolgerungen aufgrund von mehr Material möglich sein könnten.

Zu »einem« Schluß genügt schon meine Exemplifikation. Die zwei Erzählelemente, der Ordensspaß und der Zahlenunsinn, treten während des XIX. Jahrhundert in der deutschen, englischen, französischen und schwedischen Kinderliteratur auf. Es ist ein Beleg für eine Kinderliteraturregion, die viele Ähnlichkeiten aufweist.

Dies bedeutet u. a., daß man nicht nur in Deutschland und England, sondern auch in Frankreich und Schweden bereit war, Literatur mit absurden Zügen für Kinder herauszugeben. Dies ist keine Selbstverständlichkeit, da die Kinderliteratur so lange den Zweck gehabt hatte, Kenntnisse und Moral zu vermitteln. Das illustriert ein Brief von August Strindberg, im Jahre 1872, sechs Jahre vor der schwedischen Übersetzung von Thackerays *The rose and the ring* geschrieben. Strindberg hatte den Auftrag bekommen, den Text eines englischen Bilderbuches zu übersetzen, wo teilweise absurde »nursery rhymes« zu finden waren. An den Verleger schrieb er, daß er Schwierigkeiten mit dem sonderbar Verrückten im Original hatte, dessen Sinn er nicht verstand. Solche Torheiten gehörten nicht, sagt er, zu seinen Kindheitserinnerungen.

Vielleicht könnte man die Frage stellen, wo die absurde Kinderliteratur zuerst Bedeutung fand. Gewiß können Ordensspaß und Zahlenunsinn Parallelerscheinungen sein, die zufällig in verschiedenen Ländern auftraten. Wahrscheinlicher ist aber, daß man es mit Einflüssen über die Sprachgrenzen zu tun hat. Meine Hypothese ist – ich ziehe dann auch andere Erzählelemente in Betracht als diejenigen, die ich heute behandelt habe –, daß die deutsche Romantik eine entscheidende Rolle gespielt hat, auch wenn wir so oft von der »englischen« Nonsensliteratur hören. Vielleicht ist es kein Zufall, daß die Beispiele von Brentano und Hoffmann aus dem zweiten Jahrzehnt des Jahrhunderts herrühren, Thackerays und Hoods aus dem sechsten und achten. Die Vielzahl von mehr oder minder unbekannten Werken mag weitere Aufschlüsse geben können.

Von Interesse sind die Verstärkungen der absurden Züge, die man bei den beiden erwähnten Übersetzern Dumas und Annerstedt findet. Eine Arbeitshypothese könnte sein, daß Übersetzer eine Tendenz haben, solche Züge zu verstärken, die sie besonders bemerkt haben. Vielleicht spielen die Übersetzer auf diese Weise eine Rolle für die internationale Verbreitung nicht nur von Büchern, sondern auch von Gattungen, Motiven und anderen Erzählelementen.

Zuletzt will ich das praktische Problem vorbringen, wie die Forscher bei vergleichenden Untersuchungen zu Exemplaren ausländischer Literatur kommen können. Meiner Erfahrung nach wollen die Bibliotheken heutzutage keine Exemplare von älteren Büchern ausleihen, nur Fotokopien senden. Man hat darum mehrere Monate zu warten, und die Kopie eines ganzen Buches kostet ziemlich viel. Vielleicht will man nur eine besondere Stelle sehen; die Bibliotheken können aber diese Stellen nicht aufspüren – dies nennt man Forschung, die man nicht ausführen will. Die Seitenzahl anzugeben ist nicht leicht, wenn man das Buch nicht gelesen hat.

Wenn man nun vergleichende Untersuchungen auf dem Felde der Kinderliteratur anregen will, sollte dieses Problem in Angriff genommen werden. Es kann mehrere Möglichkeiten geben – ich stelle mir z. B. vor, daß manche Forscher bereit sein könnten, einander mit einfacheren Kontrollen, Angaben von Seitenzahlen und ähnlichem zu helfen. Sich dieses Problemes anzunehmen wäre eine angebrachte Aufgabe, z. B. für die Bonner Abteilung für vergleichende Literaturwissenschaft oder für das Frankfurter Jugendbuchinstitut.

The Historical Novel for Youth:
In Search of National Identity Via the Adaptation
of a New Genre

Nitsa Ben-Ari (Tel-Aviv)

When the young Theodor Herzl chose to join the duelling fraternity Alba, back in 1881, be adopted the nickname of »Tancred«, either in sympathy with Torquato Tasso's hero in *Jerusalem Delivered* or, more likely, with Disraeli's novel *Tancred or the New Crusade*, which appeared in 1847 (Pawel 1989, 66 – 7), more likely, because 1881 marked the year of Disraeli's death. The nickname is not an accidental choice; beside its psychological implications, it has a larger semiotic value, in that it reflects the role that the historical novel and its heroes played in the intellectual, emotional and practical life of the 19th century.

It is not accidental, moreover, that the 19th Century, with the rising feeling of national identity and the growing consequent interest in national and international historiography, was the ideal background for the flourishing of the historical novel. I do not intend to go into a detailed definition of the genre, nor into the nationalistic reasons that created it in each particular case or culture. The German case, however, bears a special interest to this topic, and in fact, if one was to study the sources of the German historical novel, for instance, the roots may have to go back not to literary but rather to nationalistic writings following the humiliating German defeat by Napoleon, like Friedrich Ludwig Jahn's *Das Deutsche Volkstum*, from 1810. At this stage I one must mention Lukacs' s conventionally controversial claim, that the historical novel is not to be characterised as such by any strategies of plot or composition, but in that it depicts the life of the individual as conditioned and formed by historical processes (Lukacs 1955). To this one may add Bernard Lewis' classification, distinguishing between a universal historical novel and a national one; oppressed nations, according to this classification, tend to revert to the second variety of novels, with the glorious past functioning as a source of strength for national pride (Lewis 1976). Noncontroversial, however, is to consider Scott's novel *Waverly* (1814) as the starting point of the 19th century historical novel. Scott's novels gained popularity and were almost immediately translated to most European languages. German translations existed already in 1817, sometimes several translations of the same novel (von Boehn p. 334). In 1822 Heine informs in his »Letters from Berlin« that the whole town is discussing Scott's work:»dass man sie überall liest, bewundert, bekritelt, herunterreißt und wiederliest. Von der Gräfin bis zum Nähmädchen, vom Grafen bis zum Laufjungen, liest alles die Romane des Großen Schotten« (quoted by Schüren in 1969, p. 17). Even Goethe, whose *Wilhelm Meister* stood for the model of the rivaling tendency, called him »der reichsten, gewandtesten, berühmtesten Erzähler seines Jahrhundert« (Steinecke 1987 p. 77).

The historical novel flourished in France with Victor Hugo, in Italy with Manzoni and in Germany with a series of writers, that did not gain worldwide renown, perhaps, but, judging from sales and edition numbers, were very popular with the German readers. German novelists from Alexix to Fontane adapted the genre to their own specific philosophies and discussed it largely from three thematic angles: the relationship between the novel and history, the relationship between the novel and reality and the novel's conception of man – especially as seen in the role of the hero.

Roughly speaking, the German historical novel can be divided into three main trends: the twenties and thirties, with a disillusionment with France and an enthusiastic adaptation of Scott: Alexix in his earlier stage, Karl Franz van der Velde, Joseph von Rehfues, Wilhelm Blumenhagen and even Charles Sealfield. The mid-century years, with a growing sense of German nationalism, the »Jungdeutschen« and a growing consciousness of the need for a different kind of novel for the German spirit, more involved and idealistic; this period bred novels that deal with the very recent past, in the aim of reflecting politically and ideologically on the present: Alexix, disillusioned with the first period, Hermann Kurz, Adolf Stahr, and of course Hermann Goedsche (who ironically chose to publish under the pseudonym of Sir John Retcliffe). This variation, the historical-political novel, inevitably led to the »Zeitroman«. A renewed interest in the genre began in 1855 with Joseph Victor von Scheffel and his *Ekkehard: Eine Geschichte aus dem zehnten Jahrhundert*, this time with a preference for the very distant past. The popularity of this variation of the genre surpassed all others. Scheffel's work was published in 173 editions until 1900, Freitag's *Die Ahnen* alone (6 volumes 1872 – 1880) had 27 editions, Georg Ebers with *Eine Ägyptische Königstochter* (1864) 18 editions. Stifter, Keller, Raabe also wrote historical novels of this model, and of course the prodigious Louise Mühlbach, who wrote *Friedrich der Grosse und sein Hof* (13 volumes! 1853 – 54) with only 8 editions, but altogether 200 volumes of historical novels, with the following aim: »Die Geschichte zu illustrieren, sie populär zu machen; die großen Gestalten, wie die große Thatsachen [...] aus der stillen Studirstube hinaus zu tragen auf den Markt des Lebens, und zum Gemeingut Aller zu machen, was bis dahin nur das Gut des Gelehrten war« (1867, see Eggert 1971, pp. 129 – 147).

This interesting background was the birthplace of a no less interesting Jewish variant. European writers, Jewish and non-Jewish, like Grace Aguilar (*Cedar Valley*), Disraeli (*Elroi*) and George Eliot (*Daniel Deronda*), wrote historical novels with Jewish themes and protagonists. While, in a parallel stream, German Jews, mostly of Rabbinical vocation, wrote Jewish historical novels for a different purpose and a different public. Contrary to common belief, the first generation of the Hebrew Enlightment did have an interest in History and Historiography, though to satisfy the ruling norms they had to seek legitimation for this interest and continually apologise for it (Feiner 1984). This being the second generation of the Hebrew Enlightenment, there was no longer any need to apologise for the interest in History or seek legitimation for it: Orthodox and Liberal Rabbis, leaders of communities, researchers and journalists like Phöbus Philipson and Ludwig Philippson, Marcus Lehmann, Moses Wassermann and Hermann Reckendorf adopted and adapted the no-longer new genre to the benefit of the public of young Jewish readers in Germany. They wrote a vast number of what could be named »higher« literature, too, in the fields of historiography, religion and education, but, realizing the growing influence of the novel and its pedagogical potential, they devoted much of their time to writing »popular« historical literature as well, which had remained unexamined so far.

This large body of »popular« literature is the historical novel for youth, written mainly in the second half of the 19th century, by both Orthodox and Reformed Jews, who wrote in German for a very specific Jewish public. I find it convenient to use Phöbus Philippson's *Die Marranen* (which started to appear in the *Allgemeine Zeitung des Judenthums* in 1934 but first appeared as a book in 1850) followed by Reckendorf's *Geheimnisse der Juden* which appeared in 1856 – 7. Reckendorf's novel was written, as he himself testifies, according to the model of the French novelist Eugen Sue, whose »best-seller« *Les Mystères du peuple ou l'histoire d'une famille de proletaire à travers les âges,* was translated among others into German: *Die Geheimnisse des Volkes* (Freiburg 1850 – 55) and fathered many imitations, like August Brass's 1844 *Mysterien von Berlin.* This process of adaptation, however, is significant, as it characterizes the literary contacts of the German Jewish community with the European culture, via the German prism (see the principles of Interference as formulated in Even-Zohar 1990). Indeed, one of the most interesting questions the study of the »minor« phenomenon of the Jewish German novel in the 19th century involves this intricate mechanism of literary contacts. It seems that the initial drive to use this literary genre was given by the German historical novel, but the overwhelmingly increasing national tone drove the Jewish writers to look for more models elsewhere; this too was done via German mediation, both by means of translation (avalability of the text) and by means of selection (its accessibility). In this procedure they were acquainted with English writers like Disraeli, Aguilar, George Eliot and French novelists like Sue.

The pragmatic aim of these German-Jewish authors was basically didactic. They wrote for a youth that already knew German, with the aim of providing them with reading material in German about Jewish themes, lest they submit to the »temptation« of German literature. The »higher« aim was more ambivalent: this was already the second wave of the Jewish Enlightenment, there was a need to educate a more modern German-Jewish youth, but at the same time provide them with a sense of pride in their national identity.

A great part of these Jewish historical stories and novels was published in Jewish periodicals (which played an important role in the cultural life of the period, see Horch 1985, Shedletzky 1986): *Der Israelite* edited by Marcus Lehmann or the AZJ (*Allgemeine Zeitung des Judentums*) and later in the *Jüdischen Volksblatt,* both editing by Ludwig Phillipson, a major figure in the German Jewish Reform movement. The same authors were interested and involved in historical research, and published countless historically oriented articles in the same periodicals, but it is vital to note that, Orthodox or Reformed, they considered themselves religious Jews who had no conscious intention to assimilate. Lehmann, a representative of the Orthodox trend, wrote a large number of historical novels: *Boustenai, Akkiba, Das Licht der Diaspora, Rabbi Josselmann von Rosheim,* but he also assembled and wrote a religiously oriented text like *Die Sprüche der Väter.* Phillipson, one of the main leaders of the Liberal movement, wrote *Yacob Tirada, Geschichtlicher Roman,* or *Sepphoris und Rom, ein historischer Roman aus dem 4. Jh.*, but he also wrote a great number of non-fiction texts like: *Haben wirklich die Juden Jesum gekreuzigt?; Siloah; eine Auswahl von Predigten; Die Entwicklung der religiösen Idee im Judentum, Christentum und Islam und die Religion der Gesellschaft.* His essays were assembled in a volume called *Weltbewegende Fragen in Politik und Religion aus den letzten 30 Jahren.*

It is obvious that these prolific writers (of whose texts I have only cited a few) were politically, religiously and ideologically involved, and that they found in the historical novel the best tool to satisfy several »burning« needs of their respective communities. Anxious that the growing Jewish youth would not seek an answer for their curiosity in the German reading material, and thus identify with German themes and heroes, they looked for heroic periods and persons in the Jewish history (by then assembled and available in the works of historiographers like Jost and Grätz), just as many awakening national groups did.

Their choice of theme and historical background is both revealing and typical: the turbulent, heroic rebellions against Rome, the Fall of the First and Second Temple, the Exile, as well as periods of great suffering but subsequently of great heroism, like the Marranos in Catholic Spain, the Spanish Inquisition, the Eviction from Spain etc.

Their choice of heroes varied a little, but although there are first seeds of presentation of heroes physical valour the usual prototype would still be men of moral value and charisma: on the one hand political leaders like Moses or Bar Kochva, on the other hand great religious leaders both before and during the Diaspora: Rabbi Akibba, Rabenu Gerschom Meor Hagola, Rabbi Meir from Rotenberg, Rabbi Abraham Eben Ezra etc. Similar to the German trend, the attempt is to make the great historical figures act and speak and feel as any other human being.

Their plots were not too complex: type A roughly deals with the bravery of Jews oppressed in their own country by the Greek or Roman Empires, famous rebels, an impossible love story; type B, in the Diaspora, shows attempts of Gentiles to exterminate the Jewish population (assassination of the remnants of the House of David, as in Lehman's *Boustenai*, heroic rebellions or heroic suffering) eventually saved by a miraculous change of events or the lobbying of a prominent Jew. The inevitable impossible love story between Gentile and Jew ends – when not in a catastrophy – either in the discovery of a mistaken identity (the *Daniel Deronda* model) or else in conversion to Judaism.

Almost all their titles were programmatic: true to tradition, both German and European, they most often included an indication of genre, or an appeal to a specific, limited public: *Rabbi Josselmann von Rosenheim: Historische Erzählung aus der Zeit der Reformation, Das Licht der Diaspora: Eine Jüdische Erzählung, Die Leiden des jungen Moses: Eine Biblische Erzählung, Die drei Nationen: Erzählungen für die israelitische Jugend.*

This phenomenon in itself, however, would have a limited, local importance, if not for its consequences. The German-Jewish historical novel was translated into Hebrew and Yiddish, printed and reprinted and spread among the Jewish communities in Eastern Europe, where it found an echo in Hebrew beginnings of the genre (the historical novel of Avraham Mapu); it was even published in Hebrew periodicals in Isarel (*Hahavazelet*, in

Jerusalem, to cite one) and played an important part both in the formation of the Hebrew novel and in the formation of national myths and heroes, in fact of a modern national identity. Most of the historical novels, in simplified and oversimplified editions, can still be found in youth libraries in Israel, some of the stories about the now fully-acknowledged national heroes like Bar-Kochva or Rabbi Akkiba can be found in each elementary school curriculum.

In other words, this seemingly minor model of the German Jewish application of the historical novel and its later development involves 3 interesting fields of study: literary contacts between cultures (in this case between a minority sub-culture and its »mother-culture«); the relationship between literature and history; and the relationship between literature and ideology.

The first involves a study of the European historical novel, particularly the German with regard to the Jewish one. It involves questions of translation and adaptation, questions like the role of translation in the adaptation of new models, questions of how a model is adapted in a case where the »mother-culture« shows alienating or even hostile signs; questions like why the genre is adapted by the Jewish writers so belatedly, when it had passed its prime with the Scott- »mania«; questions regarding the possible dual nature of interference: German and Austrian non-Jewish writers chose to write historical novels about Jewish personalities like Sabbathai Sevi: Ludwig Storch 1838 *Der Jacobsstern*. Eduard Breier 1858 *Die Sabbathianer;* Leopold Sacher-Masoch 1874 *Liebesgeschichten aus verschiedenen Jahrhunderten*, which includes a story about Sabbathai Sevi.

The question of the relationship between literature and history involves 19th century awakening interest in history or historiography side by side with the development of nationalism, and view the historical novel as a vehicle for both; in this context it would be interesting to show how historiography not only describes the past but tends to reshape our attitudes to certain periods of the past, a procedure that can be accomplished with the help of scientific »para-historical« texts, of course, but with the help of literary texts as well; it involves a discussion of the various trends in the historical novel and their programmatic use of historical material.

The third part, that of the relation between literature and ideology is perhaps the most fascinating, but also the trickiest. This is the domain of the creation of national heroes via literature, and consequently the formation of national myths and a national identity (Link & Wulfing 1991). The ideological wave, initiated in this case by the German-Jewish historical novel for totally different purposes, carried on to Eastern Europe and then to Palestine and to modern Israel. These are very complex processes, which cannot be isolated from socio-economical, geographical and political factors participating in them. One cannot, for instance, isolate the arising need for Hebrew national heroes from both the growing problem of anti-semitism on the one hand and the awakening movement of Zionism on the other.

And thus the circle, which I began with Herzl, is closed.

Bibliography

Boehn, Max von, 1911. *Biedermeier Deutschland von 1815 – 1847.* 3. Aufl. Berlin: Cassirer.

Eggert, Hartmut, 1971. *Studien zur Wirkungsgeschichte des deutschen Romans 1850 – 1875.* Frankfurt a. M.: Klostermann.

Even-Zohar, Itamar, 1990. »Polysystem Studies«, *Poetics Today,* 11,1.

Feiner, Shmuel, 1984. *»History« and »Historical Images« in the Jewish Enlightenment 1782 – 1820.* M. A. Thesis in the department of Jewish History. Jerusalem: Hebrew University.

Horch, Hans Otto, 1985. *Auf der Suche nach der jüdischen Erzählliteratur. Die Literaturkritik der »Allgemeinen Zeitung des Judenthums« (1837 – 1922).* Frankfurt a. M.: Peter Lang.

Lewis, Bernard, 1976. *History Remembered, Recovered, Invented.* Princeton.

Link, Jürgen/Wulf Wulfing, (Hg.), 1991. *Nationale Mythen und Symbole in der zweiten Hälfte des 19. Jahrhunderts.* Stuttgart: Klett-Cotta.

Lukács, Georg, 1955. *Der historische Roman.* Berlin.

Pawel, Ernst, 1989. *The Labyrinth of Exile.* New York: Farras, Straus & Giroux. 66 – 7.

Schüren, Rainer, 1969. *Die Romane Walter Scotts in Deutschland.* Berlin: Ernst Reuter-Ges..

Shedletzky, Itta, 1986. *Literaturdiskussion und Belletristik in den jüdischen Zeitschriften in Deutschland 1837 – 1918.* Jerusalem: Hebrew University.

Snyder, Louis L., 1964. »Turnvater Jahn: Das deutsche Volkstum, 1810«, in: *The Dynamics of Nationalism.* Princeton 149 – 153.

Steinecke, Hartmut, 1987. *Romanpoetik von Goethe bis Thomas Mann.* München: Wilhelm Fink Verlag.

Die Rezeption klassischer englischsprachiger Kinderbücher in Deutschland

Dieter Petzold (Erlangen)

I.

In der Entwicklung der Kinderliteratur in Europa haben England – und später auch Amerika – von Anfang an eine hervorragende Rolle gespielt. In keiner anderen Sprache dürften so viele international verbreitete Kinderbuch-Klassiker geschrieben worden sein wie in Englisch. Einige dieser Bücher waren freilich gar nicht speziell für Kinder verfaßt worden; aber Kinder fanden Gefallen an ihnen, und Verleger produzierten – in manchen Fällen sehr früh, in anderen erst mit beträchtlicher Verspätung – eigens für Kinder hergerichtete Versionen.

Der erste dieser adoptierten Kinderbuch-Klassiker ist ein Erbauungsbuch des puritanischen Predigers John Bunyan. In einer Zeit, in der es unterhaltsame Kinderbücher überhaupt noch nicht gab, avancierte *The Pilgrim's Progress* (1678) bald zur Lieblingslektüre englischer und amerikanischer Kinder, sicherlich wegen seiner märchenhaft-abenteuerlichen Handlung, die eigentlich nur als allegorische Verpackung für den religiös-erbaulichen Inhalt dienen sollte. In Deutschland konnte es allerdings kaum Fuß fassen; doch das Buch eines anderen Puritaners, Daniel Defoes *Robinson Crusoe* (1719), wurde spätestens nach seiner lobenden Erwähnung in Rousseaus *Emile* zum ersten internationalen Kinderbuch-Klassiker.[1] Auch der satirisch-phantastische Reiseroman *Gulliver's Travels* (1726) von Defoes Zeitgenossen Jonathan Swift gehört längst zur Standardausstattung jeder deutschen Buchhandlung, seit man ihn um die Mitte des XIX. Jahrhunderts zum Kinderbuch verharmlost hatte.[2]

Ebenfalls von Kindern annektiert wurden einige der historischen Romane Sir Walter Scotts, z. B. *Ivanhoe* (1818; erste deutsche Bearbeitung »für die reifere Jugend« 1864)[3] sowie die »Lederstrumpf«-Romane (1823–41) von Scotts amerikanischem Jünger James Fenimore Cooper.[4] Weiterhin ist der Romancier Charles Dickens zu nennen, dessen

---

1 Zur Rezeption des *Robinson Crusoe* in Deutschland vgl. Elke Liebs: *Die pädagogische Insel – Studien zur Rezeption des »Robinson Crusoe« in deutschen Jugendbearbeitungen*, Stuttgart 1977 und, sehr viel knapper, Dieter Petzold: *Daniel Defoe:»Robinson Crusoe«*, München 1982.

2 Vorwiegend über die in den siebziger Jahren lieferbaren deutschen Kinderbuch-Ausgaben von *Gulliver's Travels* gibt Auskunft: Heinz Kosok: *Lemuel Gullivers deutsche Kinder*, Wuppertal 1976.

3 Wolfgang Schlegelmilch: »Scott, Sir Walter«, in: *Lexikon der Kinder- und Jugendliteratur*, hg. v. K. Doderer, Weinheim 1975.

4 Zu den Adaptionen der »Lederstrumpf«-Romane für den deutschen Kinderbuch-Markt vgl. Klaus Doderer: *Klassische Kinder- und Jugendbücher*, Weinheim 1969, 99–118. Heinz Rossbacher:

Weihnachtserzählung *A Christmas Carol in Prose* (1843) »in den englischsprachigen Ländern sowie in Deutschland [...] ein klassisches Kinderbuch wurde« und von dessen Romanen *Oliver Twist* (1838) und *David Copperfield* (1850) auch deutschsprachige Jugendausgaben erschienen.[5] Auch von *Uncle Tom's Cabin* (1852) der Amerikanerin Harriet Beecher-Stowe wurden Kinderbuch-Versionen sehr schnell international populär, während Herman Melvilles *Moby Dick* (1851) diesen Erfolg nur mit hundertjähriger Verspätung schaffte, denn der umfängliche und nicht leicht zugängliche Text wurde überhaupt erst in den zwanziger Jahren als Meisterwerk entdeckt; die erste deutsche Jugendbuch-Fassung erschien 1950. Schließlich ist zu den adoptierten Kinderbuch-Klassikern auch noch Mark Twains *Adventures of Huckleberry Finn* (1885) zu zählen. Im Gegensatz zu seinem Vorgänger *Tom Sawyer* wurde dieses Buch – das in Amerika als Twains Meisterwerk gilt – keineswegs für Kinder geschrieben, behauptet sich aber nichtsdestoweniger in zahllosen Bearbeitungen auf dem deutschen Kinderbuch-Markt.

Das erste tatsächlich für Kinder geschriebene Buch, das sich auch den deutschen Markt eroberte, ist *Masterman Ready* (1841) des ehemaligen Marineoffiziers Captain Frederick Marryat. Seine kuriose Entstehung illustriert, welch verschlungene Wege auch auf dem Kinderbuch-Sektor literarische Beziehungen gehen können. Marryat schrieb *Masterman Ready*, weil er sich über nautische und geographische Fehler in dem Buch *Der Schweizerische Robinson* von Johann David Wyss ärgerte. Dieses Buch ist eine Robinsonade, also ein Beispiel für die produktive Rezeption des *Robinson Crusoe*, und zugleich eines der wenigen deutschsprachigen Bücher, die in England (wenigstens für eine Weile) zu Klassikern wurden (unter dem Titel *The Swiss Family Robinson*, 1814). Marryats *Masterman Ready* wurde nicht nur seinerseits zum Stammvater zahlloser Kinderbuch-Robinsonaden des XIX. Jahrhunderts; H. Laubes freie Übersetzung des Buches mit dem Titel *Sigismund Rüstig, der Bremer Steuermann* (1843) verdrängte auch hierzulande seinen unmittelbaren Vorgänger.

Der englisch-deutsche Transfer von Kinderbüchern nahm in der zweiten Hälfte des XIX. Jahrhunderts weiter zu. In den sechziger Jahren setzte in England eine Blütezeit der Kinderliteratur ein, die bis in die zwanziger Jahre des folgenden Jahrhunderts reichte und heute häufig als »The Golden Age of Children's Literature« bezeichnet wird. Viele – aber nicht alle – der nun entstehenden Klassiker wurden rasch auch in Deutschland zum Begriff; ich nenne nur die deutschen (Kurz-)Titel und die jeweilige deutsche Erstübersetzung: *Alice im Wunderland* von Lewis Carroll (1865, dt. 1869), *Tom Sawyer* von Mark Twain (1876, dt. 1876), *Die Schatzinsel* von R. L. Stevenson (1883, dt. 1897), *Der kleine Lord* von F. H. Burnett (1886, dt. 1897), *Das Dschungelbuch* von Rudyard Kipling (1894, dt. 1898), *Pu der Bär* von A. A. Milne (1926, dt. 1928); zu erwähnen sind auch Hugh Loftings Dr. Dolittle-Bücher, die in England ab 1922, in Deutschland ab 1926 erschienen.

Lederstrumpf in Deutschland – Zur Rezeption James Fenimore Coopers beim Leser der Restaurationszeit, München 1972 befaßt sich nur mit der frühen Rezeption Coopers bei erwachsenen Lesern.

5 Wolfgang Schlegelmilch: »Dickens, Charles,« in: *Lexikon der Kinder- und Jugendliteratur*.

Andere Kinderbücher dieser Zeit, über deren Klassiker-Status in den angelsächsischen Ländern Einverständnis besteht, wurden in Deutschland dagegen fast gar nicht oder mit erheblicher Verzögerung rezipiert. Hierzu gehören Charles Kingsleys kaum übersetzbares Kinderbuch-Monstrum *The Water Babies* (1863, dt. 1886) und die Märchen-Romane *At the Back of the North Wind* (1871) und *The Princess and the Goblin* (1872) sowie *The Princess and Curdie* (1882) von George MacDonald, die Kinderbücher Edith Nesbits (ab 1898) und Frank Baums *Wizard of Oz* (1900) nebst Folgebänden; Kenneth Grahames *The Wind in the Willows* (1906), Frances Hodgson Burnetts *The Secret Garden* (1910) und James Matthew Barries *Peter Pan* (1904/1911). Zum Teil wurde schon in den fünfziger Jahren versucht, Übersetzungen dieser Bücher auf dem deutschen Markt zu lancieren, offenbar mit wenig Erfolg; erst in jüngster Zeit haben einige Kinderbuch-Verlage so etwas wie eine Klassiker-Welle gestartet und auch von einigen der genannten Bücher neue, attraktive Ausgaben publiziert.[6]

Einige wenige Bücher, die in ihren Ursprungsländern als Klassiker anerkannt sind, wurden in Deutschland zwar frühzeitig rezipiert, gerieten aber dann in Vergessenheit. Ein prominentes Beispiel ist *Tom Brown's Schooldays* (1857) von Thomas Hughes, das in England eine ganze Gattung, die »school story«, begründete und keinen geringen Einfluß auf die Entwicklung der »public schools« ausübte. Eine erste Übersetzung erschien in Deutschland schon 1867, zwei weitere Ausgaben sind für das Jahr 1892 verzeichnet, danach finden sich nur noch Bearbeitungen des englischen Textes für den Schulgebrauch. Ein weiteres Beispiel ist *Little Women* (1868) der Amerikanerin Louisa May Alcott. Zwar erschienen in Deutschland im XIX. Jahrhundert mehrere Übersetzungen (die erste schon 1877), und auch später kamen gelegentlich neue Versionen auf den Markt, von denen eine sogar noch vor einigen Jahren im Handel war; doch ist die Rezeption hierzulande gering im Vergleich zu der in den angelsächsischen Ländern und entspricht nicht der Bedeutung, die dem Buch in der Kinderliteratur-Geschichtsschreibung zugemessen wird.

Bei neueren Autoren wird man nicht unbedingt von »Klassikern« sprechen können; erwähnt sei aber doch wenigstens, daß auch seit den dreißiger Jahren zahlreiche englische und amerikanische Kinderbuch-Schriftsteller in Deutschland äußerst erfolgreich waren

---

6 Von den genannten Autoren waren zur Zeit der Abfassung dieses Artikels (Sommer 1990) folgende Werke auf dem westdeutschen Markt lieferbar: F. Baum: *Der Zauberer von Oos* (Dressler); F. H. Burnett: *Der geheime Garten* (Gerstenberg, dtv); dies.: *Die Lumpenprinzessin/Prinzessin Sara/Sara, die kleine Prinzessin* (dt. Übersetzungen bzw. Bearbeitungen von *The Little Princess*: Boje, Gerstenberg, Loewe, dtv); K. Grahame: *Der Wind in den Weiden* (Bertelsmann, Krüger, Middelhauve). Von E. Nesbit nennt das Verzeichnis lieferbarer Bücher für 1989/90 acht Titel; kurz vorher waren noch einige weitere im Handel. Von Kingsleys *Water Babies* erschien 1984 bei Sauerländer eine gekürzte deutsche Version (*Die Wasserkinder*); sie konnte sich aber ebensowenig auf dem Markt behaupten wie frühere Übersetzungen aus den Jahren 1886, 1910 und 1947. Auch die deutschen Versionen der genannten Bücher MacDonalds *Die Prinzessin und die Kobolde* (1974) und *Hinter dem Nordwind* (1981) waren 1990 nicht mehr lieferbar. Zu *Peter Pan* vgl. weiter unten. – Klassiker-Reihen wurden 1990 von den Verlagen Arena, Dressler, Ensslin und Loewe herausgebracht.

und noch sind. Hierzu gehören P. L. Travers mit ihren »Mary Poppins«-Büchern; Enid Blyton, deren schier unzählige Serien-Romane zwar bei Kritikern und Pädagogen in schlechtem Ruf stehen, bei den Kindern aber umso beliebter sind; Michael Bond mit seinen Geschichten um den kleinen Bären Paddington; J. R. R. Tolkien *(Der kleine Hobbit)* und sein Freund C. S. Lewis (die »Narnia«- Bücher); sowie Roald Dahl, dessen Kinderbücher, obgleich unter Pädagogen umstritten, auch hierzulande Rekordauflagen erreichen.

II.

Angesichts dieser Menge von Titeln können nur grob vereinfachende Aussagen über die Rezeption englischer Kinderbuch-Klassiker in Deutschland generell gemacht werden. Ich möchte stattdessen nun drei Fallstudien durchführen, um auf diese Weise einige der vielfältigen Rezeptionsweisen, -formen und -bedingungen eines Kinderbuchs wenigstens exemplarisch aufzuzeigen. Ich habe zu diesem Zweck drei Titel ausgewählt, die ungefähr demselben Zeitraum entstammen, aber doch sehr unterschiedlich rezipiert worden sind: *Peter Pan* von James Matthew Barrie (1904/1911), *Little Lord Fauntleroy* von Frances Hodgson Burnett (1886) und *The Adventures of Tom Sawyer* von Mark Twain (1876).

Der Begriff der Rezeption[7] ist nun freilich so vieldeutig, daß einige einschränkende Vorbemerkungen unumgänglich sind. Der konkrete, im individuellen Leser ablaufende Leseakt und seine literaturtheoretischen Implikationen müssen außerhalb unserer Betrachtungen bleiben. Ebenso würde die Frage, in welcher Weise die genannten Werke andere Autoren, und damit die Geschichte der Kinderliteratur, beeinflußt haben, den Rahmen eines kurzen Aufsatzes sprengen. Sehr viel bescheidener möchte ich mich stattdessen auf die Frage beschränken, auf welche Weise und in welcher Form diese Bücher in Deutschland aufgenommen worden sind. Hierzu ist als erstes eine Bestandsaufnahme und kritische Analyse der Übersetzungen und Bearbeitungen angezeigt und sodann nach möglichen Gründen für ihren Erfolg in Deutschland zu fragen. Aus Raumgründen werden freilich nur wenige Übersetzungen genauer betrachtet werden können; auch muß ich darauf verzichten, die Übertragungen der Stoffe auf andere Medien (Tonträger, Kino-, Fernsehfilm) zu untersuchen, obwohl gerade diese in unserer Zeit vermutlich den größten Anteil an der Verbreitung der Klassiker- Stoffe haben. Selbst Illustrationen, so wichtig sie auch für den Erfolg eines Kinderbuches sein mögen, werden im folgenden unberücksichtigt bleiben.

Bei der Betrachtung der verschiedenen Versionen ist folgendes zu bedenken: Kindliche Leser haben naturgemäß eine vorwiegend kulinarische Einstellung zum Buch und befinden sich überdies in einem weiten geographischen und historischen Abstand von den in den fraglichen Texten entworfenen Welten. Eine »imitatorische« Übersetzung,

---

7 Zu den weiten Implikationen des Begriffs vgl. Maria Moog-Grünewald: »Einfluß- und Rezeptionsforschung«, in: *Vergleichende Literaturwissenschaft – Theorie und Praxis,* hg. v. M. Schmeling, Wiesbaden 1981, 49 – 72.

die sich ja stets an den literarisch versierten Kenner wendet, wäre bei diesem Zielpublikum wenig sinnvoll; umso mehr als gerade die »Klassiker«, von denen hier die Rede ist, besonders hohe Ansprüche an die literarische Kompetenz des Lesers stellen. Die doppelte Fremdheit des ausländischen und historischen Kulturhintergrunds macht nicht nur eine »illusionistisch-einbürgernde« Übersetzung[8] notwendig, sondern läßt nicht selten Bearbeitungen angezeigt erscheinen. Bei ihrer Betrachtung geht es mir weniger um Bewertungen (obwohl diese kaum zu vermeiden sind) als um den Versuch, bestimmte, möglicherweise zeittypische Tendenzen zu erkennen und zu erklären.

Für die Frage nach dem Ausmaß und den Gründen der Beliebtheit eines Buches sind Auflagenzahlen und dergleichen nur sehr bedingt aussagekräftig. Selbst die Qualität der jeweils zur Verfügung stehenden Übersetzungen scheint für die Popularität eines Kinderbuch-Klassikers nur eine untergeordnete Rolle zu spielen. Mit empirischen Methoden ist hier wenig zu erreichen, da es gerade im Bereich der Kinderliteratur an relevanten Daten (Rezensionen, Aussagen der Leser) fehlt. Einige Folgerungen lassen sich aber wohl aus den Texten selbst ableiten, doch dürfen wir nicht vergessen, daß es sich dabei nur um Vermutungen und Spekulationen handeln kann.

III.

Fallstudie 1: Peter Pan

Von den drei ausgewählten Beispieltexten ist *Peter Pan* derjenige, der in Deutschland am wenigsten Fuß fassen konnte. Betrachtet man den enormen Bekanntheitsgrad der Titelfigur in den angelsächsischen Ländern[9], so muß diese Feststellung überraschen. Auch hierzulande ist der Name vermutlich vielen geläufig; aber nur wenige dürften präzise Vorstellungen damit verbinden.

Der relativ geringe Erfolg in Deutschland hängt mit der komplizierten Textgeschichte zusammen. Der zu seiner Zeit hochgeachtete schottische Erfolgsautor James Matthew Barrie führte die Figur des Jungen, der von zu Hause wegfliegt, um ein phantastisch-spielerisches Dasein unter Tieren und Elfen im Londoner Stadtpark Kensington Gardens zu führen, zunächst in dem skurrilen Märchen-Roman *The Little White Bird* (1902) ein. Wenig später gestaltete er den Stoff gründlich um und schuf daraus das Märchenspiel *Peter Pan, or the Boy Who Would Not Grow Up*, das am 27.12.1904 in London uraufgeführt wurde. Der Erfolg des Stücks veranlaßte ihn, zunächst aus den relevanten Teilen von *The Little White Bird* eine Erzählung mit dem Titel *Peter Pan in Kensington Gardens* (1906) herzustellen und etwas später eine Erzählfassung des Theaterstücks zu veröffentlichen.

8　Zu den beiden Grundmodellen der literarischen Übersetzung vgl. Erwin Koppen: »Die literarische Übersetzung«, in: *Vergleichende Literaturwissenschaft*, 125 – 156, insbes. 150.

9　Im Londoner Stadtpark Kensington Gardens hat man ihr (nicht etwa ihrem Schöpfer) schon 1914 ein Denkmal errichtet. Daten zum Erfolg der Bühnen- und der Buchversion bietet u. a. Roger L. Green: *Fifty Years of Peter Pan*, London 1954.

Diese erschien 1911 unter dem Titel *Peter and Wendy*, der später in *Peter Pan* umgewandelt wurde.

Der Erfolg von *Peter Pan* in den angelsächsischen Ländern basiert ganz offensichtlich nicht auf der Erzählung, sondern auf der Bühnenfassung, die seit der Uraufführung zumindest um die Weihnachtszeit alljährlich aufs neue aufgeführt wird. Daß eine deutsche Version des Stücks erst 1952 auf die Bühne kam und trotz der im ganzen gelungenen Übersetzung von Erich Kästner[10] sich nicht halten konnte, hängt offenbar mit den unterschiedlichen Einstellungen zum Theater zusammen. In England wurde (und wird) das Theater viel mehr als hierzulande als Unterhaltungsunternehmen angesehen; Märchenspiele für die ganze Familie, die sog. »Pantomimes« und »Fairy Extravaganzas«, hatten beim Erscheinen von *Peter Pan* bereits eine mehr als hundertjährige Tradition. Ihre charakteristische Mischung aus Märchenzauber, Sentimentalität, Ironie und Albernheit, kennzeichnend auch für Barries Stück, ist dem hiesigen Theaterpublikum offenbar fremd. Daß auch der Walt Disney-Zeichentrickfilm aus dem Jahr 1952 längst in der Versenkung verschwunden ist, dürfte freilich andere Gründe haben, denen ich hier nicht nachgehen kann.

Als erste deutsche Erzählversion des Stoffes ist *Peter Pan im Waldpark* zu verzeichnen, eine freie Übersetzung von *Peter Pan in Kensington Gardens*, die 1911 erstmals erschien und 1930 nochmals aufgelegt wurde. Von dem Kinderbuch *Peter Pan* gab es anscheinend keine auch nur einigermaßen vollständige Übersetzung, bis der Cecilie Dressler Verlag in seiner neuen Klassiker-Reihe 1988 auch *Peter Pan* herausbrachte.[11]

Diese Übersetzung von Bernd Wilms weist nur sehr geringfügige Kürzungen auf, was umso höher einzuschätzen ist, als Barries Text ein erzähltechnisch reichlich vertracktes Gebilde ist, das einen weniger gewissenhaften Übersetzer bzw. Verleger sehr leicht zu einer vereinfachenden Bearbeitung hätte verleiten können. Wie die meisten »Klassiker« ist *Peter Pan* nicht eindeutig als Kinderbuch einzustufen. Es bietet zwar einerseits eine mit typisch kindlichen Wunschtraumelementen angereicherte Abenteuerhandlung, präsentiert sie aber andererseits ausgesprochen ironisch-distanziert. Für den aufmerksamen erwachsenen Leser wird dadurch der Blick auf eine zweite, symbolische Sinnebene geöffnet,[12] während Kinder von dem Changieren der Geschichte zwischen Phantasie und Realität und den illusionszerstörenden auktorialen Einschüben wohl eher verwirrt werden. Auch mit seiner sentimentalen Idealisierung des Kindlichen, seinem herablassend-ironischen Spiel mit kindlichen Denk- und Sehweisen und seinem Kokettieren mit der kindlichen »Unschuld« hat Barrie offenbar das Erwachsenenpublikum im Auge.

---

10 Lediglich die alberne Eindeutschung der Eigennamen ist m. E. ein Mißgriff. Erich Kästner: *Gesammelte Schriften* IV, Köln 1959. – Eine frühere Übersetzung von K. Janecke und G. Blöcker (1948) erschien nur als unverkäufliches Bühnenmanuskript.

11 Helmut Müller erwähnt in seinem Artikel »Peter Pan« im *Lexikon der Kinder- und Jugendliteratur* eine Übersetzung mit dem Titel *Peter Pan oder das Märchen vom Jungen, der nicht groß werden wollte* aus dem Jahr 1916. Diese Angabe konnte ich nicht verifizieren; das *Deutsche Bücherverzeichnis* jedenfalls enthält keinen solchen Titel.

12 Vgl. hierzu meinen Aufsatz »Der Traum vom verlorenen Paradies – Bemerkungen zu J. M. Barries ›Peter Pan‹«, in: *anglistik & englischunterricht* 2 (1977), 9 – 26.

Ob der Vorstoß des Dressler-Verlags dazu führt, daß *Peter Pan* auch hierzulande zu einem echten Kinderbuch-Klassiker wird, bleibt abzuwarten. Zu hoffen ist zumindest, daß Wilms' *Peter Pan* einen kuriosen Vorläufer vom Markt verdrängt: die 1986 in Hoch-Verlag erschienene Version gleichen Titels von Ursula von Wiese (auch als Arena-Taschenbuch im Handel). Es handelt sich dabei um eine Verschmelzung der beiden Erzählungen Barries, *Peter Pan in Kensington Gardens* und *Peter and Wendy*, worüber der Leser nur im kleingedruckten Impressum informiert wird. Da die beiden Bücher nicht nur verschiedene menschliche Protagonisten haben, sondern auch unterschiedliche Konzeptionen der Titelfigur, war der Versuch, sie zu verbinden, von vornherein problematisch; hier ist der unvermeidliche Bruch nur typographisch gekittet. Der Erweiterung des Stoffes stehen Textkürzungen gegenüber, die insbesondere die parodistisch gemeinten Schilderungen von Kämpfen und Grausamkeiten beschneiden und insgesamt dazu tendieren, die ironisch-distanzierte Erzählweise abzuschwächen. Holprige Dialoge und die von Erich Kästner übernommenen Eigennamen sind nicht geeignet, den negativen Eindruck zu verbessern.

Fallstudie 2: Der kleine Lord

Der erstaunlich schwachen Rezeption unseres ersten Beispieltextes in Deutschland steht die ebenso erstaunliche Dauerhaftigkeit des Erfolg unseres zweiten Textes gegenüber. In *Little Lord Fauntleroy* (1886) der englisch-amerikanischen Autorin Frances Hodgson Burnett manifestiert sich noch deutlicher als in *Peter Pan* ein romantisch-sentimentales Kindbild, von dem man meinen sollte, daß es heute als unzeitgemäß abgelehnt würde. Tatsächlich wird von der angelsächsischen Kritik nicht *Little Lord Fauntleroy*, sondern das später entstandene *The Secret Garden* (1911; dt. erstmals 1947) als Burnetts Meisterwerk auf dem Gebiet der Kinderliteratur angesehen.

Doch *Little Lord Fauntleroy* erlebte von Anfang an einen Sensationserfolg, den keines der zahlreichen Bücher Burnetts wiederholen konnte. Besonders durch die Bühnenversion von 1888 wurde der Stoff so populär, daß er zur Produktion zahlloser Accessoires, ja sogar zu einer Mode in der Kinderbekleidung Anlaß gab.[13] Die erste deutsche Übersetzung, von Emmy Becher, erschien 1889; von diesem Zeitpunkt an vergeht kaum ein Jahr, in dem nicht die Veröffentlichung einer neuen Auflage oder neuen Version von *Der kleine Lord* (so fast durchgehend der deutsche Titel) zu verzeichnen wäre. Daneben kamen alsbald englischsprachige Bearbeitungen für den Schulgebrauch auf den Markt (die früheste einschlägige Eintragung in *Kaisers Bücherlexikon* ist von 1896): ein sicheres Indiz für die Hochschätzung des Buches wenn nicht bei den Kindern, so doch jedenfalls bei den Pädagogen. Lediglich zwischen 1939 und 1945 führt das *Deutsche Bücherverzeichnis* keine Neuauflagen an; dafür ist in den darauf folgenden Jahren eine wahre Flut zu verzeichnen,

---

13 Vgl. Phyllis Bixler: *Frances Hodgson Burnett*, Boston 1984, 9.

die in den 60er und 70er Jahren zwar etwas abebbt, aber keineswegs ganz versiegt. Auch 1990 boten noch vier verschiedene Verlage Ausgaben des *Kleinen Lord* an.[14]

Die einzelnen Versionen detailliert miteinander und mit dem englischen Original zu vergleichen fehlt hier der Raum, was insofern nicht so gravierend ist, als *Little Lord Fauntleroy* in künstlerischer Hinsicht wohl kaum als ein Meisterwerk angesehen werden kann. Die älteste Ausgabe, die mir zugänglich war,[15] zeichnet sich durch relativ große Texttreue aus und (naturgemäß) durch eine antiquierte Sprache. Bei einer Ausgabe aus dem Jahre 1955[16] ist die Sprache nicht viel moderner; des weiteren fällt auf, daß dem Protagonisten zuweilen eine kindlichere Sprache in den Mund gelegt wird als im Original. In beiden Fällen werden nur halbherzige Versuche gemacht, Dialektpassagen adäquat wiederzugeben.

Von den derzeit verfügbaren Versionen ist nur die von Walter Scherf edierte sorgfältig übersetzt und (nahezu) vollständig. Die beiden anderen weisen deutliche Kürzungen auf. Diese Kürzungen zielen zum einen auf eine Beschleunigung des Erzähltempos sowie auf eine etwas zurückhaltendere Schilderung von Emotionen. Vor allem aber tendieren sie zu einer Ent-Konkretisierung der erzählten Welt: Zeit- und Ortsspezifisches wie z. B. die Erwähnung der Eliteschule Eton, der Kauf eines Offizierspatents, die amerikanische Unabhängigkeitserklärung werden z. B. in der Fassung von I. Paar nicht etwa erklärt, sondern stillschweigend gestrichen. Insgesamt wird so die zeitspezifische, politisch-soziale Bedeutungsebene geschwächt zugunsten des märchenhaften Wunschtraumelements der »rags to riches«-Handlung.

In der Tat scheint in diesem Aspekt die Hauptattraktion des Buches zu liegen. Dabei ist für Kinder, so will mir scheinen, die Tatsache gar nicht so wichtig, daß der Protagonist zu unermeßlichem Reichtum gelangt; entscheidend ist vielmehr, daß der kleine Cedric an keiner Stelle seiner Karriere jemals seine Selbstsicherheit verliert oder ernsthaft mit seiner Umwelt in Konflikt gerät. Aufgrund seiner moralischen Integrität (die seiner »natürlichen Unschuld« zu entspringen scheint) geht er traumwandlerisch sicher auf sein vorbestimmtes Ziel zu wie ein Märchenheld, der eben ein Auserwählter ist. Da er darüber nicht in Standesdünkel verfällt und sein Herz für die Armen behält, ist das soziale Ge-

---

14 (A) Loewes Verlag, Bindlach. (Hg. von Walter Scherf. Ins Dt. übertr. v. Brigitte Eichhorn. Mit e. Nachwort versehen v. Hg. und mit Worterklärungen v. Elisabeth Scherf. [1]1975, [4]1989).

(B) Ueberreuter Verlag, Wien. (Neu bearb. v. M. Berger. o. J., 103. Tsd.)

(C) dtv junior 70185, München, 1989.

(D) Bastei-Lübbe-Taschenbuch 10141, Bergisch Gladbach. (Aus dem Englischen von Gertrud Louise Haas-Bertram. [1]1981, [4]1988).

(B) und (C) sind textgleich; die »Neubearbeitung« von Maria Berger stammt aus dem Jahr 1967. Mir lag eine Lizenzausgabe des Deutschen Bücherbundes vor (Stuttgart o. J. [1968], die, obgleich angeblich eine »Neubearbeitung von Dr. Ilona Paar«, nur in unwesentlichen Details von der Berger-Version abweicht.

15 *Der kleine Lord Fauntleroy.* Erzählung von Frances Hudgson [*sic*] Burnett. Übersetzt von L. Koch. Leipzig: Reclam o. J. [ca. 1900].

16 *Der kleine Lord.* Von Frances Hodgson Burnett. [Keine Übersetzerangaben.] Köln: Kölner Jugendverlag o. J. [1955].

wissen des Lesers beruhigt, während er sich zugleich dem Wunschtraum wahren Adels (bestehend aus Schönheit, Anmut, Geld und Macht) hingeben darf. Daß das Kind durchgängig aus einer sentimental-kitschigen Erwachsenenperspektive gesehen wird (als ein »süßer«, naiver und zugleich altkluger Mini-Erwachsener), wird vom kindlichen Lesepublikum offenbar in Kauf genommen. *Der kleine Lord* scheint Doderers Verdacht zu bestätigen, daß »einen großen Teil unserer traditionellen Jugendliteratur [...] eine beunruhigende didaktische Tendenz zur reflexionslosen, unkritischen Gemütsbildung, künstlerisch zum sentimentalen Kitsch« auszeichnet.[17]

Fallstudie 3: Tom Sawyer

Im Vergleich zu *Little Lord Fauntleroy* bietet unser drittes Beispiel ein weitaus realistischeres Kindheitsbild, das sich freilich bei genauerem Hinsehen ebenfalls als ein ideologisches entpuppt. *Tom Sawyer* zeigt das Kind als »edlen Wilden«. Dieser Kindheits-Mythos ermöglicht es, widersprüchliche Wunschvorstellungen zu kombinieren: einerseits den Traum von der Freiheit von sozialen Bindungen und Normen, andererseits den Traum von einer »höheren« Unschuld. Der außerordentliche Erfolg des Buches dürfte hier eine seiner Wurzeln haben.

Als der amerikanische Schriftsteller Samuel L. Clemens, besser bekannt unter seinem Pseudonym Mark Twain, 1876 *The Adventures of Tom Sawyer* veröffentlichte, war er in seinem Heimatland kein Unbekannter mehr; aber erst dieses Buch sollte ihm zu Weltruhm verhelfen.[18] Mark Twains literarische Reputation ist nach wie vor außerordentlich hoch; entsprechend umfangreich und hochkarätig ist die akademische Forschung. Es gibt seit 1980 eine mustergültige historisch-kritische Ausgabe der Tom-Sawyer- Bücher[19] und sogar eine Dissertation über die Mark- Twain-Rezeption in Deutschland, die allerdings nur die Jahre bis 1937 berücksichtigt.[20] Über den hohen künstlerischen Rang des Originals besteht kein Zweifel; wie es mit der Qualität deutscher Versionen steht, bleibt zu untersuchen.

---

17   *Klassische Kinder- und Jugendbücher, 155.*
18   Der Erfolg veranlaßte ihn, eine Fortsetzung zu beginnen, die allerdings, als sie schließlich 1884 unter dem Titel *The Adventures of Huckleberry Finn* erschien, sich weit von ihrem »Vorläufer« entfernt hatte. Obwohl es für Erwachsene geschrieben wurde, existieren auch hiervon viele Kinderbuch-Versionen auf dem deutschen Markt. Auch später versuchte er noch zweimal, aus der Popularität des *Tom Sawyer* zusätzliches Kapital zu schlagen, doch weder *Tom Sawyer Abroad* (1894) noch *Tom Sawyer, Detective* (1896) (dt. zusammengefaßt als *Tom Sawyers neue Abenteuer*, 1903, auch derzeit lieferbar) konnten den Erfolg des Originals wiederholen.
19   Sie dient als Vergleichsgrundlage für die nachfolgenden Untersuchungen. Mark Twain: *The Works of Mark Twain.* Vol. 4: *The Adventures of Tom Sawyer, Tom Sawyer Abroad, Tom Sawyer, Detective.* Ed. by John C. Gerber, Paul Baender and Terry Firkins, Berkeley 1980. – Die beste deutschsprachige Einführung (mit kommentierter Auswahlbibliographie) ist Helmbrecht Breinig: *Mark Twain*, München 1985.
20   Edgar H. Hemminghaus: *Mark Twain in Germany*, New York 1939, repr. 1966. Hemminghaus führt keine Übersetzungskritik durch; er hat natürlich das Gesamtwerk im Auge und konzentriert sich auf die Analyse früher Rezensionen u. ä.

In Deutschland erschien die erste Übersetzung (von Moritz Busch) schon im selben Jahr wie das Original, also 1876. Eine neue Version kam 1892 auf den Markt als Teil einer mehrbändigen Ausgabe der *Ausgewählten humoristischen Schriften* Mark Twains. Sie hatte 1911 bereits die 31. Auflage erreicht. Eine erste Jugendausgabe erschien 1904; die erste englische Schulausgabe wurde sogar schon 1900 veröffentlicht.[21] Da Verlage häufig Übersetzungen voneinander übernehmen und Übersetzer gelegentlich voneinander abschreiben (mit oder ohne Quellenangaben), wäre der Versuch, sämtliche in Deutschland erschienenen Versionen zu zählen und einander zuzuordnen, eine Aufgabe, deren Ergebnis in keinem Verhältnis zur aufzuwendenden Mühe stünde. Sicher ist, daß kaum ein Jahr ohne Neuauflagen, -bearbeitungen oder -übersetzungen verging.[22] Selbst im Dritten Reich ist kein signifikantes Abflauen zu beobachten: das *Deutsche Bücherverzeichnis* führt z. B. 11 Ausgaben für den Zeitraum 1936 – 1940 an. Diese Produktionsrate hält bis zur Gegenwart an; für 1989/90 werden im Verzeichnis lieferbarer Bücher 14 Verlage genannt, die *Tom Sawyer*-Versionen führen. Bei etwa der Hälfte handelt es sich um für Kinder produzierte Bücher.

Angesichts dieser Materialfülle ist eine Auswahl unumgänglich. Ich habe mich dabei um eine gewisse Fächerung bemüht und sowohl ältere Versionen als auch Ausgaben für Erwachsene berücksichtigt. Im einzelnen sind dies:

(A) *Tom Sawyers Streiche und Abenteuer.* Stuttgart: Robert Lutz 1892. [Keine Angabe des Übersetzers; *Kaisers Bücherlexikon* nennt für spätere Auflagen Margarete Jacobi.]

(B) *Tom Sawyers Abenteuer und Streiche.* Kölner Jugendbuchverlag o. J. [1955. Übers./Bearb. nicht genannt; offenbar eine gekürzte Version von (A).]

(C) *Die Abenteuer des Tom Sawyer.* Mit 13 Illustrationen von Wolfgang Quaiser. Aus dem Englischen übers.u. bearb. v. Wolfram Gramowski. Wiesbaden: Emil Vollmar Verlag o. J. [Anschaffung 1980, doch verzeichnet das deutsche Bücherverzeichnis bereits 1954 eine Übersetzung von Gramowski.]

(D) *Tom Sawyers Abenteuer.* Bearbeitung: Ulrich Riemerschmidt. Köln: Lingen Verlag o. J. [Anschaffung 1980.]

(E) *Tom Sawyers Abenteuer. Huckleberry Finns Abenteuer.* Deutsch von Lore Krüger. München: Deutscher Taschenbuch Verlag 1976. [Textgleich mit den Ausgaben im Aufbau Verlag Berlin von 1962 und im Carl Hanser Verlag München von 1965.]

(F) *Tom Sawyer.* Herausgegeben, ins Deutsche übertragen und mit einem Nachwort versehen von Walter Scherf. Anmerkungen und Worterklärungen von Elisabeth Scherf. Bayreuth: Loewes Verlag [4]1988 ([1]1977).

(G) *Tom Sawyer.* Deutsche Bearbeitung von Susanne Bestmann. München: Schneider 1984.

---

21 Vgl. Hemminghaus, a.a.O., 41 und 38.

22 Hemminghaus (a.a.O., 142) schätzt, daß von deutschen *Tom Sawyer-Versionen* bis 1937 mindestens 240.000 Exemplare verkauft wurden.

(H) *Die Abenteuer des Tom Sawyer.* Deutsch von Ulrich Johannsen. Zeichnungen von Walter Trier. Hamburg: Cecilie Dressler Verlag 1989. [Lt. Auskunft des Verlags »behutsam überarbeitete« Übersetzung aus der »Backlist« des Verlags; erschien erstmals (einschließlich Illustrationen) 1950 im Atrium Verlag, Zürich, 1951 auch bei Droemer.]

(I) *Tom Sawyers Abenteuer.* Neu übersetzt von Gisbert Haefs und neu illustriert von Tatjana Hauptmann. Zürich: Hoffmans Verlag 1989.

Es würde zu weit führen, alle diese Versionen einzeln zu charakterisieren und zu bewerten. Ich beschränke mich stattdessen darauf, anhand textspezifischer Übersetzungsprobleme einige Trends bei Übersetzung und Bearbeitung aufzuzeigen. Diese besonderen Probleme ergeben sich vor allem aus den folgenden Umständen: Der Roman war von Mark Twain ursprünglich nicht als Kinderbuch konzipiert. Der Verfasser, der sich soeben als humoristischer Schriftsteller etabliert hatte, griff in erheblichem Umfang auf Kindheitserinnerungen zurück, die er in ein teils nostalgisches, teils humorvolles Licht tauchte. Obgleich er das Manuskript auf Anraten seines Freundes und Schriftsteller-Kollegen William Dean Howells überarbeitete, um es kindgerecht zu machen, bleibt das fertige Buch ein Musterbeispiel dafür, daß die sogenannten Kinderbuch-Klassiker sich gegen eine Trennung von Erwachsenen- und Kinderliteratur sperren. Tom und die übrigen Figuren werden mit amüsiert-ironischem Augenzwinkern betrachtet; das Buch ist überdies voller parodistischer und satirischer Passagen. Andererseits schildert Twain, aus seiner Erinnerung schöpfend, die Welt einer Mississippi-Kleinstadt um 1850 mit vielen präzisen Details, die im (erwachsenen) Leser ein sehr plastisches Bild erzeugen, dem Verlangen der meisten jungen Leser nach möglichst viel schneller Handlung aber entgegenstehen.

Ein großer Teil der Dialoge sind im Dialekt abgefaßt, wobei der Autor überdies zwischen den verschiedenen sozialen Gruppen differenziert. Stößt der gewissenhafte Übersetzer hier auf unüberwindliche Schwierigkeiten, so verfangen sich seine weniger genauen Kollegen mit Vorliebe in den Fußangeln, die ihnen Mark Twains großer, detailverliebter Wortschatz bereitet. Vor allem die Namen seltener, heute nicht mehr gebräuchlicher Gegenstände werden schlichtweg falsch übersetzt, sei es aus Unkenntnis des Übersetzers, oder weil er annimmt, daß seine Leser sie nicht kennen.

Solche Übersetzungsfehler tauchen bereits in den ersten deutschen Versionen auf und werden nicht selten bis in unsere Zeit weitergeschleppt. Einige Beispiele: Zu den Gegenständen, die Tom bei seiner berühmten Zaunstreich-Aktion im 2. Kapitel gewinnt, gehört »part of a jewsharp«. Nur Scherf (F) und Haefs (I) übersetzen genau »ein Stück von einer Maultrommel«, ähnlich immerhin auch schon Gramowski (G); in der Version (A) wird daraus »eine freilich schon etwas stark beschädigte Mundharmonika«; Fassung (D), die auch sonst von bizarren Übersetzungsfehlern strotzt, hat »ein Stück eines Brummkreisels«. Die honorige Standardübersetzung von Lore Krüger (E) bietet uns ebenfalls »ein Stück von einer Mundharmonika«, ähnlich auch (G), während Johannsen (H) zur Abwechslung »das Mundstück einer Trompete« offeriert. (B) verzichtet ganz auf den Katalog. Ebenfalls zu Toms so erworbenen Schätzen gehört »a spool cannon«, ein aus einer

Spule gebastelter Schießapparat. Daraus wird bei (A) ein »halbes Blasrohr«, bei (C) »eine Zylinderspule«, bei (D) »eine Spielkanone«, bei (E) ein »Revolver« (!), bei (G) »ein Blasrohr«, bei (H) »eine Garnspule« und bei (I) eine Wickelspule. »A couple of tadpoles« sind zwar meistens ein paar Kaulquappen, können aber auch als »zwei Kaulquappen« (E), als »Kopf eines Frosches« (D), ja sogar als »ein Stück Seil« (A) auftreten; »Piece of lickrish« ist nur manchmal ein Stück Lakritze; (A) zieht »ein Stück Süßholz« vor, ebenso (C); (D) und (H) mögen lieber »ein Stück Zuckerstange« bzw. »'ne Zuckerstange«. Eine Zecke wird bei (A), (B), (D) und (H) als »Baumwanze« bezeichnet.

Dergleichen Eigenwilligkeiten sind vielleicht eher kurios als schlimm. Doch wird es ernster, wenn wir uns der Wiedergabe der Dialoge zuwenden, denn hier entscheidet sich in erster Linie, ob eine Übersetzung lebendig oder hölzern wirkt. Den besonderen Reiz der amerikanischen Dialekte einzufangen ist im Grunde nicht möglich; das Zeit- und Ortsspezifische muß zwangsläufig verloren gehen. Eine »einbürgernde« Übersetzung ist in sprachlicher Hinsicht stets auch eine aktualisierende Übersetzung, die ihrerseits aber alsbald auch wieder Patina ansetzen kann. Besonders deutlich ist dies bei der Version (A) aus dem Jahre 1892, die natürlich heute antiquiert wirkt, was aber den anonymen Bearbeiter der Version (B) 1955 nicht gehindert hat, sich auf eine rein orthographische Modernisierung zu beschränken. Dem Alterungsprozeß kann bis zu einem gewissen Grad entgehen, wer die ausgeprägte Mundart des Originals zu einer leicht modifizierten Schriftsprache verwässert; freilich bedeutet dies auch ein Weniger an Lebendigkeit und Realismus (deutlich in den Versionen (C), (D) und (E); auch Scherfs ansonsten recht genaue Übersetzung (F) ist in dieser Hinsicht sehr zurückhaltend). Explizite Gedanken über das Problem macht sich von den untersuchten Übersetzern nur Haefs, der in einer »editorischen Notiz« u. a. Ähnlichkeiten seiner Dialogsprache »mit rheinischen Gepflogenheiten« humorvoll damit begründet, »daß große Flüsse wie Rhein oder Mississippi zunächs die nich fes verankerten Endkonsonanten wegspülen« (*sic*, S. 301).

Ein besonderes Kuriosum ist die einzige Stelle, wo der Negerjunge Jim zu Wort kommt. Seinen besonders ausgeprägten Dialekt meinen einige Übersetzer durch gebrochenes Deutsch wiedergeben zu müssen. Wenn Margarete Jacobi ihm 1892 in den Mund legt: »Jim sein so bange, er's nix wollen thun. Alte Tante, sagen, sie ihm reißen Kopf ab, wenn er's thun.« (A, S. 23) – so mag das zu entschuldigen sein; aber auch bei Gramowski (C) und in der Lingen-Ausgabe (D) muß der arme Jim noch solch gräßliches Kauderwelsch sprechen!

Eingriffe, die man als »Bearbeitungen« betrachten muß, betreffen zum ersten die äußere Gestalt: häufig werden kurze Kapitel zusammengefaßt, fast immer sind Kapitelüberschriften hinzugefügt; meist wird auch gekürzt. Von den untersuchten Versionen sind nur zwei, nämlich (E) und (I) vollständig (mit einer kleinen Ausnahme, über die noch zu sprechen sein wird); (F) läßt lediglich Mark Twains Vor- und Nachwort vermissen. Das Ausmaß der Kürzungen variiert natürlich; fast vollständig sind (H) und auch Version (D), die allerdings besonders miserabel übersetzt ist. Am gravierendsten sind die Kürzungen in (B) und (C).

Die Kürzungen betreffen zum einen den Sprachstil: vermeintliche Redundanzen werden beseitigt und das Erzähltempo dadurch beschleunigt. (Eine kuriose Ausnahme bildet in dieser Hinsicht allerdings Version (A), die voller eigenmächtiger Erweiterungen ist.) Des weiteren streicht man mit Vorliebe bei den (häufig ironisch-parodistisch gemeinten) Naturbeschreibungen, aber auch bei den Stilparodien im 21. Kapitel, in dem eine Schulschlußfeier geschildert wird.

Ein Stein des Anstoßes waren für einige Übersetzer bzw. Bearbeiter offenbar Mark Twains satirische Spitzen gegen die Kirche. Am radikalsten hat ihn Margarete Jacobi entfernt: das 5. Kapitel, das einen langweiligen Kirchengottesdienst schildert, der unversehens durch die Aktivitäten eines »Kneifkäfers« und eines Hundes belebt wird, ist in (A) einfach ersatzlos gestrichen; (B) folgt auch hierin seiner Vorlage getreulich.

Ein weiteres Kuriosum bietet Kapitel 20. Dort wird geschildert, wie der von Tom verehrten Becky Thatcher das verbotene Anatomie-Buch ihres Lehrers in die Hände fällt. Sie stößt sogleich auf »a handsomely engraved and colored frontispiece – a human figure, stark naked« (S. 154). Auf Anraten seines Freundes Howells hat Mark Twain alle weiteren Hinweise auf kindliches Interesse an sexuellen Dingen sorgfältig aus seinem Manuskript getilgt – doch auch dies ging den deutschen Übersetzern anscheinend noch zu weit: bis auf zwei Ausnahmen (Versionen F und G) unterdrücken alle die Nacktheit der abgebildeten Figur.[23] In ihrem Eifer, noch prüder als das viktorianische Publikum Twains zu sein, haben nicht wenige Übersetzer sogar darauf verzichtet auszusprechen, daß der Neger Jim von Tante Polly »mit einem prickelnden Hintern« (Version I für »a tinkling rear« im Original) an die Arbeit gejagt wird: (A), (B), (C) und (D) wählen weniger »verfängliche« Formulierungen, in denen nicht deutlich wird, mit welchem Körperteil Jim seine Verfehlung büßen muß.

Der Kauf von *Tom Sawyers Abenteuern* war und ist, so scheint es, selbst ein Abenteuer. Der Käufer, von der Kinderbuch-Kritik allein gelassen oder mit unverbindlichen Lobhudeleien abgespeist,[24] ist auf sein Glück angewiesen – aber er tut in jedem Falle gut daran, mit Verfälschungen, Verflachungen und Verharmlosungen zu rechnen. Der »Fall Tom Sawyer« stellt in dieser Hinsicht wohl kaum eine Ausnahme dar, wenngleich das Ausmaß der branchenüblichen Veränderungen bei der Übersetzung von Kinderbuch-Klassikern von Fall zu Fall erheblich schwanken dürfte.

Unter den zahllosen Kinderbüchern, die seit mehr als zweihundert Jahren aus englischsprachigen Ländern nach Deutschland transferiert wurden, befinden sich, so hat sich gezeigt, viele Klassiker, von denen einige immer wieder neu übersetzt und bearbeitet werden. Unsere Fallstudien belegen die naheliegende Vermutung, daß die Bandbreite der Versionen umso größer ist, je älter und je beliebter ein ausländischer Text ist. Wer das Original kennen und lieben gelernt hat, wird leicht versucht sein, jede Abweichung davon zu verurteilen. Doch sollte man sich vielleicht vor allzu viel Purismus in Acht nehmen.

---

23 Allerdings fehlt auch in einigen englischen Ausgaben die anstößige Phrase, was mit der komplizierten Textgeschichte zusammenhängt. Vgl. die einschlägigen Erklärungen (S. 457, 503 und 527) in der erwähnten kritischen, von Gerber et al. edierten Ausgabe.

24 Die Besprechungsnotizen, die mir von zwei Verlagen freundlicherweise zur Verfügung gestellt wurden, ergehen sich mit Vorliebe in Floskeln wie »herzerfrischend lebendig und [...] ungekünstelt erzählt« oder behaupten, die aus dem Jahre 1950 stammende Übersetzung von Johannsen gebe die »Jungensprache der 80er Jahre *dieses* Jahrhunderts« wieder.

Natürlich ist es erfreulich, daß es auch auf dem Kinderbuchsektor Verlage gibt, die sich um genaue und vollständige Übersetzungen bemühen. Man wird aber auch eine Bearbeitung kaum von vornherein ablehnen können. Zu verlangen wäre allerdings, daß sie nicht allein kommerziellen Interessen dient, sondern dem Wunsch entspringt, jungen Lesern große Literatur zu erschließen, und daher so behutsam wie möglich erfolgt. Auch haben Käufer und Leser ein Recht darauf, Ausmaß und Prinzipien der Veränderungen gegenüber dem Original zu erfahren. Die Praxis läßt hier noch immer einiges zu wünschen übrig. Doch scheint zum Glück selbst die respektloseste Bearbeitung einen rechten Klassiker nicht umbringen zu können; tot wäre er erst, wenn er ungelesen auf den Regalen der Kinderzimmer und Leihbüchereien verstaubte.

Literaturverzeichnis

Bixler, Phyllis: *Frances Hodgson Burnett,* Boston 1984.

Breinig, Helmbrecht: *Mark Twain,* München 1985.

Doderer, Klaus: *Klassische Kinder- und Jugendbücher,* Weinheim 1969.

Green, Roger L.: *Fifty Years of Peter Pan,* London 1954.

Hemminghaus, Edgar H.: *Mark Twain in Germany,* New York 1939, repr. 1966.

Kästner, Erich: *Gesammelte Schriften* IV, Köln 1959.

Koppen, Erwin: »Die literarische Übersetzung«, in: *Vergleichende Literaturwissenschaft,* 125 – 156.

Kosok, Heinz: *Lemuel Gullivers deutsche Kinder,* Wuppertal 1976.

Liebs, Elke: *Die pädagogische Insel – Studien zur Rezeption des »Robinson Crusoe« in deutschen Jugendbearbeitungen,* Stuttgart 1977.

Moog-Grünewald, Maria: »Einfluß- und Rezeptionsforschung«, in: *Vergleichende Literaturwissenschaft – Theorie und Praxis,* hg. v. M. Schmeling, Wiesbaden 1981, 49 – 72.

Müller, Helmut: »Peter Pan«, in: *Lexikon der Kinder- und Jugendliteratur,* hg. v. K. Doderer, Weinheim 1975.

Petzold, Dieter: *Daniel Defoe: »Robinson Crusoe«,* München 1982.

Petzold, Dieter: »Der Traum vom verlorenen Paradies – Bemerkungen zu J. M. Barries ›Peter Pan‹«, in: *anglistik & englischunterricht* 2 (1977), 9 – 26.

Rossbacher, Heinz: *Lederstrumpf in Deutschland – Zur Rezeption James Fenimore Coopers beim Leser der Restaurationszeit,* München 1972.

Schlegelmilch, Wolfgang: »Scott, Sir Walter«, in: *Lexikon der Kinder- und Jugendliteratur,* hg. v. K. Doderer, Weinheim 1975.

Schlegelmilch, Wolfgang: »Dickens, Charles«, in: *Lexikon der Kinder- und Jugendliteratur,* hg. v. K. Doderer, Weinheim 1975.

Twain, Mark: *The Works of Mark Twain:* Vol. 4: *The Adventures of Tom Sawyer, Tom Sawyer Abroad, Tom Sawyer, Detective.* Ed. by John C. Gerber, Paul Baender and Terry Firkins, Berkeley 1980.

Überall ist Afrika, oder: Das Eigene und das Fremde

Jürgen Martini (Bayreuth)

Afrika hat es schwer, sich bei uns authentisch bemerkbar zu machen und ernst genommen zu werden, und das nicht erst in den Tagen der Veränderungen in Ost-Europa.

Die jahrzehntelange Ausbeutung afrikanischer Gesellschaften durch den Kolonialismus, die Fremdbestimmung der Menschen produzierten eine Literatur, die für Erwachsene wie Heranwachsende den Mythos der Überlegenheit des weißen Mannes propagierte. Der Kolonisator trat den Kolonisierten mit paternalistischem, rassistischem Fremdverständnis gegenüber, das jede Authentizität unterdrückte, die Selbstbestimmung verleugnete und Anpassung forderte, um den Preis brutaler Unterdrückung, wo man sich wehrte.

Der latente Widerstand gegen diese Unterdrückung äußerte sich im Zuge der Unabhängigkeitskämpfe der Kolonien offen, produzierte eine kritische, kritisierende, kämpferische Literatur, die sich frontal mit der Ideologie und Vorherrschaft des Kolonialismus auseinandersetzte. Doch auch nach der Unabhängigkeit der Kolonien wurde das Bild, das wir uns von Afrika machten, weit mehr von etablierten europäischen und amerikanischen Schriftstellern geprägt, als von afrikanischen.

Dies galt und gilt noch viel mehr für den Bereich der Kinder- und Jugendliteratur: hier hat sich der Geist der Überheblichkeit, der Fremdbestimmung über einhundert Jahre fast ungebrochen erhalten, bestimmen doch überwiegend nicht-afrikanische AutorInnen das Bild, das sich jugendliche LeserInnen auch heute von Afrika machen können.

Über den Charakter des durchgängig zu konstatierenden Rassismus und Paternalismus in der Kinder- und Jugendliteratur über Afrika ist in den vergangenen Jahren dank der verdienstvollen Untersuchungen von Jörg Becker, Brigitta Benzig u. a., dank der hervorragenden Oldenburger Ausstellung »Der Afrikaner im deutschen Kinder- und Jugendbuch bis 1945« genug veröffentlicht worden – was hat sich in den letzten Jahren getan?

Zum einen haben Aktionen wie die der Initiative »Guck mal übern Tellerrand«, Broschüren und Grundsatzpapiere der Erklärung von Bern, vor allem aber die verlegerische Initiative des Kinderbuchfonds Dritte Welt in Basel erreicht, daß Afrika – neben anderen Regionen der sogenannten Dritten Welt – zumindest für Eingeweihte präsent bleibt, daß nicht unwidersprochen Bücher den Markt beherrschen, deren Afrikabild zunehmend nur noch der Vermittlung konservativer Momente oder exotischer Kulissen dient.

Die Erwartungen an nicht-afrikanische Kinder- und Jugendliteratur über Afrika sind kritischer, reflektierter geworden als je zuvor, beschränken sich aber vor allem auf den gewiß sehr engagierten Kreis von ›Eingeweihten‹.

Wie sonst ließe sich erklären, daß noch 1989 im aare-Verlag Solothurn Brigitte Blobels *Verliebt in Afrika* erscheinen konnte, eine Art Jugendausgabe von *Jenseits von Afrika*?

Der kolonialistische Charme einer Karen Blixen muß die Autorin bezirzt haben, die mit größter Selbstverständlichkeit Platitüden über Land und Leute in Kenia seitenweise zum Besten gibt, in Verbindung mit pointiert vorgetragenen jahrhundertealten Vorstellungen über Männer- und Frauenrollen. Das Kenia dieses Buches dient nicht als ernstzunehmendes Sujet, sondern als exotische Kulisse; daß es Kenia ist, ist nur dem Umstand zu verdanken, daß sich der deutsche Urlauber hierher sehnt. So wird Afrika instrumentalisiert für die bigotten sexistischen und rassistischen Vorstellungen einer Autorin, deren eurozentrisches Inbesitznehmen Afrikas nur noch von ihrer Frauenfeindlichkeit übertroffen wird.

Doch nicht nur auf diese Weise kann Afrika erneut in Besitz genommen werden: auch wohlmeinende Bücher wie Gisa M. Zigans *Kwa heri, schwarze Tochter* nimmt sich Afrika als Gegenstand, um sich mit deutschen Befindlichkeiten auseinanderzusetzen. Ging es Brigitte Blobel um den Jungmädchentraum vom Filmstarlett und der großen Liebe, für den Afrika die Kulisse abgeben mußte, so propagiert Gisa Zigans Buch Menschenliebe, Wohltätigkeit und Andersartigkeit; andere Kulturen werden kaum zur Kenntnis genommen und akzeptiert, sondern der eigenen Großzügigkeit unterworfen. Dankbarkeit wird erwartet von dem unterstützten afrikanischen Kind, von seiner Familie, seinem Dorf, alles dient als Spielzeug für die Nächstenliebe, durch die sich unsere deutsche Familie von ihren ungläubigen Nachbarn und Bekannten, von älteren Generationen zu unterscheiden beliebt. Und ähnlich wie bei Brigitte Blobel sind die gesellschaftlichen Rollen fein säuberlich traditionell auf die Geschlechter verteilt. Das Buch strotzt vor sogenannten wohlmeinenden, in Wirklichkeit herabsetzenden Dialogen und Beschreibungen, befleißigt sich eines belehrenden Tons und eines selbstverständlichen Rassismus, der unerträglich ist.

Wesentlich interessanter, auch literarischer erscheinen mir da zwei andere interkulturelle Jugendbücher, deren Interkulturalität nicht derart einseitig ist wie bei den bisher vorgestellten Beispielen.

In einer interessanten Kooperation einer tschechischen Autorin (Irene Brezna) und eines afrikanischen Autors (Alpha Oumar Barry) entstanden, schildert ihr gemeinsames Buch *Biro und Barbara*, aus wechselnden Perspektiven geschrieben, das langsame Aufeinanderzugehen eines afrikanischen Jugen und eines europäischen Mädchens auf afrikanischem Boden. Die Herrschaftsrituale werden benannt und angegriffen, die Auseinandersetzung mit gesellschaftlichen wie familialen Herrschaftsnormen geschieht rational, nicht kindlich, das Buch endet mit der Perspektive kollektiven multikulturellen Handelns der Kinder gegenüber der wenn nicht offen feindlichen, so doch nie verstehenden Erwachsenenwelt. Afrikanische Mythologie wird nicht platt vereinfachend idealisiert, sondern partiell und umfassend beschrieben. Sie ist nicht mehr fremdes Kulturobjekt, durch Safari anzueignen, sondern wird aus sich selbst heraus erklärt. Gegen Ende des Buches überwiegt die gemeinsame Perspektive von Biro und Barbara, gegenüber der jeweils einzelnen Sichtweise. Leider ist die Sprache des Buches der interessanten perspektivischen Aufbrechung der Erzählhaltung nicht immer gewachsen, und die Illustratorin des Covers hat sich – im Gegensatz zum Inhalt des Buches – für die Zentrierung auf das weiße Mädchen, den staunend-gaffenden Blick des afrikanischen Jungen entschieden.

Dagmar Chidolues *London, Liebe und all das* wendet sich an ältere LeserInnen, erzählt in der dritten Person, aber betont aus der weiblichen, europäischen Sicht über die Beziehung zwischen einem nigerianischen Mathematikstudenten und einer deutschen Schülerin, die sich in London kennenlernen. Der Autorin geht es um das Aufeinanderzugehen zweier verschiedener Kulturen, wobei Katharinas Kultur wohlvertraut, Azukas leider nur spärlich dargestellt ist.

Dies liegt sicher an der Sichtweise des Buches, die das Aufeinanderzugehen ungleich gewichtet, der weiblichen Hauptperson mehr aufbürdet als der männlichen. So überwiegt der Charakter einer individuellen Liebesgeschichte, deren Kontextualisierung auf der afrikanischen, männlichen Seite zu kurz, auf der deutschen, weiblichen Seite zu extensiv und bekannt stereotypisierend verbleibt. Das Buch bleibt jedoch ein interessanter Versuch, jenseits überzogener Schwarz-Weiß-Erotik und -Exotik zwei kulturell verschiedene Welten sich aufeinanderzubewegen zu lassen, in einer nicht nur romantisierenden Erzählweise.

Nasrin Sieges *Sombo, das Mädchen vom Fluß* ist das erste Buch einer iranischen Autorin, die seit langem in der Bundesrepublik und seit 1983 mit ihrem Mann in Afrika lebt. Im Spannungsfeld zwischen authentischer und eurozentrischer Beschreibung Afrikas scheint es mir der Autorin gelungen zu sein, sich in eine afrikanische Teilgesellschaft hineinzuversetzen und weibliches Leben in dieser Teilgesellschaft von Kindheit über Adoleszenz bis zum Erwachsenwerden zu beschreiben.

In der Darstellung des Mädchens Sombo, die in einem kleinen Dorf am Fluß in Sambia aufwächst, ist der Autorin eine Beschreibung gelungen, die langsam und von innen heraus Prozesse der Entwicklung zu beschreiben vermag, vor allem ermöglicht durch die Sichtweise des Mädchens, durch die Beobachtung und Wiedergabe einzelner Schritte, ihrer Interpretation und Inbeziehungsetzen zu gesellschaftlichen Grundstrukturen. Das Buch erzählt leise und eindringlich von Alltäglichkeiten und Besonderheiten des Lebens in einem afrikanischen Dorf, von periodisch Wiederkehrendem, von Beziehungen zwischen Jung und Alt, Frau und Mann, ohne in der Ethnographie zu verbleiben, sondern in literarischer Raffung, der Betonung der Dialoge und der Subjektivität. Leben in einem afrikanischen Dorf wird als eine mögliche Lebensweise aus einseitiger Perspektive geschildert, ohne bevormundende Interpretation.

Damit gehört dieses Buch in eine Reihe mit in jüngster Zeit erschienenen authentischen Beispielen afrikanischer Kinderliteratur, die in der Baobab-Reihe des Lamuv-Verlags herausgekommen sind.

Buchi Emechetas *Der Ringkampf*, eine Erzählung über die Auswirkung des Bürgerkriegs in Nigeria auf die während des Krieges geborenen Jugendlichen, erzählt aus kollektiver männlicher Sicht: interessant sind für die Autorin die männlichen Jugendlichen, die weiblichen bleiben im Hintergrund als beobachtende, geringschätzig zu behandelnde, ausgeschlossene, anspornende Gruppe. Gerade bei diesem Buch, so spannend es als Studie über das Verhältnis von Alt und Jung gelten mag, wird allerdings ein Problem authentischer Literatur und ihrer Transferierung durch Übersetzung in außerafrikanische Lebensräume deutlich: abgesehen von der Fremdartigkeit des gesellschaftlichen Kontexts, in dem die Erzählung spielt, auf die man sich als LeserIn einstellen kann, wirkt die einseitige Betonung männlicher Werte und die didaktische Überhöhung überkommener Traditionen, die Betonung der Weisheit der Älteren doch penetrant, erklärbar nur aus dem besonderen Charakter, den Kinder- und Jugendliteratur in Afrika gegenwärtig hat, als Erziehungsinstrument.

Solche Schwierigkeiten treten in Bilderbüchern oder Büchern für jüngere LeserInnen nicht so eklatant auf. Meshack Asares *Die Kinder des Baumes* ist ein Bilderbuch, zur Unabhängigkeit Namibias erschienen, eine in eindrucksvollen Illustrationen gehaltene afrikaspezifische Beschreibung der Entstehung einer Gesellschaft aus mysthischen Ursprüngen. Die Bedeutung der Anpassung des Menschen an natürliche Gegebenheiten, die Diversifikation menschlicher Tätigkeiten, die Weitervererbung und Ausweitung von Fähigkeiten und Lebensweisen wird langsam ausgebreitet und ohne allzugroße Didaktik entwickelt. Trotz des Primats der Illustration ist der Text nicht gleichgültig, sondern an vielen Stellen wirkungsvoll und pointiert eingesetzt. Das Buch beschreibt eine Utopie harmonischen Zusammenlebens, Grundlage einer neuen Gesellschaft, die erst errichtet werden muß, aber mit historischen, wenn auch einseitig ausgewählten Momenten. Meshack Asare, von dem in der Vergangenheit schon einige Bücher bei uns übersetzt worden sind, betont in all seinen Büchern die gesellschaftliche, historische Dimension traditionellen Erzählens. Besonders die Landschaftszeichnungen, die Darstellungen der Felsen, Bäume und Vögel sind von einer reizvollen Ästhetik.

Ähnlich verhält es sich mit dem Buch *Das Lied der bunten Vögel* von Kobna Anan (Text) und Omari Amonde (Illustration), einer einfachen Parabel von den Vor- und Nachteilen individuellen und kollektiven Handelns. Die Illustrationen sind hier ›naiver‹, stilisierender, statischer als bei Asare, aus der tanzanischen afrikanischen Malerei heraus entstanden, die aus historischen Gründen bestimmte Formate gewählt hat. Ärgerlich ist bei diesem Buch, daß die Illustrationen oft über eine Seite hinweggehen, durch unschöne Knicke gebrochen und zerstört werden. Ärgerlich auch das Nachwort von Ingrid Jaax, in dem der Künstler Amonde fast als autodidaktischer Exot erscheint, der mit seinem exotischen Charme die penetranten Wünsche seiner Auftraggeberin durchkreuzt.

Beide Bücher sind jedoch in ihrer Einheit von Erzählung und dazu passender Illustrierung um vieles höher einzuschätzen als Wilhelm Meissels und Amrei Fechners *Großer Geist und kleiner Kreuzschnabel*. Die angeblich afrikanische Geschichte dient hier nur als Anlaß für die sicher sehr feine Seidenmalerei der Illustratorin. Die Bilder befleißigen sich eines ungebrochenen naiven Exotismus, der sich vor allem in der Darstellung afrikanischer Menschen zeigt, die in starrer Gleichartigkeit mehr oder minder dümmlich grinsend erscheinen. Warum bleibt man da nicht bei den gewohnten europäischen Märchen, Fabeln oder Weisheiten? Neben dieser eurozentrischen Inbesitznahme und Vereinnahmung fällt die gleichzeitige Zerstörung der großformatigen Bilder durch die zerhackenden Erzählkästchen auf.

Zum Schluß sei auf das Buch *Der kleine gelbe Bagger* von Karen Press und Shelley Sacks verwiesen, fünf Geschichten aus Südafrika, in ungewöhnlichem Format, unhandlich für kleinere LeserInnen. In Texten und dazugehörigen Bildergeschichten, die diamäßig die wichtigsten Momente der Erzählung unterstreichen, erinnernd zusammenfassen, wird das Alltagsleben im Apartheidstaat Südafrika beschrieben, aus der Sicht von Kindern meist, in der Titelgeschichte, die mir am gelungensten erscheint, aus der Sicht des die Behausungen zerstörenden Baggers. Die Geschichten geben Einblicke in die Widerstandskraft von Kindern angesichts fast überwältigender gesellschaftlicher Hindernisse, sicher nicht frei von utopischem Harmoniedenken, aber überzeugend in der Gradlinigkeit und Poesie der Erzählung.

Fazit: für jüngere deutsche LeserInnen gibt es inzwischen durchaus Alternativen zum deutschzentrierten Afrikabild, können Erfahrungen mit anderen Welten authentisch gemacht werden, ohne in jedem Fall penetrant vermittelnder Erklärung zu bedürfen. Die Illustrationen in den genannten afrikanischen Beispielen sind eigenständige Kunstwerke aus verschiedenen künstlerischen Stilrichtungen, nicht am Text klebend, sondern mit eigener Interpretation und subjektiver Betonung. Ältere LeserInnen haben sich immer noch mit eurozentrischen, rassistischen Literaturbeispielen auseinanderzusetzen, die das Fremde wählen, um das Eigene fortzuschreiben und universell gültig zu machen. Nur durch behutsames Gegensteuern, durch Übersetzen authentischer Werke läßt sich hier wohl langfristig eine Änderung erreichen.

Literaturverzeichnis

Brigitte Blobel, *Verliebt in Afrika,* aare Verlag 1989, 192 S.

Gisa M. Zigan, *Kwa heri, schwarze Tochter,* Georg Bitter Verlag 1989, 174 S.

Irena Brezna, Alpha Oumar Barry, *Biro und Barbara,* Zytglogge Verlag 1989, 96 S.

Dagmar Chidolue, *London, Liebe und all das,* Beltz & Gelberg 1989, 181 S.

Nasrin Siege, *Sombo, das Mädchen vom Fluß,* Beltz & Gelberg 1990, 112 S.

Buchi Emecheta, *Der Ringkampf,* Lamuv-Baobab 1989, 120 S., (Übersetzt von Helmi Martini-Honus und Jürgen Martini).

Meshack Asare, *Die Kinder des Baumes,* Lamuv-Baobab 1990, 46 S., (übersetzt von Helmi Martini-Honus und Jürgen Martini).

Kobna Anan, Omari Amonde, *Das Lied der bunten Vögel,* Fischer: Münsingen-Bern 1989, 28 S.

Wilhelm Meissel, Amrei Fechner, *Großer Geist und kleiner Kreuzschnabel,* Verlag St. Gabriel 1989.

Karen Press, Shelley Sacks, *Der kleine gelbe Bagger,* Hammer-Verlag 1989, 24 S., (übersetzt von Monika Bilstein).

3. Übersetzung und Adaption

Zielgerichtetheit einer Übersetzung, oder: Warum wurde ein deutscher *Schlaraffenland*-Text so in die hebräische Kinderliteratur übertragen?*

Gideon Toury (Tel Aviv)

Einführung

Auf den ersten Blick scheint mein Bestreben in diesem Aufsatz vielleicht eher bescheiden: einigermaßen detailliert einen Fall darzustellen, bei dem eine kurze deutsche Erzählung für Kinder ins Hebräische übersetzt, in die hebräische Kinderliteratur übertragen – und von dieser akzeptiert wurde. Dennoch ist das, was ich tatsächlich tun werde, etwas komplexer und hat weit allgemeinere Implikationen für sowohl die Übersetzungs- als auch die Literaturwissenschaft. Im folgenden werde ich versuchen zu zeigen,

(a) daß Entscheidungen, die von einzelnen Übersetzern getroffen werden, tendenziell einem Muster unterliegen und nicht völlig unregelmäßig sind.

(b) daß die beobachteten Regelmäßigkeiten im Verhalten bestimmten herrschenden Prinzipien zugeschrieben werden können.

(c) daß das stärkste dieser Prinzipien seinen Ursprung in der sogenannten »Zielliteratur« hat, durch die – semiotisch gesprochen – der Vorgang der Übersetzung ausgelöst wird und deren Bedürfnisse es befriedigen soll, und schließlich,

(d) daß diese Prinzipien, und daher das Verhalten, das von ihnen herbeigeführt wird, ein zugrunde liegendes Netzwerk an Beziehungen widerspiegeln, die eine bestimmte Realisierung des Konzeptes »Literatur« ausmachen und »Übersetzung« als Teil dieses Konzeptes definieren.

Der Ausgangstext, den wir behandeln werden, »Das Schlaraffenland«, ist Teil des kurzen Bandes *Kleine Märchen*. Es handelt sich um zehn, für kleine Kinder von der Malerin und Illustratorin Tom (ursprünglich Martha Gertrud) Freud, der Tochter einer von Sigmund Freuds Schwestern (siehe Murken 1981), bearbeitete Märchen, die 1921 in Ludwigsburg

---

* Eine etwas andere Fassung dieses Aufsatzes ist unter dem Titel »Lower-Paradise in a Cross-Road« in Geschichte, System, Literarische Übersetzung. Hrsg. von Harald Kittel. Berlin: Erich Schmidt 1992 (Göttinger Beiträge zur internationalen Übersetzungsforschung Bd. 5) erschienen.

veröffentlicht wurden.[1] Einige Monate später wurde die gesamte Sammlung ins Hebräische übersetzt und Ende 1922 als *Eser sixot liladium* [Zehn Erzählungen für Kinder] veröffentlicht. Die erste und wichtigste Tatsache ist, daß das Büchlein von niemand geringe-
rem als Chaim Nahman Bialik übersetzt wurde, dem sogenannten »Nationaldichter«
moderner hebräischer Literatur. Das ist mehr als irgendetwas im Originalwerk Ursache
für die Stellung, die das Buch in der Zielliteratur einnimmt. Bialiks Übersetzung von
Freuds »Schlaraffenland«, das den Titel »Gan-Eden ha-taxton« [wörtlich: Irdisches Pa-
radies] trägt, gilt hier als Zieltext. Die beiden Texte sind in Appendix A beziehungsweise
B abgedruckt.

Der Ausgangstext und die *Schlaraffenland*-Tradition

Freuds Text selbst ist eine Bearbeitung von Ludwig Bechsteins »Das Märchen vom
Schlaraffenland«, einem der beliebtesten Texte in einer langen Tradition von mündlichen
und schriftlichen Pseudo-Erzählungen über ein legendäres Land, das an einem, logisch
betrachtet, unmöglichen Platz wie »drei Meil hinder Weihnachten«[2] liegt. Diese Texte
sind von parataktischer Struktur und laufen letztendlich auf eine offen endende Serie an
Übertreibungen und Lügen hinaus, die auf der Umkehrung der Realität basieren.

Das Hauptprinzip von Freuds Bearbeitung sind umfangreiche Auslassungen. Tatsächlich besteht ihr Text, der in der Länge weniger als ein Viertel von Bechsteins Text ausmacht, aus einer glatten Verkettung von Sätzen und Redewendungen, die direkt aus der
unmittelbaren Quelle entnommen wurden. Die Weglassungen werden von einer gering-
fügigen Umstellung in der Anordnung und sehr wenigen, meist unbedeutenden sprachlichen Veränderungen begleitet.

Das Anliegen, auf massive Auslassungen zurückzugreifen (das heißt, einen sehr kurzen
Text zu produzieren, der den Maßen eines bestimmten Buchformats entspricht) kann mit
der allgemeinen Vorstellung der Zielgruppe dieser Bearbeitung in Verbindung gebracht
werden: sehr kleine Kinder und ihre Eltern. Genauso können viele der einzelnen Auslassungen mit dieser Gruppe in Verbindung gebracht werden. So schließt zum Beispiel
Bechsteins, aber nicht Freuds Version die Möglichkeit ein, daß im Schlaraffenland Ehe-
männer, deren Frauen alt und häßlich geworden sind, diese durch junge, schöne Frauen
ersetzen können – »und bekommen noch ein Draufgeld«. Verbunden mit dem klar defi-
nierten Konzept der Funktion von literarischen Texten für die intendierte Altersgruppe,
welche ein starkes didaktisches Element einschloß, kann die Vorstellung der Leserschaft
auch dazu dienen, die einzige bedeutsame sprachliche Veränderung im Vergleich zu
Bechsteins Text zu erklären, nämlich das Ersetzen von »essen« in der Liste der von den

---

1 Einige Jahre später wurde das Buch von den Nazis verboten, und es gibt anscheinend nur noch
 wenige Exemplare. Ich möchte mich bei Frau Awiwa Harari (geborene Angela Seidmann) aus
 Ramat ha-Sharon (Israel), Tom Freuds einziger Tochter, dafür bedanken, daß sie mir ein Exemplar dieses seltenen Buches zur Verfügung gestellt hat.
2 Diese Tradition wurde kürzlich neu von Richter (1984) aufgezeichnet.

Faulenzern des Schlaraffenlandes bevorzugten Beschäftigungen (nämlich »schlafen, essen, trinken, tanzen und spielen«) durch »lesen«.

Bemerkenswert ist indessen, daß das Ergebnis all dieser Veränderungen nicht nur ein vollkommen selbständiger Text ist, sondern auch einer, dessen »Wohlgeformtheit« den gleichen Prinzipien gehorcht wie seine unmittelbare Quelle, das gleiche zugrundeliegende Modell realisiert. Schließlich, bedingt durch die pseudo-erzählerische Beschaffenheit des Textes, ist es die Existenz einer Folge von Lügen und Übertreibungen einer gewissen Art, die ihn charakterisiert, viel mehr als eines der einzelnen Glieder oder etwa deren genaue Position in der Kette.

Die Entscheidung, den Text in Reimen zu verfassen als Beschränkung seiner Formulierung

Demgegenüber ist »Gan-Eden ha-taxton« eine krasse Ausnahme in *Eser sixtot*: es ist die einzige Erzählung in dem Buch, die in gereimter Prosa abgefaßt wurde, im Gegensatz zum deutschen Original. Zwar sind die eingefügten Reime nicht auf irgendeine Weise auffallend sichtbar gemacht worden (etwa durch Einfügen von Zwischenräumen oder Schrägstrichen), dennoch kann kein Zweifel daran bestehen, daß das Reimen ein zentrales Organisationsprinzip des hebräischen Textes und daher eine Hauptbeschränkung in bezug auf seine sprachliche Formulierung repräsentiert. Tatsächlich gibt es mehrere Fälle, wo Abweichungen in der Übersetzung[3] sehr leicht auf dieser Grundlage erklärt werden können. Ein herausragendes Beispiel sollte ausreichen:

In Freuds Version besteht der Regen, der auf die auf den Kopf gestellte Welt fällt, aus reinem Honig, »da kann einer lecken und schlecken, daß es eine Lust ist«. Was stattdessen im hebräischen Text steht, ist bedeutsam anders: »kol ha-rotse poshet lashon ve-lokek, veshe-eno rotse-rokek« [wer auch immer will, streckt seine Zunge heraus und leckt, und wer nicht will, spuckt aus]. Es ist klar, daß der Ausgangstext in Übereinstimmung mit Bechstein und der gesamten *Schlaraffenland*-Tradition sich nicht vorstellen kann, daß es auch nur eine Person in diesem wunderbaren Land gäbe, die sich nicht an den Honigregentropfen erfreuen würde. Dieses trifft jedoch nicht auf den Übersetzer ins Hebräische zu: er zeigt sich gewillt, für die Festsetzung eines Reimwortes zum Wort »lokek«, eines der offensichtlichsten Übersetzungsworte für »lecken«, eine gewisse Abweichung von der inneren Logik der Originalgeschichte (die er prinzipiell respektiert) in Kauf zu nehmen. Von den (sehr wenigen) möglichen Reimwörtern im Hebräischen wurde das Wort »rokek« [spuckt aus] gewählt, welches phonetisch dem Wort »lokek« sehr nahe ist, aber fast dessen Antonym bildet.

Diese Entscheidung wiederum zwang Bialik, ein ganzes zweizeiliges Segment (neu) zu formulieren, so daß es sowohl zu dem gewählten Wort als auch zu dem gesamten, dem

---

3 Für »Übersetzungsabweichungen« in diesem speziellen Sinne, die vom systemhaften Standpunkt aus betrachtet, nicht verpflichtend sind, siehe Toury 1980: 32 ff.

Original entnommenen Wertsystem paßte. Auf dieser zweiten Basis war es selbst für ihn unvorstellbar, daß jeder, der die Honigtropfen leckt, durch Ausspucken derselben reagiert. Um eine Rechtfertigung zu erlangen, mußte der Akt des Spuckens einfach einer besonderen Gruppe zugeschrieben werden, die sich von der allgemeinen Menge der Lecker auf vernünftig erklärbare Weise unterschied. Die Antonymität des positiv besetzten Leckens und des negativ besetzten Spuckens wurde daher durch die syntaktisch-semantische Opposition zwischen »ha-rotse« [wer will] und »she-eno rotse« [wer nicht will] ergänzt. Schließlich ist der freie Wille kein Widerspruch zu den Normen des »Schlaraffenlandes«! Es wurde also eine feinfühlige Balance gefunden zwischen den beiden widerstreitenden Ursachen an Beschränkungen, dem Ausgangstext gegenüber den internen Anforderungen der entstehenden Übersetzung.[4]

Das Hinzufügen einer (fiktionalen) epischen Situation

Auch war Bialiks Entscheidung, seinen Text zu reimen, nicht die einzige grobe Abweichung vom deutschen Original und dessen Regeln. Vielmehr traf er einige andere Entscheidungen mit umfassenden Implikationen. Eine der hervorragendsten dieser Entscheidungen kommt ganz am Ende vor, wo in »Gan-Eden ha-taxton« folgendes steht:

> »Et asher shama'ti oto asapera, ve-atem shalmu li bi-mzumanim mehera, Gera shlema va-x(a)tsi ha-Gera«
> [Was ich gehört habe, werde ich erzählen, und, was dich anbetrifft, beeile dich, mir Bargeld zu bezahlen, eine Gera (eine bestimmte Münze) und eine halbe Gera]

Dieser Schluß ist ein richtiger Epilog, ein glatter Anhang zur Charakterisierung des legendären Landes, die den Kern jedes wahren *Schlaraffenland*-Textes darstellt. Der angehängte Epilog führt somit einen fiktionalen Erzähler ein; in der Tat eine bedeutende Abweichung von einem Text, der bestenfalls pseudoerzählerisch ist! Außerdem kommt der auf diese Weise eingeführte (mündliche) Erzähler nicht mit der expliziten und einrahmenden Ankündigung aus, daß er nun am Ende seiner Geschichte sei. Er verlangt weiterhin – auf noch explizitere Weise – eine angemessene Kompensation für einen gut ausgeführten Job. Es ist wohl überflüssig zu erwähnen, daß dieser Epilog weder mit dem unmittelbaren Ausgangstext, noch mit der gesamten *Schlaraffenland*-Tradition übereinstimmt.

Außerdem wird die Position des Erzählers in der hebräischen Fassung durch eine beachtliche Steigerung zu Beginn des Textes weiter erhöht. Zwar beginnt auch der deutsche

---

4 Es würde mich nicht überraschen, wenn die positive Besetzung von »lecken«, die ihren Ursprung im Ausgangstext hat, selbst durch eine bestehende Tradition in der Zielkultur erweitert worden wäre, nämlich dem letzten Test, den Gideons Männer bestehen mußten, um sich bei der Befreiung Israels als tauglich zu qualifizieren (Richter 7: 2-8). Es ist wohl überflüssig zu erwähnen, daß Bialik diese literarische Tradition wenigstens mit den Eltern teilte, die *Eser sixtot* laut mit ihren Kindern lesen sollten.

Originaltext mit einigen wenigen Worten, die ein bestimmter Sprecher an eine fiktionale Leserschaft richtet, »Hört zu, ich will euch von [...] sagen«. Doch dieser lakonischen Anrede folgt sofort die – sie überschattende – Reihe an Lügen und Übertreibungen, die in angemessener Weise den Hauptanteil des Textes ausmacht, und der Erzähler wird nie wieder erwähnt. Bialik hat stattdessen einen ausführlichen und ziemlich langen Prolog:

> »gan-Eden ha-taxton mi yode'a? – Gan-Eden ha-taxton ani yode'a. od ta'mo omed be-fi u-sfatay, re'itiv ve-lo ezkor matay, ha-belayla im be-yom, ha-behakits im ba-xalom. iver ra'ahu ve-elav lo karay, qite'a ba bish'ara, gidem patax dlatav, ve-ilem siper li zot bi-sfatav. mi xeresh yasur halom, yeshev ve-yishma ve-yakshiv dom.«
>
> [Wer kennt das irdische Paradies? – Das irdische Paradies kenne ich. Sein Geschmack ist noch in meinem Mund und auf meinen Lippen, ich habe es gesehen, aber ich weiß nicht mehr wann, war es Nacht oder Tag, war ich wach oder habe ich geträumt. Ein Blinder hat es gesehen, aber ist nie in die Nähe gekommen, ein Mann mit amputierten Beinen ist durch seine Tore gegangen, ein Mann mit amputierten Händen hat seine Türen geöffnet, und ein Stummer hat mir mit seinen (eigenen) Lippen davon erzählt. Ihr, Taube, kommt her, setzt Euch hin, horcht und hört still zu.]

Was der hebräische Text als Ergebnis der Einführung dieses Prologes und Epiloges erzielt hat, ist ein allumfassender Rahmen, eine angemessene epische Situation, in die die Beschreibung des »Irdischen Paradieses« eingebettet ist. Letzteres umfaßt dann kaum drei Viertel des Textes, in der Tat eine entscheidende Veränderung seiner gesamten Beschaffenheit. Der veränderte Status des Erzählers findet auch auf sprachlicher Ebene Ausdruck: während in Freuds Text die erste Person Singular nur einmal benutzt wird, greift die hebräische Version neunmal darauf zurück, sechsmal im Prolog und dreimal im Epilog.

Schließlich gibt es einen scheinbar überflüssigen Zusatz zum Epilog, die Wörter »amen ve-amen«. Diese Wendung sollte so aufgefaßt werden, daß sie die Reaktion der (fiktiven) Zuhörer auf die vom Erzähler am Ende seiner Geschichte gemachte Forderung repräsentiert und dadurch ihren Status als abschließenden Teil einer außerhalb der Geschichte liegenden epischen Situation verstärkt: So sei es.[5] Interessanterweise ist dieses äußerste Ende als selbständige Passage gedruckt. Es ist auch die einzige Ausnahme zur Reimforderung, die die Komposition des gesamten Textes bis dahin beherrscht hat; Zeichen eines speziellen Herausragens, wenn es das gäbe! In der Tat ist man fast versucht zu sagen, daß anstelle der Pseudoerzählung im Original der hebräische Leser eine Geschichte darüber bekommt, wie so eine Pseudoerzählung erzählt wird, was – systemimmanent betrachtet – durchaus als Gattungsverschiebung angesehen werden kann.

---

5 Diese Schlußformel geht natürlich auf die hebräischen Psalmen (41: 14: 72: 19: 89: 53) zurück. Folglich war auch die Wahl dieser Formel durch eine zielorientierte Vorschrift bedingt und beabsichtigte, die Akzeptabilität der Übersetzung als Text in der Zielsprache zu vergrößern, ein Aspekt, der gegen Ende dieses Aufsatzes behandelt wird.

Das Straffen der Textstruktur

Zusätzlich zu der durch den Zusatz verursachten Gattungsverschiebung trägt auch die epische Situation, ebenso wie die hinzugefügten Reime, zur Ausarbeitung und Straffung des Textes als kompositorische Einheit bei. Diese Art der auf höherer Ebene stattfindenden Verschiebung wird durch noch eine andere Veränderung verstärkt, nämlich durch die Verschiebung der grundsätzlichen parataktischen Struktur, die für *Schlaraffenland*-Märchen so charakteristisch ist, hin zur textlichen Hypotaxis. Während sich so die Beschreibung des wunderbaren Landes, die den Hauptanteil des deutschen Textes ausmacht, auf grundsätzlich lineare Weise von einer Einzelheit zur anderen bewegt, besteht die Gesamtorganisation der hebräischen Version aus drei Schichten, die einander wie Kästen umschließen:

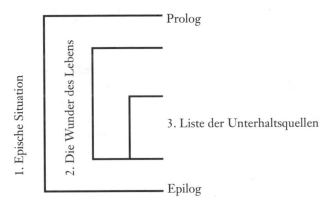

Die Einführung einer epischen Situation als äußerer, alles einschließender Rahmen (1) wird dadurch ergänzt, daß die Liste an Unterhaltsquellen, die die Faulenzer des »irdischen Paradieses« erwartet, wiedergegeben wurde als eine selbständige strukturelle Komponente (3). Anstatt bloß ein Glied in einer Kette zu sein, im Rang gleichberechtigt mit allen anderen Einzelheiten der auf den Kopf gestellten Welt (2), bildet die hebräische Liste die Inschrift eines Tores, das, für sich genommen, selbst nur ein Punkt des in der Mitte liegenden »Kastens« ist. Der untergeordnete Status der Liste in der Struktur des Zieltextes wird weiterhin hervorgehoben, indem explizit gesagt wird, wie der Erzähler die Aufschrift im zweiten »Kasten« (re)zitiert, wobei er selbst Teil einer anderen, weiter entfernten strukturellen Schicht ist, dem äußeren »Kasten«: »mila be-mila ve-ot be-ot« [Wort für Wort und Buchstabe für Buchstabe].

Was war so falsch an dem *Schlaraffenland*-Modell?

Warum hat sich Bialik all diese Mühe gemacht? Warum hat er die ursprüngliche Struktur nicht intakt gelassen (was er hätte tun müssen, hätte er Freuds Version wörtlich übersetzt)? Solch eine Praxis stimmt sicherlich nicht mit der berühmten »Minimax Strategie«

überein,[6] die Bialik selbst in bezug auf die übrigen *Märchen* Freuds angewandt zu haben scheint. Diese Unregelmäßigkeit fordert eine Erklärung.

Da »Das Schlaraffenland« in seiner Beschaffenheit pseudoerzählerisch ist, war schon die Originalfassung selbst einzigartig. Nichtsdestotrotz schien Tom Freud keine Bedenken gehabt zu haben, es in ihre Sammlung aufzunehmen, zweifellos auf Grund der tiefen Wurzeln, die *Schlaraffenland*-Texte in der deutschen Kultur hatten, einschließlich der Kinderliteratur (z. B. Bechstein). Dagegen war das diesen Texten zugrunde liegende Modell in der hebräischen Literatur völlig unbekannt. Aller Wahrscheinlichkeit nach wäre es für diese auch inakzeptabel gewesen. Aus diesem Grund wäre ein hebräischer Text, der auf diese Weise verfaßt worden wäre (was im Prinzip wohl möglich ist), mindestens für »nicht-literarisch« gehalten worden, wenn nicht sogar für einen »Nicht-Text«. Diese Tatsache, selbst Zeugnis der inneren Konstellation der damaligen hebräischen Literatur, führte zur Ablehnung des zugrunde liegenden Modells. Dennoch mußte der Text als solcher übersetzt werden; nicht nur weil Bialik sich selbst verpflichtet hatte, Freuds Buch als Ganzes aufzunehmen, sondern auch wegen einer seiner persönlichen Vorlieben, der für das Thema des »verlorenen Paradieses«. Ein anderer, eher idiosynkratischer Aspekt der Zielgerichtetheit der Erwägungen zur Übersetzung und des Treffens von Entscheidungen. Diese Vorliebe liefert schließlich auch die beste Erklärung dafür, daß Bialik überhaupt gewillt war, so viel Zeit und Anstrengung in das Umstellen von »Das Schlaraffenland« zu investieren. Dies erklärt auch Bialiks weitere Entscheidungen, von denen eine der wichtigsten war, das wunderbare Land in eine völlige Kinderwelt umzuwandeln, die es in der ursprünglichen Tradition nie war.[7]

Das Ablehnen des »Schlaraffenland«-Modells steigerte sich wahrscheinlich weiter durch dessen enge Verbindung zur Folklore (wobei es keines großen Hintergrundwissens bedurfte, diese Verbindung herzustellen), angesichts des Folklore-Konzeptes, so wie es von Bialik und seinen Zeitgenossen in der hebräischen Kultur gehegt wurde; sicherlich ein verspätetes (oder epigonenhaftes) romantisches Konzept. So bestand Folklore – selbst in ihrer sekundären, schriftlichen Form in der Literatur – nur aus »Lumpen eines Abfallhaufens« (um Bialiks eigene Metapher zu benutzen), »ohne irgendeinen Wert, wenn sie nicht in einen Kessel höchster Vernunft geworfen und zu neuem Papier gemacht« werde. Eine Vorbedingung für die Einführung eines ursprünglich folkloristischen Textes in die Literatur war, mit anderen Worten, die Auferlegung einer künstlerischen Organisation, also die Anpassung des Textes an die Normen, die die Formulierung von schriftlichen Texten in der rezipierenden Literatur beherrschten. Und während alle übrigen Märchen

---

6 »That one of the possible solutions which promises a maximum of effect with the minimum of effort« (Levý, 1967: 1179).

7 Diese Vorliebe bietet auch eine durchführbare Erklärung für den Titel des hebräischen Textes an. Schließlich war in westeuropäischen Traditionen das erdichtete »Schlaraffenland« nie identisch mit dem »irdischen Paradies«, das normalerweise eine religiöse Konnotation hat (z. B. Jason 1971: 157 – 159). Die Assoziation zwischen den beiden war Bialiks eigene Erfindung. Sie wurde gegen den Hintergrund des Gebrauchs des hebräischen Ausdrucks »Gan-Eden hataxton« im Jiddischen durchgeführt, wo es seiner ursprünglichen mystischen Konnotationen beraubt und für diese Art von weltlichem Gebrauch verfügbar gemacht wurde.

in Freuds Buch schon genug »künstlerische Organisation« hatten (das heißt, sie richteten sich nach zugrunde liegenden, anerkannten literarischen Modellen), wurde die Reihe an Übertreibungen und Lügen, die den »Schlaraffenland«-Text ausmachte, mit Sicherheit als fehlende künstlerische Organisation bewertet.

Ein vermittelndes Modell und seine Quelle

Was bis jetzt deutlich geworden sein sollte, ist, daß die während der Übersetzung von »Das Schlaraffenland« ins Hebräische eingeführten strukturellen Veränderungen alles andere als zufällig sind. Wir haben außerdem einen Begriff von »negativer« Motivation für die Einführung vieler dieser Veränderungen erhalten, nämlich die Notwendigkeit, Merkmale aufzugeben, deren Beibehaltung im Zieltext ihre Akzeptibilität ernsthaft beeinträchtigt hätte. Es kann an dieser Stelle jedoch auch eine »positive« Frage gestellt werden, nämlich: Woher wurden die hinzugefügten und ersetzenden Elemente genommen? Gibt es ein Prinzip, nach dem die Wahl vorgenommen wurde? Zur Beantwortung dieser Frage will ich zunächst die epische Situation und ihre beiden Bestandteile nochmals betrachten.

Als kompositorisches Element verbindet sich der hinzugefügte Epilog leicht mit der Volksliteratur wie der Ausgangstext selbst. Dort bekommen Erzähler nicht nur einen Ausgleich für ihre Leistung, sondern verlangen ihn auch (z. B. Jason 1971: 87), und dort tauchen immer wieder auch sprachliche Formeln auf, die dieses Bedürfnisses genau erfüllen. Als mündliche Literatur ursprünglich gesammelt, abgeschrieben und den Anforderungen der schriftlichen Literatur angepaßt wurde, wurden auch diese Bedürfnisse, zusammen mit vielen ihrer gewohnten sprachlichen Realisationen, in die schriftliche Literatur übertragen.

Das gleiche trifft auf unseren Prolog zu. In diesem Fall jedoch machen die von Bialik verwendeten Formeln es möglich, seine Auswahl auf ein bestimmtes Repertoire zurückzuführen, das der russischen Folklore. In dieser Hinsicht wäre es sehr aufschlußreich, die letzten Abschnitte des hebräischen Prologs,

> »iver ra'ahu ve-elav lo karav, kite'a ba bi-sh'arav, gidem patax dlatav, ve-ilem siper li zot bi-sfatav. mi xeresh yasur halom, yeshev ve-yishma ve-yakshiv dom.«
> [Ein Blinder hat es gesehen, aber ist nie in der Nähe gekommen, ein Mann mit amputierten Beinen ist durch seine Tore gegangen, ein Mann mit amputierten Händen hat seine Türen geöffnet und ein Stummer hat mir mit seinen (eigenen) Lippen davon erzählt. Ihr Tauben, kommt her, setzt Euch hin, horcht und hört still zu.]

mit einem russischen Prolog wie dem folgenden zu vergleichen:

> »Slepoj podglijadyvaet,
> Gluxoj podslushivaet,
> Benznogij vdogon pobezhal,
> Nemoj karaul zakrichal.« (Sobolevskij 1902: 210 – 211)
> [Ein Blinder lugt,/ ein Tauber hört mit,/ ein Mann mit amputierten Beinen jagt,/ ein Stummer ruft ›Hilfe‹.]

Offensichtlich gibt es nichts, was die Möglichkeit ausschließen würde, daß die den Epilog konstituierenden Formeln aus dem gleichen Repertoire stammen.

Tatsächlich könnte der Anstoß, sich die russischen Formeln als Modell für die hebräischen Formulierungen zu eigen zu machen, von Bechsteins Version geliefert worden sein, die den folgenden Satz enthält (der von Tom Freud ausgelassen wurde):

> »Wer sich also auftun, und dorthin eine Reise machen will, aber den Weg nicht weiß, der frage einen Blinden; aber auch ein Stummer ist gut dazu, denn er sagt ihm gewiß keinen falschen Weg.«

Schließlich hätte Bialik leicht von der Existenz dieser Version wissen können. Jedoch stimmt die wörtliche Formulierung dieses Satzes nicht mit der hebräischen überein. Außerdem schließt sie nicht alle Ausdrücke ein, die der Zieltext verwendet (und auch das russische Gegenstück). Weiterhin bilden Blindheit und Stummheit in Bechsteins Version eher einen untrennbaren Teil der Charakterisierung des wunderbaren Landes selbst als der (nicht existierende) Prolog. Schließlich gibt es im hebräischen Text viele Regelmäßigkeiten, die ihr Gegenstück ebenfalls in der russischen Tradition haben; und – methodologisch gesprochen – sollte eine allgemeine Hypothese, die auf eine große Anzahl heterogener Phänomene angewendet werden kann, immer einer Liste von ungleichartigen Erklärungen, die über jeweils ein Beispiel Rechenschaft ablegen, vorgezogen werden.

In der Tat kann die angenommene russische Quelle noch expliziter gemacht werden, eine Möglichkeit, die natürlich die Plausibilität der Hypothese und ihre erklärende Wirkung weiter erhöht. Es gibt nämlich einen Typus, der für unseren Fall besonders relevant ist: die russische Anekdote, deren Texte auf eine Kombination von einem Prolog und einem Epilog hinauslaufen, die gänzlich in reimenden freien Versen und mit kaum einer »Geschichte« dazwischen abgefaßt sind. Roman Jakobson beschreibt diesen Typus in seinem klassischen Artikel »Russische Märchen« folgendermaßen:

> »Die Erzählungen mit anekdotischer Färbung weisen eine Neigung zur Versform auf, die in Märchen nur bei Einleitung und Schluß vorkommt. Diese Form, ein gesprochener freier Vers, der auf dem Tonverlauf der Umgangssprache beruht, steht dem in Possen und Hochzeitsreden verwendeten freien Vers nahe. Erfahrene Erzähler besitzen einen so überreichen Vorrat an Reimen und syntaktischen Klischees, daß sie oft fähig sind, solche gesprochenen Verse über jedes gestellte Thema zu improvisieren, so wie geübte Trauerredner lange Totenklagen in deklamatorischem Vers zu improvisieren fähig sind.« (Jakobson 1979: 240)

Die gleichen Züge wurden in der sekundären, geschriebenen Tradition der Anekdote, die sich in der russischen Kinderliteratur etablierte, beibehalten – wenn nicht sogar betont.

Es wird jetzt möglich, die Behauptung aufzustellen, daß (fast) alles in der Zusammensetzung von »Gan-Eden ha-taxton«, was vom deutschen Ausgangstext und seinen organisatorischen Prinzipien (das Modell, das ihm zugrunde liegt) abweicht, nicht einfach aus einem allgemeinen Bereich, dem der russischen Folklore, aufgegriffen wurde, sondern in Wirklichkeit ein erkennbares Modell ausmacht. Somit ist ein deutliches Element der

Vermittlung als Bestandteil des Übersetzungsprozesses ermittelt worden, wenn dieser auch auf textlich-sprachlicher Ebene definitiv aus erster Hand war.

Sicher scheint »Gan-Eden ha-taxton« das Modell der russischen Anekdote auf optimale Weise in die Tat umzusetzen; sowohl in bezug auf die vorhandene scherzende Qualität als auch auf die nicht vorhandene Handlung. Denn, was letztlich zwischen Prolog und Epilog eingebettet ist, ist eher eine Anzahl komischer Fantasiesätze als eine angemessene »Geschichte«. Genau diese beiden Grundzüge sind es, die schon die **deutsche** Quelle charakterisierten. So ist es nicht weiter verwunderlich, daß es dieser besondere Text war – auch in Freuds Sammlung eine Ausnahme –, der das Annehmen der Prinzipien der russischen Anekdote auslöste. In der Tat wäre dieses Modell sehr angemessen gewesen, hätte man eine Übersetzung dieses besonderen Märchens ins russische Literatursystem einführen wollen!

Äußere Quelle und innere Legitimierung

Es geht natürlich nicht darum, daß das (vermittelnde) russische Modell in irgendeiner Form **besser** als das (ursprüngliche) deutsche wäre. Es war der hebräischen Literatur einfach viel zugänglicher, denn diese hatte in ihrem eigenen Repertoire kein passendes Modell, verließ sich aber nicht länger auf die deutsche Literatur, um ihre systematischen Lücken zu füllen, so wie sie es einige Generationen vorher getan hatte. Auch war es ihr anfangs sehr akzeptabel, damals gerade wegen seiner ausgeprägten Erkennbarkeit als »russisch«. Tatsache ist, daß zu jener Zeit die Kontakte zwischen den beiden Systemen so geartet waren, daß die russische Literatur als Hauptquelle für die hebräische Literatur diente, sowohl in bezug auf einzelne Texte als auch in bezug auf allgemeine Modelle. Tatsächlich »Russian participated in the very making of Hebrew culture«, so daß »one could say that Hebrew literature behaved as if the Russian system were *a part of it*« (Even-Zohar 1990: 102; Hervorhebung von mir).

So kann die Adaptation eines deutschen Textes durch ein vermittelndes russisches Modell als symptomatisch – wenngleich extrem – gelten. Anders ausgedrückt, es hat sich eher als regelbestimmtes Verhalten erwiesen, nicht als bloße Laune eines Einzelnen: obwohl jede einzelne Entscheidung definitiv die Bialiks war, waren alle seine Entscheidungen von einem allgemein gültigen organisatorischen Prinzip beherrscht, einem, das das Netz an Verknüpfungen repräsentiert, das der hebräischen Literatur während des betrachteten Zeitraumes zugrunde lag.[8]

Von einem Standpunkt innerhalb der hebräischen Literatur aus betrachtet, würde ein völlig »russifizierter« Text, so gerechtfertigt seine Einführung auch erschienen sein mag, dennoch einen beachtlichen Grad an Fremdheit haben. Es ist daher nicht sehr verwunderlich, daß Bialik diese Neuheit innerhalb eines marginalen Abschnittes seines literarischen Werkes und der gesamten hebräischen Literatur einführte, ein klares Anzeichen

---

8 Für verschiedene Arten der Vermittlungen bei Übersetzungen ins Hebräische während der letzten 200 Jahre, siehe Toury 1988.

für ein Hauptprinzip literarischer Entwicklung, das schon von den russischen Formalisten formuliert wurde. Auch war es kein Einzelfall, nicht einmal in Bialiks eigener literarischer Karriere.

Damit ist unsere Diskussion jedoch noch nicht abgeschlossen. Es gab einen weiteren Aspekt, der die Akzeptabilität eines in gereimter Prosa verfaßten komischen Textes erhöhte, nämlich eine tote Tradition innerhalb der hebräischen Literatur selbst, die der mittelalterlichen »maqâma«. Bialik selbst kannte sich gut mit Hauptabschnitten der hebräischen Literatur im Mittelalter aus. Er zog sogar in Erwägung, einen der wichtigsten Texte der »maqâmâ«-Tradition, Alharizis *Taxkemoni*, zu veröffentlichen, und zwischen 1923 und 1927 schrieb er selbst eine Art »maqâma«, »Aluf Batslut ve-aluf Shum« [Herr der Zwiebeln und Herr des Knoblauchs].

Sicher kann man »Gan-Eden ha-taxton« nicht als »maqâma« bezeichnen (was, obwohl in Reimen abgefaßt, ein eigener Erzähltypus ist, und die Texte, die dazu gehören, sind eher lang). Dennoch hat die Tatsache, daß es etwas Verwandtes in der hebräischen Literatur selbst gab, Bialik möglicherweise einen weiteren Antrieb gegeben, sich die Prinzipien der russischen Anekdote zu eigen zu machen, weil diese Tatsache als scheinbar innere Legitimation für etwas dienen konnte, was im Grunde von außerhalb importiert worden war. Natürlich war das Bedürfnis nach einer sekundären Rechtfertigung dieser Art als »Sicherheit«, die eine bessere Akzeptanz sicherstellte, oft in der Geschichte der modernen hebräischen Sprache und Literatur vorhanden und spielte auch eine bedeutende Rolle in ihrer Entwicklung.

Die Verstärkung der Akzeptabilität von »Gan-Eden ha-taxton« als hebräischer literarischer Text

Ein Fall von legitimem Importieren also, dennoch ein Fall von Importieren; und die volle Aneignung eines verpflanzten Organs fordert immer bis zu einem gewissen Grad eine Anpassung an den Empfänger.

Dies wurde erreicht, indem der Übersetzer auf linguistischer Ebene übertrieb, wo die hebräische Literatur es sowohl viel leichter als auch verbindlicher fand, bei ihren einheimischen Mitteln zu bleiben. Daher kann von der wörtlichen Formulierung unseres Zieltextes gesagt werden, daß sie sich selbst den Normen des hebräischen Sprachgebrauchs auf eine Weise unterwarf, die sowohl mit den Prinzipien der russischen Anekdote als auch mit den normalen Praktiken der hebräischen Literatur zu jener Zeit übereinstimmte. Doch sie tat das auf eine Weise, die diese weit übertraf, als hätte sie den durch das »russifizierte« Modell bedingten Abweichungsgrad ausbalancieren und die Akzeptabilität des Produktes als hebräischen literarischen Text erhöhen wollen.

Ein Hauptzug der russischen Anekdote ist das Sich-stützen auf einen »überreichen Vorrat an [...] syntaktischen Klischees« (Jakobson 1979: 240), d. h. phraseologischen Einheiten, und »Gan-Eden ha-taxton« fügte sich auch dieser Anforderung. In dieser Hinsicht entstand jedoch ein grundlegendes Problem: im Gegensatz zu einem kompetenten russischen Geschichtenerzähler (oder -schreiber) hatte Bialik keine gebrauchsfertigen hebräischen Ausdrücke zu seiner Verfügung, die gewohnheitsmäßig mit dem Erzählen von Anekdoten assoziiert worden wären und so für diese Art von Texten verwendbar wären. Dieses Problem löste er, indem er auf zwei verschiedene, voneinander klar getrennte Quellen zurückgriff: einerseits das Repertoire der **russischen Formeln** und andererseits das umfangreiche Repertoire an **feststehenden hebräischen Ausdrücken**, welche noch durch einige Lehnübersetzungen aus dem Jiddischen, die im Schrifthebräisch akzeptiert worden waren, bereichert wurden.

Wörtliche Übersetzungen russischer Formeln wichen hebräischen Ausdrücken, welche für alle Leser, die Bialiks kulturellen Hintergrund teilten (nämlich den Hintergrund, dem die Annahme des vermittelnden Modells zugrunde lag), ein klarer Hinweis auf die Tradition der Anekdote waren. Das Ergebnis war, daß sie als feststehende Ausdrücke angesehen wurden, obwohl sie nach strengen inneren Regeln **frei** angeordnet waren: völlig akzeptable Einheiten, sogar nach grammatischen Regeln wohl geformt, aber in keiner Weise als phraseologische Einheiten institutionalisiert. Dagegen bot die zweite Wahlmöglichkeit Ausdrücke, die tatsächlich Klischees innerhalb des Hebräischen waren – die jedoch nicht mit irgendeiner besonderen literarischen Tradition in Verbindung standen, schon gar nicht mit einer, die für diesen Text und seine intendierte Rolle als Anekdote relevant gewesen wäre.

Und hier läßt sich auch die auffälligste Regelmäßigkeit aufzeigen: Fast alle für die epische Situation gebrauchten Ausdrücke repräsentieren die erste Option, während fast alle Ausdrücke, die in den zwei inneren »Kästen« gebraucht wurden, die zweite repräsentieren. Letztere schließen auch rein jüdische Elemente mit ein, wie z. B. die zwei Feiertage »Purim« und »Shavu'ot« oder einen bestimmten Ort zwischen zwei sich reimenden Ländern »Mitsrayim« (Ägypten) und »Aram Naharayim« (Mesopotamien), d. h. ungefähr so viel wie das biblische Land Israel! All das erweitert natürlich das als russisch Bezeichnete der epischen Situation, welche auch in jeder anderen Hinsicht das russischste Element in »Gan-Eden ha-taxton« ist. Noch wichtiger ist – da die Beschreibung des wunderbaren Landes, einschließlich der Auflistung der Unterhaltsquellen, die von feststehenden Redewendungen hebräischer Herkunft, meist kanonisierten Quellen, wimmeln, immer noch ungefähr drei Viertel des Textes ausmacht – , daß diese klare Abgrenzung tatsächlich zur Abschwächung der Neuheit beiträgt, die aus der Einführung des importierten Modells hätte resultieren können.

Selbstverständlich war das massive Zurückgreifen auf feststehende Redewendungen eine weitere Hauptursache von Übersetzungsabweichungen (siehe Anmerkung 3). So können z. B. viele Hinzufügungen in bezug auf Freuds Text als Ergebnis der Einführung bestimmter feststehender Redewendungen angesehen werden, die tendenziell sowohl länger als auch komplexer als einzelne Wörter sind. Die Klischees selbst wurden ausgewählt, um das Hebräische im Zieltext zu vergrößern (und/oder um dem erforderlichen Reimpartner Rechnung zu tragen), und nicht, um besondere Eigenschaften des Ausgangstextes zu rekonstruieren oder zu repräsentieren.

Ein weiteres charakteristisches Merkmal von »Gan-Eden ha-taxton« ist die Fülle von Parallelismen aus allen möglichen Ebenen; von langen Abschnitten, wie die, die um das

Paar der (fast) Antonyme »lokek« und »rokek« gebildet wurden, über Redewendungen bis hin zu Paaren (fast) synonymer lexikalischer Einheiten. Während, was Parallelismen auf höherer Ebene anbetrifft, die Anforderungen des vermittelnden russischen Modells mit den hebräischen Konventionen übereinzustimmen schienen, galt der umfangreiche Gebrauch von gepaarten (fast) Synonymen für die besagte Zeit immer noch als starke innere Norm. Dieser kann daher als weiteres Zeichen für das Bestreben des Übersetzers, das Hebräische zu verstärken, angesehen werden.[9]

Gemäß der normalen Position von Übersetzungen (als Texte) und übersetzen (als Aktivität) innerhalb des Ziel-Polysystems, das tendenziell sekundär ist (z. B. Even-Zohar 1990: 45 – 51), ist es nicht weiter erstaunlich, daß die Anwendung dieser linguistischen Norm in Übersetzungen umfangreicher war als in den Originalschriften der Zeit. Es ist auch nicht weiter erstaunlich, daß diese Norm in diesem Abschnitt des Zielsystems weiter aktiv, sogar sehr aktiv, blieb, während sie in Originalschriften bereits an den Rand gedrängt worden war. Das gleiche läßt sich, aus sehr ähnlichen Gründen, für Kinderliteratur im Gegensatz zur Literatur von Erwachsenen bestätigen (siehe z. B. Shavit 1981; 1986). Offenbar haben wir mit »Gan-Eden ha-taxton« eine Kombination von beidem: eine Übersetzung und auch einen Text für Kinder, was genug Erklärung für den häufigen Gebrauch von gepaarten (fast) Synonymen in einem Text wie unserem hätte sein können.

Ungeachtet dieser Verallgemeinerung kann nirgends in Bialiks Übersetzungen oder in seiner Kinderliteratur (vielleicht mit der Ausnahme seiner Übersetzung einer »Don Quixote«-Version) eine solche Dichte an hebräischen Phraseologismen gefunden werden. Diese Tatsache kann als weitere Bestätigung unserer vorigen Hypothese angesehen werden, daß diese zunächst und vorwiegend Strategien zur Milderung der potentiellen Fremdheit des Textes und zur Vergrößerung seiner Akezptabilität darstellen. Und es steht fest, daß »Gan-Eden ha-taxton« tatsächlich als hebräischer literarischer Text angenommen wurde; in der Tat sogar viel mehr als irgendeine der anderen Erzählungen in *Eser sixot li- ladim*. Einige Jahre später entschloß sich Bialik sogar, es unter seinen Originalgedichten für Kinder (Bialik 1933: 170 – 174) als einzigen Vertreter von Freuds Sammlung einzubeziehen. Dementsprechend verschwand die Tatsache, daß »Gan-Eden ha-taxton« als Übersetzung entstanden war, völlig aus dem »Kollektivbewußtsein« der hebräischen Literatur und wurde mehr zu einem historischen als zu einem literarischen Fakt[10,] der erst in den 80er Jahren wieder ins Licht gerückt werden sollte.

Anstelle einer Zusammenfassung

Die Frage, die sich nun ergibt, ist wirklich anregend: hätte Bialik eine andere Übersetzungsstrategie wählen können? Ich werde eine Antwort in aller Kürze wagen:

Innerhalb eines systemhaften, zielorientierten Ansatzes zur Übersetzung (Toury 1980: 35 – 50; 1985) ist die Antwort auf diese Frage wirklich sehr einfach: natürlich hätte er.

---

9 Für mehr Einzelheiten sowie Dutzende von Beispielen, siehe Toury 1977: 162 – 171.
10 Für diese Unterscheidung, siehe Tynianov 1967 [1924]; Toury 1983.

Letztendlich liegt es im Wesen der Übersetzung, ein Entscheidungsprozeß zu sein. Bedeutsam ist jedoch gerade die Tatsache, daß er dieses Vorrecht nicht ausgenutzt hat – und daß sich, rückblickend, in Anbetracht der Konstellation der damaligen hebräischen Literatur seine Vorlieben als so vorhersagbar herausgestellt haben. Tatsächlich waren die Normen, die diese Konstellation herbeiführten, so stark, daß selbst ein Dichter und Übersetzer von Bialiks Kaliber, der zur damaligen Zeit auf der Höhe seines Ruhms und Einflusses stand und daher in der besten Position gewesen wäre, das vorherrschende System an Normen zu verändern, es vorzog, an diesen festzuhalten. Wie wir in diesem Aufsatz gezeigt haben, tat er dies darüberhinaus in einem recht extremen Ausmaß.

Aus dem Englischen übersetzt von Angelika Czekay

Literatur

Bechstein, Ludwig. *Märchenbuch.* Leipzig: Georg Wigand, [o.J.]. [[1]1857]

Bialik, Ch. N. *Poems and Songs for Children.* Tel Aviv: Dvir, 1933(auf hebräisch).

Even-Zohar, Itamar. *Papers in Historical Poetics.* Tel Aviv: The Porter Institute for Poetics and Semiotics, 1978.

Even-Zohar, Itamar. *Polysystem Studies.* Duke University Press, 1990. [Sonderausgabe von *Poetics Today,* 11:1]

Freud, Tom. *Kleine Märchen,* Nach H. Chr. Andersen, R. Bechstein u. den Brüdern Grimm. Ludwigsburg: Hausser, [1921].

Freud, Tom. *Eser sixot li-ladim, al-pi Andersen, Grimm va-axerim.* (übersetzt von Ch. N. Bialik.) Jerusalem/Berlin: Ophir, 1922 (auf hebräisch).

Jakobson, Roman. »Russische Märchen«. In: Jakobson, Roman: *Aufsätze zur Linguistik und Poetik.* Hg. und eingeleitet von Wolfgang Raible. Übersetzt von Regine Kuhn. Frankfurt/M., Berlin, Wien: Ullstein 1979, 225 – 246 [Original 1945].

Jason, H. Genre: *An Essay in Oral Literature.* Tel Aviv University: Department of Poetics and Comparative Literature, 1971.

Kittel, Harald (Hg.). *Geschichte, System, Literarische Übersetzung.* Berlin: Erich Schmidt, 1992, 46-65 (Göttinger Beiträge zur internationalen Übersetzungsforschung Bd. 5).

Levý, Jiři. »Translation as a Decision Process«. In: *To Honor Roman Jakobson,* II. The Hague: Mouton 1967, 1171 – 1182.

Murken, Barbara. »Tom Seidmann-Freud: Leben und Werk«. In: *Die Schiefertafel: Zeitschrift für historische Kinderbuchforschung* IV:3 (Dezember 1981): 163 – 201.

Richter, Dieter. *Schlaraffenland: Geschichte einer populären Phantasie.* Köln: Eugen Diederichs Verlag, 1984.

Shavit, Zohar. »Translation of Children's Literature as a Function of Its Position in the Literary Polysystem«. In: *Poetics Today,* 2:4 (1981): 171 – 179.

Shavit, Zohar. *Poetics of Children's Literature.* Athens and London: University of Georgia Press, 1986.

Sobolevskij, A. E., (Hg.) *Velikorusskie narodnje pesni,* Bd. VII. S.-Peterburg, 1902.

Toury, Gideon. *Translational Norms and Literary Translation into Hebrew, 1930 – 1945.* Tel Aviv: The Porter Institute for Poetics and Semiotics, Tel Aviv University, 1977 (auf hebräisch).

Toury, Gideon. *In Search of a Theory of Translation.* Tel Aviv: The Porter Institute for Poetics and Semiotics, 1980.

Toury, Gideon. »Pseudotranslation as a Literary Fact: The Case of *Papa Hamlet*«. *Hasifrut / Literature* 32 (July 1983), 63 – 68. (auf hebräisch).

Toury, Gideon. »A Rationale for Descriptive Translation Studies«. In: Theo Hermans (Hg.). *The Manipulation of Literature: Studies in Literary Translation.* London and Sydney: Croom Helm, 1985: 16 – 41.

Toury, Gideon. »Translating English Literature via German – and Vice Versa: A Symptomatic Reversal in the History of Modern Hebrew Literature«. In: Harald Kittel (Hg.). *Die literarische Übersetzung: Stand und Perspektiven ihrer Erforschung.* Berlin: Erich Schmidt, 1988, 139 – 157.

Tynjanov, Jurij. »Das literarische Faktum«. In: Jurij Tynjanov. *Die literarischen Kunstmittel und die Evolution in der Literatur* (übersetzt von: Alexander Kaempfe). Frankfurt am Main: Suhrkamp, 1967, 7 – 36. [Russisches Original: 1924].

Anhang A

Tom Freud. »Das Schlaraffenland«

Hört zu, ich will euch von einem guten Lande sagen, dahin mancher auswandern würde, wüßte er nur, wo es läge und einen Weg und eine Schiffsgelegenheit dahin.

Dieses Land heißt Schlaraffenland, dort sind die Häuser gedeckt mit Eierfladen, Türen und Wände sind von Lebzelten. Auf Birken und Weiden wachsen Semmeln frischgebacken und unter den Bäumen fließen Milchbäche. Die Käse wachsen wie die Steine groß und klein, und die Vögel fliegen gebraten in der Luft herum und jedem, der da will, in den Mund hinein.

Im Winter, wenn es regnet, regnet es lauter Honig im süßen Tropfen, da kann einer lecken und schlecken, daß es eine Lust ist, und wenn es schneit, so schneit es klaren Zucker und wenn es hagelt, so hagelt es Würfelzucker, untermischt mit Feigen, Rosinen und Mandeln. Im Buschwerk und auf Bäumen wachsen die schönsten Kleider: Röcke, Mäntel, Hosen und Wämser in allen Farben, schwarz, grün, gelb, blau und rot.

Für alle faulen Leute ist das Land vortrefflich. Jede Stunde schlafen bringt dort einen Gulden mit und jedesmal Gähnen einen Doppeltaler. (Keiner darf etwas umsonst tun und wer die größte Lüge macht, der hat allemal eine Krone dafür.)

Wer nichts kann als schlafen, lesen, trinken, tanzen und spielen, wird zum Grafen ernannt und der Allerfaulste wird König über das ganze Land.

Um das Schlaraffenland herum ist eine berghohe Mauer von Reisbrei, Wer nun hinein will oder heraus, muß sich da erst hindurchfressen. (Freud [1921])

Anhang B

Tom Freud / Chaim Nahman Bialik. »Gan-Eden ha-taxton«

Gan-Eden ha-taxton mi yode'a? – Gan-Eden ha-taxton ani yode'a. od ta'mo omed be-fi u-sfatay, re'itiv ve-lo ezkor matay, ha-belayle im be-yom, ha-be-haktis im ba-x(a)lom. iver ra'ahu ve-elav lo karav, kite'a ba bish'árav, gidem patax dlatav, ve-ilem siper li zot bi-sfatav. mi xeresh yasur halom, yeshev ve- yishma ve-yakshiv dom.

batim be-Gan-Eden ze'irim-ze'irim, tsaxim mi-shayish u-mi-sheleg behirim, gagotehem lo teven ve-lo kash, ki im tsapixiyot bi-dvash; kirot ha-batim ve-daltotehem, xalonehem u-trisehem, min ha-misderon ve-ad ha-ulam, min ha-ma'ake ve-ad ha-sulam – mamtakim ma'ase ofe kulam. etsav motsi'im bigde tsiv'onim, minim mi-minim shonim, shesh u-txelet ve-argaman, ma'ase yede oman; ve-ugot be-karkom u-gluska'ot, rakot xamot ve- na'ot, gdelot sham be-xol ha-sha'ot, ve-xol she-ken le-Purim u-le-xag ha-Shavu'ot; u-falge dvash ve-xalav yarutsu bexol ma'galav; va-xa-ritse gvina, xaritsim xaritsim, olim min ha'arets u-metsitsim, gdolim u-ktanim u-ktane-ktanim, kvu'im ba-mirtsefet ka-avanim, ve-yonim tsluyot, hen ve-gozalehen, me'ofefot u-va'ot el ha-pe keme'alehen.

geshamav – nitfe dvash ve-yayin, metukim la-xex ve- ta'ava la-enayim, kol ha-rotse poshet lashon ve-lokek, ve-she-eno rotse – rokek. ha-sheleg sham – avkat sukar zaka, daka min ha-daka, ve-ha-barad – gargere nofet metukim, me'oravim bi-shkedim u-ve-tsimukim, kol oxlehem yizkeru ta'a-mam ad yetsamax lahem sfamam.

u-misaviv le-Gan-Eden xoma gvoha va-aruka, daysat orez kula, daysa metuka, va-asher yomar lavo baysa-ve-xatsa ad tsavar ba-daysa.

u-ve-shar'ar ha-xoma ktovet kazot, mila be-mila ve-ot be-ot: mi atsel ve-holex ba-banim, mi rodef zvuvim ve-kotel kanim, halom halom Gana-Eden bo'u, en la-atselim makom tov kamo(h)u. po yeshvu beshalom ha-batlanim kulam, yedehem xavukot u-sxaram yeshulam: pehika be-Dinar u-lkika bi-shnayim, u-sxar sixa na'a – shiv'im shiv'atayim, ve-xol shfal-yadayim ve-zoxel al shtayim yetse lo shem ben tanur ve-xirayim mi-Mitsrayim ve-ad Aram Naharayim.

et asher shama'ti oto asapera, ve-atem shalmu li bi-mzumanim mehera, Gera shlema va-x(a)tsi ha-Gera.

amen ve-amen.   (Freud 1922)

The Injunction to Work: Children's Bibles, Class Difference, and Publishing History

Ruth B. Bottigheimer (Stonybrook, NY)

Children's literature, an integral part of the social environment that produces it, preserves the ideological mood of an age[1] an incorporates contemporaneous values. One genre, the children's Bible, is apparently a simple conduit for religious teachings; in fact, the Bible stories edited for children's use, of which children's Bibles are composed, more often incorporate tenaciously held cultural norms, and they open a door onto secular values of the past, like those surrounding work, sexuality, drinking, parental roles, gratitude, misogyny and philogyny, municipal pride, and the miraculous.

Among social values, »work« and »working« stand out as concepts that were insistently prominent in the pulpit rhetoric of European and American Protestants and that by the nineteenth and twentieth centuries contributed substantially to the popular sense of Protestand selfhood.[2] Theologians as well as historians looked back and borrowed Max Weber's terminology, but often ignored the extent to which he had discussed not Protestantism itself but personal discipline, self-control, and emotional constraint as specific precursors to capitalistic development. Nonetheless they, and others, used differences in confessional identity (Catholic or Protestant) to explain differing levels of national and regional prosperity. In the popular mind, visible and manifest Northern European affluence in Protestant nations, and contrasting poverty in southern European Catholic ones, offered clear and unassailable evidence of the explanatory utility of Weber's linkage of »Protestant« to a »work ethic«.

This article explores an intimately related subject, the birth of the injunction to work within children's Bibles in England, France, Germany, Switzerland, and America. It concludes that »work«, as a concept and as a term, barely existed in Protestant children's Bibles between the Reformation and 1750. This chapter further argues that in a second phase between approximately 1750 and 1850 »work« in children's Bibles comprised a class-specific and Bible-based set of injunctions directed by the employing classes at current and future employees. From 1850 onward, in a third and modern phase, fundamental changes in book publishing practices took place. Class-specific books began to die out,

---

1 See the persuasive treatment of the point in Mary V. Jackson, *Engines of Instruction, Mischief, and Magic* (1989).

2 The classic statement is found in Max Weber, *Die protestantische Ethik und der Geist des Kapitalismus* (1934), which originally appeared in two parts in the Archiv für Sozialwissenschaft und Sozialpolitik (1904 – 5). A recent revisionist interpretation is Gordon Marshall, *In Search of the Spirit of Capitalism* (1982) esp. 123 – 130.

and in most traditions the work ethic that had been written into children's Bibles for the children of the employed classes was adopted for the child- readers of all children's Bibles. The amalgamation of printing practice and book content after approximately 1850 resulted in a fully-developed children's Bible work ethic directed towards *all* children regardless of class.

It is surprising that the virtue of work took so long to appear in children's Bibles, structured as they have long been to embody normative content.[3] Work, as a virtue to be inculcated, made its initial appearance in children's Bibles in the middle of the eighteenth century, when the sour-tongued Johann Peter Miller implied that God had imposed industriousness upon people in this world as part of his plan for their spiritual redemption.[4] In his Bible for children Miller reduced the narrative fate of numerous Old Testament cities and characters to a functional index of their evident industriousness: Sodom fell because of its loss of industrious behavior,[5] and Moses led his »diligent« people out of bondage in Egypt.[6] Within a few decades of Miller's introduction of »industriousness« into children's Bibles, a general vocabulary of work had developed all over Europe to express the concepts of industry, diligence, and utility in children's Bibles.[7]

Miller meant his Bible to replace Johann Hübner's bestselling book of Bible stories that had been in print for about forty years when Miller's volume first appeared. Work had barely been evident in Hübner's first edition, but as the century wore on and Hübner's book was issued and re-issued all over Germany, its moralizing summaries were

---

3 For recent studies with up to date bibliographies, see Joan Campbell, *Joy in Work. 1800 – 1945* (1989); Rudolf Schenda, *Die Verfleissigung der Deutschen. Materialien zur Indoktrination eines Tugend-Bündels* in Utz Jeggle et al., *Volkskultur in der Moderne* (1986), 88 – 108; David Meaking, *Man and Work* (1976); Paul Münch (ed.), *Ordnung, Fleiss und Sparsamkeit* (1984). See also Harro Segeberg, *Vom Wert der Arbeit* (1991) and Conrad Wiedemann, *Die Entwicklung des Arbeitsbegriffs in der Literatur Deutschlands an der Wende zur Neuzeit* (1979).

4 Miller, *Erbauliche Erzählungen* ([1]1753). Here »Heilsam ist die auferlegte Arbeitsamkeit«, from the fifth edition, (Leipzig: Weyang, [5]1779) 9. For a general article about Miller's *Erbauliche Erzählungen* see Theodor Brüggemann and Hans-Heino Ewers, *Handbuch zur Kinder- und Jugendliteratur. Von 1750 bis 1800* (1982) 681 – 687; for biographical information see 1235; and for publishing information, 1449 – 1450. See also Sybille Peter-Perret, *Biblische Geschichten für die Jugend erzählt* (1991) 110 – 125 and Reiner Wild, *Die Vernunft der Väter* (1987) 66 – 71.

5 Miller, *Erbauliche Erzählungen* ([6]1785), 19.

6 Ibid., 47.

7 I cannot be sure whether Miller's first introduction of these concepts represented a beginning point for the insertion of the concept of work into other genres of children's literature as well. What is certain, however, is that work appears with increasing frequency towards the end of the eighteenth century. See, for example, Mary V. Jackson, *Engines of Instruction* (1989) 88, 138, 159, 173, 175, 180. In Germany, children's periodicals use a vocabulary of »activity« within a profession rather than »work«-related words. See Bettina Hurrelmann, *Jugendliteratur und Bürgerlichkeit* (1974) esp. 88 ff.

altered to suit changing public sentiments, and industriousness moved from ninth to second place among the virtues it enjoined.[8]

More and more voices joined in the clamor favoring work. Borrowing from Job 5:7, as it was then translated, F. L. Walther intoned in 1767, *Der Mensch ist zur Arbeit geboren.*[9] This was a sentiment respected by Heinrich Philipp Sextro, when he wrote his tract on educating youth to industriousness. In his view, raising the productivity of poor children was a holy duty, because it both increased employers' profits and improved the little worker's chances to get into heaven. In addition, daily work in sufficient quantity had – theoretically – the theological potential to overbalance Adam's and Eve's historic idleness and thus to reverse the Fall from Grace that their laxity had occasioned.[10] The most widely read German educator of the day, Joachim Heinrich Campe, agreed wholeheartedly. In a series of books that enjoyed brisk sales,[11] he praised industriousness, gave advice on the means of increasing it, recommended the virtue of organization, and even warned against newspaper reading as a time- and labor-wasting frivolity.[12]

Late eighteenth-century children's Bibles intensified their advocacy of an industrious spirit. When Jakob Friedrich Feddersen added some parables to the fifth edition of his *Leben Jesu für Kinder* in 1787, he suggested that young readers copy them out into their old editions. If they did so, then they penned, among other things, the following words: »Es ist Gottes Wille, das (sic) die Menschen von ihren frühen Jahren an, allen Müssiggang meiden, und arbeiten sollen.«[13] Within three years a Catholic edition of Feddersen's *Leben Jesu* taught Catholics the same virtues.[14]

Reinforcement for a work ethic came from all sides as the nineteenth century began, sometimes buried in an implication of work's benefits, as when Johann Gottlieb Seidentopf depicted Adam and Eve enjoying the joys of activity, »a sweet sleep following their fatiguing labor«.[15] The Catholic Christoph von Schmid composed a set of Bible stories at roughly the same time, eventually adopted in Catholic schools in Germany and – in

---

8 Christine Reents, *Die Bibel als Schul- und Hausbuch für Kinder* (1984) 281.
9 Quoted in Helmut König, *Zur Geschichte der Nationalerziehung in Deutschland im letzten Drittel des 18. Jahrhunderts* (1960) 63n201. Job 5:7 is now translated as »born to misfortune« or »trouble«.
10 Sextro, *Über die Bildung der Jugend zur Industrie. Ein Fragment* (1785) 2, 3, 17, 135.
11 For a listing of Campe's works, see Brüggemann and Ewers, *Handbuch... 1750 – 1800,* col. 1300 – 1317.
12 See Campe, *Hamburgischer Kinderalmanach (1779 – 1785)* 52; *Über einige verkannte, wenigstens ungenützte Mittel zur Beförderung der Industrie, der Bevölkerung und des öffentlichen Wohlstands* (1786?) n.p.; *Theophron, oder der erfahrene Rathgeber für die unerfahrene Jugend* ([1]1783; here 1816) 205, 208, 209. For Campe in general, see numerous articles in Brüggemann-Ewers, *Handbuch... 1750 – 1800.*
13 Feddersen, *Das Leben Jesu für Kinder* ([5]1787) 106.
14 Reents, *Die Jugend Jesu – Ein Exempel für Lehrer und Knaben* (1985) 6 – 11, here 8. For Feddersen's Leben Jesu, see *Handbuch ... 1750 – 1800* col. 732 – 735, for biographical details col. 1224, and for publishing information col. 1346 – 1347.
15 Johann Gottlieb Seidentopf, *Moral der biblischen Geschichte Alten Testaments* (1803 – 1806) 1:10.

translation – in France.[16] Work formed an integral part of his narratives: the Hebrews' industrious hands built altars to God, and the stories of the Old Testament generally showed, in his view, how people had to earn their bread by hard labor. He displayed Joseph as a loyal obedient subject, but above all, as a diligent worker who supported his family by the sweat of his brow.[17]

By the time Kaspar Friedrich Lossius wrote his *Moralische Bilder-Bibel* in 1821, he had thoroughly reformulated the Garden of Eden. No longer did an illustration of lost grace drive home the dismal message of the first sin. Instead, reasoning in circles, Lossius explained lamely that work released Adam and Eve from their consciousness of the necessity for work, in that they recognized ever more clearly that work was their destiny.[18]

In neighboring France in the early nineteenth century children's Bibles also incorporated the concept of work. The new orientation is visible above all in the language in which the tales are told. Until this period, French Bible story authors had used a set of straightforwardly neutral designations for categories of agricultural activity, that is, Noah had »tilled« the soil and »planted« vineyards, but suddenly he gave himself over to the »labors« of agriculture.[19]

Positive portrayals of work also began to occur on the other side of the English Channel. Sarah Trimmer, a prolific and popular writer of children's literature, informed the poor readers of her *Sunday School Dialogues* (1790) that poverty was a blessed opportunity to work, something denied the upper classes with their weak bodies, »for poor men could plow ground, dig gardens, and drive carts [...] Unlike rich woman, poor women could clean houses and wash and iron [...] because God [had] placed them in a low station, and made it their duty to do so [...]«[20] She stressed the acts of labor, although she avoided its vocabulary.

The work ethic became ever more finely focused as authors developed and published Bible stories for discrete readerships. Country day-laboring readers of a nineteenth century Swiss story of Joseph and Potiphar's wife learned not that piety rescues the vulnerable from perdition, but that »ein Dienstbote muß bey seinem Dienste treu, fleißig, und arbeitsam seyn, und nicht gleich murren wenn er etwas schweres zu thun hat.«[21]

---

16   Schmid's teacher, Johann Ignaz von Felbiger, had written a set of Bible stories of his own, *Kern der Geschichte des alten und neuen Testaments* ([1782]), but these contained little or nothing with reference to work.

17   Schmid, *Biblische Geschichte* (1845 – 1846) here, 19:xi, xii and 22:43.

18   Lossius, *Moralische Bilder-Bibel* (1821) 114, 120.

19   Cultiver and planter characterize the Bible stories of Nicolas Fontaine, published from 1670 until well into the nineteenth century. Bit in the nineteenth century, other, newly written, collections of Bible stories introduced the language of work. »[Les] travaux de l'agriculture« appears, among other places in *Bible en Estampes à l'usage de la Jeunesse avec jolies gravures* (1822) 8.

20   Trimmer, *Sunday School Dialogues: Being an Abridgement of a work by M. P.* (London 1790) quoted in Samuel F. Pickering, *The Moral Tradition in English Fiction 1785 – 1850* (1976) 22 – 24.

21   Johann Heinrich Müller, *Christliches Hand-, Schul- und Hausbüchlein für die Landjugend; auch für Erwachsene zu gebrauchen* (^{2}1813) 156. A North German re-working of the same story expressed

Gradually the work ethic itself thrust aside the narratives that previously had borne it, and in some Bible storybooks, chapters began to take their titles from the virtues they inculcated, like »Industry«. Work was also made into the lodestar for Bible teaching in proverbial form: »In all labour there is profit«; into a pamphlet title like »Die Erziehung zur Arbeit«; or even into the subject of a book, *The Teachings of the Bible about Work* (1895).[22]

The Bible, with its agricultural and nomadic heros, was able to support a work ethic for rural use. Christian Gottlob Barth exploited this when he subtly changed Biblical work in his Bible stories to make the point that God's plan dictated agricultural labor.[23] In France Gustave Essards used pointed word choice in his *Bible des Enfans* to remind his young readers that French tillers of the soil were Adam's lineal descendants: »en passant dans la campagne, vous avez vu le laboureur, broûlé par les rayons du soleil ou transi de froid, courber vers la terre son front ruisselant de sueur, et cultiver à grande peine le champ qui le nourrit.«[24] When children's Bibles finally emerged in Spain in the twentieth century, they expressed their post-nineteenth century date of birth and adopted the versions of Noah's tale that exemplified the modern tendency to emphasize work »per se«, namely the laboring Noah, not Noah the cultivator of the soil.[25] Bible stories provided examples that fit the social organization of American Mormons like a glove. Their civic enshrinement of agricultural virtues made them appreciate God's intervention after the Fall and caused them to considerably elaborate the stories they told their children about the institution of agriculture:

> »He knew they would disobey Him by eating the fruit [...] But the Lord had a good reason [...] When they were cast out of the beautiful garden the Lord visited them and showed them how to till the earth, that is how to plant seed, and take care of the trees and plants that grow from them. We are all born on this earth to learn something. One thing the Lord wished Adam to learn was to till the ground. Then he could teach it to his children.«[26]

---

the related view that in any social class one can make oneself useful. See Johan Philipp Prefurt, *Biblische Erzählungen nach Hübner* ([4]1828) 44.

22 »Industry« in William Bentley Fowle, *The Bible Reader being a new selection of reading lessons from the Holy Scriptures for the use of schools and families* (1843); proverbial wisdom in Bible-Class Teachings. By the Author of »The old, old Story« (1878) v; »Die Erziehung zur Arbeit,« N. 9 in the series, *Zimmers Handbibliothek der praktischen Theologie* (late nineteenth century); O. Kappresser, *Die Lehre der Bibel von der Arbeit.*

23 His collection achieved a monumental worldwide distribution in the nineteenth and twentieth centuries both on its own and as the base text for scores of translations into exotic languages undertaken by European and American Bible societies. Here, Barth, *Biblische Geschichten mit Bildern für Wochen und Sonntagsschulen* (1880) 5.

24 Essards, *La Bible des Enfans* (ca. 1850) 13. »in passing through the countryside, you have seen the labourer, burned by the sun's rays or perishing with cold, bending earthward, his forehead streaming with sweat and cultivating the soil that feeds him with great difficulty«.

25 R. S. Torroella, *La Biblia contada a todos* (1959) 13.

26 Edwin F. Parry, *Simple Bible Stories, illustrated: adapted to the capacity of young children, and designed for use in Sabbath schools, primary associations, and for home reading* (1891) 8.

Work, its definition, and its discussion present the author of Bible stories with a vexing set of problems. In the classroom, teachers now, as formerly, rely on a double approach, exhortation and denunciation, to inculcate social values. Virtue is recommended, and its opposite (non-virtue or vice) is condemned. In the context of »work« we must ask what complementary vice was to be avoided. Happy children were reared to »ora et labora«, but unfortunate ones to »Müßiggang«, said a 1743 pamphlet.[27] The preceding quotation suggests that sloth might be a prime candidate for work's opposite. But a different failing altogether, illicit sexuality, early became inextricably enmeshed within the complex of vices for which work was the anodyne, antidote, or affliction. Had not Eve's temptation of Adam been sexual? Or so several centuries of misogynistic theology had contended. J. P. Miller had said so in the eighteenth century, and nearly every nineteenth and twentieth century children's Bible author agreed. The idea was not a new one: Simon Wastell's seventeenth century English David, »lazy, lust[ed] for Bathsheba«.[28] And as long as children's Bible authors included the racy little tale about David's dalliance with Bathsheba, it was his laziness and frivolous idleness that remained a dominant aspect of explanations for his sin.[29] »Wäre David um diese Zeit mit einer ernstlichen Arbeit beschäftigt gewesen, oder ... Nachdenken oder Forschen«, the shameful adultery and embarrassing pregnancy need not have come about.[30] That was a Protestant view at the end of the eighteenth century. A Catholic view a few years later said virtually the same thing: On his rooftop David looked about him with curiosity, »gleich müssigen Leuten, die nichts Besseres zu thun wissen, als zum Fenster hinaus zu sehen.«[31]

Rather than cast about for vices appropriate to work's opposite, the city fathers of Zürich attacked the problem frontally. The opposite of working was clearly and simply »not« working, and with that in mind, they had Bible stories prepared for the poor children of their city with not-working constituting grave sin.[32]

Each of these examples stands for many, and each bears witness to the increasing importance accorded to work, usually in the sense of physical labor, from the mid-eighteenth century onwards. That leaves a considerable earlier span of time, however, during which children's Bibles existed as a normative text all over northern and western Europe, but during which work was »not« put forward either as a fact or as a virtue. How are we

---

27   Quoted in Jürgen Schlumbohm, ed., *Kinderstuben. Wie Kinder zu Bauern, Bürgern, Aristokraten wurden. 1700 – 1850* (1983) 183.

28   Wastell, *Microbiblion* (1629) 67.

29   Johannes Buno, *Bilder-Bibel* (1680) n. p.; Johann Gottfried Zeidler, *Neu-ausgeführte Bilder-Bibel* (²1701) n.p.

30   Georg Friedrich Seiler, *Das größre biblische Erbauungsbuch* (1788 – 1795, 16 vols.) no vol. no.: 287. Seiler's 16 volume compendium was clearly not a collection prepared specifically for children. If used as directed, however children would surely have hard these stories from the pulpit.

31   Anon., but probably Christoph von Schmid, *Biblische Geschichte für die Jugend, zum Unterricht in Schulen* (²1806) 2:34.

32   Anon., *Erzählungen aus dem alten und neuen Testament/Für die Volksschulen des Kantons Zürich/Mit Genehmigung des Erziehungsraths* (1835) 26, 42.

to understand this absence, particularly in children's Bibles for Protestant readers, when received wisdom instructs us to expect a celebration of the work ethic?

Until now I have considered children's Bibles in a social vacuum, so to speak, and have ignored companion questions about the social and educational class of various Bible story readerships. That, however, is where an essentialsorting process took place with reference to the subject of work. As a probe we may use a children's Bible composed by the German Protestant Gustav Friedrich Dinter (1760 – 1831). Its title read *Die Bibel als Erbauungsbuch für Gebildete bearbeitet*. It was published in 1831 – 1833, that is, during the hundred-year period marked by a rise in emphasis on work, and yet it contained no celebration of work as such. The book itself was published by subscription, and its list of subscribers makes it clear that in this case, as in many similar ones, »Gebildete« meant »comfortably well-off« if not »affluent«. There are lawyers, merchants, officials, and landowners, as well as the probably economically more humble teachers and artisans on its list. Dinter spoke of duty, of fidelity to a trust, and constancy in the face of temptation, but nowhere did he discuss work or physical labor in his address to the »Bürger des Vaterlandes«.[33] The content of Dinter's Bible symbolizes the fact that work was neither part of the normative agenda for the urban employing classes nor for candidates aspiring to inclusion in that group in the century between 1750 and 1850.[34]

If »work« did not exist as a category for Dinter, but did form an essential component of Bibles intended for the educational preparation of future employed classes (beginning with Miller's Bible in 1753), then we see that the definition of time and its proper use as well as the fact of work were class-specific, and that the subjects were considered of sufficient importance for the employing classes and their deputies (like school teachers) to bring the weight of the authority of the Bible to bear on them. For the employing classes, unoccupied hours were »vacant«, and could be filled either with »virtuous« or with »vain and vicious Divertisment«,[35] but for the poor, vacant hours were viewed as slothful, and dangerously so. For most modern workers the Bible provided examples ill-suited to the lockstep rigors of urban factory work, for the forms of industriousness depicted in the Bible differed greatly from those required by an industrializing society. The former were nomadic and non- or even anti-urban, the latter settled and urban, but nonetheless children's Bible authors used the concept of work itself to draw on the practices of ancient herding and agricultural cultures to religiously buttress the pressing needs of an industrializing society. When the Pietistic entrepreneur Karl Mez (1808 – 1877) set about instilling virtues useful to him as a capitalist, with slogans like »Arbeit macht das Leben süß«,[36] we know that the operational word was not »Pietistic« but »entrepreneur«. Mez

---

33 Dinter, *Die Bibel als Erbauungsbuch* (1831 – 1833) 23. We should recall that »Bürger« did not simply mean »citizen« as the term subsequently came to be used; in this period the designation applied to those whose status and/or wealth qualified them for and entitled them to »Bürgertum«.

34 There were occasional children's Bibles for the middle classes that included work as a virtue to be inculcated during these years, but they are maverick phenomena.

35 From the title page of Nathaniel Crouch, *Youth's Divine Pastime* (1691).

36 Quoted in Martin Scharfe, *Die Religion des Volkes* (1980) 88.

was not alone in believing that the impoverished nineteenth century employee was to be induced to read the Bible, stay hardworking, and leave off drinking, and that the first activity, reading the Bible, should be used to reinforce the second and the third.[37] The list of titles by other authors demonstrates this point unmistakeably: Heinrich Zerrenner composed a school Bible (1799), and he also wrote *Natur- und Akkerpredigten, oder: Natur und Akkerbau als eine Anleitung zur Gottseligkeit, ganz für Landleute.*[38] Exactly the same thing was true in Great Britain. »You should make drudgery divine«, said *The Bible in the Kitchen* (1852).[39] In a rare recognition of non-agricultural labor, Abraham Crocker included an artisan in his *Instruction to the Children of Sunday Schools and other Charitable Seminaries of Learning* when he advised: »Avoid Idleness. The industrious peasant or mechanic who works with his hands and worships God with a willing and contented mind, is doubtlessly a valuable member of society: but he who is idle, is (like a drunkard) generally in a filthy and wretched condition«.[40]

Ample evidence confirms a consciousness of the class-specific nature of labor-as-punishment. Drawing on the metaphor of the eternal Eve, *Tea Table Dialogues* taught little bourgeois girls that the poor will fall from grace in every generation. Mrs. Goodwill, a governess, told her charges an allegorical tale about a gentleman who overheard an impoverished couple complaining about labor and its origins. The woman said that if Eve hadn't eaten the fruit, she and her husband wouldn't have to work so hard, to which the man replied that Adam had been foolish too. If »he'd« been there as Adam, with his wife as Eve, »I should have given you a slap in the face« to prevent the fateful event. Overhearing their conversation the gentleman invited them to Paradise Hall and provided dinner, but prohibited them from looking under the covered dish in the middle of the table. The wife wanted to peek, her husband lifted the lid, and a mouse hidden within scampered away. When the gentleman returned and found the telltale mouse gone, he observed, »Well, you didn't slap her, did you. Now you go back to hard labor«.[41] This story taught Mrs. Goodwill's tea-sipping girls that labor proceeds from the poor's own defects of character, which – by implication – were blessedly absent from members of the employing classes.

For all readers of children's Bibles until the middle of the eighteenth century, work as such did not exist. Physical labor was neither hallowed nor hated; it was simply ignored.[42] This was true both of Protestant and of Catholic children's Bibles. This remarkably glar-

---

37 Scharfe, 144.

38 (Magdeburg: Scherdhauersche Buchhandlung, 1783) cited in Reents, *Theologische Realenzyklopädie* 18:177.

39 The full title was *The Bible in the Kitchen; or, Scriptural rules for servants* (1852).

40 Crocker (1796) 24.

41 *Tea-Table Dialogues* (1806) 17. This story, called »The New Eve« (Aarne-Thompson tale-type 1416) is an ancient story. A seventeenth century version is quoted in Elfriede Moser-Rath, *Lustige Gesellschaft 368 – 369.* See also *Eva: Die neue E.*, EM 4:563 – 569.

42 Sloth was similarly rarely referred to in the middle ages. »Fainéant« was the word used by both Calvin and Montaigne, but it rarely appeared before their day. »Acidia«, spiritual Delumeau, *Sin and Fear. The Emergence of a Western Guilt Culture 13th – 18th Centuries* (1990) 229 – 230.

ing absence is all the more surprising, because of the primacy accorded the ultimate story of the origins of gaining one's bread by the sweat of the brow in Genesis 3. The concept of work was avoided even in post-Reformation translation of the canonical Bible. The reason may well lie within the double-faceted meaning of the Hebrew verb used in Genesis for Adam's condition after the Fall. That verb contains within it both the concept of »sorrow« and »toil«, as did the German noun »arbeit« itself in the Middle Ages and the sixteenth century.[43] Translators have had to choose beetween the two concepts – emotional state and physical activity – united in the Hebrew and medieval-early modern German verb but semantically separate in Western languages in the modern period. And so, avoiding the concept of work for at least three centuries after the Protestant Reformation, Adam produced fruits of the earth »in sorrow« or in a phrase of equivalent symbolic meaning. Exemplifying the linguistic conservatism of Bible language, it was only relatively recently that new translations of the Bible changed »sorrow« to »toil« and »labor«.[44]

How can we understand the centuries-long post-Reformation avoidance of the concept of »work« in children's Bibles, books meant to inculcate social values in their young readers? The canonical Bible, the ultimate – though apparently rarely consulted – source for authors of children's Bibles, offered many laboring prototypes. Cain tilled the soil (Gen 4:2), as did Noah (Gen 9:20). The citizens of Babel built a city (Gen 11), and Rebekah carried a water jar on her shoulder, gave Abraham's servant water, and drew water for his camels as well (Gen 24:15 – 20). Joseph did »his work« (Gen 39), and the people of Israel, captive in Egypt, had lives bitter with hard service, in mortar and brick and in all kinds of work in the field (Ex 1:14).

As these examples demonstrate, most Bible characters performed a defined activity – tilling the soil, herding flocks, carrying water, laying bricks; the Bible redacters did not designate their activity as physical labor (except for the Exodus story), although we in the modern world would naturally do so. That is especially true in the case of carrying water, a primitively slow, exhaustingly onerous task. Indeed, editions of the Geneva Bible did not even gloss Gen 3:17, the primal institution of agricultural labor, although they commented amply on the rest of Genesis.[45] The same was true of François Etienne's French Bible published in the same decade. For him and his Catholic readers Genesis was the beginning of »toutes choses« including humanity's punishment, but no overt reference was made to labor.[46] The title page illustrations of German Zwinglian Bibles and Latin Catholic ones adverted to the relationship between work and Genesis 3 in a single sentence: Eve span and Adam delved on Christoph Froschauer's 1525 title page for Ulrich Zwingli's *Alt Testament* and a peasant strewed seed across the title illustration of a 1566 Lyon Vulgate.[47]

---

43 Wiedemann, *Arbeit und Bürgertum* 34 – 60.
44 I am indebted to Ilona Rashkow for her explanation of the Hebrew verb, 'îtâvôn.
45 *Bible* (=Geneva Bible) (1560).
46 *La Bible qui est toute la saincte Escriture: contenant le Vieil & le Nouveau Testament* (1567).
47 *Das Alte Testament dütsch der vrsprüglichen Ebreischen waarheyt nach uff das aller trüwlichest verdütschet* (1525); Biblia Sacra (1566).

As in the Geneva and Wittenberg Bibles, there was little or no hint of work and its valorization in one early modern children's Bible after another in their original versions. This is true in Switzerland, the Germanies, England, America and France, for Catholic and for Protestant readers, for Lutherans and for Calvinists.[48] It is especially true of Nicolas Fontaine's *Histoire du Vieux et du Nouveau Testament* (1670 et seq.) and of Johann Hübner's *Zwey Mahl Zwey und funffzig Biblische Historien* (1714 et seq.), best- and longsellers of the seventeenth and eighteenth centuries respectively. For the American and Swiss children's Bible traditions, there continued to be no-work children's Bibles into the nineteenth century. Placing this fact in its historical context requires a re-orientation in our conceptualization of work's opposite, namely sloth.

Medieval injunctions against sloth materialized everywhere the seven deadly sins were discussed. Caxton had warned against »slouthe and ydlenesse« as »capytel and dedely synnes moche hateful unto god« in the introduction to his translation of the *Golden Legend* (1483),[49] and his seventeenth century ideological descendant, Richard Bernard, somberly listed the names of Old and New Testament idlers.[50] Idleness for these early Bible redactors, however, was not simply non-work; it was drinking, dancing, and dicing, in a word, the Devil's work, not the Lord's.[51] An intimate relationship existed between sloth and the devil's work, on the one hand, and diligence and God's work, on the other, as for example when Luther urged his little son to pray »fleissig«.[52] In other statements, however, assertions replaced logic, as when Luther declared that Adam had had to work hardest of all, because he was father, king, and priest. Luther reasoned that work was something burdensome, but that for Adam it would have been a supreme joy and more welcome than any leisure, because man was created not for leisure but for work, even in the state of innocence and idle life, such as that of monks and nuns, deserves to be condemned.[53] Despite Luther's strong statements on work, nothing of it appeared in his »Bible« for children, the *Passionalbüchlein*, because it consisted only of scriptural language. It would take more than two hundred years for that to change. When it did, it could take extravagant form, as when J. K. Feddersen claimed Jesus as the ultimate exemplar both of diligence and of enmity towards indolence and sloth. »Das ganze Leben

---

48   Here we must distinguish between children's Bibles and other religious or devotional books for children, which did contain clearly stated injunctions to work with promises of heavenly and earthly reward for doing so. See Lavater, *Christliches Handbüchlein für Kinder* (1771): »Seyd nicht träg in euren Fleiße« (306). The reward for diligence and work is »Gesundheit, Ehr und Gut« (309); »wer fleißig ist, wird nicht verarmen« (309). But the rest of Lavater's work (318 – 324) emphasizes work its own sake not to become wealthy.

49   The Golden Legend's opening pages contained some Bible stories before launching into saints' lives.

50   William Caxton, trans., *Golden Legend* (1493) n.p.; Bernard, *Thesaurus biblicus* (1644) 116 – 117.

51   The list also included cardplaying and bowling. See Paul Münch, Volkskultur und Calvinismus. Zu Theorie und Praxis der ›reformatis vitae‹ während der ›Zweiten Reformation‹ (291 – 307). In Heinz Schilling, ed., *Die reformierte Konfessionalisierung in Deutschland* (1986), here 303.

52   *Der neundte Teil der Bücher des Ehrwürdigen Herrn D. M. Luther* (1590) 442.

53   Martin Luther, *Luther's Works: Lectures on Genesis, Chapters 1 – 5* (1958) 3:214; 2:3 p. 82; 2:15 p. 103.

unsres Erlösers verging in lauter nützlichen Geschäften. Er war ein fleißiger Knabe und Jüngling [...] Lernet von ihm Fleiß und Lust zur Arbeit!« Feddersen's call for industriousness was followed by a hymn, whose words repeated these values:

> »Zur Arbeit, nicht zum Müssiggang,
> Sind wir, o Herr! auf Erden.
> Drum lass mich doch mein Lebenlang
> Kein Müssiggänger werden!«[54]

This analysis of work in children's Bibles exposes the extent to which social considerations dictated children's Bible content. From its twelfth century inception with Petrus Comestor's *Historia Scholastica*, the genre of Bible stories in published form had addressed a predominantly literate, and in general economically privileged readership, and it continued to do so in the first three centuries of the age of print, that is, until the mid-eighteenth century.

Books like children's Bibles were expensive. The poor read penny goldies like those collected by Samuel Pepys.[55] Instead of (or in addition to) such pamphlets, leisured and comfortably situated book-buyers purchased children's Bibles. It is no accident that the first appearance of the work ethic coincided with the emergence of a two-tier publishing tradition for children's Bibles. One continued the original tradition that had addressed the children of the affluent. The other was directed toward a humbler audience, the one that Johann Peter Miller was consciously addressing when he introduced the concept of work in his devotional Bible stories. The book was printed as cheaply as possible, by the orphans of the Helmstedt orphanage. With crude illustrations, copied from copies of illustrations in children's Bibles for affluent readers, with paper of poor quality, and with a fundamentally different ethic, tailored for the laboring and artisanal classes, Miller's children's Bible bore little resemblance to its middle- and upper-class equivalents which were meant for the ruffles and velvet of tutored and governessed children in urban or country-seat nurseries.

The two-tier children's Bible tradition lasted for approximately a century until the two traditions merged in the mid-nineteenth century and resulted in single-class Bible story collections. Their production resulted not from ideology, but in all likelihood from the economics of mass publishing practices and from the structure of the book trade.

With the emergence of single-class Bible story collections, a single printed text united the reading material of poor and rich children – and it was the text of the poor with its insistence on hard work that dominated in the resulting stories. Formal aspects of book production, however, might, and often did, continue to sharply distinguish the books

---

54 Feddersen, *Das Leben Jesu für Kinder* (1778) 134, 135.
55 Samuel Pepys' chapbook collection is housed in the Pepys Library at Magdalene College, Cambridge.

read by poor and rich child-readers for several more decades.[56] The same words appeared black on white on its pages, but the books that contained them looked, felt, and smelled different. Let us take the most extreme examples to make the point. Between 1750 and 1850 the poorest child's Bible stories were bound in dull tan, grey, or blue paper, the richest child's in tooled leather with gold stamped lettering. In that century a poor child turned pages often uncut, the rich child supple ones with gilt edges. Before 1850 the poorest child seldom saw illustrations, while the richest child gazed on finely-reproduced, hand-colored images bound into the book. Should it have happened that both poor and rich children read the same text, cultural analysis would demonstrate that the poor and the rich did so in vastly different circumtextual contexts.

When further evolution in book production in the later nineteenth century led to the industrial finishing of books, then most children's Bibles were published on identical paper, with identical illustrations, bindings, and texts for reasons of industrial efficiency.[57] At that point a modern unitary children's Bible began to emerge into the modern world of mass-produced books, indistinguishable from one another by the class of their intended readers.

A second problem in the textual treatment of work in children's Bibles involves its characterization. Instituted in Genesis 3 as an essential component of God's curse on Adam, work entered the world with divine authorization. The eighteenth century French encyclopedist Denis Diderot seemed little impressed with that authorization, and he criticized contemporary French culture (Catholic, it hardly need be pointed out) for its devotion to work, though he prudently laid his criticism in a Tahitian's mouth.[58] Diderot's voice was a lone one and his critical views did nothing to diminish contemporary injunctions to work. All over Europe institutions like Pietist orphanages-cum-work-houses were founded to foster work and an ethic of working,[59] and publications like children's Bibles for the poor began their litany of enjoining work and denouncing sloth.

The notion of the work ethic as a post-Reformation historical phenomenon among Protestants has been unquestioningly accepted and incorporated into critical discussions of its particular manifestation as a German work ethic.[60] The easy phrase, »Protestant work ethic«, has been used to designate an experience of and valuation of work that is, however, not reflected in children's Bibles in the sixteenth, seventeenth, and eighteenth centuries. On the contrary, what this evidence indicates is that work was not valued in and of itself, and that when it did appear as a subject in children's Bibles in the early modern

---

56 One can see a parallel shift in another area of children's literature, fairy tales, where the folk, agrarian worker values of Grimms' Tales replaced the bourgeois worldview of Bechstein's Deutsches Märchenbuch. See Bottigheimer, Ludwig »Bechstein's Fairy Tales: Nineteenth Century Bestsellers and Bürgerlichkeit.« In: *Internationales Archiv für Sozialgeschichte der deutschen Literatur* 15.2 (1990) 55 – 88.

57 Differently priced binding possibilities continued to exist into the twentieth century as the advertisements for children's (and other) books indicate. This practice died out by the 1930s.

58 The Supplement to the Voyage of Bougainville 188 – 190, 194 – 195, 197 – 199, 213.

59 Robert F. Arnove and Harvey J. Graff, eds., *National Literacy Campaigns* (1987) 42.

60 Segeberg, *Vom Wert der Arbeit*; Münch, 300 – 302.

period, it was an activity for »others« to perform. It was »their« ticket to Paradise, as Wolfgang Ruoss' (male) outline of how women should occupy themselves amply demonstrates.[61] In the wake of the Enlightenment, educators of the later eighteenth century defined »work« as a nearly-constant companion to worldly »utility«, but in the course of the following hundred year period (1750 – 1850) in which a two-tier publishing tradition of children's Bible stories existed, work was slowly transformed into a spiritual value deemed useful for the upper classes of society as well as for the poor, and as such »work« made an increasing number of appearances in Bible stories for their children's use.

A third problem, never articulated in children's Bibles, nonetheless underlay their treatment of the subject of work. Precisely what kind of work was indicated there? And in the larger world? Encyclopedia entries, so redolent of contemporaneous social values, symbolized that uncertainty. »Work« (Arbeit) did not appear in Daniel Schneider's 1728 general Bible lexicon but »ackerbau« did. The Bible presented numerous occasions for didactic reference to the labor of tilling the soil, yet paradoxically the Bible source to which so many advocates of work turned provided the wrong kinds of examples for the laboring poor. The work for which the laboring classes had to be organized in eighteenth century Europe was not in hoeing soil that they often regarded as theirs or in following plows that they might possess, but in arriving punctually at somebody else's factory gates and efficiently manipulating other people's machines. This problematic disjunction was never fully resolved in children's Bibles. Urbanized work meshed poorly both with Biblical agrarian models and with an idealized agrarian past. The evils of urbanization were all too apparent to the city- and town-dwelling parents, teachers, and preachers who wrote Bible stories for children. All around them they saw drunkenness, illicit unions, and births out of wedlock.[62] As a result, Bible story authors projected the opposite of their urban observations onto the complementary countryside they imagined, and – buttressed by Biblical imagery – they continued to laud agrarian industriousness to an increasingly urban readership.

The broadest implications of this study lie in the area where religion, social expectations, and normative children's literature overlap. Western religion and religious practice insist that theirs is a system of virtues and of moral and ethical values that ring pure and true from the days of Abraham, Moses, or Jesus to the modern world. Yet, religious values, as they are communicated at the domestic and parish level, are far more like a complex chord with overtones resonating from the societies within which they regenerate themselves age after age. Religions and their tenets are far from self-evident; they require leaps of faith and imagination. As a consequence, religions must struggle for credibility within each new generation of young communicants and must compete with secular institutions for possession of the social values enshrined by individual communities. In the process, hallowed narratives take on the coloration of the communities through which they pass or for whom they are intended.

---

61 Wolfgang Rüss, *Der Weyber Geschafft* (1533).
62 Treumund Welp, *Über den Einfluss der Fabriken und Manufakturen in Schlesien* (Broadsheet, 1843), cited in Will- Erich Peukert, *Die Volkskunde des Proletariats* (1931) 95 – 97.

The process is an old and even a familiar one. It was precisely these accretions that Erasmus and other reforming spirits in the sixteenth century sought to purge in order to return to the essential Christianity of antiquity. A related procedure underlies this study and involves separating out secular vocabulary and story changes from the sacred stories themselves, that is, segregating the epiphenomenal from the essential. For Erasmus, the epiphenomena of religious practice were religious detritus; in children's Bibles extra-religious material provides the raw data for uncovering hidden social attitudes. The epiphenomenal attitudes surrounding labor that were embedded in children's Bibles demonstrate the unexpectedly late creation of an injunction to work and show the subsequent shaping of this injunction to fit the needs of the Western societies that it served.

Primary Sources Cited

Das Alt Testament dütsch der vrsprüglichen Ebreischen waarheyt nach uff das aller trüwlichest verdütschet. Zürich: Christoph Froschauer, 1525

Barth, Christian Gottlob: *Biblische Geschichten mit Bildern für Wochen und Sonntagsschulen. Mit den Worten der heiligen Schrift erzählt und mit Sprüchen, Katechismus- und Liederausgabe.* Reading PA 1880

Bernard, Richard: *Thesaurus biblicus seu Promptuarium Sacrum Whereunto are added all the Marginall Readings, with the words of the Text, and many words in the Text expounded by the Text, all Alphabetically set downe throughout the Bible.* London: Felix Kingston for Luke Fawne, 1644

Bible. Geneva: Rowland Hall, 1560

Bible-Class Teachings. By the Author of »The old, old Story«. London 1878

Bible en Estampes à l'usage de la Jeunesse avec jolies gravures. Paris 1822

La Bible qui est toute la saincte Escriture: contenant de Vieil & le Nouveau Testament. [Paris:] François Estienne, 1567

The Bible in the Kitchen; or, Scriptural rules for servants. London / Dublin 1852

Biblia Sacra. Lyon: Joan Tornaesium, 1566

Buno, Johannes: *Bilder-Bibel.* Hamburg: Arnold Lichtenstein, 1680

Campe, Joachim Heinrich: *Hamburgischer Kinderalmanach.* Hamburg: Herold, 1779 – 1785

Campe, Joachim Heinrich: *Theophron, oder der erfahrene Rathgeber für die unerfahrene Jugend.* Vienna: Johann Thomas Edler von Trattner, 1816 (First edition = Hamburg: Bohn, 1783)

Campe, Joachim Heinrich: »Über einige verkannte, wenigstens ungenützte Mittel zur Beförderung der Industrie, der Bevölkerung und des öffentlichen Wohlstands«. (Wolfenbüttel 1786?). In *Sammlung einiger Erziehungsschriften.* Leipzig: no pub., 1778

Caxton, William, trans.: *Golden Legend.* Westminster: Wynkyn de Worde, 1493

Crocker, Abraham: *Instruction to the Children of Sunday Schools and other Charitable Seminaries of Learning.* Frome: Crocker and London: T. Willis, 1796

Crouch, Nathaniel: *Youth's Divine Pastime by R. B.* London: Nath. Crouch, 1691

Diderot, Denis: »The Supplement to the Voyage of Bougainville«. In *Rameau's Nephew and Other Works.* Trans. Jacques Borgun and Ralph H. Bouvier. New York 1984

Dinter, Gustav Friedrich: *Die Bibel als Erbauungsbuch für Gebildete bearbeitet.* Neustadt an der Oder: Johann Karl Gottfried Wagner, 1831 – 1833.

Erzählungen aus dem alten und neuen Testament/ Für die Volksschulen des Kantons Zürich/ Mit Genehmigung des Erziehungsraths. Zürich: Fr[iedrich] Schulthess und S. Höhr, 1835

»Die Erziehung zur Arbeit«. No. 9 in the series, Zimmers *Handbibliothek der praktischen Theologie.* Late nineteenth century, no publishing details

Essards, Gustave: *La Bible des Enfans. Histoire Morales et Religieuses tirées de l'écriture sainte.* Paris: Janet Challamel, [ca. 1850]

Feddersen, Jakob Friedrich: *Das Leben Jesu für Kinder.* Halle: Hemmerdesche Buchhandlung, [5]1787

Felbiger, Johann Ignaz von: *Kern der Geschichte des alten und neuen Testaments mit beigesetzten kurtzen Sittenlehren.* Herausgegeben von Johan Ignaz von Felbiger zum Gebrauche der deutschen Schulen. Köln: Fabricius, [1782]

Fontaine, Nicolas: *L'Histoire du Vieux et du Nouveau Testament.* Paris: Pierre le Petit, 1670 et seq.

Fowle, William Bentley: *The Bible Reader being a new selection of reading lessons from the Holy Scriptures for the use of schools and families.* Boston: William B. Fowle and N. Capen, 1843.

Kappresser, O.: »Die Lehre der Bibel von der Arbeit«. (=*Zeitfragen des christlichen Volkslebens* 148). no publishing details

Lachmann, Rainer and Christine Reents, ed.: Johann Hübner. *Biblische Historien.* Hildesheim 1986

Lavater, Johann Caspar: *Christliches Handbüchlein für Kinder.* Zürich: David Bürkli, 1771

Lossius, Kaspar Friedrich: *Moralische Bilder-Bibel.* Gotha: Justus Perthes, 1821

[Luther, Martin.]: *Der neunte Teil der Bücher des Ehrwürdigen Herrn D. M. Luther.* Wittenberg 1590

Luther's Works: *Lectures on Genesis, Chapters 1 – 5* Ed. Jaroslav Pelikan. Trans. George V. Schick. St. Louis 1958

Miller, Johann Peter: *Erbauliche Erzählungen.* Helmstedt: Weygand, [1]1753

Miller, Johann Peter: *Erbauliche Erzählungen.* Leipzig: Weygand, [5]1779

Müller, Johann Heinrich: *Christliches Hand-, Schul- und Hausbüchlein für die Landjugend; auch für Erwachsene zu gebrauchen.* Zürich: David Bürkli, [2]1813

Parry, Edwin F.: *Simple Bible Stories,* illustrated: adapted to the capacity of young children, and designed for use in Sabbath schools, primary associations, and for home reading. Salt Lake City 1891

Prefurt, Johan Philipp: *Biblische Erzählungen nach Hübner.* Zum Gebrauch in Bürger- und Landschulen. Hannover: Hahn'sche Hof-Buchhandlung, [4]1828.

Russ, Wolfgang: *Der Weyber Geschafft: Auslegung (sic) des ain vnd dreyssigistenn Capitels der Sprüchen Salomonis was ein redlich dapffer Weyb sey, was thon vnd lassen soll.* Augsburg: H. Steiner, 1533

Schmid, Christoph von: »Biblische Geschichte«. In *Gesammelte Schriften.* Augsburg 1845 (=vols. 19, 20, 21) and 1846 (vols. 22, 23, 24)

Schmid, Christoph von: *Biblische Geschichte für die Jugend, zum Unterricht in Schulen.* Munich: no pub., [2]1806

Schneider, Daniel: *Allgemeines Biblisches Lexicon.* Frankfurt: Chr. Fr. Waldow, 1728. 3 vols.

Seidentopf, Johann Gottlieb: *Moral der biblischen Geschichte des Alten Testaments.* Zum Gebrauch der sorgfältig Gebildeten Jugend und ihrer Lehrer sowie zur Erbauung für jeden denkenden Bibelfreund. Berlin: Wilhelm Vieweg, 1803 – 1806. 2 vols.

Seiler, Georg Friedrich: *Das grössre biblische Erbauungsbuch.* Erlangen: Bibelanstalt, 1788 – 1795, 16 vols.

Sextro, Heinrich Philipp: *Über die Bildung der Jugend zur Industrie.* Ein Fragment. Göttingen: J. C. Dietrich, 1785

Tea-Table Dialogues. London: Darton & Harvey, 1806

Torroella, R. S.: *La Biblia contada a todos.* El pueblo de Dios vida de NS Jesuchristo. Barcelona 1959

Wastell, Simon: »Microbiblion or the Bible's Epitome«. In *verse digested according to the alphabet, that the Scripture we reade may more happily be remembred (sic), and things forgotten more easily recalled.* London: Robert Mylbourne, 1629

Weber, Max: *Die protestantische Ethik und der Geist des Kapitalismus.* Tübingen 1934

Zeidler, Johann Gottfried: *Neu-ausgeführte Bilder- Bibel.* Magdeburg: Joh. Dan Müller, [2]1701

Secondary Literature Cited

Arnove, Robert F. and Harvey J. Graff, eds.: *National Literacy Campaigns: Historical and Comparative Perspectives.* New York/London 1987

Brüggemann, Theodor and Hans-Heino Ewers, eds.: *Handbuch zur Kinder- und Jugendliteratur. Von 1750 bis 1800.* Stuttgart 1982

Campbell, Joan: *Joy in Work. 1800 – 1945.* Princeton 1989

Delumeau, Jean: *Sin and Fear. The Emergence of a Western Guilt Culture 13th – 18th Centuries.* Trans. Eric Nicholson. New York 1990

Hurrelmann, Bettina: *Jugendliteratur und Bürgerlichkeit. Soziale Erziehung in der Jugendliteratur der Aufklärung am Beispiel von Christian Felix Weißes ›Kinderfreund‹ 1776 – 1782.* Paderborn 1974

Jackson, Mary V.: *Engines of Instruction. Mischief and Magic. Children's Literature in England from Its Beginnings to 1839.* Lincoln NE 1989

König, Helmut: *Zur Geschichte der Nationalerziehung in Deutschland im letzten Drittel des 18. Jahrhunderts* (=Monumenta Paedagogica 1)

Marshall, Gordon: *In Search of the Spirit of Capitalism. An Essay on Max Weber's Protestant ethic thesis.* New York 1982

Meakin, David: *Man and Work.* London 1976

Moser-Rath, Elfriede: *Lustige Gesellschaft. Schwank und Witz des 17. und 18. Jahrhunderts in kultur- und sozialgeschichtlichem Kontext.* Stuttgart 1984

Münch, Paul, ed.: *Ordnung, Fleiss und Sparsamkeit. Texte und Dokumentation zur Entstehung der »bürgerlichen Tugenden«.* Munich 1984

Münch, Paul: »Volkskultur und Calvinismus. Zu Theorie und Praxis der ›reformatis vitae‹ während der ›Zweiten Reformation‹«. In Heinz Schilling, ed., *Die reformierte Konfessionalisierung in Deutschland – Das Problem der »Zweiten Reformation«.* Gütersloh 1986 (291 – 307)

Peter-Perret, Sybille: *Biblische Geschichten für die Jugend erzählt. Eine Studie zur religiösen Kinder- und Jugendliteratur des 18. Jahrhunderts.* Essen 1991 (=Pädagogik und Psychologie 2)

Peukert, Will-Erich: *Die Volkskunde des Proletariats.* Frankfurt 1931

Pickering, Samuel F.: *The Moral Tradition in English Fiction 1785 – 1850.* Hannover NH 1976

Reents, Christine: *Die Bibel als Schul- und Hausbuch für Kinder.* Göttingen 1984.

»Die Jugend Jesu – Ein Exempel für Lehrer und Knaben«. In *Zeitschrift für die Praxis des Religionsunterrichts* 1 (1985)

Scharfe, Martin: *Die Religion des Volkes. Kleine Kultur- und Sozialgeschichte des Pietismus.* Gütersloh 1980

Schenda, Rudolf: »Die Verfleissigung der Deutschen. Materialien zur Indoktrination eines Tugend-Bündels«. In Utz Jeggle et al. eds.: *Volkskultur in der Moderne.* Reinbek bei Hamburg 1986

Schlumbohm, Jürgen, ed.: *Kinderstuben. Wie Kinder zu Bauern, Bürger, Aristokraten wurden. 1700 – 1850.* Munich 1983

Segeberg, Harro: *Vom Wert der Arbeit. Zur literarischen Konstitution des Wertkomplexes »Arbeit« in der deutschen Literatur.* Tübingen 1991

Wiedemann, Konrad: *Arbeit und Bürgertum. Die Entwicklung des Arbeitsbegriffs in der Literatur Deutschlands an der Wende zur Neuzeit.* Heidelberg 1979

Wild, Reiner: *Die Vernunft der Väter. Zur Psychologie von Bürgerlichkeit und Aufklärung in Deutschland am Beispiel ihrer Literatur für Kinder.* Stuttgart 1987 (=Germanistische Abhandlungen 61)

Winnie-the-Pooh und der erwachsene Leser: die Mehrfachadressiertheit eines kinderliterarischen Textes im Übersetzungsvergleich

Emer O'Sullivan (Frankfurt/M)

Literaturwissenschaftliche Analysen der Mehrfachadressiertheit

Die Bestimmung des literarischen Orts derjenigen Kinderbücher, die sowohl von Erwachsenen als auch von Kindern gelesen werden, und die damit zusammenhängenden Fragen nach den eingeschriebenen Leserrollen sind in letzter Zeit Gegenstand kinderliterarischer Forschung geworden[1]. Eine erste systematische Auseinandersetzung erfolgte in Zohar Shavits *Poetics of Children's Literature* (Shavit 1986), in dem in Anknüpfung an Itamar Even-Zohars Theorie des literarischen Polysystems[2] Kinderliteratur als eigenes Teilsystem, dessen Position in Relation zu den anderen Teilsystemen durch den jeweiligen kulturellen Status bestimmt wird, gesehen wird. Shavit diskutiert dabei die Stellung von ihr »ambivalent texts« genannter Texte, die dadurch gekennzeichnet sind, daß sie auch von Lesern eines anderen Teilsystems, der ›Erwachsenenliteratur‹, akzeptiert werden wollen: »The children's writer is perhaps the only one who is asked to address one particular audience and at the same time appeal to another« (ibd.,37). »Ambivalent texts« sind für Shavit die Kinderbücher, die einen höheren Status genießen als andere (»non-canonized«[3]), die erwachsene Leser nicht ansprechen wie etwa Texte von Enid Blyton oder Carolyn Keene[4].

Für Hans-Heino Ewers, der trotz mancher Kritik[5] die Bedeutung des Shavitschen Systematisierungsversuches anerkennt, ist die Bestimmung ambivalenter Texte nicht lediglich als Positionierung im literarischen Polysystem möglich: für ihn erfolgt sie im Rah-

---

1 Sie waren z.B. ein Schwerpunkt des 8. Internationalen Kongresses der IRSCL in Köln 1987 zum Thema »Das Verhältnis der Kinder- und Jugendliteratur zur Erwachsenenliteratur«. Einige der dort gehaltenen Vorträge sind in Grenz 1990 abgedruckt.

2 vgl. z.B. Even-Zohar 1979.

3 Shavit verwendet die Begriffe »canonized« und »non-canonized« ohne Begriffserklärung oder -bestimmung, (auch) um mit letzterem Texte für Kinder zu bezeichnen, die kein hohes Ansehen bei Erwachsenen haben.

4 Shavit verbindet ihre Einordnung ambivalenter Texte in das literarische Polysystem unglücklicherweise mit Vermutungen über Autorenintentionen. Autoren von ambivalenten Texte würden die vorgeblich kindlichen Adressaten lediglich als Vorwand benutzen, einen Text, der eigentlich ausschließlich Erwachsenen gefallen soll, in diesem Teilsystem zu positionieren: »the child ... is much more an excuse for the text rather than its genuine addresse« (ibd,71)

5 vgl. Ewers 1990a, insbes. 21f. und den Beitrag in diesem Band.

men einer Analyse des kinderliterarischen Kommunikationsprozesses. Darin lassen sich unterschiedliche eingeschriebene Leserrollen in Texten, im äußersten Fall vier, feststellen:

> der Erwachsene als Vermittler bzw. Mitleser und Leser, das Kind bzw. der Jugendliche als sanktionierter, als mustergültiger Leser und als nicht-sanktionierter, als heimlicher Leser (Ewers 1990b,81)

Die Texte, die den Erwachsenen (auch) als eigentlichen Leser und nicht nur als Vermittler oder Mitleser ansprechen, machen für Ewers die »doppelbödige bzw. doppelsinnige Kinderliteratur« (ibd., 80) aus.

Es ist das Verdienst Shavits, mit dem Konzept der doppelten Adressiertheit in klarer Weise den erwachsenen Leser als möglichen anderen Leser kinderliterarischer Texte literaturtheoretisch eingeordnet zu haben. Einher geht mit diesem Konzept jedoch die Gefahr, daß über die Reduzierung, die derartigen systematisierenden Konzepten ohnehin eigen ist, hinaus durch die Dichotomie ›Erwachsene/Kind als Adressierte‹ die mögliche Vielfalt von Leserrollen im kinderliterarischen Kommunikationsprozeß keine angemessene Beachtung findet. Es scheint mir deshalb sinvoller, umfassend von einer Mehrfachadressiertheit zu sprechen, die natürlich die doppelte umfaßt. Damit geht zwar ein wenig von der Schlagkraft verloren, die ›doppelt‹ in Bezug auf die Fokussierung auf den anderen – erwachsenen – Leser hat, gleichzeitig wird so jedoch, nachdem dieser in der literaturtheoretischen Debatte verankert ist, die Aufmerksamkeit stärker auf die mögliche Vielfalt der Leserrollen gelenkt.

Insgesamt ist die Diskussion bisher eher im konzeptuellen Bereich geblieben. Durch die Beiträge von Shavit und Ewers liegen systematische Einordnungen vor; eingehende Textanalysen hingegen, die die unterschiedlichen Elemente in ihrer Attraktivität für die jeweilige Lesergruppe bestimmen, sind eher selten[6]. Es wird noch vieler Detailanalysen bedürfen, um die doppelte bzw. Mehrfachadressiertheit über das Postulat ihrer Existenz hinaus zu einem fruchtbaren literaturwissenschaftlichen Konzept werden zu lassen.

Einen Versuch, Textmerkmale doppelbödiger Kinderliteratur zu diskutieren, stellt die folgende Analyse eines als mehrfach adressiert angesehenen Kinderbuchklassikers, A. A. Milnes *Winnie-the-Pooh*[7], und seiner Übersetzungen ins Deutsche dar. *Eine Analyse von Übersetzungen wurde deshalb gewählt, weil in ihnen der Übersetzer*[8] *jeweils entscheiden muß*, ob er mehrfache Ansprachen zugunsten einer klaren Ausrichtung auf die eine oder andere Lesergruppe ignorieren oder ob er sie beibehalten will, und wenn letzteres, inwieweit

---

6 Shavit vergleicht z.B. die verschiedenen, stärker auf Erwachsene und stärker auf Kinder ausgerichteten Fassungen von Alice in Wunderland (vgl. Shavit 1986, 71-92).

7 Winnie-the-Pooh wird von Shavit zu den »ambivalent« Kinderbüchern, zu den »most famous texts for children« gezählt (Shavit 1986, 71). Es ist 1926 bei Methuen erschienen. Die von mir benutzte Ausgabe ist die 1965er Methuen-Taschenbuchausgabe.

8 Aus Platzgründen und in ausdrücklicher Anerkennung der Problematik, die die Verwendung maskuliner Formen als generische mit sich bringt, wird im folgenden so geschrieben, wie es der Norm des Deutschen (noch?) entspricht.

dies bei der Übertragung überhaupt möglich ist. Der Vergleich von Ausgangs-text und Übersetzungen[9] wird also, so läßt sich vermuten, besonders gut die Mechanismen der Mehrfachadressiertheit offenlegen können.

Winnie-the-Pooh als Kultbuch für Erwachsene

Analysiert wird ein Buch, das zu den meistverkauften Kinderbüchern im englischsprachigen Raum zählt, von Erwachsenen geliebt wird, zu einer Art Kultbuch unter jungen Erwachsenen in den USA und England, Gegenstand einer Literaturwissenschaftssatire (vgl. Crewes 1979) und Grundlage für eine Einführung in den Taoismus (vgl. Hoff 1982) geworden und außerdem in mehr als achtzehn Sprachen übersetzt worden ist.

Die Tatsache, daß *Winnie-the-Pooh* seit seinem Erscheinen im Jahre 1926 (im ersten Jahr wurden bereits über eine Million Exemplare verkauft) ein nicht nur von Kindern, sondern auch von Erwachsenen geliebtes und geschätztes Buch war, ist allgemein bekannt und vielerorts bezeugt worden[10]. Milnes amerikanischer Verleger berichtete der Biographin Ann Thwaite von der unmittelbaren Rezeption: »Adults loved him first [...] Every intellectual knew the books by heart. It was easily a year and a half before any children saw the books.« (Thwaite 1991,318). Der Kultstatus, den *Winnie-the-Pooh* unter amerikanischen Studenten genoß und noch genießt, wird von der Wissenschafterin und Schriftstellerin Alison Lurie beschrieben[11]. Sie führt einige Bestandteile der Geschichte an, die *Winnie-the-Pooh* für Erwachsene so attraktiv machen: die Abgeschlossenheit und Zeitferne des kleinen Universums verlebendigter Stofftiere, das von einem göttlichen Kind in der Rolle eines idealen Elternteils überwacht wird, in dem keines der Übel der modernen Welt bekannt ist, in dem die einzigen ›Gefahren‹ natürlicher Art sind (Überflutung etwa), und in dem Essen, Entdeckungsreisen und gegenseitige Besuche die Hauptbeschäftigungen darstellen. Es gibt keine »economic competition or professional ambition [...] no cars, planes, radios, or telephones; war, crime, and serious violence are unknown« (ibd.,148). Die Attraktivität für den erwachsenen Leser liegt in der Mischung aus Goldenem Zeitalter und verlorenem Paradies der Kindheit, in der Wald-Welt als

---

9 Zu den Besonderheiten kinderliterarischen Übersetzens, die auch im Rahmen eines Übersetzungsvergleichs beachtet werden müssen, vgl. O'Sullivan 1991/1992.

10 Dies gilt auch für die anderen ›Christopher Robin-Bücher‹, wenn auch nicht in dem gleichen Maße wie für *Winnie-the-Pooh*. Von *When We Were Very Young* schreibt Ann Thwaite in ihrer Milne-Biographie: »Many adults undoubtedly bought the book for their own pleasure, but the papers invariably reviewed it as a children's book as the publishers intended« (Thwaite 1991,263).

11 »We not only read Milne's books over and over as children; all through high school and college we went on speaking his language, seeing people and events in his terms. My former husband lived his first term at prep school as Piglet, with friends who were Pooh and Eeyore, and the school grounds and surrounding country were remapped accordingly. At collage I knew girls who went by names of Tigger and Roo, and their counterparts can be found today on many campuses.« (Lurie 1990, 145).

Utopie, in der Heraufbeschwörung einer idealisierten Vergangenheit des Menschengeschlechts und auch des Individuums (vgl. auch Sale 1978 und Schlegelmilch 1977). Diesen Kultstatus hat die deutsche Übersetzung aus dem Jahre 1928 nie erreicht. *Winnie-the-Pooh* wurde zwei Jahre nach dem Erscheinen des Originals zum ersten Mal ins Deutsche übertragen[12]. Das Buch hat sich zwar gut verkauft[13], aber sein Ruf in Deutschland ist mit dem im englischsprachigen Raum nicht zu vergleichen, es gilt bisher fast ausschließlich als Kinderbuch für Kinder[14]. Die Neuübersetzung von Harry Rowohlt aus dem Jahre 1987[15] ist noch zu neu, als daß man gesicherte Aussagen über ihr Ansehen bei Erwachsenen machen könnte[16].

Ich möchte Original – oder Ausgangstext – und Übersetzungen auf die Frage hin untersuchen, ob eventuell eine unterschiedlich ausgeprägte Mehrfachadressiertheit in ihnen nicht vielleicht schon die starke bzw. schwache Ansprache an den erwachsenen Leser

12 Die erste deutschsprachige Übersetzung von Edith Lotte Schiffer erschien 1928 unter dem Titel *Pu der Bär* bei Williams & Co, Berlin. (Die von mir benutzte Ausgabe ist bei Williams 1947 erschienen). Der folgende Pu-Band, *The House at Pooh Corner* wurde nicht von Schiffer übersetzt. Dessen deutschsprachige Übersetzung erfolgte erst 1954 durch Ursula Lehrberger unter dem Titel *Wiedersehen mit Pu*. Sie erschien später unverändert unter dem Titel *Pu Baut ein Haus*. Walter Scherf versucht die Verzögerung zwischen dem ersten und des zweiten Pu-Bandes in Deutschland mit der »political interruption of regular literary exchange« zu erklären (Scherf 1981, 264 Anm 40).

13 Eine Ausgabe aus dem Jahre 1947 zeigt die Auflage 16-20 Tausend an. Die Popularität des Buches wird, ebenfalls 1947, mit dem Erscheinen einer ›Williams-Jugendheft‹-Ausgabe (Auflage: 1-100 Tausend, Preis RM 0,75) bezeugt, einer Billigausführung aus der Zeit der Papierknappheit, die, wie es in einem Brief an die Kinder hinten im Heft heißt, gleich mehr gedruckt werden konnte als »Bücher mit dicken Pappeinbänden ..., fein geheftet, geklammert und geleimt« (Milne 1947a,44). *Pu der Bär* gehörte zu den ersten vier Texten der Reihe der »schönsten neuen und alten Kinderbücher, die es auf der Welt gibt« (ibd.). Die drei anderen: *Emil und die Detektive*, *Die Abenteuer des Tom Sawyer* und *Heidi*.

14 Die Neubearbeitung der Pu-Übersetzungen von Maria Torres für eine Gesamtausgabe (vgl. Milne 1980) änderte daran nichts. Sie erfolgte lediglich auf der Grundlage der Übersetzungen von Schiffer und Lehrberger, die Ausgangstexte wurden nicht herangezogen. Ausgelassene Passagen wurden nicht vervollständigt, stark verbesserungswürdige Stellen wurden unverändert übernommen. Unternommen wurden lediglich einige sprachliche Änderungen, die man aber nicht als konsequente Modernisierung bezeichnen kann. Daß dabei eine nicht gelungene Übersetzung eines Gedichts bei Schiffer von Torres verändert, aber überhaupt nicht verbessert wird, ist bemerkenswert (vgl. Milne 1947,15f und Milne 1980 14f.).

15 vgl. Milne 1987. Die von mir benutzte Ausgabe ist die Gesamtausgabe, die *Pu der Bär* und *Pu baut ein Haus* enthält. Vgl. Milne 1989.

16 Wenn man von der Reaktion von Teilnehmern an Lesungen aus seinen Übersetzungen Schlüsse ziehen könnte, wäre man geneigt zu glauben, dieser Pu spräche Erwachsene stärker an. Bei einer Lesung in Frankfurts Literaturhaus Ende 1991 waren es die Erwachsenen, die die Mehrzahl der Teilnehmer ausmachten (darunter auch viele, die nicht meinten, Kinder als ›Vorwand‹ mitnehmen zu müssen). Dies hängt sicherlich auch mit der Person Rowohlts zusammen, eines Übersetzers mit gutem ›Riecher‹ für ›kultverdächtige‹ Bücher (wie die von Flann O'Brien), der Pooh schon vor Jahren mit seiner Kolumne »Poohs Corner« in der *Zeit* in Deutschland in den ›Erwachsenendiskurs‹ eingeführt hat.

zumindest teilweise erklärt. Ich versuche, die Elemente zu isolieren, die im Ausgangstext insbesondere den erwachsenen Leser ansprechen, um zu sehen, was in den Übersetzungen daraus geworden ist.

Die verschiedenen narrativen Ebenen im Text

Vor der eigentlichen Erzählung stehen einige Paratexte[17]. Im Ausgangstext folgen auf die Titelseite eine Widmung, eine »Introduction«[18] und das Inhaltsverzeichnis (»Contents«). Zwischen »Contents« und »Chapter 1« findet man eine Zeichnung der Orte, die in den Erzählungen vorkommen. Widmung und »Introduction« erscheinen so als nicht zum Erzähltext gehörende Elemente, was durch die unterschiedliche Paginierung und die Namenszeichnung A.A.M. noch verdeutlicht wird; sie tauchen deshalb auch nicht im Inhaltsverzeichnis auf. Der Status der »Einleitung« bzw. »Vorstellung« innerhalb des Werkes ist in den Übersetzungen hingegen ein anderer als im Ausgangstext. Schiffer läßt in ihrer Übersetzung die Initialen des Autors weg; in beiden Übersetzungen findet sich dieser Text *nach* dem Inhaltsverzeichnis; die klare Trennung von ›Introduction‹ und Erzählung verschwimmt. Die Erzählungen fangen mit dem Kapitel »In which we are introduced to Winnie-the-Pooh« an. In der »Introduction« hingegen geht es um das Schreiben des Buches, um Christopher Robin in der großen, weiten Welt von London, um seinen Zoo und um Schule, um Elemente also, die in den folgenden Erzählungen über einen Vater, der seinem Sohn Geschichten erzählt, die in einer kleinen überschaubaren, idealen Welt des Waldes stattfinden, keinen Platz haben.

Auf der Ebene der Erzählungen ist eine Unterscheidung zu treffen, die zwischen der Rahmengeschichte und den Erzählungen über die Bewohner des Waldes. Die Rahmengeschichte[19] enthält eine Beschreibung der größeren Erzählsituation. Darin wird u.a. das Stofftier Winnie-the-Pooh vorgestellt, wie es auf dem Hinterkopf hinter Christopher Robin die Treppe hinuntergeschleppt wird. Darüberhinaus werden Fragen und Reaktionen des Kindes wiedergegeben bzw. beschrieben. Im Ausgangstext wird der Rahmenteil an den Stellen, an denen er direkt in die Erzählung ›einbricht‹, per Kursivschrift visuell hervorgehoben. Ansonsten erfolgt die Trennung beider Teile – Rahmengeschichte und Erzählungen – durch eine weit gepunktete Linie. Die Rahmengeschichte in den Übersetzungen ist – im Gegensatz zum Ausgangstext – visuell nicht vom Rest der Erzählung

---

17 »Der Paratext ist ... jenes Beiwerk, durch das ein Text zum Buch wird und als solches vor die Leser und, allgemeiner, vor die Öffentlichkeit tritt« (Genette 1989,10). Gemeint sind Titel, Zwischentitel, Vorworte, Nachworte, Widmungen, Motti, Anmerkungen usw.

18 Das englische Wort ›Introduction‹ läßt sich auf deutsch u.a. durch ›Einleitung‹ und ›Vorstellung‹ wiedergeben. Bei Schiffer heißt es »Einleitung«, bei Rowohlt »Vorstellung«.

19 Das erste Kapitel »In which we are introduced to Winnie-the-Pooh and some Bees, and the Stories begin« ist eine in sich geschlossene Erzählung mit Anfang, Mitte und Schluß, umrahmt von einer Rahmengeschichte. Es wurde (auf Bestellung) für die Weihnachtsausgabe der *Evening News* 1925 geschrieben. In den nachfolgenden Kapiteln nimmt die Rahmengeschichte ab; sie kommt nur noch am Ende von Kapitel 6 und am Schluß des Buches wieder vor.

abgesondert. An einigen Stellen (so etwa in Milne 1989, 16) trennt eine Illustration die beiden Ebenen, aber dies ist nicht systematisch vorgenommen worden. Manchmal gehen die Ebenen ineinander über. Im Ausgangstext liest man:

> »I say, I wonder what's going to happen exciting today?« said Piglet.
> Pooh nodded thoughtfully.
> »It's the same thing, « he said.
> . . . .
> »And what did happen?« asked Christopher Robin,
> »When?«
> »Next morning.«(Milne 1965, 144f)

Bei Rowohlt wird daraus:

> »Ich sage: 'Ich frage mich, was heute Aufregendes passieren wird'«, sagte Ferkel.
> Pu nickte gedankenschwer.
> »Das ist dasselbe«, sagte er.
> »Und was ist passiert?« fragte Christopher Robin,
> »Wann?«
> »Am nächsten Morgen.« (Milne 1989, 156)

»Und was [...]« wird von dem hörenden Christopher Robin gefragt, »Wann?« fragt die Stimme des Erzählers. Die Lektüre wird durch die Nicht-Differenzierung zwischen den Ebenen weder für einen Vorleser noch für einen Leser erleichtert.

Um die ›Einbruch‹-Stellen zu markieren, die im Ausgangstext durch Kursivschrift hervorgehoben und in Klammern gesetzt sind, verwendet Rowohlt in seiner Übersetzung die gleichen Mittel. In der Schiffer-Version hingegen wird kein graphischer Unterschied gemacht. Dadurch wird in dieser Übersetzung nicht nur eine Regieanweisung, die verwirrtes und verwirrendes Vorlesen vermeidbar macht, weniger kenntlich, sondern auch ein den erwachsenen Leser amüsierendes Spiel mit dem Wechsel zwischen Erzählebenen.

Die Widmung

In der leicht süßlichen Widmung in Versform, »To Her« (Milne 1965, vii), in der ohne Namensnennung[20] einer weiblichen Person das Buch von »Christopher Robin and I« in den Schoß gelegt wird, begegnet der Leser dem Erzähler und Christopher Robin zum ersten Mal. Weder kennt er Christopher Robin, noch weiß er, wer sich hinter dem »I« versteckt. Die ersten Worte »Hand in hand we come« romantisieren den gemeinsamen Auftritt der beiden. Sie haben dasselbe Anliegen, sie wollen der weiblichen Person

---

20 Aus biographischen Zeugnissen wissen wir, daß Daphne, Milnes Ehefrau und Christophers Mutter, gemeint war. Sie war diejenige, die Christophers Stofftiere lebendig werden ließ, indem sie ihnen Stimmen verlieh »until they reached the point where Milne could begin writing« (Carpenter/Prichard 1984, 576).

(»her«) das Buch schenken, »because we love you« (aus der dritten Person im Titel der Widmung wird eine direkt Angesprochene). Die Beziehung von Christopher Robin und »I« wird vom Erzähler so vorgestellt, als ob es sich um zwei befreundete Kinder handelt. Der Erzähler ›spielt‹ in der Widmung Kind in einer romantisierten Version. In der Widmung klingen damit zwei für die Analyse der Ambivalenz dieses Textes wichtige Momente an: das Verhältnis des Erzählers zur Kindheit, wie es in seiner Bereitschaft, sich als Kind darzustellen, sichtbar wird, und das Verhältnis zu seinem Sohn.

In der Übersetzung von Schiffer wird die Widmung nicht mitübersetzt, d.h. eine für kinderliterarische Zwecke als bedeutungslos oder irrelevant eingeschätzte Dimension des Werkes wird weggelassen. In der Rowohlt-Version wird die Widmung unter dem Titel »Widmung« übersetzt. Es fehlt ein direktes Äquivalent für »To Her« (Milne 1989,11). Die Frage, die sich dadurch aufdrängt: wem ist das Buch gewidmet? Die weibliche Person im Ausgangstext wird im Titel nicht erwähnt, es wird ein nicht weiter bestimmtes »Du« angesprochen, das von den beiden geliebt wird. Diese an niemanden spezifisch adressierte Widmung erweckt so den Eindruck, sie gelte dem Leser. Dieser Eindruck wird noch verstärkt, wenn man sich fragt, wer die Widmung ausspricht. Wer ist es, der mit Christopher Robin Hand in Hand kommt? Die Illustration auf der Widmungsseite[21] zeigt Christopher Robin und Pooh, Hand in Hand auf einer Wiese. Die Ersetzung von »To Her« durch »Widmung«, die Illustration und die Tatsache, daß die Widmung im Gegensatz zum Original *nach* dem Inhaltsverzeichnis[22] folgt, daher als Teil der Erzählungen gesehen werden kann, verwandeln die Widmung von einer ›von Erzähler-Vater/Ehemann und Sohn an Ehefrau/Mutter‹ in eine ›von Christopher Robin und Pooh an den Leser‹. Der deutsche Leser lernt also den Erzähler an dieser Stelle nicht in seiner angenommenen kindlichen Pose kennen.

Mit seiner Entscheidung, sich mit dem »Du« in der Widmung gleich auf den Leser zu beziehen, vermeidet Rowohlt das deiktische Verwirrspiel des Ausgangstexts, das das »you« ein einziges Mal sich auf Daphne Milne, in der darauffolgenden »Introduction« sich jedoch gleich auf den Leser beziehen läßt. »If you happen to have read another book about Christopher Robin, you may remember [...]« (Milne 1965,ix), so die ersten Worte dieser Einleitung, die gleich eine Kommunikation zwischen Erzähler und Leser herzustellen versuchen und die Informationen vermitteln, daß Christopher Robin eine Figur aus einem weiteren Buch ist, das die Leser u.U. kennen[23]. Daran schließt sich, mit Bezug

---

21 Die Illustration ist in der Gesamtausgabe (Milne 1989,11), nicht jedoch in der Einzelausgabe (Milne 1987,7), auf der Widmungsseite.

22 Sowohl in Milne 1987 als auch in Milne 1989 wird das Inhaltsverzeichnis allem anderen vorangestellt. Die Vorstellung ist darin aufgenommen (d.h. sie ist damit Teil der Erzählungen geworden), nicht aber die Widmung. Dabei erscheint diese erst nach dem Inhaltsverzeichnis.

23 Es handelt sich dabei um *When We Were Very Young*. (Milne 1924). *Winnie-the-Pooh* ist das zweite der vier Milneschen Kinderbücher: die Verssammlungen *When We Were Very Young* (1924) und *Now We Are Six* (1927), die trotz höchsten Lobes (vgl. Schlegelmilch 1977,482) nicht ins Deutsche übersetzt worden sind, und *Winnie-the-Pooh* (1926) und *The House at Pooh Corner* (1928).

auf die Einleitung des anderen Buches, die leicht verwickelte Vorgeschichte des Namens ›Winnie-the-Pooh‹ an[24].

Schiffer läßt in der Einleitung ihrer Pu-Übersetzung den ersten Absatz des Milneschen Originals einfach weg. Sie beginnt mit einer unpersönlichen Formulierung: »Man kann nicht lange in einer großen Stadt sein [...]« (Milne 1947, 6). Die direkte Leseranrede gleich zu Anfang durch den Bezug auf das andere Buch, in dem Christopher Robin und der ›namensgebende‹ Schwan Pu vorkommen[25], entfällt und damit nicht nur ein Teil der Vorgeschichte, sondern auch ein großer Teil des Spiels mit den verschiedenen fiktionalen Ebenen und mit der Macht des Namensgebens und -nehmens. Die Verwirrung in Bezug auf den Namen ›Winnie the Pooh‹ wird gegenüber dem Ausgangstext noch gesteigert: im nun ersten Absatz der Übersetzung wird die Geschichte des ›Winnie‹-Teils des Namens erzählt[26]. Es wird danach festgestellt: »wir (können) uns nicht mehr daran erinnern, ob Winnie nach Pu so heißt oder Pu nach Winnie« (ibd.). So wird ›Pu‹ zum ersten Mal erwähnt, ohne daß der Leser eine Ahnung hat, wer oder was Pu ist oder war. Rowohlt hingegen übersetzt die ganze Vorgeschichte und leitet seine »Vorstellung« mit den Worten ein: »Wenn du zufällig schon [...]« (Milne 1989, 12); er behält die unmittelbare Anrede des Ausgangstexts bei[27].

---

24 Ein Schwan, den Christopher Robin einmal hatte »(or the swan had Christopher Robin, I don't know which)« (Milne 1965, ix), der Pooh hieß, liefert eine Hälfte des Namens. Der Winnie-Teil stammt von einem Bären, der im Londoner Zoo 1914-34 das Lieblingstier vieler Kinder, u.a. auch von Christopher Milne, war (vgl. Carpenter/Prichard 1984, 575).

25 Es lag nicht auf deutsch vor und war den Lesern daher nicht bekannt.

26 Dabei wird der Londoner Zoo, wie auch in der Rowohltschen Übersetzung, zu einem in »einer großen Stadt« (Milne 1947, 6) entlokalisiert.

27 An Stellen, an denen die Leseranrede bei Schiffer übersetzt wird, wählt sie nicht wie Rowohlt die ›du‹ sondern die ›ihr‹-Form, eine Übersetzungsentscheidung, die als durch den Zeitpunkt des Übersetzens bedingt erklärt werden kann: die ›ihr‹-Anrede, wie wir sie bei Kästner beispielsweise finden, eine Anrede, die eine mündliche Erzählsituation vor einer Gruppe von Kindern andeuten und in den Lesern das Gefühl erzeugen will, Teil einer Lesegemeinschaft von Gleichaltrigen zu sein, ist allmählich der individuellen Leseranrede gewichen: dem einzelnen Kind wird etwas vorgelesen, etwas erzählt. Allerdings ist Schiffer in dieser Hinsicht nicht konsequent. »You remember how ...« (Milne 1965, 121) übersetzt sie z.B. mit »Du erinnerst dich daran, ...« (Milne 1947, 171). (Vgl. auch ibd., 184). In ihrer Neubearbeitung der Übersetzung übernimmt Torres die Anredepronomen, wie sie bei Schiffer vorzufinden waren, d.h. sie ›modernisiert‹ sie nicht (vgl. Milne 1980).

›Christopher Robin‹

Die Referenzen deiktischer Elemente hängen von der Position des Sprechers/Schreibers ab. Milne gibt dem Leser im Ausgangstext ausreichend Gelegenheit, über dessen ›Ich-Hier-Jetzt‹[28] verwirrt zu sein, nicht nur in der Widmung. Christopher Robin kommt als Besprochener in der dritten Person in der Widmung und in der Einleitung und als Angesprochener (»you«) in der ersten Erzählung (vgl. Milne 1965, 8ff) vor. »We« gibt es mit und ohne Einbeziehung von Christopher Robin. Meist ist er einbezogen, doch es gibt auch Vorkommen von »we« wie in der Überschrift des letzten Kapitels: »In which Christopher Robin gives a Pooh Party, and we say goodbye« (ibd.)[29].

Für die Analyse des Textes ist es wichtig, die verschiedenen Christopher Robins auseinanderzuhalten, auf die mit demselben Namen Bezug genommen wird. Zum einen gibt es den im Buch nicht vorkommenden, real existierenden Sohn A. A. Milnes, Christopher Robin, der nie mit diesem Namen sondern mit ›Billy‹ angeredet wurde. Er, den wir hier der Einfachheit halber ›CR₁‹ nennen werden, besaß Stofftiere, die Pooh, Eeyore usw. hießen, über die Geschichten erzählt wurden[30]. Zum anderen gibt es zwei fiktive Christopher Robins. Einmal den kleinen Jungen, der in den Rahmengeschichten vorkommt und der sich gerne Geschichten erzählen läßt[31]. Er ist CR₂, der Erzählanlaß der Ge-

---

28 Scheinbar konstant ist das erzählende (und widmende) »I«. Selbst hier ist allerdings eine Ausnahme festzuhalten; die Zeichnung der in den Erzählungen vorkommenden Orte, die in keine der beiden Übersetzungen übernommen worden ist, ist unterschrieben:»Drawn by me and Mr Shepard helpd (sic)« (Milne 1965,xiif). ›I‹ ist hier nicht der Erzähler, sondern Christopher Robin, der in der Zeichnung vor einem Baum steht, neben dem »my house« geschrieben ist (ibd.).

29 In seiner Autobiographie *The Enchanted Places* spricht Christopher Milne das ›we‹ an, das sein Vater so gerne verwendete – hier in Bezug auf die Titel der Verssammlungen *When We Were Very Young* und *Now We Are Six*. Nach einer Pronomina-Ersetzungsprobe (›he‹ – »a bit limiting«, ›they‹ – »a bit condescending«, ›I‹ und ›you‹ – »clearly wrong« (Milne 1976, 172)) fragt er nach der Art des ›we‹: auszuschließen ist das Kindertätscheln des Erwachsenen nach dem Motto ›wie geht es uns denn heute‹. Ob es aber das universelle ›we‹ ist, mit dem jeder einzelne gemeint ist, der auch einmal jung war? Christopher Milne glaubt, daß gerade dieser Anschein möglicherweise geweckt werden sollte, aber letztendlich war das ›we‹ privaterer Natur: »But I guess that in his heart my father intended it for just two people: himself and his son.« (ibd., 173). Dieter Petzold, der in seinem Artikel über englische Kinderlyrik und die Moderne die Kinderlyrik als Schonraum nicht nur für das Kind, sondern auch für von der modernen Dichtung verunsicherte Erwachsene diskutiert, sieht diese Erwachsenen in das ›we‹ der populären Gedichte A.A. Milnes einbezogen: Sein ›Wir‹ schafft ein Band zwischen Autor und Leser; gemeinsam ist ihnen, daß sie zurückblicken auf die vergangene Kindheit. Der erwachsene Leser ist also zumindest mitgedacht: ja er ist der eigentliche Adressat, dem ein ganz bestimmtes Kinderbild zum sentimental-nostalgischen Genuß dargeboten wird. (Petzold 1990, 83).

30 Wie dieser äußerst schüchterne Junge darunter gelitten hat, mit dem weltweit bekannten Christopher Robin aus den Geschichten gleichgesetzt zu werden, wird in Milne 1976 dokumentiert.

31 Die Verfasserin einer kommentierten Milne-Bibliographie verkennt den fiktionalen Status dieser Erzählsituation, wenn sie schreibt:»the Pooh stories move from the world of a real father telling a bedtime story to his real son into the make-belive realms of the hundred-acre wood.« (Haring-Smith 1982, xxvii).

schichten und der Adressat innerhalb des Werkes. In der Interaktion zwischen Erzähler und diesem Christopher Robin wird die Vorlesesituation aufgenommen. Er, zusammen mit dem Leser und der Erzählerpersona »I«, ist das »we« in Kapitelüberschriften wie: »In which we are introduced to Winnie-the-Pooh and some Bees ...«. Der größte Teil der sentimentalen Kindheitsbeschreibungen[32], die in dem Buch zu finden sind, betreffen CR2, ein Kind, das mit den Augen der Erwachsenen wahrgenommen und beschrieben wird. CR3 hingegen ist eine der Hauptpersonen in den Erzählungen, denen CR2 zuhört. Er lebt alleine in einem Baum im Wald, initiiert, durch Bemerkungen oder Aktionen, viele der Geschichten und ist am Ende immer derjenige, der die Tiere aus schwierigen Situationen rettet. Er ist eine allmächtige Vaterfigur für die Tiere, die Person, an die sie sich wenden. Es gibt keine höhere Instanz im Wald als CR3.

Ein Schlüssel zum Verständnis der unterschiedlichen Positionen der beiden fiktionalen Christopher Robins ist in dem Verhältnis A. A. Milnes zu seiner eigenen Kindheit und in dem zu seinem Sohn Christopher Robin zu finden. Auf das Verhältnis zu der eigenen, später sicherlich idealisierten aber wohl doch sehr glücklichen Kindheit[33], in der er unendliche Stunden mit seinem geliebten Bruder Ken mit Spielen – häufig im Freien – verbracht hat, wird oft hingewiesen[34]. Daß das Verhältnis zu seinem Sohn ›Billy‹ sich erst nach dem Weggang der von Milne gefürchteten und beneideten Nanny entwickeln könnte, wird von Christopher Milne beschrieben:

> My father, who had derived such happiness from his childhood, found in me the companion with whom he could return there. But with Nanny in the way he could only take his dream son and return in imagination [...] When I was three he was three. When I was six he was six. We grew up side by side and as we grew so the books were written. Then when I was nine and he was nine Nanny left. We could now do real things together: reality could in part replace the dream. (Milne 1976,173)

D.h. CR3, der Christopher Robin, der die Freiheit des Waldes genießt, ist viel stärker A.A. Milnes erinnerter Kindheit als seinem Sohn CR1 verpflichtet. Mit CR3 wird über größere Strecken das Kind in seiner autonomen kindlichen Welt beschrieben. In dem Moment, in dem der Erzähler auch als Betrachter präsent ist, in der Rahmengeschichte also, wird mit CR2 ein Kind (nun nicht mehr Milne selbst als Kind, sondern CR1, sein eigenes Kind, zu dem er recht wenig Kontakt hatte) beschrieben, wie es von dem Erwachsenen wahrgenommen wird. Dies führt z.T. zu einer Sentimentalisierung. CR2 wird dadurch für Kinder, die das Buch lesen, uninteressant. Es sind die Erwachsenen, die die Rahmengeschichte genießen sollen.

---

32 vgl. dazu z.B. Lurie 1990, 154f.

33 Seine Kindheit nimmt einen unverhältnismäßig großen Teil seiner Autobiographie ein, in der er schreibt: Childhood is not the happiest time of one's life, but only to a child is pure happiness possible. Afterwards it is tainted with the knowledge that it will not last, and the fear that one will have to pay for it. (A. A. Milne: *It's Too Late Now*. The Autobiography of a Writer. London 1939, 13f (zit. nach Rojahn-Deyk 1988, 171)).

34 vgl. z.B. Lurie 1990, 145-156.

In der ersten Erzählung setzt der Erzähler den hörenden CR2 mit dem in der Erzählung handelnden CR3 gleich, als er ihm erzählt, was CR3 gemacht oder gesagt hat: »Well, it just so happened that you had been to a party [...]« (Milne 1965, 10), »[...] you both went out with the blue balloon« (ibd.,11)[35]. Aber CR3 ist genausowenig mit CR2 gleichzusetzen wie Pooh in den Geschichten mit dem Stofftier in der Rahmengeschichte. Dies wird u.a. an der Reaktion von CR2 klar, als er in der Geschichte zum ersten Mal von CR3 hört:

And the first person he [Pooh – EOS] thought of was Christopher Robin.
(*»Was that me? said Christopher Robin in an awed voice, hardly daring to believe it.*
»That was you.«
Christopher Robin said nothing, but his eyes got larger and larger, and his face got pinker and pinker.)
(ibd.,7)

Diese Stelle aus der Rahmengeschichte ist ein gutes Beispiel für eine sentimentalisierende Beschreibung des Kindes aus der Erwachsenen-Perspektive. Die Hinweise auf Christopher Robins »awed voice«, seine immer größer werdenden Augen und sein immer rötlicher werdendes Gesicht bei der Erkenntnis, daß ›er‹ in die Geschichte auftaucht, erzeugen ein Schmunzeln beim erwachsenen Leser. Eine Beschreibung, die ›süß‹ wirkt, die aber diese Wirkung nur auf einen erwachsenen Leser haben kann, da Kinder in der Regel solche verniedlichenden Beschreibungen ihrer Altersgenossen nicht schätzen. Angesprochen wird hiermit vorwiegend der erwachsene Leser.

Die Leser

Es lassen sich mindestens drei verschiedene Kommunikationssituationen vorstellen, in denen dieses Buch gelesen werden kann:
a) eine Vorlese-Situation, in der einem kindlichen Zuhörer von einem (mitlesenden) Erwachsenen vorgelesen wird. Der kindliche Zuhörer ist dabei entweder des Lesens noch nicht mächtig, sieht aber die Bilder, oder er verfolgt beim Lesen bereits Teile des geschriebenen Textes mit;
b) eine Situation, in der ein älteres Kind das Buch für sich liest, und
c) eine, in der ein Erwachsener das Buch für sich liest.
Welche Schichten der Erzählung sprechen welche Leser an? Welche Attraktionen hält das Buch für den jeweiligen Leser bereit?

a) Das kleine Kind

Für das kleinere Kind, dem das Buch vorgelesen wird, machen die Geschichten, die in einem Wald spielen, in denen lebendig und mit klaren Strichen charakterisierte Stofftiere wohnen und die einfachsten und wichtigsten Bedürfnisse das Hauptthema sind – Essen,

---

35 Nach dem ersten Kapitel wird von CR3 nur in der dritten Person erzählt. Mit »you« wird in den nachfolgenden Geschichten nicht mehr CR2, sondern der Leser angesprochen.

Freunde bei sich haben, Abenteuer unternehmen – das eigentliche Buch aus. Wenn die Tiere nicht weiter wissen, erscheint als »deus ex machina« der Junge Christopher Robin (CR3), der alles wieder in Ordnung bringt. In dem kindlichen, egoistischen und liebevollen Charakter Pooh können sie sich selbst erkennen, mit CR3, der in einer Spielwelt lebt, in der Stofftiere wie Kinder sind und das Kind wie ein Elternteil, können sie sich identifizieren, über die Streiche und Abenteuer Poohs können sie lachen. Der sprachliche Duktus des mündlichen Erzählens mit seinen vielen Wiederholungen, die Dialoge mit ihren Sprachspielen, die eingestreuten Gedichte und das perfekte ›Timing‹, das auf Milnes hauptliterarisches Betätigungsfeld als Dramatiker hinweist, sind weitere Reize für das zuhörende Kind[36].

b) Das ältere Kind

Das ältere Kind, das das Buch selbst liest, wird etwas von der einfachen Ironie, mit der Pooh behandelt wird, mitbekommen, so z.B. in der Szene, in der Pooh und Piglet auf Woozle-Jagd um einen Baum stapfen und sich vor den immer mehr zunehmenden Fußspuren fürchten. Erst am Ende wird von CR3 ausgesprochen, was dem lesenden Kind allmählich klar geworden sein sollte: die Verursacher der Fußstapfen sind Pooh und Piglet selbst. Über diese Dummheiten können die jungen Leser befreit, mit einem Gefühl der Überlegenheit, lachen. Das lesende Kind wird Owls Prahlereien, mit denen er[37] den anderen weißmacht, ein gebildetes Tier zu sein, das Schreiben und Lesen kann, durchschauen können und über die Dummheit der anderen Tiere lachen. Von Owl wird beispielsweise gesagt, daß »(he was) able to write and spell his own name WOL«[38] – ein schönes Beispiel für ein ironisches Gegeneinandersetzen von Behauptung und ›Beweis‹, auf das ein lesendes Kind mit Lachen reagieren wird.

c) Der erwachsene Leser

Nostalgische ›Heile Welt‹-Elemente, die den erwachsenen Leser von *Winnie-the-Pooh*

---

36 Auch hier gibt es Übersetzungsprobleme, auf die ich nicht weiter eingehen werde, weil sie unter dem Gesichtspunkt der Mehrfachadressiertheit nicht von Belang sind. Vgl. z.B. die Übersetzung des ›issue‹/Niesen-Sprachspiels: Milne 1965, 45, Milne 1947, 68 und Milne 1989, 57.

37 Die Eigenschaft der deutschen Sprache, jedes Substantiv mit einem klar erkennbaren Genus zu versehen, führt in der Übersetzung zu einer wesentlichen Abweichung vom Original. Die dort abgebildete Welt ist eine fast ausschließlich männliche Idylle. Die einzige weibliche ›Person‹ ist Kanga, die Mutter von Roo, die allein durch ihre übertriebene mütterliche Fürsorge für Roo charakterisiert ist. Interessanterweise war auch sie ursprünglich ein ›er‹: ein Vater, der sein Kind mit sich herumtrug. Milne änderte jedoch Kangas Geschlecht im Manuskript (vgl. Thwaite 1990, 317). Die Tiere in den deutschen Fassungen sind nun von der Sprache her bereits mit einem Genus versehen: das Kaninchen, das Ferkel, die Eule, wobei der ›Geschlechtswandel‹ bei Owl, der den Typ des alten aufgeplusterten, besserwissenden Schulmeisters darstellen soll, am meisten ›stört‹.

38 Schiffers Eule schreibt sich »Oile« (Milne 1947, 66), Rowohlts »OILE« (Milne 1989, 56).

ansprechen und zu dessen Kultstatus beitragen, wurden bereits weiter vorn erwähnt. Aber der Text enthält noch weitere Signale, die nur von dem erwachsenen Leser empfangen werden können. Dazu gehören satirische und parodistische Elemente, Aspekte des Schriftsystems und, mit diesen beiden in Zusammenhang stehend, der Wissensvorsprung, den der Erwachsene genießt. Es herrscht in *Winnie-the-Pooh* eine strenge Hierarchie des Wissens, die für die Realisierung des Textes durch die verschiedenen Leser von entscheidender Bedeutung ist.

›Erwachsenen‹-Komik: Satire und Parodie

Die Stofftier-Figuren in *Winnie-the-Pooh* sind mit wenigen Strichen klar charakterisierte Typen. Darin sind, teilweise überzeichnete, menschliche Typen wiederzuerkennen: Kanga als überfürsorgliche Mutter, Owl als alter Pedant, Piglet als Angsthase (!), Eeyore als an Weltschmerz leidender, ewig-deprimierter Welt- und Lebensabgewandter, usw. Milne läßt diese Typen auf eine Art miteinander umgehen, die den ›korrekten‹ Umgang in gehobenen Schichten widerspiegelt und diesen damit der Lächerlichkeit preisgibt. So unterhalten sich Piglet und Pooh auf dem Nach-Hause-Weg wie folgt:

> they began to talk in a friendly way about this and that, and Piglet said, »If you see what I mean, Pooh,« and Pooh said, »It's just what I think myself, Piglet,« and Piglet said, »But, on the other hand, Pooh, we must remember,« and Pooh said, »Quite true, Piglet, although I had forgotten it for the moment.« And then, just as they came to the Six Pine Trees, Pooh looked round to see that nobody else was listening, and said in a very solemn voice: »Piglet, I have decided something.« (Milne 1965, 52)

Hier wird ein freundliches, höfliches Gespräch vorgeführt, in dem auf netteste Art und Weise eine Quasi-Diskussion geführt wird, in der von beiden Seiten mit verschiedenen Floskeln einleitende Bemerkungen zu Meinungsäußerungen und Zustimmungen ausgesprochen werden. Allerdings wird keine Meinung geäußert, dementsprechend gibt es eigentlich nichts, dem zuzustimmen ist. Aber die beiden halten das für ein ernsthaftes, freundschaftliches Gespräch. Das Komische an dieser Passage für den erwachsenen Leser ist zum einen die Tatsache, daß diese bekannten Floskeln nur um ihrer selbst willen ausgesprochen werden. Zum anderen ist es der Verfremdungseffekt, der dadurch entsteht, daß diese Gesprächsfetzen aus ihrem normalen sozialen Kontext in einen ungewohnten transportiert werden. Hochkonventionalisierter gesellschaftlicher ›small talk‹ wird hier von zwei kleinen, durch den Wald stapfenden Stofftieren gepflegt. Daß sie dies u.a. deshalb tun, weil sie meinen, sie könnten belauscht werden, erhöht den komischen Effekt.

Schiffer hat das inhaltliche Nichts-Sagen eher als zusammenfaßbares Ergebnis denn als Kommunikationsprozeß gesehen und hat, statt die Tiere auf deutsch nichts sagen zu lassen, sie einfach nichts sagen lassen. In ihrer Übersetzung wird der Gesprächsverlauf nicht mitübersetzt. Wir lesen:

begannen sie, sich in freundschaftlicher Weise über dies und das zu unterhalten. Und grade als sie zu den sechs Kiefern kamen, sah sich Pu um, ob niemand anders ihn hörte, und sagte mit sehr feierlicher Stimme:
»Ferkel, ich habe etwas beschlossen!« (Milne 1947, 76f)[39]

Rowohlt bleibt am Ausgangstext, er führt die entsprechenden deutschen Redewendungen vor:

> begannen sie, sich freundschaftlich über dies und jenes zu unterhalten und Ferkel sagte:»Falls du verstehst, was ich meine, Pu«, und Pu sagte: »Genau das finde ich auch, Ferkel«, und Ferkel sagte:»Aber andererseits, Pu, müssen wir auch daran denken«, und Pu sagte:, »Sehr richtig Ferkel, es war mir nur kurz entfallen.« Und dann, gerade als sie zu den Sechs Tannen kamen, blickte Pu sich um, um zu sehen, daß niemand lauschte, und sagte mit sehr feierlicher Stimme:
> »Ferkel, ich habe etwas beschlossen!« (Milne 1989, 63)

Parodiert werden nicht nur verschiedene Gesprächsformen. In einer Passage, in der Owls Zuhause beschrieben wird, nimmt sich Milne die Sprache englischer Makler vor und entlarvt dabei gleichzeitig die Hochgestochenheit von Owl. Poohs Perspektive, aus der gesehen Türklopfer und Klingelzug Merkmale für noble Behausungen sind, sorgt für den komischen Effekt.

> Owl lived at The Chestnuts, an old-world residence of great charm, which was grander than anybody else's, or seemed so to bear because it had both a knocker *and* a bell-pull. (Milne 1965, 43)

»The Chestnuts« spielt auf Owls Zuhause in einem Kastanien-Baum an, gleichzeitig handelt es sich dabei um einen beliebten Namen für ein Haus (in England werden Häusern häufig Namen gegeben). »An old-world residence of great charm« ist ein Ausdruck, wie er häufig in englischen Immobilienanzeigen vorkommt. Die kulturellen Referenzen, die dieser Anspielung zugrundeliegen, werden bei beiden Übersetzungen nicht klar. Bei Schiffer finden wir eine merkwürdigen Mischung aus Baum und Palast:

> Eule lebte in den Kastanien in einem alten, schönen Palast, der prächtiger war als alles, was der Bär je gesehen hatte, denn vor der Tür hing ein Klopfer und ein Klingelzug. (Milne 1947, 65f)

Rowohlt übersetzt die Adresse sehr schön, mißversteht aber »old-world residence«[40] und macht aus einer altertümlichen Residenz aus der Zeit, in der man noch verstand, schöne, stilvolle und würdevolle Residenzen zu bauen, eine, die von den USA ausgesehen, in Europa liegt:

---

39 Auch diese Passage wird von Torres nicht ›neubearbeitet‹ (vgl. Milne 1980)

40 ›old-world‹: »characteristic of former times«, ›Old-World‹: »that part of the world that was known before the discovery of the Americas« (*Collins Dictionary of the English Language*. London & Glasgow 1979, 1024).

Eule wohnte an einer Adresse namens »Zu den Kastanien«, einem Landsitz von großem Zauber, wie man ihn aus der Alten Welt kennt, und diese Adresse war großartiger als alle anderen; zumindest kam es dem Bären so vor, denn sie hatte *sowohl* einen Türklopfer *als auch* einen Klingelzug. (Milne 1989, 54)

Mit dem Verlust des parodistischen Umgangs mit Maklersprache und ›small-talk‹ fehlen der Schiffer-Übersetzung zwei Elemente, die für die Ansprache an den erwachsenen Leser, und damit für die Aufrechterhaltung der Mehrfachadressiertheit, von Bedeutung sind. In der neueren Rowohlt-Übersetzung hingegen bleiben diese Elemente erhalten.

Das Schriftsystem und der erwachsene Leser

In einer Geschichte, die primär zum Vorlesen bestimmt ist, können über die typographische Gestaltung des Gedruckten Hinweise dafür gegeben werden, wie vorzulesen ist. So signalisiert kursiv Gedrucktes, daß der so hervorgehobene Textteil zu betonen ist. *Winnie-the-Pooh* ist reichlich mit solchen dramaturgischen Hinweisen für den Vorleser ausgestattet. Allerdings erhält der deutsche Vorleser nur in der Übersetzung von Rowohlt diese Hinweise, in der von Schiffer hingegen nicht.

Im kommunikativen Kontext des Vorlesens haben beide Parteien, Vorleser und Kind, Teil an den Wirkungen der unterschiedlichen typographischen Repräsentation. Im Gegensatz zu dieser ›gleichberechtigten‹ Wirkung der Typographie stehen Verstöße gegen die Norm des Schriftsystems, die ausschließlich an den (Vor)Leser adressiert sind. Sie stellen gleichsam eine – in verschiedenen Graden – dem jungen Adressaten nicht zugängliche Ebene der literarischen Kommunikation dar.

Das erste dieser Elemente ist die Großschreibung von Substantiven. In der englischen Sprache beschränkt sich die Großschreibung auf Satzanfänge und Substantive in Überschriften, das Personalpronomen ›I‹ und wenige Substantive (Eigennamen und Bezeichnungen von hohen Ämtern etwa). Im Gegensatz zum Deutschen bietet die Großschreibung einem auf englisch schreibenden Schriftsteller mehr Gelegenheiten zu kreativen Normverstößen.

Die Großschreibung in *Winnie-the-Pooh* hat, wie das Kursivgedruckte, eine Signalfunktion. Im Gegensatz zum Kursivgedrucken ist dieses Signal kein für den Vorleser Handlungsrelevantes. Abweichende Großschreibung als Bestandteil der geschriebenen Sprache wird beim Vorlesen nicht hörbar. Im geschriebenen Text ist sie jedoch signifikant.

Als Poohs Kopf in einem Honigtopf festgeklemmt ist – Folge eines Versuchs, auch den allerletzten Honig aus dem Topf herauszulecken –, versucht er, sich zu befreien und schmettert seinen Kopf gegen Sachen, ohne sehen zu können, wogegen; eine schöne slapstickartige Szene. Gerade in dem Moment, als sein sehr ängstlicher Freund Piglet vorbeikommt, stößt er einen Laut aus, der Piglet sehr erschreckt und ihn zum Weglaufen veranlaßt (er erkennt Pooh ja nicht). Poohs Brüllen wird so beschrieben:

> So at last he lifted up his head, jar and all, and made a loud, roaring noise of Sadness and Despair
> [...] and it was at that moment that Piglet looked down. (Milne 1965, 62)

»A loud roaring noise of sadness and despair«: aus seinem Kontext herausgenommen könnte dies ein verzweifelter Schrei aus einer Tragödie sein, die Reaktion auf Verlassen–, Verletzt- und Betrogensein. Die Großschreibung der beiden Substantive lenkt die Aufmerksamkeit auf sie. Dies erfolgt aber nicht, um ihnen zusätzliches Gewicht zu verliehen: durch die Großschreibung wird das angeblich Ernste und Wichtiggenommene ironisiert, der Leser wird daran erinnert, daß der Kontext eigentlich ein trivialer ist – Realität und Anspruch werden durch die Ironisierung als auseinanderklaffend gezeigt. Dieser subtile ironische Hinweis ist ausschließlich an den älteren Leser gerichtet, ist nur für das Auge wahrnehmbar, nicht für das Ohr. Damit ist nicht gemeint, daß dem Kind etwas vorenthalten wird – eine adäquate Rezeption der verschiedenen Arten von Ironie erfolgt erst mit dem fortschreitenden Erwerb literarischer Muster[41]. Diese Art von Ironisierung durch Großschreibung ist ein Beispiel für die verschiedenen Rezeptionsangebote für verschiedene Lesergruppen: die Ironisierung, die dem Erwachsenen angeboten wird, steht der Wirkung nicht im Wege, die diese lustig-traurige Episode auf den jungen Hörer hat.

Die Übersetzung der im Englischen normverstoßend großgeschriebenen Substantive stellt den deutschen Übersetzer vor ein Problem, da die Substantive im Deutschen ohnehin großgeschrieben werden. In der Schifferschen Version lesen wir:

> Schließlich hob er seinen Kopf mit Topf und allem hoch und stieß einen lauten, brüllenden Ton der Trauer und Verzweiflung aus [...] und in diesem Augenblick sah Ferkel in die Falle. (Milne 1947, 92)

Und bei Rowohlt:

> Deshalb hob er zum Schluß den Kopf, mit Topf und allem Drum und Dran, und stieß einen lauten Ton der Trauer und Verzweiflung aus [...] und genau in diesem Moment kuckte Ferkel in die Grube. (Milne 1989, 73 f)

Hier werden also die Trauer und Verzweiflung normgerecht wiedergegeben, der zusätzliche Ironieindikator ist verlorengegangen[42].

---

41 In ihrer Studie *Einfachheit als Kategorie der Kinderliteratur* unternimmt Maria Lypp eine Hierarchisierung der literarischen Verfahren nach dem Grad ihrer Einfachheit bzw. Komplexität. Zu den komplexeren Verfahren, die erst später erworben werden, gehören literarische Ironie und Parodie.

42 Vgl. als weiteres Beispiel die Stelle, wo Piglet »trotted off home as quickly as he could, very glad to be Out of All Danger again.« (Milne 1965, 37) (Schiffer: »es trabte so schnell es konnte nach Hause, froh, daß es jetzt aus aller Gefahr heraus war.« (Milne 1947, 59), Rowohlt: »es trabte so schnell wie möglich nach Hause, sehr froh darüber, aller Gefahr entronnen zu sein.« (Milne 1989, 4)). Mit der Wortwahl »entronnen« schafft es Rowohlt an dieser Stelle immerhin, ein wenig von der Ironie des Ausgangstextes beizubehalten.

Schrittbeherrschung und die Hierarchie des Wissens

Zu Owl, der sich für ein sehr weises Tier hält und den Mitbewohnern Vorträge hält, die lange, schwer verständliche Worte enthalten, geht Pooh, als er einen Krug, sein Geburtstagsgeschenk für Eeyore, beschriftet haben will. Pooh, der nicht recht lesen und schreiben kann, begründet seinen Wunsch so: »my spelling is Wobbly. It's good spelling but it Wobbles, and the letters get in the wrong places.« (Milne 1965, 73). Owl denkt nach, wie man »birthday« buchstabiert und fragt Pooh besorgt, ob er lesen kann; ob er zum Beispiel das von Christopher Robin geschriebene Schild auf seiner, Owls Tür, lesen kann. Pooh bejaht die Frage und erklärt: »Christopher Robin told me what it said, and *then* I could.« (ibd., 74). Owl sagt erleichtert: »Well, I'll tell you what *this* says, and then you'll be able to.« (ibd., 74). Weiter heißt es dann:

> So Owl wrote [...] and this is what he wrote:
> HIPY PAPY BTHUTHDTH THUTHDA BTHUTHDY.
> Pooh looked on admiringly.
> »I'm just saying ›A Happy Birthday‹«, « said Owl carelessly.
> »It's a nice long one,« said Pooh, very much impressed by it.
> »Well, *actually*, of course, I'm saying ›A Very Happy Birthday with love from Pooh.‹ Naturally it takes a good deal of pencil to say a long thing like that.« (ibd).

Rowohlts »HIRZ LERZ NUCKWNÜSCH UZM BUBU BUGEBU BURZKAT« (Milne 1989,85) gibt diesen komischen, anarchischen Buchstabensalat angemessen wieder, während Schiffers Version – »Ein frohs Mohs Gbuchtstach fst« (Milne 1947,107) – zwar den Verstoß gegen die Orthographie wiedergibt, aber kein so verrücktes Schriftbild, wie es das Ausgangstext mit all seinen ›B‹ und ›TH‹ s und Rowohlt mit der Häufung von ›BU‹ s vorführen, erzeugt und zu systemkonform ist.

Dieses Spiel mit den Buchstaben wird dem jungen Leser Spaß machen. Dem erwachsenen Leser ebenfalls, aber für ihn stellt das Spiel mit der Hierarchie des Wissens einen zusätzlichen Reiz dar. Pooh gibt vor, lesen zu können, aber selbst Owl wird klar, daß diese Art von ›Lesen‹ keine Drohung für seine – Owls – mangelhafte Rechtschreibung darstellt. Pooh kann also nicht lesen, Owl kann nur in einem äußerst begrenzten Umfang schreiben (d.h. er kann Buchstaben so zusammenstellen, daß über eine rein zufällige Kombination hinaus Ähnlichkeiten mit dem intendierten lexikalischen Elementen erkennbar werden), aber das reicht bereits, um Pooh zu beeindrucken. Und jeder der lesen kann, kann sich über beide amüsieren. Der erwachsene Leser nimmt zudem auch wahr, mit welchen Mitteln Owl Pooh düpiert und sich seiner ungebrochenen Bewunderung versichert.

Bei CR3 ist der Grad der ›Falschschreibung‹ geringer: »PLES RING IF AN RNSER IS REQIRD« und »PLEZ CNOKE IF AN RNSR IS NOT REQUID« (Milne 1965, 43) steht auf den Schildern, die er für Owl angefertigt hat. Wir erfahren vom Erzähler: »These notices had been written by Christopher Robin, who was the only one in the forest who could spell« (ibd.)[43].

Es wird gezeigt, daß Christopher Robin im Gegensatz zu dieser Aussage des Erzählers nicht ganz so einwandfrei buchstabieren kann, aber da kein anderer im Wald soweit ist wie er, kommen sie nicht darauf, daß er Fehler macht[44], ein Fall von ›Unter Blinden ist der Einäugige König‹. Der Text zeigt eine klare Hierarchie: Unten Pooh, dann Eule, dann CR3 und dann der, der die Macht hat, alle bloßzustellen – der Erzähler, der dies auch tut, indem er sich über CR3s Schwächen lustig macht und sich dabei nicht mehr an den kindlichen, sondern an den erwachsenen Leser wendet.

Ganz eindeutig ist das in dem Kapitel, in dem Christopher Robin eine »expotition« zum Nordpol macht. Das Wort »expedition« kennt Pooh nicht, er spricht es »Expotition« aus. Christopher Robin lacht ihn aus und sagt: »Expedition, silly old Bear. It's got an ›x‹ in it« (Milne 1965, 101). Das ›x‹ war aber für Poohs Fehler irrelevant. Christopher Robin wird so selber ausgelacht, aber nur von älteren Lesern, die dies verstehen können. In beiden deutschen Übersetzungen wird dies adäquat übersetzt. Schiffer wiederholt dieses Muster darüberhinaus gleich noch einmal an einer Stelle, die zu einer Art Rechtschreibunterricht gerät. Es heißt im Ausgangstext:

> »We're going to discover the North Pole.«
> »Oh!« said Pooh again. »What *is* the North Pole?« he asked.
> »It's just a thing you discover,« said Christopher Robin carelessly, not being quite sure himself.
> (Milne 1965, 101)

Schiffer macht daraus:

> »Wir werden den Nordpol entdecken.«
> »Ach«, sagte Pu wieder. »Was ist denn der Nordpfohl?« fragte er.
> »Nordpol heißt es, dummer, alter Bär. Er schreibt sich mit einem L und ist etwas, das man entdecken muß«, sagte Christoph Robin so obenhin, da er es selbst auch nicht genau wußte. (Milne 1947, 144)

Ob diese zusätzliche Belehrung Poohs durch einen schulmeisterlichen CR3 allerdings die Ansprache an den erwachsenen Leser steigert, ist zu bezweifeln; diese Wiederholung irritiert eher, als daß sie amüsiert.

Hierarchie und ›Vertrauensbruch‹

In der Rahmengeschichte, in einer eine reale Vorlesesituation widerspiegelnden Passage, verwendet der Erzähler eine Redewendung, die von CR2 nicht verstanden wird. CR2 fragt nach:

---

43 Die Übersetzungen sind adäquat: Schiffer »Bitte klingln wo Antwort rwatet Wid« und »Bihte klopfn wo Keihne Antwort rwatet Wid« (Milne 1947, 66) und Rowohlt:»BTTE KLNGLN FALS NTWORT RWATET WIRT« und »BTTE KLOPFFN FALS KAINE NTWORT RWATET WIRT« (Milne 1989, 56).

44 Sale 1978, 16 schreibt über *Winne-the-Pooh*: »the essential action is to construct a hierarchy, to calculate one's superiority to someone else and then worry about who is superior to oneself.«

Once upon a time, a very long time ago now, about last Friday, Winnie-the-Pooh lived in a forest all by himself under the name of Sanders.
(*»What does ›under the name‹ mean?« asked Christopher Robin.*
»It means he had the name over the door in gold letters and lived under it.«
»Winnie-the-Pooh wasn't quite sure,« said Christopher Robin.
»Now I am«, said a growly voice.
»Then I will go on,« said I.)
»One day ...« (Milne 1965, 2f)

An dieser Stelle wird mit der Koppelung von Märchenformel und kindlichem Zeitempfinden und mit dem Wörtlichnehmen einer Redewendung Komik erzeugt. Dazu setzt der Erzähler das nachfragende Kind ein. Es wird lediglich als Stichwortgeber benutzt, seine Frage wird nicht ernsthaft beantwortet, es bekommt eine ›falsche‹ Antwort. Der Witz kann nur von jemandem verstanden werden, der ›unter‹ nicht nur als lokale Präposition kennt. CR_2, und mit ihm der junge Leser/Hörer (falls nicht von einem verstehenden Erwachsenen aufgeklärt), nimmt nicht nur an diesem Spiel nicht teil, er muß auch die falsche ›Erklärung‹ glauben. Milne schreibt diesen Dialog in der Rahmengeschichte, nicht um CR_2 oder die jungen Leser in irgendeiner Weise zu belehren, sondern um auf ihre Kosten einen Witz zu machen. Auf der Kommunikationsebene des Buches manifestiert sich ein Vertrauensbruch zwischen den Partnern Autor und kindlicher Leser, da eine Situation entsteht, in der nicht lediglich, wie in der Diskussion um die Mehrfachadressiertheit angenommen wird[45], dem erwachsenen Leser etwas angeboten wird, was der junge Leser nicht bemerkt, und was diesen in seiner Lektüre nicht stört. Hier wird vielmehr aus einer falschen Erklärung für das Kind, die dieses nur verwirren kann, Komik für den erwachsenen (bzw. älteren) Leser gewonnen.

Allerdings erlaubt Milne CR_2, sein Gesicht wenigstens teilweise zu wahren. Er darf so tun, als ob er diese Antwort gar nicht nötig hatte; Winnie-the-Pooh sei derjenige, der es nicht wußte. Um dies zu untermauern, läßt er Pooh sich zu Wort melden[46]. Es ergibt sich eine klare Hierarchie. Der Erzähler macht einen Witz auf Kosten des im Text repräsentierten hörenden Kindes. Das Kind will nicht, daß man meint, es würde etwas nicht verstehen, also wird die Nichtkenntnis auf Pooh abgeschoben – Pooh ist nun der Dumme, über den CR_2 sich erheben kann.

Diese Passage wird von Schiffer folgendermaßen übersetzt:

---

45 Shavit 1986, 69 schreibt über die Doppellektüre:What makes this double reading possible is the mutual exclusivity of the models structuring the text; it is as if one of the models, the more conventional, permits full realization without taking the other model into account, simply because the other model excludes it. In fact, the child reader is indeed supposed to ignore the less conventional model, while the interplay of the two models, the more and the less established, can be realized by adults only.

46 Thwaite schreibt, daß Milnes Sohn Poohs Stimme auch sonst geschickt einzusetzen wußte. Er »would say things in a gruff Pooh voice which he knew would hardly be acceptable if he said them in his own« (Thwaite 1991, 283).

> Vor langen, langen Zeiten, ungefähr am vorigen Freitag, wohnte Winnnie-der-Pu unter dem Namen Sanders ganz allein in einem Wald.
> »Was bedeutet das ›unter dem Namen‹, fragte Christoph Robin.‹
> «Es bedeutet, daß der Name in goldenen Buchstaben über seiner Tür stand, und er darunter wohnte."
> Eines Tages... (Milne 1947, 14)

Hier wird wiedergegeben, daß die Frage gestellt und beantwortet wird, nicht aber Winnie-the-Poohs Rolle. Der Status des fragenden und letztendlich düpierten Kindes, dem im Original ein möglicher Ausweg geboten wird, ist hier verändert worden. CR2 ist allein der Dumme.

In seiner Wiedergabe dieser Stelle ist Rowohlt adäquater. In der Anfangszeile taucht die Märchenformel des Ausgangstexts auf, der ›Einbruch‹ des Rahmens ist wie in diesem kursiv gedruckt, und CR2 darf sein Nicht-Wissen an Pooh weitergeben:

> Es war einmal vor einiger Zeit, und diese Zeit ist schon lange, lange her, etwa letzten Freitag, als Winnie-der-Pu ganz allein unter dem Namen Sanders in einem Wald wohnte.
> (*»Was heißt ›unter dem Namen?‹ fragte Christopher Robin.*
> *«Es heißt, daß er den Namen über der Tür in goldenen Buchstaben hatte und daß er darunter wohnte."*
> *»Winnie-der-Pu wollte es nur genauer wissen«, sagte Christopher Robin.*
> *»Jetzt weiß ich es genauer«, sagte eine Brummstimme.*
> *»Dann werde ich fortfahren«, sagte ich.)*
> Eines Tages... (Milne 1989, 16f)

Das Gesicht-Bewahren, das Nicht-Zeigen, daß man etwas nicht weiß, ist ein Thema, das das ganze Buch durchzieht. Pooh gibt CR3 einen Zettel zum Vorlesen, nicht weil er, Pooh, es nicht selber lesen könne, sondern »owing to having got some water in my eyes, I couldn't read it« (Milne 1965, 128)[47]. Wissen ist streng hierarchisiert, und keiner will, daß einer, der unter Umständen weniger weiß als er, mitbekommen soll, daß er doch nicht so viel weiß[48]. Jeder aber, der auf einer höheren ›Stufe‹ steht, kann denjenigen, der auf einer niedrigeren steht, entlarven. Die Stufen reichen von Pooh ganz unten über Owl zu CR3. Und über CR3 und ihn entlarvend steht der Erzähler.

Winnie-the-Pooh ist zu einem Kultbuch für Erwachsene geworden, weil es über die Aspekte, die auch junge Leser unterhalten, hinaus viele Elemente enthält, die eine erwachsene Leserschaft direkt ansprechen. So kann es als doppeltes oder besser mehrfach adressiertes Kinderbuch bezeichnet werden. Im Gegensatz zu einer Grundannahme der Theorie der doppelten Adressiertheit, nach der die unterschiedlichen eingeschriebenen Leserrollen unabhängig voneinander rezipiert werden können, hat sich bei meiner Analyse von Textelementen, in denen sich eine Mehrfachadressiertheit ausmachen läßt, ge-

---

47   Sehr häufig wird das Adverb »carelessly« im Zusammenhang mit Verben des Sagens verwendet, um den Lesern zu signalisieren, daß der Redner sich dessen, was er gerade sagt, nicht so sicher ist, wie er es vorgibt.

48   Selbst einer wie Pooh, der bei Gelegenheit von sich selbst behauptet, »a Bear of No Brain at All« (Milne 1965, 38) zu sein, versucht sein Gesicht zu wahren.

ᴌeigt, daß Interferenzen auftreten können; die Hierarchisierung des Wissens in dem Buch führt z.T. dazu, daß die kindlichen Protagonisten CR_2 und CR_3 zum Objekt von Witzen gemacht werden, die nur von älteren Lesern verstanden werden und junge Leser u.U. verwirrt. Hier entsteht ein Vertrauensbruch zwischen kindlichem Leser und Autor.

Daß *Winnie-the-Pooh* auf deutsch kein vergleichbares Ansehen im deutschsprachigen Raum erlangen konnte, muß nach diesem Übersetzungsvergleich auch[49] der ersten Übersetzung zugeschrieben werden. Viele der Elemente im Text, die eine Mehrfachadressiertheit konstituieren und das Buch für Erwachsene attraktiv machen, sind in der Schifferschen Übersetzung nicht zu finden[50]. Die Widmung, in der der Autor etwas von sich, und der Teil der Vorstellung, in der er die Vorgeschichte des Namens ›Winnie-the-Pooh‹ preisgibt, fehlen ganz. Das Spiel mit der Orthographie, in der mithilfe der Großschreibung Ironiesignale an den erwachsenen Leser gesendet werden, fehlt ebenso wie parodistische Aufnahmen verschiedener Register. Wortspiele, wenn sie von Schiffer übersetzt worden sind, müssen oft als mißlungen betrachtet werden. Zu wenig von dem, was das Buch für Erwachsene attraktiv macht, ist in der Übersetzung vorhanden, um noch von einer adäquaten Wiedergabe der Mehrfachadressiertheit des Originals sprechen zu können.

In einem Vergleich mit dieser ersten Übersetzung von *Winnie-the-Pooh* schneidet die neue Übersetzung diesbezüglich viel besser ab. Insgesamt gesehen gelingt es Rowohlt, auch wenn er z.B. die Widmung ihre Vielschichtigkeit verlieren läßt, die verschiedenen Angebote an die verschiedenen Leser im Ausgangstext besser zu identifizieren und keinen Leser in seiner Übersetzung zu kurz kommen zu lassen. Es ist eine deutsche Fassung von *Winnie-the-Pooh*, bei deren Lektüre ein erwachsener Leser zumindest nachvollziehen kann, warum es zu einem Lieblingsbuch auch von Erwachsenen werden konnte. Ob es dies durch diese Übersetzung auch im deutschsprachigen Raum werden wird, hängt jedoch nicht nur von der Textbeschaffenheit ab, sondern auch vom unterschiedlichen Status von Kinderliteratur unter Erwachsenen und von der inzwischen unterschiedlich etablierten Rezeptionstradition von *Winnie-the-Pooh* im angelsächsischen und im deutschsprachigen Raum.

Verzeichnis der angeführten Literatur

1. Primärliteratur A. A. Milne

a) Winnie-the-Pooh-Ausgaben
Milne, A. A.: *Winnie-the-Pooh*. London: Methuen 1926

---

49 Auf andere über Eigenschaften der Texte hinausgehende Aspekte konnte ich hier nicht eingehen. Dazu gehören u.a. Faktoren wie die der unterschiedlichen »Mentalität« der Deutschen und der »typisch britische Humor« (Rojahn-Deyk 1988, 166).
50 Viele Elemente, die das Buch für Kinder attraktiv machen, auf die ich an dieser Stelle nicht näher eingehen konnte, sind in der Schifferschen Übersetzung ebenfalls nicht sehr gelungen wiedergegeben.

- *Winnie-the-Pooh*. London: Methuen 1965 (Taschenbuchausgabe)
- *Pu der Bär* Berechtigte Übertragung aus dem Englischen von E. L. Schiffer. Berlin: Williams & Co 1928
- *Pu der Bär* Berechtigte Übertragung aus dem Englischen von E. L. Schiffer. (Auflage 16-20 Tausend) Berlin: Williams & Co 1947
- *Pu der Bär* Berechtigte Übertragung aus dem Englischen von E. L. Schiffer. Berlin: Williams & Co 1947 (Williams-Jugendhefte) (= Milne 1947a)
- *Pu der Bär. Gesamtausgabe. (Pu der Bär. Pu Baut ein Haus)* Aus dem Englischen von E. L. Schiffer und Ursula Lehrberger. Neubearbeitung von Maria Torris. Hamburg: Dressler 1980 (erschien zuerst 1978 in einer Ausgabe des deutschen Bücherbundes)
- *Pu der Bär*. Deutsch von Harry Rowohlt. Hamburg: Dressler 1987.
- *Winnie-the-Pooh*. Hg. von Barbara Rojahn-Deyk. Stuttgart: Reclam (Fremdsprachentexte) 1988
- *Pu der Bär. Gesamtausgabe*. Aus dem Englischen von Harry Rowohlt. Hamburg: Dressler 1989.

b) Sonstige

Milne, A.A.: *When We Were Very Young*. London: Methuen 1924
- *Now We Are Six*. London: Methuen 1927
- *The House at Pooh Corner*. London: Methuen 1928
- *When We Were Very Young*. Berlin: Tauchnitz 1934
- *Now We Are Six*. Berlin: Tauchnitz 1934
- *Wiedersehen mit Pu*. Übertragen von Ursula Lehrberger. Berlin: Williams & Co. 1954. (später erschienen unter dem Titel *Pu Baut ein Haus*. Berlin: Dressler o.J. (ca.1961).
- *Pu baut ein Haus*. Deutsch von Harry Rowohlt. Hamburg: Dressler 1988.

2. Darstellungen

Carpenter, Humphrey/Prichard, Mari (1984): *The Oxford Companion to Children's Literature*. Oxford, New York 1984

Crews, Frederick C.: *The Pooh Perplex. A Student Casebook. In Which It is Discovered that the True Meaning of the Pooh Stories is Not as Simple as is Usually Believed, But for Proper Elucidation Requires the Combined Efforts of Several Academicians of Varying Critical Persuasions.* Milton Keynes: Robin Clark 1979 (Original in den USA 1963 erschienen)

Even-Zohar, Itamar: Polysystem Theory. in: *Poetics Today* 1, 1979, 1-2, 287-310

Ewers, Hans-Heino: Das doppelsinnige Kinderbuch in: *Grenz 1990*, 15-24 (= Ewers 1990a)

Ewers, Hans-Heino: Die Grenzen literarischer Kinder- und Jugendbuchkritik. In: Scharioth, Barbara/Schmidt, Joachim (Hg): *Zwischen allen Stühlen: zur Situation der Kinder- und Jugendbuchkritik*. Tutzing 1990, 75-91 (= Ewers 1990b)

Genette, Gérard: *Paratexte: das Buch vom Beiwerk des Buches*. Mit einem Vorwort von Harald Weinrich. Aus dem Französischen von Dieter Honig. Frankfurt/M, New York, Paris 1989 (Original: Paris 1987)

Grenz, Dagmar (Hg): *Kinderliteratur – Literatur auch für Erwachsene? Zum Verhältnis von Kinderliteratur und Erwachsenenliteratur*. München: Fink 1990

Haring-Smith, Tori: *A. A. Milne: a critical bibliography*. New York 1982

Hoff, Benjamin: *The Tao of Pooh*. New York: Dutton 1982

Lurie, Alison: ›Back to Pooh Corner‹ in: *Children's Literature*, 1973, 11-17. Wieder abgedruckt in Lurie, Alison: *Don't Tell the Grown-ups. Subversive Children's Literature*. London: Bloomsbury 1990, 145-156.

Lypp, Maria: *Einfachheit als Kategorie der Kinderliterur*. Frankfurt: dipa 1984

Milne, Christopher: *The Enchanted Places*. Harmondsworth: Penguin 1976

O'Sullivan, Emer: Kinderliterarisches Übersetzen. in: *Fundevogel*, 93/94, 1991/1992, 4-9

Petzold, Dieter: Englische Kinderlyrik und die Moderne. in: Ewers, Hans-Heino/Lypp, Maria/Nassen, Ulrich (Hg): *Kinderliteratur und Moderne. Ästhetische Herausforderungen der Kinderliteratur im 20. Jahrhundert.* Weinheim, München: Juventa 1990, 79-100

Rojahn-Deyk, Barbara: Nachwort in: Milne A.A.: *Winnie-the-Pooh.* Hg. von Barbara Rojahn-Deyk. Stuttgart: Reclam (Fremdsprachentexte) 1988, 165-180

Sale, Roger: Child Reading and Man Reading. Oz, Barbar and Pooh. in: *Children's Literature* 1972, 162-172. Wieder abgedruckt in: Sale, Roger: *Fairy Tales and After.* Cambridge: Harvard University Press 1978, 1-21

Schlegelmilch, Wolfgang: Alan Alexander Milne in: Doderer, Klaus (Hg): *Lexikon der Kinder- und Jugendliteratur.* 4 Bde. Zweiter Band. Weinheim, Basel: Beltz 1977, 482-483

Shavit, Zohar: *Poetics of Children's Literature.* Athens, Georgia, London: The University of Georgia Press, 1986

Scherf, Walter: The influence of Great Britain on German children's literature. in: sub tua platano. *Festgabe für Alexander Beinlich.* Emsdetten: Lechte 1981, 255-265

Thwaite, Ann: *A.A. Milne. His Life.* London, Boston: *Faber & Faber 1991*

Komik in der Übersetzung. Am Beispiel der deutschen *Pinocchio*-Übersetzungen und -Bearbeitungen

Sonia Marx (Innsbruck)

I. Das Komische in Pinocchio

»Lügen erkennt man sofort«, erfahren wir in Kap. XVII der *Abenteuer des Pinocchio*; es gibt nämlich zweierlei Lügen: »die einen haben kurze Beine und die andern eine lange Nase«, und *Pinocchio*s Lügen gehören eben zu denen, die eine »lange Nase« haben. Und gerade diese lange Nase ist das Identifikationsmerkmal des nun mehr hundertjährigen Titelhelden geworden: sie wird länger und länger, wenn er seine Lügen auftischt, und verkürzt sich plötzlich zu einer normalen Nase, wenn er mit der Wahrheit herausrückt. Die Mobilität dieses ›Lügenanzeigers‹ und – mit Jauss (1976, 120) gesprochen – die Unverhältnismäßigkeit realer Größen und ihrer irrealer Übergrößen bewirken in *Pinocchio* jene komischen Effekte, die Generationen von Lesern (allen voran die Kinder) zum Lachen gebracht haben.

Daß nicht nur Originaltexte, sondern auch Übersetzungen zur Sprachwirklichkeit geschriebener deutscher Sprache gehören, ist eine Einsicht, die in den neueren sprachgeschichtlichen Darstellungen explizit thematisiert wird und in der Übersetzungsliteratur ihren praktischen Niederschlag findet (Toury 1980, Snell-Hornby 1986). Die lange Nase des Hampelmannes gilt auch im deutschen Sprachraum als Markenzeichen seiner Klassizität. Ausgehend von der freien Nachdichtung O. J. Bierbaums (1905) über Grumanns Bearbeitung acht Jahre später, folgte eine stattliche Anzahl von Bearbeitungen und Übersetzungen, die den toskanischen Titelheld als »komische Figur« des »Puppen- bzw. Kasperltheaters« eindeutschten.

Der große Wurf gelang schlicßlich den Massenmedien (Tonträger: Kassette und Schallplatte sowie Film) im Boom der 70er Jahre: schlagartig verwandelten ihre Bearbeitungen *Pinocchio* in einen populären Helden (Marx 1992).[1]

Von der Berühmtheit und Macht des Originals zeugen paradoxerweise auch die Parodien *Pinocchio*s im deutschen Sprachraum, da sie ein Vorwissen voraussetzen: die Kenntnis des Originals (Ewers 1986, 85f.). Das Verfahren, einen ›alten Helden in neue Gewänder‹ zu stecken sowie althergebrachte Normen und Verhaltensweisen auf den Kopf zu

---

1 Hand in Hand mit dem wachsenden Bekanntheitsgrad der Figur ging auch jene Tendenz zur Trivialisierung, die Tabbert (1984, 291) bei Bearbeitungen komisch-phantastischer Kindererzählungen für die Massenmedien beobachtet hat. *Pinocchio* ist flexibel und multifunktional: vom ›Tugendbüchlein‹ über den vielversprechenden ›Lachknüller‹ bis zum ›Konsumartikel‹ schlechthin. Vgl. dazu Marx 1992

stellen, bot sich bei Collodis Werk geradezu an. Sein Inventar an Redewendungen und Sprichwörtern war als Reservoir geflügelter Worte für jeden beliebigen Anlaß ›handgreiflich‹ geworden, wobei der einseitige Wahrheitsanspruch zum Widerspruch reizte. Daß die Abnützungserscheinungen des Werkes ein literarisches Spiel mit dem ›sprichwörtlich‹ gewordenen Titelhelden nahezu suggerierten, belegt der Beltz & Gelberg Verlag, der mit dem *Neuen Pinocchio* Ch. Nöstlingers einen Volltreffer machte (Marx 1990b).

Wie Übersetzer und Bearbeiter versuchten, mit dem nicht unproblematischen Werk Collodis fertig zu werden, habe ich in meiner Arbeit über die Übersetzungsgeschichte der *Abenteuer des Pinocchio* im deutschen Sprachraum untersucht (Marx 1990a). Zu den größten Hürden für die Interpreten zählt die Tatsache, daß es sich um ein hintergründiges Märchen handelt. Es stellt ein klassisches Zeugnis der Kinderliteratur dar, gleichzeitig aber auch eine Erzählung von so hohem stilistischen und literarischen Wert, daß sie deren Rahmen transzendiert und zu ›Literatur‹ schlechthin wird.[2]

Beleuchten wir einen ambivalenten Text wie *Pinocchio* unter dem Aspekt des Komischen, müssen wir der Intuition des Betrachters Rechnung tragen sowie den Leser und seinen Erfahrungshorizont miteinbeziehen, denn komisch ist ein Text nur dann, wenn ihn der Leser so findet.[3]

---

2 Meine Untersuchung ergab, daß *Pinocchio* im deutschen Sprachraum fast ausschließlich als spannendes, lustiges und zugleich erzieherisch wertvolles Erzählprodukt für Kinder gedeutet wurde. Erst in jüngster Vergangenheit wurde der Absicht des Autors, eine (kindliche und erwachsene) Doppelleserschaft anzusprechen, von jenen Übersetzern Rechnung getragen, die *Pinocchio* auch als Erwachsenenlektüre ernstgenommen und entsprechend ausgelegt haben: z.B. H. Ried (1982), H. Bausch (1986) und J. Meinert (1988). Zur Problematik des ›ambivalenten Textes‹, der neben dem offiziellen Adressaten durchweg einen inoffiziellen Adressaten (den Erwachsenen) als Mitleser hat, siehe Shavit (1986). Ihre Überlegungen haben u. a. Lypp (1987) und Ewers (1987) aufgegriffen und fortgeführt.

3 Geht Komik aus der Art und Weise hervor, in der etwas gesagt, oder aus dem ›was‹ gesagt wird? Diese Frage ist selbst für Philosophie und Wissenschaft offen geblieben: Die einhellig Vorsicht spiegelnden Meinungen verraten umso deutlicher die Komplexität des Phänomens (vgl. Preisendanz/Warning 1976). Angesichts dieser Tatsache kann und will sich die vorliegende Studie auch nicht anmaßen, die verschiedenen Erscheinungsformen des Komischen sowie die disparaten Annäherungsweisen und entsprechenden Deutungen des Phänomens zu besprechen. Calvino antwortete auf die oben gestellte Frage, es gäbe mindestens zwei Arten etwas zu sagen; man sagt das, was man wirklich meint, oder man sagt etwas so, daß man darunter auch etwas anderes verstehen kann. Im Prinzip kann folglich alles komisch dargestellt werden, es wird aber von der Art und Weise, in der es gesagt oder dargestellt wird, modifiziert. Wenn es komische Gegenstände an sich nicht gibt, ist jedoch die Art der Formulierung entscheidend. Die Hauptquelle des Komischen kann in manchen Fällen in dem, was gesagt wird liegen, in anderen kann die als »sprachliche Anomalie« feststellbare Komik die eigentliche Quelle des Komischen sein. Das instantane Umschlagen und Präsentbleiben von Kontexten wie es in den Verwandlungen in den *Abenteuern des Pinocchio* zutage tritt oder groteske leibliche Ausformungen, wie etwa Pinocchios Identifikationsmerkmal, die überlange Nase, bilden das Fundament der Komik Collodis. Man könnte hier mit Henrich (1976) und Lypp (1986) von »freier oder basaler« Komik sprechen. Das zweite Verständnis von Komik setzt die Kenntnis tradierter Normen voraus und bewirkt im erwachsenen Leser eine Distanznahme (»Komik der Befreiung« nach Lypp 1986, 452). Im Ge-

Das Komische wurde mit Blick auf seine Wirkung als ein In-Frage-Stellen von Normen oder auch als eine Kollision mit Normen definiert (Tabbert 1984, 285). Was die Norm, das Gewohnte, das Natürliche konkret ausmacht, erscheint altersbedingt, national–, kultur- und sprachspezifisch ausgeprägt, ist nicht zuletzt auch abhängig vom Bildungsstand.»Die ›Empfindung für das Komische‹ ist abhängig von bestimmten Werthaltungen und Lebensauffassungen e[ines] Volkes und damit national unterschiedlich, bes[onders] als Temperaments-K[omik] oft anderen Nationen verschlossen«, schreibt Wilpert (1961, 295). Er fügt allerdings folgende Einschränkung hinzu:»dagegen sind die höchsten lit[erarischen] Ausprägungen [darunter zitiert er u.a. Goldoni, Nestroy und Raimund] allgemeinmenschlich und -verständlich«. Wilperts Behauptung gibt mit Blick auf das stark soziokulturell markierte Meisterwerk Collodis, das schon über hundert Jahre alt ist, zahlreiche Denkanstöße. Wie vielschichtig die Traditionsstränge sind, aus denen in *Pinocchio* Komik entspringt, sei an einigen exemplarischen Textstellen demonstriert.

»Es war einmal!...›Ein König!‹ werden sofort meine kleinen Leser ausrufen. Nein, Kinder, dieses Mal habt ihr es nicht erraten. Es war einmal ein Stück Holz« (R, 7). Mit dieser vertrauten Anfangsformel weckt der Autor im Leser oder Zuhörer die Erwartung auf das Märchenmuster. Doch gleich darauf folgt ›eine kalte Dusche‹: anstelle von Erhabenheit und Wundergeschehen erscheint ein ärmliches bäuerliches Umfeld. Daß Collodi ein Anti-Märchen schreiben wollte, scheint offensichtlich. Der Titelheld ist weder ein König noch ein Prinz, sondern ein »ganz gewöhnliches Brennholz, wie man es im Winter für die Öfen und Kamine braucht, um Feuer anzumachen und die Stuben zu heizen« (R, 7). Die Handlung spielt im bäuerlichen toskanischen Milieu – weit entfernt vom höfischen Prunk und Glanz der Contes von Perrault, die Collodi ins Italienische übersetzt hatte. Das geheimnisvolle Dasein dieses Stücks Brennholz beginnt sich langsam, auf Schritt und Tritt zu enthüllen und markiert den Beginn einer Reihe seltsamer Veränderungen. Als eigenwillige und literarisch anspruchsvolle Variante des Kunstmärchens spielt *Pinocchio* in zwei Welten, einer realen und einer wunderbar märchenhaften, wobei deren Gegensätzlichkeit durch eingehende, detailfreudige Schilderungen herausgehoben wird.[4]

Das »plötzliche Umschlagen« von einer Welt in die andere, eine Technik, die Collodi bereits in den ersten Zeilen praktiziert hatte, bietet in der Folge eine fast unerschöpfliche Quelle komischer Situationen. Nach der anfänglichen graduellen Verwandlung eines

---

gensatz zur freien Komik, die den Aufschwung der Imagination fördert, müssen die oben angedeuten Normen und Formen des literarisch Komischen (Ironie, Satire, Verfremdung) vom kindlichen Leser erst allmählich erworben werden.

4 Vgl. z.B. die realistische Beschreibung der ärmlichen Behausung von *Pinocchios* Ziehvater in Kap.III. In Gegensatz dazu steht in Kap. XVI die phantastische luftfarbene Kutsche der Fee, »die ganz mit Kanarienvogelfedern gepolstert und innen mit Schlagsahne, Creme und Biskuits gefüttert war« und von hunderten Gespannen weißer Mäuschen gezogen wurde (R, 76). Kutscher der Herrin der Tiere, deren Gegenwart immer durch ein türkisfarbenes Licht signalisiert wird, ist der elegante Medoro, »ein prächtiger Pudel, der, ganz, wie ein Mensch, aufrecht auf den Hinterbeinen ging. Dieser Pudel hatte ein festtägliche Kutscherlivree an... «(R, 75f.).

Stücks Brennholz in einen Hampelmann, der aber lachen und weinen kann (wie ein Kind), folgen in den einzelnen Abenteuern überraschende Metamorphosen bzw. Strafverwandlungen, weil der Titelheld den Ansprüchen, die an ihn gestellt werden, nicht gerecht wird: vom »Holz-Hampelmann« in einen »Hampelmann-Hund«, dann in einen »Hampelmann-Esel« (dessen Fell schließlich nur noch für eine Trommel taugt) und zu guter Letzt in einen »Hampelmann-Fisch«, der ein übles Ende in der Bratpfanne riskiert. Im Zuge aller dieser Verwandlungen bleibt Pinocchios Doppelexistenz als Marionette und Mensch immerfort präsent.[5]

Daß der Titelheld schon immer eine berühmte Marionette neben Harlekin, Pulcinella und der Dame Rosaura gewesen ist, erfahren wir in Kap. X. In der Tat entspringt eine weitere Quelle des Komischen dem Stegreiftheater, das im Zeichen der toskanischen Stenterello-Tradition steht. Man denke an die zahlreichen Dialoge, in denen Collodi seinem Sprachwitz und den Schlag-auf-Schlag Repliken freien Lauf läßt, an die deftigen Prügelszenen zwischen Geppetto und Meister Antonio (Kap. II) sowie an die wilde Rauferei zwischen Pinocchio und seinen Kameraden am Meer (Kap. XXVII), die jeweils von entsprechenden Schimpfkanonaden begleitet werden und – im Vergleich dazu – an Pinocchios Schmeichel- und Überzeugungskunst in Kap. XI. Hier wird die Aufmerksamkeit des Lesers vom Ernst der Situation (Feuerfraß befiehlt den Hampelmann ins Feuer werfen, um seinen Hammel knuspriger zu braten) plötzlich auf das Niesen des Zirkusdirektors mitten in seiner Rede gelenkt.[6] Flink nutzt Pinocchio diesen Umstand aus, um sich mit entsprechender Zungengewandtheit aus der Schlinge zu ziehen. Die Reihe der Beispiele ließe sich natürlich beliebig erweitern. Unübersehbar sind für den aufmerksamen Leser die Spuren der Typenkomödie, etwa die Kritik an den korrupten staatlichen Einrichtungen, wie sie vom Richter und den Ordnungshütern der Stadt »Dummenfang« verkörpert werden oder die ironische Verspottung der unkompetenten und desto selbstgefälligeren Ärzte an Pinocchios Krankenbett.

Textsorte und Intention prägen Collodis lebendigen, vor toskanischem Witz sprühenden Stil, seine Syntax und Lexik. Die bildhafte Ausdrucksweise, Metaphorik und Idiomatik, in denen sich das bäuerliche Umfeld der Toskana zur Jahrhundertwende spiegelt, verleihen dem Werk seinen unverwechselbaren Charakter. Sie erfüllen vielfältige Funktionen: markieren z. B. die Kulturspezifik des Werkes, charakterisieren die Handlungsbeteiligten, veranschaulichen das Geschehen und charakterisieren den Bezug Text-Leser. Die doppelte Adressatschaft des Originalwerkes wird entscheidend durch diese Elemente geprägt. Der Versuch, in *Pinocchio* komische Textstellen aufzuspüren und dabei jene Fak-

---

5 Durchaus menschlich sind seine Gefühle (Ärger, Wut, Verzweiflung, Reue, Angst, Freude) und Hungerphantasien, während sein erstaunlicher Bewegungsdrang mühelos die Trägheit der Materie überwindet. Das Krachen seiner Scharniergelenke, sein Holzkopf im wörtlichen und im übertragenen Sinne und die Tatsache, daß er sich vor Verzweiflung nicht einmal die Haare raufen kann, weil sie aus Holz sind (Kap. XXIII), stellen sein Dasein als Hampelmann in den Vordergrund.

6 Nach Plessner (1961, 108) entsteht die komische Perspektive u. a. dadurch, daß unsere Aufmerksamkeit auf die physische Natur eines Menschen hingelenkt wird, bei Situationen, in welchen seine geistige im Vordergrund steht.

toren, die den komischen Effekt verursachen, zu beschreiben, stößt auf ein breites Spektrum der Erscheinungsformen des Komischen. Es reicht von Situationskomik (bzw. referentieller Komik)[7] über Sprachkomik oder sprachimmanenter Komik[8] bis hin zu Textstellen, die sich auf einer Grenzlinie zwischen beiden Komikarten befinden. Der komische Effekt dürfte bei diesen Grenzfällen hauptsächlich der Unangemessenheit, dem Spannungsverhältnis zwischen dem erzählten Sachverhalt und der Art, wie er erzählt wird, entspringen[9].

II. Elemente der Sprachkomik Collodis im Spiegel der Übersetzungen und Bearbeitungen

»Es gibt wohl keinen besseren Weg den Geist und die poetischen Qualitäten eines Werkes zu erkennen als die Analyse seiner fremdsprachlichen Übersetzungen«, bemerkt Erwin Koppen in seinem Gutachten über die Übersetzungsgeschichte *Pinocchios* im deutschen Sprachraum. Wie jeder stilistische Effekt, so entsteht auch der komische Effekt durch ein ›Mehr‹ an Kodierung oder durch eine andersartige Kodierung. Legt man das Augenmerk auf jene sprachlichen Organisierungen in *Pinocchio*, denen komische Effekte entspringen, so entdeckt man eine bunte Palette: sie umfaßt sprechende Namen, Spitznamen, phantastische Ortsnamen; Vergleiche, Metaphern, Hyperbeln; Tautologien; Stilbrüche; Wortspiele und Spiel mit Sprache (darunter Spiel mit Polysemie, Wortverdrehungen etc.); Ellipsen und Anakoluthe u. ä.

---

7 Diese Art von Komik ist natürlich relativ, denn die Sachverhalte werden insofern komisch empfunden, als sie sich von den üblichen stark unterscheiden, ja ihnen sogar widersprechen. Sie erstreckt sich in *Pinocchio* über eine reiche Skala von Motiven und Themen, z. B. die komische Herabsetzung des Todes, die groteske Gestaltung von Körperteilen usw.

8 In diesen Fällen wird Komik wesentlich von der Art des Formulierens bedingt. In anderen Worten gesagt: die als sprachliche Anomalie feststellbare Komik ist die eigentliche Quelle des Komischen.

9 Diese Art von Komik finden wir in *Pinocchio* etwa bei Themen, denen nichts Komisches anhaftet und die auch keine entsprechenden sprachlichen Modifikationen nachweisen, die den komischen Effekt hervorrufen könnten. Hier dürfte die Einstellung zum Gegenstand Komik schaffen. Diese entsteht durch den Abstand und durch die Spannung zum Gesagten und der Art, wie es gesagt wird. Diese Art von Komik, die durch Unangemessenheit zwischen thematischer und sprachlicher Ebene entsteht, liegt weder im sprachlichen noch im thematischen Bereich, sondern auf der Grenzlinie zwischen beiden. Diese letzte Deutung rückt in die Nähe der Erklärung, die Preisendanz (1976, 8 – 15) für den ›literischen Humor‹ gibt. Eine Charakteristik des Humors liegt – seiner Meinung nach – im Spannungsverhältnis zwischen Darbietung und Sachverhalt. Als exemplarisches Beispiel könnte man das angebliche Unwohlsein von Katze und Fuchs im ›Gasthof zum Roten Krebs‹ und ihre darauffolgende überraschende bis in kleinste Detail beschriebene Freßorgie anführen (Kap.XIII).

Sprechende Namen, Spitznamen, phantastische Ortsnamen

Zu den auffälligsten Verfahren des toskanischen Autors zählt die Erfindung von sprechenden Namen, Spitznamen und Ortsnamen, die, mit entsprechenden Anspielungen gewürzt, dem Charakter seiner phantastisch-komischen Erzählung Rechnung tragen. Als ergiebige Quelle für Sprachkomik wurden sie von den meisten Interpreten nationalspezifisch gedeutet. Außerdem konnte ich beobachten, daß sich Übersetzungen und Bearbeitungen österreichischer Herkunft in ihrem Vokabular und ihrer Idiomatik deutlich von den im engeren Sinne ›deutschen‹ abheben.

In Deutschland tauchte *Pinocchio* erstmals in D.J. Bierbaums freier Nachdichtung auf. Wollte man das Thema dieser Studie eng abgrenzen, könnte man sein Werk ausklammern, da es nicht mehr in den Bereich der ›Übersetzung‹ fällt, sondern eher in die Nähe der Travestie rückt. Bierbaum lieferte aber als erster Bearbeiter Collodis im deutschen Sprachraum immerhin die erste deutsche *Pinocchio*-Fassung, und diese blieb auf die nachfolgenden Interpreten und Übersetzer nicht ohne Einfluß. In der 1905 im Schaffstein Verlag erschienenen Ausgabe, die den bezeichnenden Untertitel *Eine deutsche Kasperlegeschichte in dreiundvierzig Kapiteln* trägt, liest man zu Beginn:»Einer eigentlichen Übersetzung widerstrebt die streng nationale Eigenart des für Italien zu klassischer Bedeutung gelangten Werkes, doch reizte es gerade darum zu einer ganz freien, selbständig deutschen Behandlung seines auf glücklichste erfundenen Stoffes« (Bier, Vorsatzblatt). Die Eindeutschung des Titelhelden erfolgt auf ersten Blick durch den drolligen Namen *Zäpfel Kern*[10].

Daß der Hampelmann aus Tannenholz (nicht, wie im Originaltext aus Pinienholz) durch und durch ein deutscher Kasperl ist, beweist u. a. seine Garderobe (Bier, 48) und wird durch das Erscheinen anderer bekannter komischer Figuren des deutschen Puppentheaters, wie etwa der beiden Spaßmacher Hanswurst und Pickelhering verstärkt. Man vergleiche dazu das zehnte Kapitel:

»Das Kasperle auf der Bühne, durch diesen ungeheuren Applaus geschmeichelt, sah in die Höhe und erblickte das Kasperle auf der Galerie. Das sehen und einen Luftsprung machen war eins. Dann trat das Kasperle an die Rampe, streckte den Finger nach der Galerie aus und rief:

Potz Stiefelstafelstumpelstern!

Da oben steht der Zäpfel Kern!

---

10 Im dritten Kapitel erzählt Bierbaum, warum der Hampelmann diesen eigenartigen Namen trägt:»Zuerst muß das Kind einen Namen haben«, murmelte er [Meister Zorntiegel alias Geppetto].»Ich muß doch wissen, wen ich mache! [...] Soll ich ihn Zorntiegel junior nennen?«»Da muß ich doch schön bitten«, rief ein dünnes Stimmchen,»ich heiße Zäpfel Kern!« [...] »Du hast also schon einen Namen? Um so besser! Dann brauche ich mir darüber nicht erst den Kopf zu zerbrechen! Also Zäpfel Kern? Famos! Zäpfel ist so etwas wie Hänsel oder Fränzel; und Kern, – Kern, das klingt ganz hübsch und dauerhaft. Dafür will ich dir aber auch ein wunderschönes Köpfel schnitzen, mein liebes Zäpfel. Ein reizendes Zäpfel-Köpfel. Hehehehe!« (Bier, 21).

»Wär's möglich!« rief Hanswurst, stand auf und trat gleichfalls vor, indem er die Hand übers Auge hielt, um besser sehen zu können. »Es ist klar wie Kloßbrühe, er ist's!« schrie Pickelhering und sprang aus dem Souffleurkasten.

> Bei meiner Mützenspitz',
> Das ist ein guter Witz,

rief ein Harlekin; »er ist's, oder ich bin eine Butterbemme!« Pimpinella aber sprang mit einem Satz ins Orchester und rief:

> Schnärreng, schnärreng, schärreng,
> Er ist es, mein Cousin.

Da konnte sich Zäpfel Kern nicht länger zügeln. Er machte einen Hechtsprung über die Schranke der Galerie hinunter, sprang wie eine Heuschrecke über die Köpfe des Publikums weg, schloß Pimpinella in seine Arme und ließ sich mit dieser von den übrigen auf die Bühne hinaufziehen, wo nun eine Begrüßungsszene entstand, die eigentlich noch viel lustiger war als das lustigste Theater« (Bier, 58 f.).

O.J. Bierbaums eigenwillige Auslegung, machte mit ihrer ›Eindeutschung‹ Schule. 1913/14 erschien die erste ›Übersetzung‹ *Pinocchio*s im Herder Verlag. Ihr Autor, Anton Grumann, hielt sich zwar an den Originaltext, bearbeitete aber alle jene Elemente, die für ein deutsches Kind von damals schwer verständlich hätten sein können. Er prägte vor allem jenen Namen, mit dem Pinocchio bei den Generationen vor der Fernsehkultur bekannt wurde: das *hölzerne Bengele*. Sämtliche Übersetzer und Bearbeiter orientierten sich in der Folge hauptsächlich an Bierbaums und an Grumanns Version, versuchten sich aber in der Namengebung zu differenzieren. So erfolgte z.B. Pinocchios erster ›Auftritt‹ in Österreich explizit im ›hölzernen‹ Gewande als *Hölzele*(La). Hatte Bierbaum auf die Verwandlung des Hampelmannes in ein Menschenkind verzichtet und die *Abenteuer* letzten Endes als ›Traum‹ Zäpfel Kerns gedeutet, so behalten die späteren Interpreten die Metamorphose im Schlußkapitel bei, variieren dafür die Identifikationsmerkmale des Titelhelden. In der klassischen Spiegelszene findet z.B. in Latterers Version eine Metamorphose à la Grumann statt, erzählt wird sie uns aber auf gut wienerisch: »Nicht mehr das dumme Wurstelgesicht mit der langen Nase sah er darin, sondern das Bild eines netten, feschen Buben mit blonden Haaren, blauen, braven Augen«. (La, 165f.)

Zahlreiche andere Namen geben im Laufe der abwechslungsreichen Übersetzungsgeschichte *Pinocchio*s im deutschen Sprachraum Aufschluß darüber, wie der Titelheld interpretiert wurde: angefangen von »Wurstel, Purzel« bis hin zu »Kasperl Larifari«, »Bimbo« und »Klötzli«. In seinen Konnotationen vielfach strapaziert, erfährt der toskanische ›burattino‹ in der zweiten Hälfte der 80er Jahre eine Blutzufuhr. Hatte sein Bekanntheitsgrad und gleichzeitig auch der Überdruß an ihm das Erscheinen des *Neuen Pinocchio*s (1988) Christine Nöstlingers bewirkt, so finden wir im gleichen Zeitraum interessanterweise zwei neue Übersetzungen auf dem Buchmarkt (Bausch 1986, Meinert 1988). Ihre Autoren bleiben der Doppeldeutigkeit des Originaltextes treu, differenzieren sich jedoch durch individuelle stilistische Akzentsetzungen. Man denke etwa an Meinert, der den Namen Pin – occhio wörtlich auslegt: ›pigna‹ (Zapfen) + ›occhio‹ (Auge), auf gut deutsch Zapfenauge.

Nun zu den anderen Personen: Wird Meister Antonio (bzw. Anton) mit einer Anspielung auf seine Nasenspitze [die] »immer so blank und blaurot angelaufen war wie eine ausgereifte Kirsche« (R, 7) dem Originaltext entsprechend »Meister Kirsch/e« (R, E, L, Bi, B, P, C, RG, Lu, Er) oder »Kirschnas« (La) getauft, so heißt er bei den älteren Interpreten »Tischlermeister Gottlieb, genannt Pflaume« (Bier), Meister »Pflaum« (G) und in einer österreichischen Fassung Meister »Zwetschkenmus« alias Meister »Powidl« (T), ein Ausdruck tschechischen Ursprungs, der dem deutschen ›Pflaumenmus‹ entspricht.[11]

Auch Pinocchios Ziehvater Geppetto wird in den meisten Versionen eingedeutscht. Angefangen mit Bierbaum, der auf den Eigennamen verzichtet und den Alten wegen seiner cholerischen Anfälle Meister »Zorntiegel« tauft, über Latterers Vater »Armerling« (weil er eben arm war) bis hin zu Ch. Birnbaums Vater »Knurz«, der in der Schlußszene »frisch, gesund und knurzvergnügt wie eh und je« in seiner Werkstatt sitzt. Schwieriger wird es bei den spezifisch italienischen Konnotationen von Geppettos Spitznamen, denn auf Grund seiner gelben Perücke rufen ihn alle »Polendina«. Als erster hatte Bierbaum diese harte Nuß zu knacken – er ließ sich eine andere Vergleichsbasis einfallen und beschreibt Meister Zorntiegel wie folgt:»ein sehr lebhafter alter Mann, der immer große Pläne in seinem Kopf, auf seinem Kopf aber eine gelbe Perücke hatte, von der ihm der Spitzname ›Nudelhaar‹ geworden war, denn wirklich, diese falschen Haare hatten ganz die Farbe von Suppennudeln. Da aber Meister Zorntiegel große Stücke auf seine Perücke hielt und fest davon überzeugt war, daß sie das schönste Kunstwerk aus Haaren sei, das auf der Welt existierte, versetzte es ihn in die höchste Wut, wenn ihn jemand bei diesem Namen nannte«. (Bier, 15).

Angeregt durch die Phantasie seines Vorgängers, schlägt Grumann sogar zwei Lösungen vor:»Schnefler-Seppel« (Anspielung auf sein Geschick als Schnitzer) und »Gälfink« (Anspielung auf seine gelbe Perücke). Der Vergleich mit einem Vogel findet in einer österreichischen Fassung ein ›gefiedertes‹ Pendant. Diesmal wird Pinocchios Ziehvater wegen seines Kopfputzes mit einem Kanarienvogel verglichen: umgangssprachlich verkürzt »Kanari« (RG). Näher betrachtet scheint auch dieser Spitzname doppeldeutig zu sein, denn so mancher österreichische Leser assoziert damit Kanarisoße, die hellgelbe Vanillesauce, die zu warmen Buchteln (Gebäck aus Hefeteig, meist mit Marmelade gefüllt) gereicht wird.[12] Eine ganze Reihe von Interpreten sucht nach einer ›verzehrbaren‹ Vergleichsbasis in Komposita mit dem Bestimmungswort ›Mais‹: »Maiskolben« (Nö), »Maisfladen« (M), »Maiskuchen« (R), »Maisbrei« (B), »Maispudding« (L), andere wiederum versuchen es mit »Maisschopf« (E, Bi). Dem italienischen »Polendina« am nächsten steht allerdings die spezifisch österreichische Bezeichnung »Kukuruz«, die von zwei Bearbeitern gewählt wurde (T, La).[13] In einer der Versionen wird der Spitzname »Kukuruz« phonetisch variiert auf »Kukukuruz« mit doppelter Anspielung: auf den Maiskolben und auf den Scherz- und Neckruf »Kuckuck« (La). Andere österreichische Interpreten

---

11 S. Duden: Wörterbuch der österreichischen Besonderheiten 1980, 143; (in der Folge zit.: Duden-österr. und Seitenzahl).

12 Belegt in F. Herzmanovsky-Orlandos Gaulschreck (s. Duden-österr., 49).

13 Ausdruck, der aus dem Türkischen stammt und dem deutschen ›Mais‹ entspricht. Unter Kukuruzsterz wird eine »in Fett geröstete Masse aus Maismehl« verstanden (s. Duden-österr., 115). Dazu Kukuruzkolben ›Maiskolben‹, Beleg in J. Roths, *Radetzkymarsch* (s. Duden-österr., ebda.).

verzichten auf die Anspielung mit etwas Eßbarem und taufen Geppetto »Strohkopf« (P, C, Lu), ein Einfall, der in der Fassung des Droemer Knaur Verlags aufgegriffen und geändert wurde: »Joseph war (...) nicht nur ein Butterkopf, sondern vorallem ein Hitzkopf« (Er, 7).

Romeo, Pinocchios Freund, der ihn überzeugt, ins Spielzeugland zu fahren, ist allgemein als »Docht« (C, RG, R, E, B) oder »Kerzendocht« (L) bekannt: »er war nämlich ein dürres, schmächtiges und bleiches Persönchen, so, wie eben ein frischer Docht in einem Nachtlicht aussieht« (R, 159). Einige Österreicher bleiben zwar dem Vergleich mit einem Kerzendocht treu, fügen aber ein regionales Diminutivsuffix hinzu und machen daraus den heimisch klingenden Namen: »Döchterle« (La) und »Dochterl« (P). Romeos Charaktereigenschaften suggerierten z.T. freiere Interpretationen: Bierbaum hatte ihn z.B. »Spinnifax« getauft, »denn er spinnt immerfort Faxen und Pläne, mit denen sich ein Kind nicht abgeben soll« (Bier, 216); Grumann erfand den Spitznamen »Röhrle«, denn »er war ein dünnes, zartes Kerlchen, aber in allen Strichen durch wie ein Blasröhrle« (G, 182). Andere Bearbeiter greifen die Anspielung auf seine Magerkeit auf und nennen ihn »Strich« (Bi) oder »Bindfaden« (Er).

Auch die zahlreichen sprechenden Tiere der *Abenteuer des Pinocchio* wurden von einigen Interpreten umgetauft – angefangen mit Bierbaum, der sich nicht nur lustige Namen, sondern pompös klingende Ehrentitel ausgedacht hatte, die mit Ton und Inhalt des *Zäpfel Kerns* in Einklang stehen. Das Gaunerpaar »Fuchs und Katze«, von Zäpfel Kern zunächst mit »Frau Kneifaug und Herr Hinkepink« angesprochen (Bier, 68), entpuppt sich adeliger Herkunft: »Alopex Opex Pix Pax Pox Pux Fuchs Freiherr von Gänseklein auf Hühnersteig« (Bier, 69), für Freunde kurz – »Baron Alopex« und »Frau Miaula Mietsinsky«, »Gräfin auf und zu Dachhausen«, »die sich aber nur kurz Madame Miaula nennen läßt, weil ihre Vermögensumstände leider ihrem alten Adel nicht entsprechen« (Bier, 68f.). Adeliger Herkunft ist natürlich auch der Diener der Fee, der Falke »Herr Ritter Falk von Weißenschwingen«. Ihr Kutscher, der elegante Pudel Medoro trägt »auf der weiß gepuderten Perücke einen Dreimaster mit himmelblauen Straußenfedern« (Bier, 102) und hört auf den Namen »Löcklich«. Er hat – im Unterschied zum Originaltext – zwei Söhne »Wuff« und »Waff« , »die beinahe so schön angezogen waren wie ihr Papa, doch nicht ganz, denn sie waren erst Unterlakeien« (Bier, 104). Neben Löcklich zählen zwei weitere elegante Diener zur Gefolgschaft Frau Dschemmas: »Lumpsack, der Leibjäger, ein sehr verwegener Foxl, gleichfalls wunderbar, aber ganz in Grün gekleidet« (Bier, 104) und ein »wunderschöner Schnautzel in Generaluniform«, der auf Grund seines militärischen Geschicks den Titel »General Bumbautz« trägt (Bier, 119). Tituliert werden aufgrund ihres Métiers auch andere Tiere: denken wir an »Sanitätsrat Rabe«, »Medizinalrat Eule«, »Professor Doktor Maikäfer« (das Pendant zu Collodis Sprechender Grille) oder an den Thunfisch, *Pinocchios* Leidensgenossen im Haifischbauch, »Knurrhahn, Seefisch und Bauchredner« (Bier, 268).

Hand in Hand mit den veränderten Konnotationen des Tier- und Personeninventars gehen in der ersten Eindeutung *Pinocchios* Ausschmückungen und frei erfundene Szenen: nach der Fahrt mit »Doktor Schlaumeier« wird der Titelheld als »Zäpfel der Erste« zum »König von Spielimmerland« gekrönt (Bier, 245) und sein Freund – Spinnifax –

rückt zum »Fürsten und Reichskanzler« auf. An die Stelle des Gemüsehändlers »Giangio« tritt ein Müller: »Herr Klapperrad«, »der, über und über mit Mehl bestaubt, vor seiner Mühle stand, deren großes Rad, von einem kleinen Bach betrieben, sich fleißig drehte« (Bier, 283f.). Mit ihm steht eine neue Figur in Verbindung, die in Zäpfel Kerns Bemühen um das ›tägliche Brot‹ Bedeutung gewinnt: Es ist »Bäckermeister Winzigbrot«, der auf die zehn schweren Mehlsäcke des Müllers bzw. auf den ›Lieferjungen‹ Zäpfel Kern wartet (vgl. Bier, 284).

Die freie ›Eindeutschung‹ des toskanischen Werkes ermutigte etliche spätere Interpreten sprechende Namen zu erfinden, z.B.: »Wachtmeister Zwiebelbart« für den Polizisten, der Pinocchios Flucht in Kap. III unterbricht, indem er den Hampelmann an seiner langen Nase packt (T); »Uwe Tangbart« für eine Figur, die bei Collodi als ›Grüner Fischer‹ auftaucht (T); »Carlo Diabolicus, zu deutsch Karl der Teufel« für den Direktor des Marionettentheaters (T); »Gärtner Krautkopf« (Bi, RG) für den Gemüsehändler Giangio. Die Tendenz zu erhöhter Sprachkreativität tritt ganz deutlich in jüngster Zeit zutage. Insbesondere Meinert (1988) pflegt in seiner Übersetzung den spielerischen Umgang mit Sprache, indem er sich durch originelle Deutungen der Personen- und Tiernamen auszeichnet. Man denke etwa an »Alidoro«, den treuen Hund, der Pinocchio aus den Klauen des Grünen Fischers rettet. Bierbaum hatte ihn wegen seiner Schnelligkeit »Schnapps« getauft, Meinert setzt den italienischen Namen Wort für Wort um in ›ali + d'oro‹ (= ›Flügel‹ + ›Gold‹) und schafft den bildlichen Namen »Goldflügel«, der auf die Geschwindigkeit und Hilfsbereitschaft des Hundes anspielt.

Zu den evidentesten Beispielen für Sprachkomik in *Pinocchios Abenteuern* zählen ferner die phantastischen und metaphorischen Ortsnamen. Ihnen entspricht nach Klotz (1985) das »sinnfällige Ausleben der genannten Laster bzw. Tugenden«, mit dem Pinocchio in enge Berührung gerät. Im »Paese di Acchiappa-Citrulli«, zu deutsch wörtlich »Dummenfang« (R, L, E, B) mit der gleichnamigen Hauptstadt fristen alle jene, die sich aus Dummheit verführen hatten lassen, ihr klägliches Dasein. Von Bierbaum bezeichnenderweise »Reich Hurrasien« unter der »glorreichen Regierung Seiner Majestät des Kaisers Frißall« (BIER, 134) genannt, geht »il Paese di Acchiappa-Citrulli« (WÖRTL.: DAS Land, wo die Dummköpfe geschnappt werden) in der Folge mit phantasiereichen Bezeichnungen in die Übersetzungsgeschichte ein, z.B.: »Dummersheim« (G), »Gimpelfang« (Bi), »Tölpelsheim« (Er); in Österreich: »Dummerlburg« (La), »Bauernfang« (RG), »Dummenfalle« (C), »Dummberg« (P).

Wie hinreichend bekannt ist, binden Fuchs und Katze dem arglosen Pinocchio die Geschichte von der Goldmünzenvermehrung im »Wunderfeld« auf, das sich im sogenannten »Paese dei Barbagianni« befinden soll (wörtlich Land der Käuzchen; in übertragenem Sinn: Land der Dummköpfe). Im *Zäpfel Kern* wird das Feld, »das mit guten Vorsätzen gedüngt ist« im Schlaraffenland angesiedelt (Bier, 72). In späteren Fassungen verwandelt sich »il Paese dei Barbagianni« in das »Land Dummenfang« (R), »das Land der Neunmalklugen« (E), – »der Einfältigen« (B), – »der einfältigen Gimpel« (L), – »der Tröpfe« (Bi), – »der Hornochsen« (Er), »das Elsternland« (La), »das Land der Horneulen« (C), »das Land der Schleiereulen« (RG).

Das Sinnbild bürgerlicher Betriebsamkeit und Redlichkeit stellt »L'isola« bzw. »la città delle Api industriose« dar. Bierbaum hatte letztere »Goldboden« genannt, »weil hier der Fleiß regiert, und weil davon hier der Boden goldene Früchte trägt. Die Bewohner dieser Insel kennen nur eine Leidenschaft – Arbeit!« (Bier, 166) und Grumann »Fleißigenstadt«. Die meisten Interpreten bleiben hingegen dem Symbol der Biene treu: »Insel der Emsigen Bienen« (R, RG) oder der »Fleißigen Bienen« (L, E, Bi, C, B, Er, Lu), genannt auch das »Bienenland« (La) mit der gleichnamigen Hauptstadt, oder »Bienendorf« (P), »Immental« (T).

Antithetisch dazu ist »il Paese dei Balocchi«, die »ewige Ferienkolonie Spielimmerland« im Zäpfel Kern (Bier, 232), eine Allegorie des Schlaraffenlandes, in dem aber letzten Endes Faulheit und Trägheit bitter bestraft werden. Während die Mehrzahl der Fassungen diese verlockenden Bezeichnungen beibehält [vgl. das »Land der Spielzeuge« (R), das »Spielzeugland« (E, B, RG, Lu, Er), »das Land der Spiele« (C), in Österreich – »Spielstadt, das Bubenparadies« (La)], lassen Grumann und zwei andere Bearbeiter (P, T) das dort herrschende süße Hauptlaster anklingen und wählen »Faulenzerland«.

Vergleiche, Metaphern, Hyperbeln

*Pinocchio*s *Abenteuer* weisen eine überraschend große Zahl von Belegen auf, in denen eine Metapher in einen Vergleich eingebaut ist. Komik entsteht hier durch die willkürliche Wahl des oft bizzarren Vergleichsmaßstabes und offenbart die ludische Intention des Autors. Man vergleiche etwa die komische Herabsetzung des Todes in Kap. XV [Pinocchio wird von den Mordgesellen auf der Großen Eiche erhängt]: »Inzwischen war ein stürmischer Nordwind aufgekommen; der schnaubte und brauste voller Wut und schwang den armen Erhängten hin und her wie eine Kirchenglocke zum Festgeläute« (R, 73).

Zu den typischsten Belegen zählen – wie wir oben unter Punkt 1 gesehen haben – kulinarische Anspielungen. Aus der Fülle der Beispiele seien drei ausgewählt, die durch ihre kultur- und sprachspezifischen Indices eine klare Herausforderung an die Interpreten darstellen. In Kap. XXXV erzählt Geppetto Pinocchio, daß ihn der Haifisch wie einen »tortellino di Bologna« bzw. wie ein »Bologneser Törtchen« (L, B) oder »wie ein Bologneser Pastetchen« (M) verschluckt hatte. Vgl. dazu: »Das ging so rasch, wie man ein rohes Ei austrinkt« (G); »wie eine Hühnerpastete« (B), »als wäre ich Kuchen« (C), »wie einen kleinen Knödel« (RG), »wie ein Nußtörtchen« (Er). Während sich Ried für eine neutrale Lösung entscheidet, »wie ein Appetitshäppchen«, schlägt Bausch den Vergleich mit einer heute international bekannten italienischen Teigware vor: »wie eine Gabel voll Spaghetti«.

Als sich Pinocchio im Spielzeugland nach der werten Gesundheit seines Freundes Docht erkundigt, versucht dieser, seine akute ›Ohrenkrankeit‹ bzw. die langen Eselsohren schlagfertig zu überspielen: »Wie geht es dir, mein lieber Docht?« – »Ausgezeichnet. Wie einer Maus im Parmesankäse« (L, B); »wie einer Maus im Schweizerkäse« (R), »wie einer Maus im Käselaib« (M), »Sehr gut, wie dem Vogel im Hanfsamen« (G), »so gut wie einer Maus im Speiseschrank« (La), »ich bin vergnügt und froh wie die Maus im Haferstroh« (P), »so vorzüglich, wie der Maus am Speck« (B).

Der Komisierung in *Pinocchio* dient u.a. auch die Hyperbel (hier im weitesten Sinne als sprachliche und dichterische Übertreibung verstanden). Man denke etwa an das Ausmaß des Schreckens von Meister Kirsch in Kap. I, als er bei seinen Schnitzarbeiten ein dünnes Stimmchen aus dem Holzstück jammern hört: »Das war zuviel für Meister Kirsche. Vor Schrecken traten ihm die Augen aus den Höhlen, der Mund blieb ihm offen, und die Zunge hing ihm bis zum Kinn herunter, so daß er aussah wie die schönste Brunnenfigur« (R, 8f.). Für österreichische Kinder bearbeitet, sieht Geppetto hingegegen »wie ein Wasserspeier am Brunnen im Stadtpark« aus (La).

Zu den thematischen Konstanten in *Pinocchio* zählt der Hunger: das Hungergefühl, das Schlingen, Fressen oder das Gefressenwerden. In Kap. V finden wir eine entsprechend hyperbolische Darstellung des Hungers: »Doch der Appetit wächst bei den Kindern zusehends, und so wurde er in wenigen Minuten schon zum Hunger, und der Hunger wurde im Handumdrehen zu einem wahren Heißhunger, der so groß war, daß man ihn mit Händen hätte greifen können [...] Unterdessen wuchs der Hunger und wuchs und wuchs und der arme Pinocchio konnte sich keine andere Erleichterung verschaffen als zu gähnen; und er gähnte so ausgiebig, daß ihm dabei der Mund manchmal zu den Ohren aufstand« (R, 25f.). Heißhunger setzt bohrende Leere in der Magengegend voraus, die nach sofortiger ›Auffüllung‹ verlangt: »Pinocchio aß nicht, er schlang. sein Magen schien so leer zu sein wie eine seit fünf Monaten unbewohnte Stätte « (R, 124).

Die Größenordnungen in Pinocchio pendeln zwischen zwei Extremen: winzigklein und riesengroß. Riesengroß ist z.B. der Haifisch, den der gutmütige Delphin phantasievoll beschreibt: »Ist er denn so groß, der Haifisch?« fragte Pinocchio, der es mit der Angst zu tun bekam. »Riesengroß!...«, versicherte der Delphin. »Und damit du dir darunter etwas vorstellen kannst, will ich dir sagen, daß er noch größer ist als ein fünfstöckiges Gebäude und einen so breiten und tiefen Schlund hat, daß ein ganzer Eisenbahnzug mit rauchender Lokomotive bequem hineinfahren könnte« (R, 120f.). Kaum hat sich der Titelheld von seinem Informanten verabschiedet, wird dieses übertriebene Monsterbild für ihn Realität: »beim kleinsten Geräusch drehte er sich sofort um, weil er Angst hatte, von dem Haifisch verfolgt zu werden, der so groß war wie ein fünfstöckiges Haus und einen ganzen Eisenbahnzug im Maul trug« (R, 121).

Tautologien

Wie bereits erwähnt, kommen die Ärzte bei Collodi schlecht weg. Sie wirken lächerlich, da sie ihr Métier nicht zu verstehen scheinen. Um die Diagnose des Raben und des Kauzes zu verulken, bedient sich Collodi eines stilistischen Kunstgriffes, der Tautologie. Die folgende Textstelle aus Kap. XVI enthält eine tautologische Konstruktion, die in der Wiederholung einer Aussage in zwei bedingten Sätzen besteht (eine Art ›Konditionalsyllogismus‹): »Ich wünsche von Ihnen zu erfahren, ob dieser unglückliche Hampelmann lebend oder tot ist«, erklärt die Fee den Ärzten (R, 76f.). Nach Fühlung des Pulses, der Nase und der kleinen Zehe lautet die Diagnose des Raben:

»Nach meinem Dafürhalten ist der Hampelmann tot; sollte er jedoch unglückseligerweise nicht ganz tot sein, so wäre das ein sicheres Zeichen dafür, daß er immer noch lebendig ist«. »Ich bedaure«, sagte der Kauz, »meinem hochverehrten Freund und Kollegen, dem Raben, widersprechen zu müssen, aber nach meinem Dafürhalten lebt der Hampelmann immer noch; sollte er jedoch unglücklicherweise nicht mehr leben, so wäre das ein Zeichen dafür, daß er tatsächlich tot ist« (R, 77).

Der implizite Zirkelschluß läßt die Szene am Krankenbett ausgesprochen komisch wirken und entlarvt die selbstgefällige Art der beiden unkompetenten Mediziner.

Stilbrüche

Collodis Stil ist durchaus dialogisch, sei es daß reale Dialoge stattfinden oder daß es sich um einen inneren Dialog handelt. In einigen Passagen gibt der Autor den lockeren Erzählton auf und schlägt – ganz ohne Übergang – plötzlich und nur für die Dauer eines kurzen Passus einen gehobenen Ton mit salonfähigen Höflichkeitsfloskeln an, der in einen witzigen Kontrast mit dem Kontext gerät. Der Einsatz fast höfisch anmutender Anrede- und Umgangsformen in der Alltagssprache wirkt aber besonders dann komisch, wenn sie Erzählerinstanzen zugeschrieben werden, die sich solcher nie bedienen würden.

In Kap.V z. B. findet der heißhungrige Pinocchio ein Ei und beginnt gerührt die verschiedensten Zubereitungsarten zu erwägen: Eierkuchen, hartes Ei, Spiegelei[...] Schließlich zerbricht er die Schale, um das Ei in das heiße Pfännchen zu schlagen:

»Doch an Stelle von Eiweiß und Dotter sprang ein quicklebendiges Küken heraus, machte eine schöne Verbeugung und sagte:

»Tausend Dank, Herr Pinocchio; Ihr habt mir die Mühe erspart, die Schale zu brechen. Wiedersehen und schönen Gruß zu Hause!«

Sprach's breitete seine Flügel aus, flog durchs offene Fenster und ward bald nicht mehr gesehen« (R, S. 27).

Man vergleiche denselben Passus in Bierbaums Bearbeitung:

»Bon jour, Monsieur Zäpfel, und schönen Dank, daß Sie mir die Schale aufgemacht haben. Es war furchtbar langweilig und stockfinster darin. Jetzt will ich aber gleich zu meinen guten Eltern fliegen. Leben Sie wohl, Herr Kasperle!« Und tat die Flüglein auseinander und flog purr, purr, purr geradenwegs zum Dachfenster hinaus, über die Dächer weg, weit, weit fort« (Bier, 36).

In Kap. XXIV schwemmt eine Riesenwelle den Hampelmann auf die »Insel der Emsigen Bienen«. Während er sich noch ganz benommen wundert, wo er diesmal wohl gelandet sein könnte, sieht er einen großen Fisch vorbeischwimmen:

»Hallo! Herr Fisch! Gestatten Sie mir eine Frage!« »Herzlich gerne«, erwiderte der Fisch, der ein so zuvorkommender Delphin war, wie man ihn in sämtlichen Meeren der Welt nur ganz selten findet. »Würden Sie die Freundlichkeit besitzen und mir sagen, ob es auf dieser Insel Dörfer gibt, wo man etwas zu essen bekommt, ohne befürchten zu müssen, selbst gefressen zu werden?« (R, 120).

Nach einem Informationsaustausch, bei dem Pinocchio auch von der Existenz des Riesenhaifisches erfährt, verabschiedet er sich: »Wiedersehen, Herr Fisch! Entschuldigen Sie vielmals die Störung, und tausend Dank für Ihre Freundlichkeit!« (R, 121).

Collodis lockerer Stil und die toskanische Umgangssprache prägen entscheidend sein Werk, indem sie zwei Hauptfunktionen erfüllen: Zum einen charakterisieren sie die Herkunft des Titelhelden und der übrigen Personen, zum anderen geben sie Aufschluß über ihren sozialen Status. Sprühender Witz, Schlagfertigkeit und ein bemerkenswertes Repertoire an ausdrucksstarken regionalspezifischen Flüchen werden den Toskanern seit eh und je zugeschrieben – ein Rüstzeug, das auch dem »burattino« nicht fehlt. Bei Bierbaum erscheint der oben genannte Aspekt ›so ausgesprochen deutsch‹ wie er in Pinocchio ›ausgesprochen italienisch‹ ist. Zäpfel Kern liebt die deftige Umgangssprache und Herr Ritter Falk von Weißenschwingen verrät der Fee, daß der Kasperl nach seiner Rettung vom Tod (durch den Strick) leise schwäbelte: »Bei meinem blauen Kamisol! Jetzscht isch mir wieder knödelewohl!« (Bier, 102). Auch über die Herkunft des Grünen Fischers, der verwundert den Hampelmann im Netz zappeln sieht, bestehen keine Zweifel:

»Ha! Wat'n det vor'n Fisch?« »Ich bin kein Fisch!« rief beleidigt Zäpfel Kern. »Versteh, min Jung! Du bist'n Hummer!« »Nein, doch!« protestierte Zäpfel Kern [...] »ich bin ein Kasperle.« »Also'n Kasperlefisch! So'n Viech hab ich noch nie fretten!« »Fort will ich! Weg will ich! Hier stinkt's!« »In meinem Magen riecht's umso besser nach Seehecht, Seezunge, Seelachs, Knurrfisch!« (...) Der grüne Kerl breitete ihn einfach wie einen Fisch aufs Knie und fing an, ihn mit einem Messer zu schuppen. »Aber ich habe ja gar keine Schuppen! Du schabst mir ja bloß meine Kleider vom Leib!« »Schuppen oder Kleeder, alles ejal. Ick frette bloß det nackichte Fleesch. Aber'n Kleed kriegste doch, min Jung, und noch dazu'n sehr scheenet!« Mit diesen Worten warf er Zäpfel Kern in eine Mulde voll Mehl und wälzte ihn darin (...) herum« (Bier, 200).

Wortspiele und Spiel mit Sprache

Ein typisches Verfahren für Collodis komische Handhabe von Redewendungen, Zitaten und Sprichwörtern finden wir in Kapitel XXVIII, wo der Hampelmann in den Fängen des Grünen Fischers ein übles Ende riskiert. Hier lautet die Überschrift: »Pinocchio corre pericolo di esser fritto in padella come un pesce«. Der Autor wählt die Wendung »esser fritti« (d.h. gebraten werden), legt sie wörtlich aus und entwickelt daraus eine spannende ›Episode‹. Neben der wörtlichen Interpretation läßt er aber auch die Mehrsinnigkeit dieser Wendung anklingen, d.h. die Möglichkeit, »esser fritti« in der übertragenen Bedeutung von »verloren sein« zu verstehen. Kap. XXVIII ist folglich auf zwei Bedeutungsebenen lesbar: als ›Abenteuer‹ an sich genommen oder als ironisches ›Intermezzo‹. Ein anderes Beispiel für Spiel mit Sprache finden wir in Kap. XXXIII: es beruht auf bewußt falscher Sprachverwendung und Wortverdrehungen. Um der Galavorstellung des Esels Pinocchio besonderes Gewicht zu verleihen, hält der Zirkusdirektor vor dem ›ehrenwerten Publikum eine derart umständliche, verworren-aufgebauschte, fehlergespickte Rede, daß er sich selber lächerlich macht.

Welche Möglichkeiten bestehen nun, Spiel mit Sprache (im weitesten Sinne) in einer anderen Sprache für einen anderen Kulturkreis stilistisch nachzuvollziehen? Ich möchte hier exemplarisch einige Kompensationsverfahren zitieren, die von den Autoren der beiden ›Nachdichtungen‹ gewählt wurden. Obwohl sich Bierbaums und Nöstlingers Fassung in Intention, Sprachwahl und Handlungsduktus stark voneinander differenzieren, weisen sie eine gemeinsame Tendenz auf: das spielerische, lautmalerische Umgehen mit Sprache.

Der Verwandlung und dem gleichzeitigen Präsentbleiben von Kontexten als eines der Mittel zur Schaffung des komischen Effektes, trug Anfang des Jahrhunderts bereits Bierbaum mit lustigen Wortzusammensetzungen Rechnung: Im Schlaraffenland gedeihen – laut Madame Miaula –»Zwanzigmarknußbäume« (Bier, 74). Zäpfel Kern spießt mit seiner überlangen »Naselanze« sämtliche Gegenstände auf und fürchtet sich, ein »Riesennasenbluten« zu kriegen (Bier, 116). Besorgt hofft er, daß sein beschämendes »Zappelabenteuer«, als er auf der Großen Eiche erhängt wurde, nicht in seine Lebensgeschichte kommt. Als ihn Frau Dschemma mit knusprigen Semmeln, Honig und einen Kuchenteller versorgte, auf dem sich ein »wahres Gebirge von Streuselkuchen« türmte, ließ Zäpfel Kern das Streuselgebirge »bis auf den letzten Rest in seinen Magen verschwinden und sorgte angelegentlich dafür, daß es auf diesem in seinen Magen verpflanzten Gebirge nicht an Feuchtigkeit fehlte. Er trank fünf Tassen Schokolade. Die Schlagsahne aber nahm er zuletzt, damit das Gebirge auch schön mit Gletschern versehen sei« (Bier, 172).

Bierbaums Einfallsreichtum in Wortverdrehungen finden wir z. B. im folgenden Dialog zwischen Fee und Hampelmann:

»Es ist auch wirklich nötig, daß mit dem Kasperletum Schluß gemacht wird, denn ins Gymnasium kann ich dich schließlich nicht mit dem Zuckertütenhut schicken«.

»Was ist denn das wieder?« rief Zäpfel argwöhnisch, – »Gimpelnasium? Ich habe keine Gimpelnase, und wegen dem Namen Gimpel war ja die große Schlacht am Meer« (Bier, 214).

Nach einigem Sträuben scheint der Hampelmann jedoch vernünftig zu werden und antwortet der Fee: »Wenn du's willst Mama, geh' ich aufs ›Gimpelnasium‹ und ›Finkennasium‹ und ›Amselnasium‹ und überhaupt auf jedes Nasium, was es gibt, und werde ein Mensch, der nie auslernt, obwohl das schrecklich langweilig sein muß« (Bier, 215).

Spiel mit Sprache, Sprachbilder, Bildersprache kennzeichnen auch die ›Nach- bzw. Umdichtung‹ Ch. Nöstlingers. Wie sich aber in einem Zeitabstand von über 80 Jahren der Publikumsgeschmack ändern kann, bezeugen die Stellungnahmen der Wiener Autorin in einem Bericht über ihre Vorarbeit zum *Neuen Pinocchio*. Sie hatte den *Zäpfel Kern* sehr wohl gelesen, fühlte sich jedoch u.a. vom allzu ›teutschen‹ Ton gar nicht angesprochen (Nöstlinger 1988). Verblüffende Wortzusammensetzungen und Wortneubildungen, durchsichtig und witzig zugleich begegnen uns im *Neuen Pinocchio* auf Schritt und Tritt (Marx 1990b, 5-7). Allerdings bleibt Ch. Nöstlinger ihrem Sprachgefühl treu und kleidet Collodis Sprachkomik in ein österreichisches Sprachgewand für Kinder von heute. Der »süße, gelbe, schöne Eierkuchen« wird zur festen »Eierkuchenidee«, die aber Pinocchio »gleich wieder sein lassen« muß (Nö, 25). Da Pinocchio ein »Hampelmann« ist, bietet er auch »Turn kunststücke« an, die nicht jeder kann, z.B. 13 »Hampelmannsaltimortale« (Nö, 212). Die hinterhältige Katze erzählt Pinocchio, daß aus seinen fünf Goldstücken, über Nacht fünf »Goldstückbäume« aus der Erde wachsen, die zu Mittag schon »Goldstückfrüchte« »an jedem Ast mindestens fünfzig« haben werden (Nö, 59). Pinocchio ist ein »Holzkerl«, der je nach Dialogpartner ein »kluges Holzköpfchen« hat (Nö, 140) oder so einfältig ist, daß ihn der Papagei verlacht »In einem Holzkopf ist eben nur ein Holzhirn, und das kann halt zwei und zwei nicht zusammenzählen« (Nö, 103) usw.

III. Ausblick

Ein »geniales Werk der Kombinationskunst« hat Calvino einmal treffend Collodis Kunstmärchen bezeichnet. Der komische Effekt in *Pinocchio* entspringt einer Vielzahl von Ver-knüpfungen und ist mehrschichtig bzw. mehrdimensional. Das ›Mehr‹ an Ausdruckskraft erzielt der Autor – wie wir gesehen haben – u. a. durch bildhafte Ausdrucksweise, stilistische und syntaktische Kunstgriffe, durch die funktionelle Verwendung verschiedener Sprachebenen und Wortspiele bzw. Spiel mit Sprache. Erlaubt Collodis Komik einerseits dem Kind das Vergnügen an Verwandlungen und Kontextverschiebungen, so sprechen andererseits die verschiedenen Spielarten des Komischen den erwachsenen Leser an, der mit den literarischen Ausdruckstraditionen vertraut ist.

Führen wir Calvinos Gedankengang weiter, so scheinen – in Hinblick auf die deutschen Übersetzungen und Bearbeitungen *Pinocchios* – die verschiedensten Ent-knüpfungen bzw. Annäherungsweisen gleichermaßen gerechtfertigt. Ausgehend vom wichtigsten Dokument der deutschen *Pinocchio*-Rezeption über sämtliche Bearbeitungen und Übersetzungen bis hin zu Ch. Nöstlingers ›Umdichtung‹ tragen die unterschiedlichen Wertungen, die Collodis Meisterwerk erfahren hat, jeweils seiner unterschiedlichen Rezeption Rechnung.

Dem toskanischen Hampelmann wird in letzter Zeit von wissenschaftlicher Seite besonderes Augenmerk geschenkt. Seine *Abenteuer* bieten ein ergiebiges Forschungsfeld für die verschiedensten theoretischen Ansätze (Komikverständnis; Puppenspiel und komische Figuren in contact; Adressatenbezug, ambivalente Textsorte u.ä.). Die Quellenangaben verraten jedoch, daß meist mit Übersetzungen, nicht mit dem Originaltext gearbeitet wird. Unter diesen Umständen dürften Studien zur Übersetzungsgeschichte dieses Klassikers als willkommene Zaungäste der Literaturwissenschaft und Komparatistik begrüßt werden.

Abkürzungsverzeichnis

Alphabetisches Verzeichnis der zitierten Übersetzer und Bearbeiter der *Abenteuer des Pinocchio*

B   = Bausch 1986
Bi   = Birnbaum 1966
Bier = Bierbaum 1905
C   = Concin 1958
E   = Eichhorn 1972
Er   = Erné 1959
G   = Grumann 1914
L   = Legers 1978
La   = Latterer 1923
Lu   = Lutz 1967
M   = Meinert 1987

Nö = Nöstlinger 1988
P = Pischinger 1948
R = Riedt 1982
RG = Rollinger-Garlatti 1949
T = Thudichum 1963

Literaturverzeichnis

1. *Pinocchio*-Übersetzungen ins Deutsche/deutsche *Pinocchio*-Bearbeitungen

Pinocchios Abenteuer. Die Geschichte einer Holzpuppe. Übersetzt von Hubert Bausch. Illustriert von Enrico Mazzanti. Stuttgart: Reclam, 1986.

Die Abenteuer des Pinocchio. Übersetzt von Charlotte Birnbaum. München: Goldmann, 1966.

Zäpfel Kerns Abenteuer. Eine deutsche Kasperlegeschichte in 43 Kapiteln. Frei nach Collodis italienischer Puppenhistorie, von O. J. Bierbaum. München: Schaffstein, 1905.

Larifaris Abenteuer. Die Geschichte eines Hampelmannes. Übersetzt von Louis Concin. Illustriert von R. Reineken. St. Pölten: Buchgemeinschaft Welt und Heimat, 1958.

Pinocchio. Übersetzt von Brigitte Eichhorn. Illustriert von Val Munteanu. Bayreuth: Loewes, 1972.

Pinocchios Abenteuer. Übersetzt von Nino Erné. München-Zürich: Droemer & Knaur, 1959.

Die Geschichte vom hölzernen Bengele – lustig und lehrreich für kleine und große Kinder. Übersetzt von Anton Grumann. Illustriert von F. Mazzanti. Freiburg: Herder, 1914.

Die Abenteuer des Pinocchio. Übersetzt von Helga Legers. Illustriert von Carlo Chiostri. Zürich: Diogenes, 1978.

Hölzele, der Hampelmann, der schlimm ist und nicht folgen kann! Eine viellehrreiche Böse-Buben-Geschichte. Übersetzt von Franz Latterer. Illustriert von Anton Kenner. Wien: Steyrermühl Verlag, 1923.

Pinocchios Abenteuer. Übersetzt von Maria Lutz. Wien-München: Obelisk, 1967.

Pinocchios Abenteuer. Erzählung. Übersetzt von Joachim Meinert. Illustriert von Werner Klemke. Berlin-Weimar: Aufbau, 1987.

Nöstlinger, Christine: *Der neue Pinocchio. Die Abenteuer des Pinocchio neu erzählt.* Illustriert von Nikolaus Heidelbach. Weinheim-Basel: Beltz & Gelberg, 1988.

Purzel, der Hampelmann. Eine abenteuerliche Geschichte. Übersetzt von Alois Pischinger. Illustriert von Susi Storck-Rosmanit. Wien-Heidelberg: Ueberreuther, 1948.

Pinocchios Abenteuer. Übersetzt von Heinz Riedt. Illustriert von Werner Klemke. München: Deutscher Taschenbuchverlag, 1982.

Kasperls Abenteuer. Übersetzt von Egle Rollinger, geb. Garlatti. Illustriert von W. Kurasch. Wien: Scholle, 1949.

Pinocchio, der hölzerne Hampelmann. Übersetzt von Margot Thudichum. Illustriert von Susi Storck-Rosmanit. Wien: Tosa, 1963.

2. Darstellungen

Duden – Wie sagt man in Österreich? *Wörterbuch der österreichischen Besonderheiten* von Jakob Ebener. 2., vollständig überarb. Aufl., Wien – Zürich 1980 (Duden-Taschenbücher, Bd. 8).

Ewers, Hans-Heino: »Alten Helden im neuen Gewand. Überlegungen zum Stellenwert parodistischer Verfahren in der Kinderliteratur«. In: Doderer, Klaus (Hg.): *Neue Helden in der Kinder- und Jugendliteratur. Ergebnisse einer Tagung.* Weinheim – München 1986, 74 – 96 (Jugendliteratur – Theorie und Praxis, hg. v. K. Doderer).

Ewers, Hans-Heino: »Das doppelsinnige Kinderbuch. Erwachsene als Leser und Mitleser von Kinderliteratur«. In: Fundevogel 41/42 (1987), 8 – 12.

Haas, Gerhard (Hg.), *Kinder- und Jugendliteratur. Ein Handbuch.* 3. völlig neu bearb. Aufl., Stuttgart 1984.

Haas, Gerhard/Klingberg, Göte: »Erscheinungsformen, Strukturen und Funktionen der phantastischen Kinder- und Jugendliteratur«. In: Haas, Gerhard (Hg.) 1984, 269 – 284.

Henrich, Dieter: »Freie Komik«. In: Preisendanz/Warning (Hgg.) 1976, 385 – 389.

Jauss, Hans-Robert: »Über den Grund des Vergnügens am komischen Helden«. In: Preisendanz/Warning (Hg.) 1976, 103 – 132.

Klotz, Volker: *Das europäische Kunstmärchen. Fünfundzwanzig Kapitel seiner Geschichte von der Renaissance bis zur Moderne.* Stuttgart 1985.

Lypp, Maria: »Lachen beim Lesen. Zum Komischen in der Kinderliteratur«. In: *Wirkendes Wort*, H. 6/1986, 439-455.

Lypp, Maria: »Kinderliteratur als Erwachsenenlektüre? Über ein Aufgabenfeld der Kinderliteraturforschung«. In: *Fundevogel* 39 (1987), 13 – 14.

Marx, Sonia: *Le Avventure tedesche di Pinocchio. Letture di una storia senza frontiere*, Firenze – Pescia 1990 (Collana ›Le Api Industriose‹, 1) (Marx 1990a).

Marx, Sonia: »Was macht einen Klassiker der Kinderliteratur erfolgreich?« In: *Fundevogel* 80 (1990), 4 – 9 (Marx 1990b).

Nöstlinger, Christine: »Pinocchio oder die Leiden des Übersetzers«. In: *Die Zeit*, Nr. 13, 25.3.1988.

Plessner, Helmuth: *Lachen und Weinen. Eine Untersuchung nach den Grenzen menschlichen Verhaltens.* 3. Aufl., Bern – München 1961.

Preisendanz, Wolfgang: *Humor als dichterische Einbildungskraft. Studien zur Erzählstruktur des poetischen Realismus.* 2. durchges. Aufl., München 1976.

Preisendanz, Wolfgang/Warning, Rainer (Hg.): *Das Komische.* München 1976 (Poetik und Hermeneutik, VII).

Shavit, Zohar: *Poetics of Children's Literature*, Athens – London 1986.

Snell-Hornby, Mary. (Hg.): *Übersetzungswissenschaft – Eine Neuorientierung.* Tübingen 1986 (= UTB für Wissenschaft: Uni-Taschenbücher, 1415).

Tabbert, Reinbert: »Die komisch-phantastische Kindererzählung«. In: Haas (Hg.) 1984, 285 – 295.

Toury, Gideon: *In search of a theory of translation.* Porter Institute of Poetics and Semiotics. Tel Aviv 1980.

Weinrich, Harald: *Linguistik der Lüge.* Heidelberg 1966.

Wilpert, Gero von: *Sachwörterbuch der Literatur.* 3., verbess. u. erw. Aufl., Stuttgart 1961.

Für Kinder oder Erwachsene:
Luigi Malerbas Kindergeschichten in Italien und Deutschland

Joachim Schultz (Bayreuth)

1.

Im folgenden geht es um vier Kinderbücher von Luigi Malerba:

a) *Mozziconi* (Torino 1975)

Geschichten um einen Stadtstreicher in Rom namens Mozziconi, was man wörtlich mit »Zigarettenkippe« übersetzen müßte. Er verläßt seine Baracke vor den Mauern von Rom, um fortan nur noch am Tiberufer zu leben. Dort haust er einsam und macht sich Gedanken über die schlechte, korrupte Welt, Gedanken, die er immer einer Flaschenpost anvertraut. Am Ende pflanzt er mit Kirschkernen das Wort MERDA ans Ufer und erreicht damit, daß der Bürgermeister von Rom zurücktreten muß.

b) *Storiette* (Torino 1977)

In diesem Buch – ebenso wie in dem vierten mit dem Titel *Storiette tascabile* (dt. 1984) – findet der Leser kurze Geschichten über seltsame Tiere und ebenso seltsame Menschen, die versuchen gegen die Schlechtigkeit der Welt oder gegen eingebildete Probleme anzugehen. Wobei sich Malerba nicht scheut, auch aktuelle Probleme der italienischen Gesellschaft darzustellen. Bei den Tiergeschichten könnte man von Fabeln sprechen, doch die Gattungsfrage soll noch genauer untersucht werden.

c) *Le galline pensierose* (Torino 1980),

Die Protagonisten dieser sehr kurzen Geschichten sind allesamt Hühner, mit denen Malerba das Verhalten der Menschen schildert. Also auch Fabeln, bei manchen könnte man fast von Mythen sprechen, wenn man als ›Mythos‹ eine Geschichte bezeichnet, in dem die Welt und ihre Bestandteile auf ›primitive‹ Weise gedeutet werden. So erklärt gleich die erste Geschichte, die wie alle keinen Titel, sondern nur eine Nummer hat, wie die Hühner aus der Freiheit der Wiesen in die enge, quadratische Welt des Hühnerhofs geraten sind:

> Quando vennero a sapere che la terra è rotonda come una palla e gira velocissima nello spazio, le galline incominciarono a preoccuparsi e furono prese da forti capogiri. Andavano per i prati barcollando come se fossero ubriache e si tenevano in piedi reggendosi l'una all'altra. La piú furba propose di andare a cercare un posto piú tranquillo e possibilmente quadrato.

Gleichzeitig zur Erstausgabe brachte der *Corriere della sera* (2. März 1980) einige dieser Geschichten, die mit großer Begeisterung aufgenommen wurden.

Alle vier Bücher sind auch in deutscher Übersetzung erschienen:

a) G̲e̲s̲c̲h̲i̲c̲h̲t̲e̲n̲ v̲o̲m̲ U̲f̲e̲r̲ d̲e̲s̲ T̲i̲b̲e̲r̲s̲. A̲u̲s̲ d̲e̲m̲ I̲t̲a̲l̲i̲e̲n̲i̲s̲c̲h̲e̲n̲ v̲o̲n̲ A̲l̲i̲c̲e̲ V̲o̲l̲l̲e̲n̲w̲e̲i̲d̲e̲r̲.
Frankfurt: Suhrkamp 1980,

b) und d) *Taschenabenteuer. Vierundfünfzig Geschichten* (eine Auswahl.) Aus dem Italienischen von Iris Schnebel-Kaschnitz. Berlin: Wagenbach 1985,

c) *Die nachdenklichen Hühner. 131 kurze Geschichten*. Aus dem Italienischen von Elke Wehr. Berlin: Wagenbach 1984.

Die Bücher sind allerdings nicht als Kinderbücher, sondern als Bücher für Erwachsene veröffentlicht worden, und weder in den Klappentexten noch in den Werbepublikationen der Verlage findet man Hinweise darauf, daß es sich ursprünglich um Texte für ein kindliches Publikum gehandelt hat. Daß Kinderbücher zu Büchern für Erwachsene werden ist nichts Neues, auch wenn der umgekehrte Fall häufiger ist; ich erinnere an Carrolls *Alice's Adventures In Wonderland* oder an die Bücher von Michael Ende (insbesondere *Momo* und *Die unendliche Geschichte*). Ungewöhnlich ist allerdings, daß die Verlage diesen Sachverhalt ganz verschweigen. Davon ausgehend möchte ich einige Überlegungen anstellen: zum Konzept ›Kinder- und Jugendliteratur‹ in Italien und Deutschland und zur Rezeption dieser Bücher in den beiden Ländern. Im Mittelpunkt sollen die *Storiette* und die *Storiette tascabile* stehen, denn anhand dieser Bücher lassen sich exemplarisch die genannten Problemfelder angehen.

Storiette (tascabili)

Zu diesen beiden Büchern finden wir im Umfeld der deutschen Rezeption nur wenige Hinweise, die in unserem Zusammenhang wichtig sind. Alice Vollenweider schrieb in ihrer Rezension der *Taschenabenteuer* in der FAZ vom 22. 2. 1986: »In Italien sind diese Minigeschichten wie die ›Nachdenklichen Hühner‹ in einer Kinderbuchreihe erschienen, was die Vermutung zuläßt, daß in Italien die Kinder als Leser ernster genommen werden als bei uns«. Daß Alice Vollenweider dies wußte, ist kein Wunder: sie ist eine Kennerin der italienischen Literatur und hat selbst den *Mozziconi* übersetzt. Der Wagenbach-Verlag hat einen Satz aus ihrer Besprechung herausgegriffen und in seinem Verlagsalmanach *Zwiebel* (1988/89, S. 39) und (allerdings in gekürzter Form) im Klappentext abgedruckt: »In einer verkehrten Welt, in der an die Stelle der Logik die Sinnlosigkeit getreten ist, feiern Malerbas Gedanken ihr Recht auf Freiheit, das heißt auf Nonsens«. Der Verlag hat also nicht ihren Hinweis auf die Herkunft als Kinderbuch gewählt, sondern diesen eher allgemeinen Gedanken. Der Verleger Klaus Wagenbach schrieb mir dazu (in einem Brief vom 28. 6. 90): »Bei uns in Deutschland werden Kinderbücher nicht ernst genommen, ganz im Gegensatz zu Italien (freilich erschienen die Bücher von Malerba dort auch nicht in ›Kinderbuchaufmachung[1]‹), deswegen haben wir im Verlag uns darüber ausgeschwiegen und glücklicherweise Erfolg gehabt«.

Ich möchte zunächst auf engere Übersetzungs- und Auswahlfragen eingehen. Gegen den deutschen Titel *Taschenabenteuer* ist im Grunde nichts einzuwenden (wie im anderen

---

1 Was nicht stimmt. Alle hier genannten Bücher von Malerba liegen mir als Kinderbücher aus dem Verlag Einaudi vor, mit Illustrationen von Adriano Zannino.

Fall gegen den deutschen Titel des *Mozziconi: Geschichten vom Ufer des Tibers*[2]). Wörtlich hätte man zwar die beiden Titel mit »Geschichtchen« und »Taschengeschichtchen« übersetzen müssen, doch diese Freiheit mag man der Übersetzerin Iris Schnebel-Kaschnitz gerne zugestehen. Allerdings hätte ein Titel wie »Kleine Geschichten für die Hosentasche« mehr den Kinderbuchcharakter hervorgehoben; in dem Sinne, daß Kinder neben allerlei Krimskrams auch kleine Geschichten in der Hosentasche mit sich tragen könnten. Problematischer finde ich dagegen die Übersetzung der Titel einzelner Geschichten; hier einige Beispiele.

Auch hier sind eine Reihe von freien Übersetzungen vertretbar und gut, bei einigen Titeln hat jedoch die Übersetzerin den Witz der jeweiligen Geschichte (zu einem Teil zumindest) vorweggenommen.

Die siebte Geschichte trägt im Original den Titel *La coda dell'asino*, was ganz einfach »Der Schwanz des Esels« bedeutet. In der Tat geht es in der Geschichte darum, daß der Bauer Gigione die absurde Idee hat, den Schwanz seines Esels zu vermieten, damit die Leute sich an ihn hängen und bequemer in den oberen Teil des Dorfes gelangen können. Die Leute fallen auch darauf herein, Gigione verdient gutes Geld; nur der Esel rebelliert am Ende, und Gigione muß sein Geschäft aufgeben. Die Übersetzerin hat also mit ihrem Titel (*Der vermietete Eselsschwanz*), wenn auch minimal, die Spannung zwischen Titel und Geschichte zerstört.

Im Titel der dreiundzwanzigsten Geschichte spielt Malerba mit dem sowohl im Italienischen als auch im Deutschen bekannten Sprichwort »Eine Schwalbe macht noch keinen Sommer«; er stellt die Frage (wörtlich übersetzt) »Wieviele Schwalben braucht man für den Frühling?«. Mit dem Sprichwort spielt er in der Geschichte: sie erzählt von 24 Schwalben, die schon im Februar nach Italien kommen und so einen verfrühten, *Falschen Frühling* (so der deutsche Titel) einleiten. Auch hier hat die Übersetzerin den Witz der Geschichte vorweggenommen, das Spiel mit Wortlaut und Sinn des Sprichworts reduziert.

Die 28. Geschichte mit dem Titel *Le sardine in scatola* (wörtlich: »Sardinen in der Dose«) beginnt folgendermaßen: »Un commerciante aveva comprato di sardine in scatola andate a male«. Es geht darum, daß diese Dose mit den verdorbenen Sardinen von einem Händler zum anderen verhökert wird, »non per alimentare la gente ma per alimentare il commercio«, wie es zum Schluß heißt. Hier hat die Übersetzerin die Tatsache, daß die Sardinen verdorben sind, aus dem ersten Satz gleich in den Titel genommen. Nebenbei sei darauf hingewiesen, daß das zweimalige »alimentare« in der deutschen Fassung mit zwei verschiedenen Verben übersetzt wird: »nicht um die Menschen zu ernähren, sondern um den

---

2 Alice Vollenweider sagte mir in einem Telefongespräch, daß sie für diesen nicht verantwortlich sei. Im übrigen habe der Verlag auch entschieden, das Buch in der Bibliothek Suhrkamp herauszubringen (also in einer Reihe für Erwachsene und nicht etwa als Kinder- oder Bilderbuch beim Insel Verlag), nicht zuletzt weil man die Illustrationen von Adriano Zannino nicht habe übernehmen wollen. Vermutlich hat Alice Vollenweider auch nicht die Kürzungen zu verantworten: von den 44 Geschichten des Originals sind nur 38 in die deutsche Ausgabe übernommen worden.

Handel zu füttern.« Die Kritik an der Marktwirtschaft, die oft nicht den Handlern als den Menschen dient, hätte auch im Deutschen mit einem Verb deutlich gemacht werden können: »nicht um die Menschen, sondern um den Handel zu versorgen«.

Ähnlich verhält es sich mit der 69. Geschichte *Le due signore* (wörtlich: »Die beiden Damen«) – *Die beiden Freundinnen* in der deutschen Fassung. Der italienische Titel ist ganz neutral, der deutsche Titel ist einseitig und unterschlägt den scheinbar paradoxalen Hintergrund, der in ersten Satz formuliert wird: »C'erano due signore amiche da tanti anni, che si odiavano«. Auch hier ist die Übersetzung nicht ganz korrekt: »Es waren einmal zwei Damen, die waren schon seit vielen Jahren befreundet und haßten sich trotzdem«. Dieses »trotzdem« hat kein Äquivalent im italienischen Satz, dort stehen die beiden sich widersprechenden Aussagen einander nackt gegenüber. Die beiden Damen sind zwar Freundinnen, doch sie hassen sich so sehr, daß sie eine Art Kleinkrieg beginnen, bei dem sie sich mit immer höheren Absätzen auszustechen versuchen. Am Ende liegen beide mit eingegipstem Hals im Krankenhaus; sie bleiben Freundinnen, doch sie hassen sich nach wie vor.

Das sind alles Kleinigkeiten, wird man sagen, doch bei diesen kurzen Geschichten sind Kleinigkeiten wichtig. So auch im letzten Beispiel, in der 42. Geschichte *I tredici fratelli* (wörtlich: »Die dreizehn Brüder« – in der deutschen Fassung: *Das dreizehnte Kind*). Der italienische Titel spielt auf ähnliche Märchentitel an (*Die sieben Brüder* z. B.) und eröffnet so eine Märchenparodie, die im Text mit anderen Mitteln weitergeführt wird. Im deutschen Titel ist ein Bestandteil der Parodie unter den Tisch gefallen.

Es ist nicht ganz einsichtig, daß die genannten Titel nicht wörtlich übersetzt worden sind; einsichtig sind auch nicht die Kriterien, nach denen die deutsche Auswahl getroffen worden ist (gemeinsam mit dem Autor, wie mir Klaus Wagenbach schrieb): von den 84 Geschichten der beiden Originalbände sind 53 in die deutsche Ausgabe übernommen worden. Vermutlich war es einfach eine ökonomische Entscheidung, ein dickerer Band wäre zu teuer geworden, zwei Bände ebenfalls. Man mag nun bedauern, daß diese oder jene Geschichte nicht übersetzt worden ist, doch eine solche Auswahl bleibt immer subjektiv. In zwei oder drei Fällen wäre eine Übersetzung auch unmöglich oder schwierig gewesen. Die 42. Geschichte erzählt vom kleinen Cesarino, der den »passato remoto« haßt und alle dazu bringen möchte, diese Zeitform (vergleichbar mit dem *passé simple* im Französischen), die es nun einmal im Deutschen nicht gibt, zu vermeiden; in der Schule macht er sich sogar daran, die großen Dichter zu korrigieren. Später wird er Ingenieur und braucht den »passato remoto« wirklich nicht mehr. Malerbas Kritik am Sprachverhalten seiner Landsleute, an der Tendenz zur Vereinfachung, hätte im Deutschen auf ein anderes Kapitel übertragen werden müssen, beispielsweise auf den Konjunktiv in der indirekten Rede.

In der 20. Geschichte erzählt Malerba von Ugone, dem auf einmal beim Sprechen das R abhanden kommt: Ausgangspunkt für einige Sprachspiele und Mißverständnisse. So ist der Metzger böse, wenn Ugone statt »un chilo di carne« (»ein Kilo Fleisch«) »un chilo di cane« (»ein Kilo Hund«) verlangt. Am Ende holt sich Ugone das R wieder von einem Straßenschild: aus der »Via del Corso« wird die »Via del Coso« (die »Dingsdastraße«). Geschichten mit solchen Sprachspielen gefallen Kindern, sie können aber nur frei, das heißt mit anderen Beispielen, übersetzt werden. (Ugone hätte vielleicht »ein Kilo Wust« statt ein »Kilo Wurst« verlangen können.)

Verständlich also, daß die Übersetzerin diese Geschichten ausgelassen hat, doch man fragt sich, warum sie (beziehungsweise Malerba selbst) gerade die erste Geschichte (*La favola di Orestone*) nicht übernommen hat. Malerba hat wohl nicht ohne Grund diese Geschichte an den Anfang gestellt, enthält sie doch eine Art Gebrauchsanweisung, nach der solche Geschichten gemacht werden können; sie enthält ferner Gedanken darüber, daß heute die meisten Menschen nicht mehr erzählen können. Malerba fragt nach Inhalt und Form einer zeitgemäßen Fabel, einer zeitgemäßen Geschichte.

Orestones Fabel

Orestone hatte seinem Sohn versprochen, daß er für ihn eine Fabel schreiben würde, eine nicht allzu lange, nicht allzu kurze Fabel. Eine Seite insgesamt. Er begann zu schreiben: Jetzt schreibe ich eine Fabel für meinen Sohn. Aber nach diesen ersten Worten wußte er nicht weiter, denn er er hatte noch nie in seinem Leben eine Fabel geschrieben und hatte auch noch nie welche erzählt. Onkel und Tanten hatten ihm Fabeln erzählt, also die Tante und der Onkel, sein Vater und seine Mutter hatten dagegen diese Angewohnheit verloren, als sie in die Stadt gezogen waren. In der Stadt scheint man Fabeln nicht erzählen zu können, und wenn man sie erzählt, mißraten sie. Nun erinnerte sich Orestone nicht mehr an die Fabeln, die ihm Tante und Onkel erzählt hatten, und schon gar nicht mehr an die, die ihm Vater und Mutter erzählt hatten, aber nun hatte er seinem Sohn versprochen, eine Seite voll zu schreiben, und so schrieb er also weiter, daß er sich nicht mehr an die richtigen Fabeln erinnere, daß er aber im Grunde dabei war, eine Seite mit so etwas ähnlichem wie mit einer Fabel zu füllen, auch wenn bis zu diesem Augenblick weder ein Wolf noch ein Fuchs, weder eine Hexe noch ein Fürst und auch kein Hirte aufgetreten waren, wie das in den alten Fabeln so üblich war. Aber wir machen trotzdem weiter, sagte sich Orestone, und sogleich schrieb er: Aber wir machen trotzdem weiter. Und da er nun einmal angefangen hatte, wollte er auch weiter schreiben, koste es, was es wolle, er entschied, daß manche moderne Fabeln wie Kinderreime erzählt werden können, mit aneinandergereihten Wörtern, eins nach dem anderen, halli hallo vier Pferde für den Hallotrio, und so hatte er auch einen Reim geschrieben, aber es fehlten noch sieben oder acht Zeilen bis unten auf die Seite, ein Heidenspaß mit dem Pik-As, dann aufs Geratewohl noch eine Person wie den Wolf, das Lamm, den Truthahn und einen humpelnden Alten, der Polenta macht oder der, wenn er kein gelbes Mehl und keinen Kochtopf hat, mit dem Wolf Karten spielen kann, und wenn der Wolf verliert, wird er wütend und verschlingt ihn mit Haut und Haar. Geschieht ihm recht, er hätte halt nicht mit dem Wolf Karten spielen sollen.
(Übersetzung: Joachim Schultz)

Aus dieser Geschichte ergeben sich einige Fragen, die beantwortet werden müßten, wenn man sie denn unbedingt theoretisch behandeln möchte:

Handelt es sich um Fabeln, Märchen, Kurzgeschichten?

Spottet Malerba hier über das Erzählen oder beschreibt er seine eigene Erzählweise?

2.

Diese Fragen sind natürlich verknüpft mit der anfangs formulierten Problematik: Sind dies nun Kindergeschichten oder sind es keine? Eine Lösung wird sich da nur schwer finden lassen, und es ist auch nicht die Aufgabe des Literaturwissenschaftlers diese Frage zu entscheiden. Wichtiger ist es zu untersuchen, wie diese Bücher in Italien und wie die Übersetzungen im deutschsprachigen Raum rezipiert worden sind, um auch Alice Vollenweiders Vermutung, »daß in Italien die Kinder als Leser ernster genommen werden als bei uns«, bestätigen oder widerlegen zu können. In Italien gibt es, den Rezensionen zufolge, prinzipiell zwei Lager. Die einen (a) sind der Meinung, daß Kinder das richtige Publikum für diese Geschichten seien, die anderen (b), weitaus mehr, haben grundsätzlich Zweifel am Konzept der Kinderliteratur und somit auch Schwierigkeiten, Malerbas Geschichten einem Publikum zuzuorden.

a) Francesco Mei schreibt:»Ne esce una sorta di moderno *roman du renard*, un'escursione esilerante ma a volte paurosa, in un mondo buffo e strano, in cui Malerba, non diversamente dall'autore dei *Viaggi di Gulliver*, sembra avere scelto come publico ideale i bambini per dire quelle verità» meravigliose e terribili che gli adulti non vogliono più ascoltare« (*Il Popolo*. 11. 3. 1977). Die Gattung betreffend spricht er von Antifabeln, mit denen Gemeinplätze in Frage gestellt und gesellschaftliche Mißstände kritisiert werden, aber auch von »echten Märchen« (»fiabe vere«) im Sinne Propps, in denen durch irreale Kombinationen die Widersprüche und Eitelkeiten der Menschheit entlarvt werden. Giuliano Gramigna schreibt im *Corriere della sera* (18. 12. 1984), daß Malerba in seinen *Storiette* ganz allgemeine Lebensfragen behandle, daß man aber nicht annnehmen dürfe, Kinder könnten dies noch nicht verstehen, sie nicht einmal erkennen. Wenn wir dies täten, hätten wir eine viel zu enge und veraltete Vorstellung von den geistigen Fähigkeiten der Kinder.

b) Damit tendiert Gramigna dazu, die Grenzen zwischen der Literatur für Kinder und der für Erwachsene nicht allzu eng zu sehen. »Queste ultime etichette [...] non implicano una gerarchia di valore ma un «. Und er hofft, daß Malerba seine Bücher für Kinder nicht zu seinen »opere minori« zählt. Für ihn sind diese Geschichte zeitgemäße Fabeln aber auch »micromondi aforistici«, ähnlich wie bei den *Galline penseriose* könnte man von einem modernen La Bruyère sprechen. Im Titel seiner Besprechung stellt Gramigna das Kind jedoch noch an die erste Stelle. »In nome del bambino e anche dell'adulto«. In einer früheren Besprechung der ersten *Storiette* beruft sich Angelo Guglielmi auf Paolo Mauris Buch über Malerba und schreibt, Malerba wolle in erster Linie das Denken lehren (*Corriere della sera*, 2. 5. 1977). »I libri che Malerba scrive per i ragazzi non servono ai ragazzi ma sono destinati a scopi tutt'affatto diversi«. Guglielmi glaubt nicht an das Konzept der Kinderliteratur und fühlt sich von vielen Pädagogen und Psychologen bestärkt. Er ist der Meinung, Malerba schreibe diese Geschichten in erster Linie für sich selbst: »per provare certi modelli retorici da adoperare poi nelle opere maggiori, per saggiare le proprietà» di certi movimenti del pensiero e, sopratutto, per sperimentare fin dove poter spingere il meccanismo del paradosso«. Malerbas Geschichten sind für Guglielmi Schreibübungen und Vorstudien für seine »opere maggiori«. Ähnlicher Meinung ist Felice Piemontese, die in der Unterscheidung zwischen Kinder- und Erwachsenenliteratur wenig Sinn sieht (*Il Mattino*, 2. 1. 1985). »Per gli adulti è sicuramente una lettura di grande interesse et godibilità«. Per i ragazzi, chi sa. Ma conviene provare, e sentire la loro opinione«.

Felice Piemontese will es also ausprobieren und die Kinder nach ihrer Meinung fragen. Dies zeigt zumindest, daß man die Kinder ernst nimmt. Gleichwohl könnte man nun sagen, die Entscheidung des Wagenbach-Verlages, diese Geschichten als Erwachsenenbuch zu veröffentlichen, sei richtig gewesen. Verhindert wurde allerdings dadurch, daß das Konzept der Kinderliteratur öffentlich diskutiert wurde. So haben die deutschen Rezensenten die Tendenz, die Geschichten in die Ecke der heiter-tiefsinnigen Nonsens-Literatur mit philosophischem Anspruch einzuordnen; z. B. Christina Weiss in der *Süddeutschen Zeitung* (28./29. 12. 1985): »Ein Sammelsurium kurioser, fabelhafter Geschichten, Zerrbilder der ganz alltäglichen Kopf-Monstrosität des ›Homo sapiens‹. [...] Die in diesem Band versammelten, zusammengewürfelten Helden sind ein bunt gemischter Haufen kurioser Gestalten [...]. Sie verheddern sich clownesk in ihren über und über komplizierten Kopfwindungen, in den Schlingen zwischen Traum und Wirklichkeit, in den Wörtern und Sätzen, die sie nur vom Hörensagen kennen. Mit clownesker Unbeirrbarkeit und liebenswertem Eigensinn betreiben sie ihre hintergründigen Welterforschungen und ihre verzweifelt-unsinnigen Ich-Suchen«. »Kurios« und »clownesk«, solche Adjektive, hier gleich zweimal verwendet, können vieles und nichts bedeuten und zeigen die Schwierigkeit, diese Geschichten einzuordnen. Ähnliche Schwierigkeiten entdeckt man auch in einer Besprechung von Alfred Pfaffenholz für *Radio Bremen* (Sendung: 10. 12. 85); hier werden diese Geschichten als »nachdenklich-ironische Erwägungen über die menschliche Natur«, als »Nonsens-Geschichten mit tieferer Bedeutung« bezeichnet.

Nonsens[3], absurd, paradox, kurios usw.: diese Einordnungsversuche zeigen ebenso wie die Versuche, in Malerbas Kindergeschichten eine Art moderner Philosophie zwischen Zen und Diogenes zu sehen, daß die Rezensenten damit nicht zu Rande kommen, und zwar gleichermaßen in Italien und im deutschsprachigen Raum. Im gleichen Sinn wären all die vermeintlichen literarischen Vorläufer zu nennen, die die Rezensenten zur Hilfe heranziehen: wir hatten schon *Gullivers Reisen*, den *Roman du renard*, La Bruyère. Francesco Mei beruft sich in einer anderen Besprechung über die *Galline penseriose* (*Il Popolo*, 15. 6. 1980) auf Franz Kafka und Lewis Carroll und gibt seinem Artikel auch noch die Überschrift »Sorridenti «; es fragt sich, ob Adorno damit einverstanden gewesen wäre. In einer Besprechung im *Stern* (11. 4. 1985) lesen wir über die Hühnergeschichten: »Eine literarische Promenadenmischung aus Morgensterns skurriler Tierwelt und Brechts Keuner-Geschichten, aus lateinischer Grazie und absurdem Witz«.

Ähnlich verwirrend und vielfältig sind die Versuche einer gattungspezifischen Einordnung. Vielleicht wird Christian Seiler in seinem Artikel über Malerba (*Die Weltwoche* Nr. 30, 27. 7. 89) am ehesten Malerbas Geschichten gerecht, wenn er sich an einem

---

3 Hier wäre weitergehend zu untersuchen, inwieweit man seit Carroll sog. Nonsens-Literatur gerne dem Kind als Leser zuordnet

Satzmuster von Gertrude Stein orientiert und schreibt: Malerbas »Pointen sind eigentlich keine, und was nach moralisch durchzogener Fabel aussieht, wird bei zweiter Betrachtung zur bloßen naiv-poetischen Kindergeschichte, um erst bei der dritten Betrachtung zur moralisch durchzogenen Fabel zu werden, ehe sich bei der vierten Betrachtung herausstellt, daß es sich doch um eine naiv-poetische Kindergeschichte handelt«.

Wenn man denn eine Gattungszuordnung machen muß, wären Malerbas Geschichten irgenwo zwischen Fabel und Märchen anzusiedeln, wobei man sich zunächst einmal auf die Geschichten selbst berufen kann: Orestones Geschichte wird als »favola« bezeichnet. Malerba thematisiert hier (auch für Kinder verständlich) die Gattungsproblematik und das Erzählen selbst. Viele Geschichten sind Fabeln, weil sie von Tieren handeln, in deren Verhalten das menschliche Verhalten dargestellt wird. Andererseits verwendet Malerba Formen und Motive des Märchens, oft in parodistischer Absicht, wie in der Geschichte von den *Dreizehn Brüdern*. Allerdings wäre hier ein langer Exkurs über die beiden Wortpaare ›favola – fiaba‹ und ›Fabel – Märchen‹ einzufügen; und über die Frage, inwieweit sich die Gattung Fabel von der Gattung Märchen genau unterscheiden läßt.

»Favola« übersetzt man im allgemeinen mit »Fabel«, »fiaba« mit »Märchen«, obwohl die beiden italienischen Gattungsbezeichnungen etymologisch nahe beieinander liegen. Die Gattungsgrenzen sind unscharf, und es ist Alice Vollenweider nachzusehen, wenn sie bei ihrer Mozziconi-Übersetzung hier an zwei Stellen nicht sehr genau ist. An der ersten Stelle wird erzählt, daß sich Mozziconi Gemüse am Ufer des Tibers anpflanzt: »Dove avesse preso i semi da seminare non si sa, ma del resto in una specie di favola come questa non si va a domandare dove uno ha preso i semi da seminare« (S. 16). An der zweiten Stelle unterhält sich Mozziconi mit einem Hund, und der Erzähler fügt erläuternd ein: »Si sa che i cani parlano qualche volta, sopratutte nelle favole« (S. 25). Beide Male hat Alice Vollenweider »favola« mit »Märchen« übersetzt.

Auch in einem Interview, das Nico Orengo über die *Storiette* mit Malerba geführt hat (*La Stampa*, 17. 11. 1984) werden von beiden Gesprächspartnern gleichwertig die folgenden Begriffe nebeneinander verwendet: fiaba, favola; fiaba moderna, controfiaba. Hier äußert sich Malerba auch ganz konkret auf die Frage, warum er für Kinder schreibe: »Prima di tutto perché mi diverto, come sicuramente si divertivano quelli che raccontavano favole nelle cucine e nelle stalle. Poi perché favoleggiare è un istinto primitivo e forse sopravvive in me qualcosa del cavernicolo. Poi perché mi piace mettere in imbarazzo i miei piccoli lettori, sconcertarli con i paradossi, fargli capire che il mondo è strano e pieno di inganni e addestrarli fin da bambini a diffidare dei conformismi istituzionali e dei modelli confezionati, a vedere il lato ridicolo delle cose«.

Abschließend möchte ich Malerba neben all die Autoren des 20. Jahrhunderts stellen, die hauptsächlich für Erwachsene, aber auch für Kinder geschrieben haben. Warum schrieb Blaise Cendars seine *Petits contes nègres pour les enfants des blancs*, Robert Desnos seine *Chantefables et Chantefleurs*, Max Jacob seine *Histoire du roi Kaboul 1er*, Jacques Prévert seine *Contes pour enfants pas sages* (um nur einige Beispiele aus Frankreich zu nennen)? Für sie galten sicher auch die Argumente, die Malerba anführt. Doch man kann ihre Kinderbücher auch in einem anderen Kontext sehen: Die Vorstellung, zu einer neuen, reinen, von Konventionen und Regeln freien Sprache und Dichtung zu gelangen, beherrschte viele Schriftsteller in den ersten Jahrzehnten dieses Jahrhunderts. Sie orientierten sich an der Sprache und der Mentalität der sogenannten Primitiven, der Geisteskranken und eben auch der Kinder (ähnlich wie die Bildenden Künstler), weil sie dort diese ursprüngliche Sprache zu finden glaubten, und weil sie, wohl von der Romantik kommend, dort die wahren Dichter sahen. Ähnlich wie Malerba haben aber auch sie in ihren Kindergeschichten und -gedichten ihre Kritik an der Welt der Großen zum Ausdruck gebracht. Malerba darf durchaus in diesen Zusammenhang gestellt werden, aber er steht auch in einer typisch italienischen Erzähltradition, deren Wurzeln im Mittelalter zu suchen sind. Vielfach erinnern seine kurzen Geschichten an die, die wir aus dem *Novellino* aus dem 13. Jahrhundert kennen. János Riesz schreibt abschließend im Nachwort zu der von ihm besorgten deutschen Ausgabe des *Novellino*: »Das Erzählen und Hören von Geschichten dient nicht nur der sozialen Therapie und der Verständigung über Vorgänge an der ökonomischen Basis, sondern ist selbst ›produktive Arbeit‹, grundlegende anthropologische Gegebenheit[4]. Und in diesem Sinn kann man solche Geschichten auch Kindern vorlesen oder in die Hand geben, um sie über ›Vorgänge an der ökonomischen Basis‹ aufzuklären und um sie das Erzählen als eine Möglichkeit menschlicher Verständigung vorzuführen. Bleibt die Frage, ob man in Italien die Kinderliteratur und Kinder als Leser ernster nimmt als bei uns. Eine kaum klar zu beantwortende Frage; man müßte zunächst dazu eine empirische Untersuchung durchführen. Auch hierzulande wird Kinderliteratur in den großen Tageszeitungen besprochen, und es kommt auch auf die Bedeutung des Autors an. Ein deutscher Autor im Rang von Malerba fände wohl auch bei uns mit seinen Kindergeschichten eine entsprechende Resonanz, wie man es beispielsweise bei den Kinderbüchern von Peter Härtling erlebt hat.

---

4 *Il Novellino*. Das Buch der hundert alten Novellen. Italienisch/Deutsch. Übersetzt und herausgegeben von János Riesz. Stuttgart. Reclam. 1988. S. 342.

The Female Role in Fairy Tales:
300 years of *Little Red Riding Hood*

Basmat Even-Zohar (Tel-Aviv)

1. The First Three Versions of *Little Red Riding Hood*

The source for all modern versions of *Little Red Riding Hood* are the first two written versions of the tale, Perrault's 1697 French version and The Brothers Grimm's 1812 German version. Until recently they were also considered the first two accepted written versions of *Little Red Riding Hood*. However, recent research suggested the possibility that *The Story of Grandmother*, a French oral version of *Little Red Riding Hood* which was collected in about 1885 by A. Millien and studied by Paul Delarue, was the proto-text for Perrault's story.

Since this folktale was recorded about two hundred years after Perrault, there is of course no way we can authenticate it. We shall probably never know whether or not it was already told in Perrault's time, or even whether it served as material for his written literary version, so this question will necessarily remain open. Nevertheless it is feasible that *The Story of Grandmother* was indeed the first version of the tale. Folklorists have based this conclusion on »outdated« linguistic elements in the text, as well as on literary elements. The story is rather crude, both in structure and in »content« (many sexual, cannibalistic and excretional elements), and folklorists such as Delarue thought it more likely that the coarse version was literarily refined by Perrault than the other way round. For the purpose of this research I chose to follow Paul Delarue because both the female role and major literary repertoremes in the tale reflect a much earlier period than the end of the 17th century, when it was first written.

Analyzing the first three versions of *Little Red Riding Hood*, based on the research of Jack Zipes (Zipes 1988; 1989) and Shulamith Shahar (Shahar 1983), demonstrates how adding *The Story of Grandmother* to the description, as the first link in the chain of versions of the tale, does help »the better to see« how the female role gradually became less central while male roles gained power at its expense.

This is the place to emphasize that this research is predominantly interested in the issue of »the Female Role« in *Little Red Riding Hood*. I will therefore ignore any other aspect that could be analyzed in these texts, however interesting or central to other literary questions.

The issue of the sex roles and the representation of men and women in various aspects of our culture has recently begun to attain serious and fruitful attention, after many years of feminist struggle. These questions are on the agenda not only in high spheres of idealist social thought, but in daily newspapers and educational and cultural institutions as well. There is increased awareness of the substantial influence of texts such as children's fairytales, school textbooks, television programs and films upon children's (and consequently – adults') worldview, the norms they acquire and their future prospects.

Despite this new awareness it is still difficult to notice sexual stereotypes in literature, unless they take an especially »exaggerated« or »revolting« form in the texts. We are so used to them as integral part of our familiar literary repertoire, that unless we »tune our mind« for the purpose, those old stereotypes seem natural to us in literature.

It therefore requires special awareness, usually a concern with human rights (equality) or a feminist consciousness, to de-familiarize these texts. Two kinds of questions serve as the guiding basis for such a research: 1) switching the genders in the story: »if the heroine was a hero, would he also do the same?« 2) switching the actions (based on existing literary repertoires) such as: »the girl in this story lost her mother, and now she is sitting and crying. What other reactions could the story have allotted her? Perhaps more efficient actions, that would help her solve the problem, and not only to express her feelings (however justified)?«

This critical analysis, in which every literary decision in a text of *Little Red Riding Hood* was examined in view of other potential repertoremes, directed this research as well. The result revealed a clear tendency in the first three versions of the tale: the »female« position weakens from version to version and she becomes more and more impotent, whereas the »male« position strengthens and he becomes more potent. Since these three versions are well known, I will only point out briefly the textual elements that support my argument:

In *The Story of Grandmother*: (1) The little girl's physical appearance is not described. Her looks seem to be of no importance. (2) There are three women in the story and one wolf – no man. The wolf and the girl are the only »real« characters (the two other women are only instrumental), and they occupy about the same amount of text-space. (3) The girl is active, not passive – she goes, she talks, she answers straight to the point, she does not show any fear. (4) The girl courageously and ingeniously tricks the wolf and outwits him, so that he does not succeed in eating her.

Perrault's version already makes several »pro-male« changes. First of all it should be noted here, that Perrault's version was actually a social satire, written by the honorable member of the French academy Charles Perrault to amuse his literary »Salon« (Shavit 1986:8-19). Therefore, in spite of the title, it was no longer the story of the girl, as the »star«, so to speak, but the story of the wolf, who is in fact the city gentleman seducing an innocent country girl and raping her (indeed the sexual hints are crude enough already in *The Story of Grandmother*, but there the »innocent country girl« sobers up quickly, and does not let the wolf have its way).

Unlike *The Story of Grandmother*, Perrault's version (1) Gives a physical description of the girl, as extremely beautiful. (2) Compared to the folktale, housewife chores are emphasized. (3) There are (male) woodcutters in the forest, and that prevents the wolf from eating her there. (4) The girl naively tells the wolf where her grandmother lives. (5) Grandmother is an ill, defenseless and passive woman. (6) The wolf wins. The girl has no power, no choice and no chance against the wolf, neither physical nor mental. (7) The moral explains that girls, especially if they are beautiful, should be wary of men.

The message of Perrault's version is clear: this is a man's world, and it is the poor defenseless girl who should be careful. Or, since the text is actually a tale about the rape of an innocent country girl by a city »wolf« then, despite the obvious irony and the social criticism regarding the atrocious exploitation committed by the gentleman, the story still punishes the girl, as if it were she who sinned. Or, as Jack Zipes puts it, »the blame for the [...] rape is placed squarely on the shoulders of naive young girls who are pretty and have correct manners« (Zipes 1989: 124).

The changes in The Brothers Grimm version make *Little Red Riding Hood* even more gullible and defenseless, and add fear to her character – she is described as »afraid«. But most of all they add a man in a central position: The male savior! The hunter, who is rational, active, quick and skillful.

However, this version also allows the women a bit more activism and resourcefulness than in Perrault's version: (1) *Little Red Riding Hood* learns the lesson by herself. (2) She is the one who puts the stones in the wolf's stomach, and (3) Both the grandmother and the girl overcome the second wolf by themselves, with cunning, determination and courage. This ending was meant to show how *Little Red Riding Hood* learned her lesson (Shavit 1986), and how important it is to be prepared and to »do the right thing«. Thus, the second ending was a result of the new educational norms, which dictated a »lesson« to be learned in any text for children. Therefore, the female activism and resoursefullness in this story were only a »by-product« of another, stronger, norm. Nevertheless, despite the fact that these independent active acts of *Little Red Riding Hood* and her grandmother were only meant to exhibit an »instructive« message and not a »feminist« one, I still assume that it was at least not perceived as contradicting any feminine model at that time.

In conclusion, it seems fairly evident that *Little Red Riding Hood* was originally a fe-male-centered fairy tale, but in the process of being rewritten by male-writers changes were made which devaluated the female status (see Zipes 1989). In accordance with the historical analysis of Philippe Ariès (Ariès 1962), these three versions also reflect the strengthening of the modern idea of »family« into a tightly-connected body. But with the promotion of the family it is the male who gains power whereas the female weakens.

2. Hebrew adaptations of *Little Red Riding Hood*

I have found a total of 35 translations and adaptations of *Little Red Riding Hood* in Hebrew, made between the years 1901 and 1986. Four texts were identical, or almost identical, with earlier texts, so there are about 27 different versions. The major problem in this research was, and that is typical of children's literature, that only 14 texts out of 35 noted the year of publication. Many lacked any details except the publishing house. This made it difficult to form a valid historical description, because any mistake in dating the texts could radically change the »whole picture«.

And where »pictures« are concerned, the first five texts (1901-1943) were scarcely illustrated. This of course had to do with graphic limitations. But from about 1951 the illustrations occupy a central place in the text, and in many versions the text is peripheral to the colored illustrations. Though these illustrations play a major role in sexual stereotypes, I will not analyze them here. They generally depict a young mother with an apron, in the kitchen or on the doorstep, sending her daughter with a basket (the housewife and the good little helpful daughter); the girl is illustrated so as to give the impression of someone small, cute, pretty and innocent, absolutely not tough, brave, determined or resourceful – with one exception, which I will discuss later; and the hunter or forest-keeper is a handsome young man or an experienced-looking old man, who often gets more than one illustration.

As a paraphrase of Jack Zipes (Zipes 1988: 152), the heroine of the fairy tale should be sweet, beautiful and innocent. Females are supposed to be helpless without men, and only men are daring, active, capable, and able to bestow life on passive or dead women. This model of the two sexes is reflected also in the Hebrew versions of *Little Red Riding Hood*.

2.1. Traditional Sex Roles in the Hebrew Texts

At least 30 out of the 35 texts display the traditional sex-roles, 6 of them even amplify them. The traditional stereotypes are manifested expressly: *Little Red Riding Hood* is described as pretty (9 texts), good (4 texts), nice (4), cute (4), kind (3) and pleasant (3). In a version from 1978 she is »wearing a cute dress« and in one text of the Sixties she has a doll. In a 1966 adaptation from Italian (by Saula Dello-Strologo) *Little Red Riding Hood* wears a »pink« riding hood (!). However, only in three texts is she described as »wise«: two of which are probably an old adaptation and its new updating, and the third (second) is a most »feminist« text from 1952, which will be discussed later.

With the aid of these elements, as well as by more complex characterization, *Little Red Riding Hood* is described as a »good girl« who tries to do what she's told, unless she forgets, and she is naive and helpless. For example, in the 1978 version she gets lost in the forest: »and what does a ›little girl‹ who got lost in a big forest do? She *cries*« (my emphasis).

The mother in the story, the second female character, is described according to the stereotype of the housewife, who cooks and bakes and stays at home. She sighs, cries, and is prone to becoming hysterical and illogical. Similarly Grandmother, the third female character, is an ill, helpless and passive old housewife, easily »frightened« – the explicit adverb appears in 7 out of 25 texts, and in many others her reaction is frightened but the word itself is not mentioned. The most active reaction of both the young girl and the old woman facing the wolf is shouting – otherwise they are too paralyzed or too slow to react at all.

But in opposition to the general impotence and helplessness of the females, the wolf (a male) is cunning, aggressive, quick and active; and the father and/or hunter work outdoors, and their characters are active, fearless, tough, logical, helpful, brave, quick and skillful, and know what to do. The males attack or protect, while the females let themselves be attacked or saved – at the last moment or after it.

Moreover, not only the mother is represented as a passive home-dweller versus the active father, old age too exhibits inequality: one can perhaps justify the grandmother's weakness in her illness, but still she is always illustrated with spectacles, mostly sitting in a rocking chair or sleeping in bed, her face crumpled and wrinkled, wearing a frightened expression, and her body wrapped in shawls, wraps and scarves (clothes symbolic of old age because of the outdated fashion and the hint of suffering from the cold). Contrary to her, even when the hunter is an old man too, he is always healthy-looking and upright, wearing regular clothes which do not indicate age, his white beard and wrinkles express not weakness but experience and kindness and he is always illustrated standing or walking (in control of his life).

Though this is the general picture, it is by no means static or homogeneous. *Little Red Riding Hood* underwent several changes between 1901 and 1986, which I will describe as three periods:

2.2. The first period – 1901-1950

In the first fifty years we find five texts: three »full« translations of The Brothers Grimm's version (the first two texts are of the same translation from 1901), and the other two are adaptations, where the most significant change is omitting the second ending. One more translation of The Brothers Grimm version appeared twice during the Fifties or Sixties (I can date the texts only by the lettertypes), but the translator stopped after the first ending. There are many reasons to omit the second ending, which have been mentioned by other researches (i.e. Shavit 1986, Soriano 1969), but I would like to point out one more possible reason: in the second ending the grandmother and *Little Red Riding Hood* overcome the wolf with cunning and courage, without any help from any male. Could it be that, in the twentieth century, their active, self-reliant image did contradict the feminine stereotype of the two, and therefore it had to be omitted?

2.3. The second period – The Fifties and Sixties

The Fifties and Sixties bring a significant change: the adaptations emphasize and strengthen the so-called »traditional sex- roles«, and this change is manifested in two interrelated phenomena: the one is a more explicit characterization of the females as helpless home-makers and of the males as active and patronizing, and the other is the addition of a father to *Little Red Riding Hood* and her mother. This highlights the connection between the strengthening status of the family and the strengthening of the male status at the expence of the female's status.

In this period, 6 out of 19 texts emphasize and elaborate on the traditional sex-role stereotypes. Actually the proportion is even greater: 6 out of 14, because two of the texts are not adaptations but mere translations of Grimm, and 6 additional texts are actually only 3 different versions. To give just a few examples:

(1) In a 1955 version the hunter walks *Little Red Riding Hood* home, and he is the one who tells her mother what happened. This means, that the little girl cannot even tell her story to her mother by herself! Interestingly, she had no problems talking with the wolf – perhaps because this element was imposed on the adaptator by the original text.

(2) Another version (no details, from the Sixties) finds *Little Red Riding Hood* so frightened of the wolf that she cannot move (not run nor shout), so he swallows her. This text ends with Grandmother and *Little Red Riding Hood* »both promising the forest-keeper«, who is described as »a hero and a friend to all inhabitants«, that »they will always be careful when walking through the forest and when opening the door«, like two good little girls.

(3) In a version from 1966 (adapted from an Italian adaptation), *Little Red Riding Hood* is trained to be a future house-wife by »helping her mother« and by playing with clothes and kitchen-pots at her grandmother's, she wears pink, as befits a girl, and when the wolf gobbles her up, she covers her own ears so that »she would not hear her own terrible wail«! But the hunter is, among other things, skillful, experienced, brave and protective: he does not reveal his suspicions to the mother so as not to frighten her, he is strong, rational, patronizing towards females, and above all he promises that he will marry the girl to the bravest and most handsome shepherd on the mountain!

However, in two versions a female does do something useful:

(1) In a most stereotyped 1955 version, where the two women cry helplessly and hysterically over the possibility that *Little Red Riding Hood* was swallowed by the wolf, and the able working men are extremely patronizing, the tale sends the grandmother with the father and the hunter to save *Little Red Riding Hood*, and she indeed shows courage and resourcefulness when she throws a bucket of water on the wolf and confuses him.

(2) In an undated anonymous version from the Fifties or Sixties, which seems to be an update of a 1943 adaptation, *Little Red Riding Hood* fills the wolf's stomach with stones and the grandmother sows it. This adaptation (in both texts) was obviously made by a knowledgeable person, who had in front of him/her both Perrault's version and The Brothers Grimm's, so one element (filling with stones) is not original, and the other (sowing) is rather »feminine«. Nevertheless, all the other versions of that period do not let the females do even this little.

In the first period *Little Red Riding Hood* only had a mother and a grandmother, as in the original texts. However, in the second period there are two parents in most of the texts: in 12 texts out of 19, or 9 out of 14 different versions, though the father plays an active literary role in only three (1951, 1955, 1966). Of course, one may connect it with the need to give a picture of »a family«, but the first two versions with a father clearly show, that what was more important was to give the two helpless females a man to take care of them, provide for them and rescue them: in the 1951 version the father is both a wood-cutter (Perrault!) and a savior of the two from the wolf (to replace Grimm's hunter!), and in the 1955 version the father works in the fields and rescues *Little Red Riding Hood* together with the grandmother and the old hunter.

Any change, addition of deletion in adaptations is a result of an attempt of the adaptator to solve what seemed to him or her as a »problem« in the original text. The changes then reflect both the problems they saw and the literary repertoire which supplied them with solutions. The adaptators of the Fifties and Sixties were faced with socio-economical problems in the texts: How could two women live alone in a village, seeing that the mother is a housewife and the girl is so young? Who supports them? Since the story does not state whether the mother is a widow (or divorced, which was practically inconceivable in children's literature at that time) – there must therefore be a husband and father somewhere. And since the original text failed to mention him – it must be the adaptators' duty to do so.

It is important to note that the existence of a father was not an issue between 1697 and 1951, and he is lost again in the third period. The fact the it was an issue during the Fifties and the Sixties stems from the socio-cultural norms at that period. Extra-literary social norms of the Fifties support this presentation of sex-roles in *Little Red Riding Hood*: this was the decade of the Bourgeois settling-down of the Western World following the Second World War, which supported the norms of »the good family« via the Media (Newspapers, Magazines, Radio, Music, Television and Cinema), Politics (expressed views of leaders and politicians), the Law (courts' rulings) and the Educational System. The Fifties found it necessary to have a man in the house, and the Sixties merely continued the new repertoreme without giving the father any active literary role.

2.3.1 A »feminist« text

However, in 1952, right in the beginning of this »sexist« period, a very different text was published. In this text *Little Red Riding Hood* is illustrated as a stout and determined country-girl, whose eyes look bravely and earnestly straight into the eyes of the reader, and the text describes her, among other things, as a brave, courageous, independent, self-reliant, resourceful and clever girl. For instance, knowing about the wolf she is not afraid of him, but, on the contrary, prepares to trick him and drown him in the swamp, and she does fight him bravely. She tells her mother to watch herself, and organizes the birds (females in Hebrew!), her friends, as an »air reconnaissance troop«. Her friend the rabbit (a female in Hebrew) is brave and persistent, and despite her physical weakness fights with the wolf to help *Little Red Riding Hood*, whereas the bear and the hedgehog (male friends) get distracted and are not there at the moment of need. The grandmother is a tough independent person, who cannot just idle in bed even though she is ill, and in the end sews the wolf's stomach swiftly and skillfully for the forest-keeper-cum-watchman, so that he can imprison the wolf. Even the mother, who was introduced to us as a worried housewife, who stays home sewing father's shirt and sighs out of fear for her daughter, reveals herself as a brave mother who insists that the forest-keeper tells her what happened, assuring him she will not cry or tremble, and she is the one who opens the wolf's stomach to save her mother and daughter.

But this text, which shows such an opposed tendency, is not a tale but a play in three acts, intended to be played by school-children. It also seems to be based on some soviet socialist text (but I will not dwell on it here), and it was published by a Zionist organization. So, as a tale of *Little Red Riding Hood* it stands in drastic contradiction with the current norms, but as a Zionist text intended for education and indoctrination of school children it is perfectly in keeping with the norms. This was the period immediately after the Israeli War of Independence (1948), and the Zionist ideal of »the New brave Hebrew« was still dominating school material, especially through school-plays, which were conceived as an important part of the new Hebrew education (see Basmat Even-Zohar 1988). The myth of the new Zionist existence (though reality was quite a bit behind) connected women's liberation with »the New Hebrew« ideals, and gave women an active equal role. In this way, a classical fairy tale was also conceived to be good material for a play about a girl's bravery.

2.4 The third period – the seventies and eighties

Between the years 1970-1986, 11 versions were found, of which only one emphasizes the so-called traditional sex-roles (a version from 1978). A later version of the same adaptator, from 1983, dropped that tendency. However, three versions (1977, 1981, 1985) manifest a clear change in comparison with the former period, and tend to make the females a bit more active and self-reliant: (1) In a 1977 version, *Little Red Riding Hood* is »swifter« than the wolf, and she manages to escape him and to find some wood-cutters to kill the wolf and release the grandmother. (2) In the 1981 version, the grandmother is the one who manages to escape from the wolf and run to summon the forest-keeper – as opposed to earlier versions where she might have run away, but in order to hide somewhere or just to escape, and not to actively and fruitfully find a solution. And *Little Red Riding Hood* also manages to »evade« being eaten until they come to save her. (3) In the 1985 version *Little Red Riding Hood* is quite independent: she is the one who decides to go to the grandmother, not her mother, and she takes a basket of food, instead of being given one by her mother.

Though it is quite likely that the 1977 and 1981 versions only gave *Little Red Riding Hood* and her grandmother some independence and action just as a by-product of the need to give the reading child less violent texts, where the girl is not swallowed by the wolf, I would still like to point out that the earlier non-violent texts bring the saving hunter to the passive females, whereas in the later versions they send the active females to the hunter.

3. Conclusion

My research revealed a general picture of stereotypical sex roles in Hebrew versions of *Little Red Riding Hood*. The helpless damsel-in-distress saved by the helpful man is significantly emphasized during the Fifties and Sixties, which was also a very prolific period for fairy tales, but lately there seems to be a change towards more self-reliant females.

However, things are not as clear cut as I have presented them. Many interrelating factors play a role here, to which I would like to draw attention. First of all, as I implied several times, the texts are a product not only of social norms of sex-roles, but of literary models, educational constraints, technological development in graphics, the norms of translation in Hebrew literature during these periods, etc.

For instance, during the first fifty years the translators stayed close to the original classics, whereas during the last twenty years it is above all the illustrations that determine the texts (most of the new texts are local Israeli printings of French, Italian, Belgian, German, British and American picture-books, with Hebrew text).

This is also connected with another factor, which has been hinted before but not discussed: as the vast majority of the texts are actually translations in some form, they cannot be seen as specifically »Hebrew«. Thus the texts relate to each other in a more complex way than a »simple« relationship between products of the same system in the same culture. The texts are connected with other literatures, different literary periods, Hebrew children's literature, the norms and repertoire of the Hebrew system at the time of publication, the norms of translation and adaptation in the Hebrew system, etc., etc. In view of the great number of anonymous texts it is obvious that we can only pose questions about cultural relations, but most of the answers cannot be found. Nevertheless we can at least draw attention to the existence of such complicated inter-relations.

Therefore, it is not at all easy or possible to differentiate between various factors which play a role in the texts:

1. There is a connection between the need to add a male to *Little Red Riding Hood* and her mother, and the need to present a »full family«. When the father has an active role in the story and the females obviously cannot fend for themselves, it is clear that the opposition »strong male – weak female« is the major one, but otherwise it is impossible to decide whether he is mentioned because »a family has to have a father, mother and child«, or because »a woman and her daughter cannot possibly live alone without a husband and father«, which is much less neutral from a feminist point of view. Still, we can argue that there is no need to separate the two factors, because they both represent a strengthening of the male role at the expense of the female role.

2. There is a well-known connection between conventional characteristics of »childhood« and those of »femininity«, and many times it is impossible to differentiate them in descriptions of *Little Red Riding Hood*: is she sweet, helpless, naive etc., because of her age or because of her gender? One way of trying to answer would be to place a boy in her role: For instance, would a literary little boy also cry when lost in the forest, or decide to be brave and think of a way out? Would a literary little boy also talk so naively with the wolf? Would a literary little boy yell for help when the wolf tries to eat him, or try to defend himself actively? If a male child would act differently, then it is the gender that makes the difference.

Of course, regarding this question we should remember cultural differences: For instance, sociological research in North-American societies emphasizes the strong social objection to boys crying (see, for example, Hite 1981: 59-66). In the Israeli society there are several sub-societies with different norms regarding this issue, and in any case it seems that crying boys are not such a big issue in Israel, compared to North America.

3. When a grown-up male hunter shows a patronizing attitude of calmness and reason towards an hysterical grown-up female, who shows helplessness and cannot think straight or even think at all (she waits for her husband to come home so that he will »know what to do« and take action), the sex-roles are manifested rather explicitly. But in many cases it is difficult to decide whether we have simply a »hunter« who comes to rescue when he is needed – which implies »just doing his job« and follows standard existing literary

models – or a patronizing male who rescues the grandmother and *Little Red Riding Hood* in a context where they are helpless not because of their age or lack of weapon (which he carries as part of his job), but because they are weak and passive as females who could under no circumstances do anything to help themselves.

The fact is that our culture finds it totally acceptable to add a father to The Brothers Grimm version and give him an active role which was never even hinted there, including the replacement of the original forest-keeper, but has not yet produced even one text where the forest-keeper is a woman or where the mother has a job to keep her and her daughter, or where the mother goes to save her child!

Bibliography

Ariès, Philippe 1962. *Centuries of Childhood* (London).

Delarue, Paul 1989. »The Story of Grandmother«, in Alan Dundes, ed., *Little Red Riding Hood – a casebook* (Wisconsin):13-20.

Even-Zohar, Basmat 1988. *The Emergence of the Model of »the New Hebrew«* in *Modern Hebrew Literature*, 1880-1930 (M.A. Thesis, under the supervision of Prof. Gideon Toury, Tel-Aviv University)(Hebrew).

Hite, Shere 1981. *The Hite Report on Male Sexuality* (New-York: Ballantine Books).

Shahar, Shulamith 1983. *Ha-Ma'amad Ha-Revi'i – Ha-Isha be-Hevrat Yeme Ha-Benayim* (The Fourth Order – A History of Women in the Middle Ages), Tel-Aviv (Hebrew).

Shavit, Zohar 1986. *Poetics of Children's Literature* (The University of Georgia Press).

Soriano, Marc 1969. »From tales of warning to formulettes: the oral tradition in French children's literature«, *Yale French Studies* 43:24 43.

Zipes, Jack 1988. *The Brothers Grimm – From Enchanted Forests to the Modern World* (New-York).

Zipes, Jack 1989. »›Little Red Riding Hood‹ as Male Creation and Projection«, in Alan Dundes, ed., *Little Red Riding Hood – a casebook* (Wisconsin): 121-128.

Probleme und Strategien bei der kinderliterarischen Übersetzung im Rahmen der interkulturellen Kommunikation.

Turgay Kurultay (Istanbul)

I.

Die theoretische Beschäftigung mit den Übersetzungsproblemen der Kinderliteratur (KL) umfaßt nicht viele Titel. Die Stellungnahmen von Übersetzern bzw. Übersetzungskritikern, in denen »das richtige Übersetzen und die Kompetenzen der guten Übersetzer« besprochen, oder vielmehr suggeriert werden, sollten nicht zu den wissenschaftlichen Beiträgen gezählt werden. Und die einschlägigen wissenschaftlichen Beiträge zur kinderliterarischen Übersetzung beziehen sich in der Mehrzahl auf Einzelerscheinungen und stellen damit wissenschaftlich eine beschreibende Leistung dar. Die beschreibenden Arbeiten sind für die Übersetzungstheorie von großem Wert, nicht nur speziell im kinderliterarischen Bereich, sondern auch für die allgemeine Übersetzungstheorie. Die Beiträge von Z. Shavit (1981) und K. Reiß (1982), die über reine Beschreibung hinaus die Übersetzungsprobleme klassifizieren und ihre Analyse mit einem allgemeinen Theoriekonzept in Zusammenhang bringen, sind zwei Beispiele, die dies belegen.

Die Entwicklung in der allgemeinen Übersetzungstheorie hat heute die Aufmerksamkeit auf die verschiedenen Handlungssituationen und Handlungsrollen des Übersetzers gelenkt. In diesem Zusammenhang müßte der Erforschung der kinderliterarischen Übersetzung besonderes Gewicht zugemessen werden. Der Grund dafür liegt in ihrer Sonderstellung, wie die beschreibenden Arbeiten es genügend nachweisen. Diesen Stellenwert der kinderliterarischen Übersetzungsforschung kann man im Anschluß an die allgemeine Feststellung von Wilss bestimmen:

> Der Grund dafür [für das Fehlen der Operationalisierung von Ergebnissen] ist wahrscheinlich, daß wir für Vergleiche zwischen verschiedenen Kulturen einfach zu wenig systematische Kenntnisse haben und deswegen oft improvisieren müssen [...]. Hier stehen der interkulturellen Kommunikationsforschung, zu der sich auch Übersetzungswissenschaft rechnen darf, noch große Aufgaben ins Haus.
> (Wilss 1992, S. 40)

Im Interesse dieser Forderung liegen die Forschungen im Bereich der kinderliterarischen Übersetzung. Die Handlungssituationen und -rollen, die wir bei ihrer Erforschung vorfinden, deuten auf das breite Spektrum der übersetzungsprozessualen Faktoren und die Relativität der Übersetzung. M. E. kann die Übersetzung in diesem Bereich als Grenzerscheinung gesehen werden. Aus diesem Grund besitzt sie zugleich einen hohen Aufschlußwert für die gesamte Übersetzungstheorie. Dieses Potential der kinderliterarischen Übersetzung ist mit der Wirkung der Übersetzungsgeschichte auf allgemeintheoretische Konzepte vergleichbar, deren Erforschung uns Fakten der übersetzungsprozeduralen Multidimensionalität liefert. Die Erforschung auf dem kinderliterarischen Bereich ist zugleich eine Bewährungsprobe für die Theoriekonzepte in der Übersetzungswissenschaft (ÜW), die Anspruch auf Allgemeingültigkeit erheben.

Der Standort der kinderliterarischen Übersetzung in der ÜW ist nicht selbstverständlich. In der eigenen Entwicklung der ÜW sehen wir divergente Haltungen. Daß Koller in seinem Buch von 1979 folgendes äußert, ist. m. E. bezeichnend:

> Bearbeitungen, Paraphrasen und kommentierende Inhaltserläuterungen können nicht als Übersetzungen im eigentlichen Sinne bezeichnet werden und gehören damit nicht zum primären Gegenstand der Übersetzungswissenschaft. Sie können und sollen aber als ›Sonderformen der Übersetzung‹, die in der Geschichte der Übersetzung und im Rahmen bestimmter Übersetzungstextgattungen – etwa Übersetzungen von Kinderbüchern bzw. Übersetzungen für Kinder – eine Rolle spielen, durchaus im Rahmen der Übersetzungswissenschaft behandelt werden. (Koller 1979, S. 89).

Hinter dieser Bewertung ist eine mehr linguistisch orientierte Übersetzungstheorie zu erkennen. Sie räumt aber trotzdem der kinderliterarischen Übersetzung eine Sonderstellung ein. Es könnte nämlich auch heißen, daß sich die Übersetzer der KL an die Normen der »eigentlichen Übersetzung« halten müssen. Dies wäre aber mit der Realität der kinderliterarischen Übersetzung nicht vereinbar. Die Geschichte der kinderliterarischen Übersetzung ist geprägt durch Auslassungen, Zusätze, Adaptationen, Paraphrasen. Auch heute verträgt diese Gattung, trotz aller Einwände und Konflikte, am ehesten solche Eingriffe. Die Sonderstellung der kinderliterarischen Übersetzung bleibt bestehen, wenngleich die Funktionen und die Normen der kinderliterarischen Übersetzung in deutlicher Veränderung sind (vgl. Toury 1980; B. Even-Zohar 1992).

Die neuen Theorieansätze in der ÜW, die sich immer mehr von der linguistischen Orientierung – vor allem aber von der systemlinguistischen – lösen, haben keine Schwierigkeiten, die Gattung der kinderliterarischen Übersetzung unter einen allgemeinen Übersetzungsbegriff einzuordnen. Es gibt zwar keine allgemein anerkannte und konsistente Definition für die Übersetzung, die sie gegen andere Arten der Textproduktion (z. B. nacherzählende Übertragung, Wiederaufnahme eines Themas u. ä.) abgrenzt und die Grenzen der Variierbarkeit gegenüber dem Original festlegt. Es läßt sich aber gemeinsam bei dem heutigen Stand der ÜW sagen, daß das Original nur den Ausgangspunkt darstellt und nicht das Ziel, das in der Sprache der Übersetzung zu erreichen ist. Im Anschluß an das kommunikative Übersetzungskonzept will ich bei meinen Überlegungen davon ausgehen, daß die Übersetzung »eine kommunikative Handlung« ist, die vom Übersetzer – und Herausgeber der Übersetzung – hervorgeht (vgl. Holz-Mänttäri 1990; Reiß/Vermeer 1984). Die spezifischen Probleme der kinderliterarischen Übersetzung lassen sich als Spezialfälle der kommunikativen Handlung erkennen.

Jede Übersetzung, gleichgültig welcher Gattung und Methode, sollte die Bedingung der Textualität erfüllen, d. h. die Fähigkeit haben, ohne Rückgriff auf das Original kommunikativ zu funktionieren. Das impliziert, daß der Übersetzer nicht einfach das Original abzubilden hat, sondern die Bedingungen des zielsprachlichen Ausdrückens und zielkulturellen Rezipierens einkalkulieren muß; aus diesem Zusammenspiel entsteht die Übersetzung als ein neues Textgebilde, dessen Gestaltung letztlich dem Übersetzer obliegt. Die Entscheidungen des Übersetzers hängen nicht allein von den Eigenschaften des Ausgangstextes (AT), sondern auch vom zielsprachlichen Kontext der Übersetzung ab. Bei manchen Texten und Textelementen ist eine unmittelbare Übertragung selbstverständlich und möglich; jedoch in vielen Fällen müssen die spezifischen Bedingungen der Situation, die die Handlung des Übersetzers mitbestimmen, berücksichtigt werden, bzw. sehen sich die Übersetzer dazu genötigt.

II.

Im folgenden sollen diese Grundsätze konkret auf die Übersetzung der KL angewendet und diskutiert werden. Dabei beziehe ich mich in erster Linie auf die Literatur für die erste große Lesephase (vgl. Schön 1993) bis 13 – 14. Der Grund dafür liegt nicht nur in dem untersuchten Material, sondern eigentlich darin, daß dieser Bereich gegenüber der Erwachsenenliteratur klarer abgrenzbar und für die übersetzerische Fragestellung problematischer – und deshalb interessanter – ist. Bei meinen Überlegungen habe ich speziell die Situation in der Türkei vor Augen.

Alle Besonderheiten der kinderliterarischen Übersetzung können auf die Adressatenspezifik zurückgeführt werden. Konkret haben wir unter Adressatenspezifik bei den Kindern zwei Aspekte zu erkennen (vgl. Shavit 1981; Reiß 1982; O'Sullivan 1992):
– Die Stellung und Rolle der Kinder in der Gesellschaft (kommunikative Strukturen in der kindlichen Umwelt).
– Die Rezeptionsbedingungen der Kinder.
Diese Aspekte, die schon beim monokulturellen Kommunikationsprozeß im Spiel sind, werden erst recht in der interkulturellen Kommunikation sichtbar und im Übersetzungsvorgang deutlich wahrnehmbar.

Es gilt auch für die KL, daß die Übersetzung ein Mittel der interkulturellen Kommunikation ist. Aber was bedeuten die Begriffe »Kultur« und »Kommunikation« im Rahmen der KL und ihrer Übersetzung? Daß die »interkulturelle Kommunikation« im Falle der Kinder einen spezifischen Inhalt und Wert hat, ist einleuchtend. Die kulturelle Identität der Kinder bildet sich erst mit ihrer biologischen und sozialen Entwicklung. Aber auf der anderen Seite sind sie strenger eingefangen in der eigenen Kultur, weil sie den Einflüssen der Erwachsenen jener Kultur ausgesetzt sind; sei es durch Erziehung durch die Eltern, Bildung in der Schule oder auch durch sozialen Druck des kulturellen Milieus. Die fortschreitende Emanzipation der Kinder und ihre rechtliche Lage ändert an dieser Feststellung nichts, weil letztlich die Normen der erwachsenen Gesellschaft bestimmend sind.

Im Hinblick auf die interkulturelle Kommunikation im Falle der Kinder sollten wir erst diese paradoxe Erscheinung erkennen. Die erwähnte zwiespältige Lage der Kinder liefert dem Übersetzer die Grundlage für seine Übersetzungsstrategien und Entscheidungen.

Bei der emanzipatorischen Literatur wirken sich diese Verhältnisse stärker aus. Durch die übersetzerische Tätigkeit kann in einem Land zur Kinderemanzipation sehr viel beigetragen werden, indem die kinderliterarischen Werke verschiedener Länder im eigenen Kulturleben fruchtbar gemacht werden. Es ist aber oft problematisch, da die Übersetzung eines emanzipatorisch gemeinten Werkes in der Zielkultur einen ganz anderen Stellenwert bekommen kann und dadurch Schwierigkeiten und Komplikationen entstehen.

Das Problem würde nicht in erster Linie von Kindern kommen, da sie im Vergleich zu den Erwachsenen ihren natürlichen Impulsen näher stehen und daher die emanzipatorischen Inhalte freudig aufnehmen können, soweit sie die kulturellen Zwänge nicht verinnerlicht haben. Aber eben deshalb, weil diese Möglichkeit auch den Erwachsenen bewußt ist, kann solche Literatur als »schädlich« bewertet werden. Diese Tendenz wird stärker, wenn in der Zielkultur der KL eine offene didaktische Funktion zugeschrieben wird; entsprechend werden solche Bücher offen oder verdeckt zensiert und von den Eltern für ihre Kinder nicht gekauft. Wenn diese trotz mancher Maßnahmen doch die Kinder erreichen, was gut möglich ist, kann es zu unmittelbaren Konflikten zwischen den Kindern und gegebenen Strukturen bzw. den Erwachsenen kommen. In diesem Fall ist im Interesse der Kinderemanzipation zu fragen: Ist es sinnvoll, den Kindern Lesestoffe in die Hand zu geben, die sie zweifeln lassen und zu offenen Konflikten mit den Erwachsenen führen können? Das ist eine Frage, die sich der Übersetzer bei der Auswahl und dem Übersetzungsprozeß stellen sollte und die sich wahrscheinlich auch viele bewußt oder unbewußt stellen. Die Lösung ist abhängig von kulturellen Normen und konkreten Situationen sowie von dynamischen Kräften, die in der Zielkultur auf Erneuerung gerichtet sind.

Diese zwiespältige Lage der Übersetzung stellt zugleich die Barrieren und Möglichkeiten in der kindlichen interkulturellen Kommunikation dar. Auf der einen Seite kann man leicht Zugang finden zu den Kindern, auch bei den Themen und Inhalten, die in der Zielkultur von dominierenden gesellschaftlichen Normen unterdrückt werden. Aber auf der anderen Seite ist es von Übersetzern kaum zu verantworten, daß sie die offenen Konflikte zwischen den Kindern und ihrer Umwelt in Kauf nehmen. Es kann sicher hierfür keine Richtlinien geben. Aber gelungene übersetzerische Handlungen müßten diese Probleme berücksichtigen und tragbare Lösungen finden.

Diese Faktoren wirken sich sowohl auf die Auswahl der zu übersetzenden Werke als auch auf die Übersetzungsmethode aus. Der Verleger und der Übersetzer haben bei der Auswahl die Aufgabe zu beurteilen, in welchem kulturellen und kommunikativen Zusammenhang das übersetzte Werk stehen soll. Die Herausgeber der Übersetzung sind von dieser Leistung nicht befreit, nur weil der Verleger und Autor des Originals es bereits getan haben. Dies bedeutet natürlich nicht, daß die Übersetzung den dominierenden Normen und Forderungen der Zielkultur zu dienen hat. Eine solche Bewertung gehört gerade zu einer Auseinandersetzung mit den gegebenen Verhältnissen.

III

Die kinderliterarische Übersetzung als ein Akt der interkulturellen Kommunikation ist verflochten mit dem Problem des Fremden, an dem exemplarisch die ganze Problematik aufgezeigt werden kann. Das Fremde in der übersetzten KL, als ein Aspekt unter anderen, ist vor allem dann vordergründiges Problem, wenn der übersetzten KL die Funktion der Innovation zukommt. In dieser Hinsicht möchte ich den Begriff »das Fremde« konkretisieren.

Erstens ist zu betonen, daß hier nicht die kinderliterarische Behandlung des Fremden als ein Thema gemeint ist. Jedes kinderliterarische Werk (mit welchem Thema auch immer) kann fremde Elemente aufweisen, indem es übersetzt wird. Diese Elemente können bei dem Übersetzungsprozeß auf den Übersetzer störend wirken oder auch als wesentliche Elemente der Übertragung erscheinen. Die Entscheidung des Übersetzers hängt von der Zieltext (ZT)-Funktion ab, die nicht unbedingt identisch mit der des AT (Ausgangstexts) ist, aber gewöhnlich mit ihr in Beziehung steht (vgl. Vermeer 1986). Eine Untersuchung der Übersetzungen aus dem Deutschen ins Türkische (Dilidüzgün/Kurultay 1992) hat dieses Verhältnis zwischen der AT- und der ZT-Funktion bestätigt. Während in den Übersetzungen aus der unterhaltenden und belehrenden KL die Eliminierung und Verharmlosung der fremden Elemente häufig vorkamen, waren in den Übersetzungen aus der angesehenen KL die fremden Elemente fast »unberührt« beibehalten.

Wir müssen den Begriff »das Fremde« umfassend definieren und in sich differenzieren. Unter diesem Begriff wird gewöhnlich die Referenzen auf eine fremde Welt verstanden, was nur einen Teilaspekt – und nicht unbedingt den wichtigsten – ausmacht. Das Fremde in der übersetzten KL umfaßt mindestens zwei weitere Aspekte. »Fremd« kann noch die Haltung gegenüber bestimmten Sachverhalten sowie die literarische Form sein. Diese zwei Aspekte scheinen schwerwiegender zu sein, wenn es um die Übersetzungen mit emanzipatorischer Zielsetzung geht. Gerade hier tauchen die für das Textganze funktional relevanten Übersetzungsprobleme auf, die den Übersetzer zu Entscheidungen zwingen. Und vor allem solche Elemente bereiten Schwierigkeiten beim kindlichen Rezipieren und Aufarbeiten.

Die türkische Übersetzung von Härtlings Buch *Ben liebt Anna* bietet für die Darstellung der zwiespältigen Lage des Übersetzers ein einmaliges Beispiel.

Härtlings Buch stellt eine Kinderliebe aus der Kinderperspektive dar. Das Buch wirkt »emanzipatorisch«, da solche Erfahrungen der Kinder in der Realität unterdrückt oder verschwiegen werden; deshalb könnten die Kinder in dem Buch ihr Leid wiederfinden und sich mit der eigenen Realität auseinandersetzen, wodurch sie ein erlösendes Gefühl erleben, sogar Halt finden könnten. Das Buch ist so geschrieben, daß die Kinder nicht gleich gegen die unterdrückenden Verhältnisse ihrer Umwelt rebellieren, eher führt es zur Anerkennung der Konflikte zwischen der Innenwelt und Außenwelt und dadurch zur Selbsterkenntnis. Dafür sorgt im Text zum einen die schlichte Darstellungsweise, so daß z. B. die Szenen, in denen sich die liebenden Kinder körperlich annähern, unvermittelt und im gleichmäßigen Verlauf der Handlung beschrieben werden. Zum zweiten werden die Erwachsenen nicht als Gegner gezeigt, sondern als jene, die andere Sorgen und Maßstäbe haben, aber zugleich Verständnis aufbringen können. Aus der Übersetzerperspektive sind diese textuellen Eigenschaften insoweit wichtig, als zu verstehen ist, was »im Sinne des Autors« liegt.

Das Buch Härtlings ist im Hinblick auf die Rezeptionsbedingungen der deutschen Kinder situationsgerecht. Weder bei den Eltern noch bei Erziehungsinstitutionen ist es auf eine unmittelbare Ablehnung gestoßen, wobei es an sich durchaus Aufsehen erregen konnte. Der Autor hat in den Schulen den Kindern aus seinem Buch vorgelesen. Wie ist es aber mit der Übersetzung ins Türkische? Es ist zu erwarten, daß das Buch in der Türkei auf Widerstand oder Ablehnung breiter Kreise stößt, sowohl aus national-kulturellen als auch aus bildungspolitischen Beweggründen. Der Autor hat selbst berichtet[1], daß manche türkischen Emigrantenkinder in Deutschland gleich gegen »ungehörige« Szenen in der Erzählung protestierten. Und bezeichnenderweise begründet der Übersetzer des Buches seine Entscheidung für die Übersetzung damit, daß er gegen die repressive Haltung eines ehemaligen Ministers (zuständig für Familienangelegenheiten), der den Flirt unter Jugendlichen für »unsittlich« erklärte, durch diese Übersetzung protestieren wollte. Die Übersetzung des Buches sollte aber nicht die gleiche Unvoreingenommenheit bei der Aufnahme erwarten wie das Original. Es ist z. B. nicht denkbar, auch nicht in absehbarer Zukunft, daß es in den türkischen Schulen offiziell gelesen wird. Es ist natürlich ein Verdienst, daß dieses Buch übersetzt ist; aber realistisch gesehen, würden nur die wenigsten Eltern (bei deren Zahl lohnt sich allerdings die Veröffentlichung der Übersetzung) es ihren Kindern geben. Daraus geht zugleich hervor, daß die Übersetzung dieses Buches keine konsequente Entscheidung ist, wenn eine Wirkung auf einen uneingeschränkten Adressatenkreis bezweckt ist. In Anlehnung an der obigen Interpretation ist noch hypothetisch festzustellen, daß ein solcher Konfliktkurs auch im Sinne des Autors dieses Werkes nicht anzustreben ist.

Die Übersetzung dieses Buches stellt einen besonders schwierigen Fall für den Übersetzer dar. Bei dem besprochenen Problem geht es nicht um fremde Referenzen, sondern um die fremde Haltung gegenüber der kindlichen Liebe. Weil diese fremde Haltung für die dominante türkische Kultur nicht akzeptabel ist, wird diese Übersetzung auf die kommunikativen Strukturen, die das türkische Kind umgeben, störend wirken. Dabei hat diese Übersetzung durchaus eine Existenzgrundlage auch im türkischen Kulturkreis, allerdings muß sie sich mit Schattendasein zufrieden geben. Mir scheint dies auch die Erklärung dafür zu sein, warum diese Übersetzung in der Türkei keine öffentliche Ablehnung erfahren hat.

---

1 Im November 1991 war Peter Härtling in Istanbul zu Besuch.

IV.

Bei diesem Beispiel können wir von der Überforderung der Rezeptionsfähigkeit des Kindes nicht sprechen. Es ist ein anderes Übersetzungsproblem, wenn das Fremde wegen Rezeptionsbedingungen des Kindes nicht ohne weiteres vermittelt werden kann. Für den Übersetzungsprozeß beginnt das Problem oft dann, wenn die Entscheidung für Bewahrung bestimmter fremder Inhalte gefallen ist. »Die Vermittlung des Fremden« als ein altes Problem der Übersetzungsdiskussion tritt bei der KL verstärkt auf.

Es ist offensichtlich, daß die übersetzungstheoretische Diskussion um die Vermittlung des Fremden in Rahmen der KL grundsätzlich unter anderen Prämissen zu führen ist. Selbst Schleiermacher (1813), der im großen Stil für eine verfremdende Übersetzungsmethode plädiert, läßt erahnen, daß er im Falle der KL einen anderen Weg einschlagen würde: Er legt nahe, daß die Übersetzung für die Kinder »den Leser möglichst in Ruhe lassen und den Schriftsteller ihm entgegen bewegen« sollte. Das scheint klar zu sein, weil er eine Reihe von Voraussetzungen für die von ihm bevorzugte Übersetzungsmethode explizit darstellt. Es dürfte genügen, folgendes zu zitieren:

> Ferner folgt deutlich genug, daß diese Art zu übersezen gar keinen Werth hat, wenn sie in einer Sprache nur einzeln und zufällig betrieben wird. Denn der Zwekk ist ja offenbar damit nicht erreicht, daß ein überhaupt fremder Geist den Leser anweht; [...] so muß er nicht nur die ganz unbestimmte Empfindung bekommen, daß was er liest nicht ganz einheimisch klingt; sondern es muß ihm nach etwas bestimmtem anderm klingen; das aber ist nur möglich, wenn er Vergleichungen in Maße anstellen kann. [...] Daher erfordert diese Art zu übersezen durchaus ein Verfahren im großen, ein Verpflanzen ganzer Litteraturen in eine Sprache, und hat also auch nur Sinn und Werth unter einem Volk, welches entschiedene Neigung hat, sich das fremde anzueignen. (Störig, 1963; S. 56 f.)

Man sieht, daß die Kinder auch im Sinne von Schleiermacher nicht zu diesem »Volk« gehören. Damit sollten wir aber das Problem der »Vermittlung des Fremden« bei der KL nicht verwerfen. Das Fremde kann (und sollte) auch in den Übersetzungen der Kinderbücher bewahrt werden. Dies kann man aber nicht einfach durch »verfremdende Übersetzung« erreichen, da sie für das Kind an der Schwelle des Unverständlichen bleiben würde. Denn die verfremdende Übersetzung bedeutet die Aufhebung sprachlicher Normen, was nur durch kognitive Verstehensversuche beim Leser zur Geltung kommen kann. Dies setzt außerdem voraus, daß der Leser die sprachlichen Normen eigener Sprache beherrscht und dadurch den Eingriff des Übersetzers erkennt. Wenn wir uns die sprachliche Lage beim Kind vergegenwärtigen, so wird deutlich, daß eine solche Leistung vom Kind nicht zu erwarten ist. Das Kind würde bei einem solchen Eingriff – wenn es überhaupt Lust hat weiterzulesen – oft keinen Normverstoß empfinden, sondern diesen als Ausdrucksform der bei ihm entstehenden Bedeutung akzeptieren; in diesem Fall wird eben das Gegenteil dessen erreicht, was durch verfremdende Übersetzung bezweckt wird.

Sehr wichtig in diesem Zusammenhang ist das Leseverhalten der Kinder, was mit den Rezeptionsbedingungen eng zusammenhängt. Wie es in der These von Bettelheim, daß es bei den Kindern nicht auf das Lesen, sondern auf das Gelesene ankommt, zum Ausdruck gebracht wird, nehmen die Kinder das Erzählte gleichsam erlebend auf; sie lesen zügig und kaum reflektierend. Die entwicklungspsychologischen Untersuchungen zeigen, daß die Kinder wenig Einfühlungsvermögen aufweisen (vgl. Oksaar 1979); d. h. sie verstehen unter der Voraussetzung, daß sie das Erzählte mit eigenen Erlebnissen identifizieren.

Die folgenden weiterführenden Beobachtungen über das Leseverhalten der Kinder haben Relevanz für die Entscheidungen im Übersetzungsprozeß:

- Die Kinder lesen nicht »ein Buch eines bestimmten Autors«, sondern ein Buch an sich (deshalb achten die Kinder kaum auf den Namen des Autors).

- Sie nehmen keinen Bezug auf makrokontextuelle Angaben und Intertextualität (ein Kontext für das Kind ist natürlich da; aber der Zusammenhang zwischen dem Kontext und dem Text ist etwas Selbstverständliches, er wird dem Kind nicht bewußt).

- Sie lesen nur weiter, wenn das Buch ihnen Spaß macht (abgesehen von Lektüreaufgaben durch die Lehrer).

- Sie lesen assoziativ, nicht kognitiv.

- Sie lesen einverleibend (d. h. sie interpretieren ganz zwanglos und sehr stark gemäß dem eigenen Erwartungshorizont).

Soweit diese Beobachtungen – wenn auch nicht uneingeschränkt – gelten, können wir von besonderen Maßstäben bei der Übersetzung der Kinderbücher sprechen. Was man an dem Fremden vermitteln kann, läßt sich nur unter Berücksichtigung des kindlichen Leseverhaltens beantworten. Die gelungenen übersetzerischen Handlungen beruhen auf der Erkenntnis der Möglichkeiten und Grenzen.

Die Übersetzung ermöglicht sicherlich auch für Kinder einen Blick in fremde Welten. Eine sehr wichtige Dimension in der Übersetzung der KL ist das Erfahren von fremden Welten. Auch im Zusammenhang mit der Emanzipation ist eine solche Funktion von großer Bedeutung, da sich autoritäre Strukturen kulturell immer in einer Schmalspur bewegen. Deshalb ist es beispielsweise nicht immer zu bejahen, wenn die Namen der Erzählfiguren, die ja für die kulturelle Identität des Erzählten repräsentativ sind, in einheimische umgewandelt werden und die Situationen mit den einheimischen ausgetauscht werden. So ist es z. B. keinesfalls selbstverständlich, daß die Oma (die Hauptfigur des Härtlings Buchs *Oma* sich über die Behörden nur den Verhältnissen der Zielkultur entsprechend beschweren kann, damit die Kinder der Zielkultur es verstehen.[2] Ein zehnjähriges Kind ist durchaus imstande, und vor allem in der Zeit der Massenmedien, solche Informationsgehalte adäquat zu verstehen. Deshalb können wir uns mit pauschalen Aussagen nicht zufriedengeben; für die Probleme und ihre Lösungsmöglichkeiten bei der interkulturellen Kommunikation im Falle der kinderliterarischen Übersetzung ist eine differenzierte und auf einzelne Textkonstituenten bezogene Betrachtung geboten.

---

2 Peter Härtling hat berichtet, daß sein italienischer Übersetzer die Stelle, wo Oma sich ärgert, weil die Behörden auf ihren Antrag nach zwei Monaten noch keine Antwort gegeben haben, in seiner Übersetzung nicht so lassen wollte. Der Übersetzer meinte, daß die italienischen Kinder nicht verstehen würden, daß Oma nach zwei Monaten protestiert, es müsse nach italienischen Verhältnissen eine viel längere Zeit vergangen sein.

Ich will hier die These vertreten, daß das Wissen über die fremde Welt und den fremden Alltag grundsätzlich vermittelt werden kann. Wir können dagegen von einem Kind nicht erwarten, daß es die fremde Mentalität, sprich: die fremde Weltanschauung und Begrifflichkeit, verarbeitet. Das Kind kann durch Lektüre der Übersetzungen von fremden Welten »erfahren«, es kann sich aber mit diesen nicht »auseinandersetzen«. Dies bedeutet, daß Texte, die sich auf kulturspezifische Realitäten berufen und dadurch die Kinder eigener Kultur zur Auseinandersetzung mit diesen Realitäten anregen, in der Übersetzung einer neuen Bewertung bedürfen.

Diese übersetzungsbezogenen Kategorien der Fremdheit lassen sich auch sprachlich-stilistisch erkennen: Die unproblematische Fremdheit wird im Text durch beschreibende Sprache vermittelt sein, wodurch das Kind auch ohne Vorwissen das Erzählte mitbekommen kann; die zweite stellt sich komprimiert in Anspielungen dar, die assoziativ funktionieren.

In *Ben liebt Anna* ist wieder eine Stelle, die dem Übersetzer eine Entscheidung über die Vermittlung der Fremdheit abverlangt. An der folgenden Textstelle geht es um Annas Kleidung, die auf ihr andersartiges Schülerverhalten deuten soll.

> Herr Seibmann hatte sie [Anna] an einem Morgen vor sich durch die Tür geschoben und gesagt: Das ist eure neue Mitschülerin. Sie heißt Anna Mitschek. Seid nett zu ihr. Sie ist erst seit einem halben Jahr in Deutschland. Vorher lebte sie mit ihren Eltern in Polen.
> Alles war komisch an Anna.
> Sie hatte keine Jeans an, sondern ein zu langes altmodische Kleid.

Die Bemerkung, daß »Anna keine Jeans anhat«, deutet darauf, daß Anna keine gewöhnliche Schülerin ist. Dies ist für den kindlichen Leser erst dann verständlich, wenn er »Jeans anhaben« als normales Schülerverhalten ansieht. Der Sinnzusammenhang ist damit erst mit der Präsupposition, die dieser Textstelle zugrundeliegt, zu erschließen. Eben diese Präsupposition fehlt einem türkischen Kind, weil die Kinder in türkischen Schulen uniform angezogen sind und daher die Kleidung keinen semiotischen Wert hat, »Jeans tragen in der Schule« schon gar nicht.

Zu welchen Konsequenzen für Übersetzerverhalten kann dieser Fall führen? Wenn man den ZT oberflächenmäßig parallel zum AT gestaltet und zugleich dieselbe Wirkung beim Leser beabsichtigt, wird ein Defekt der Textkohärenz entstehen. Von einem Erwachsenen kann man noch erwarten, daß er die Logik dieser Textstelle durch Rückschlüsse nachvollzieht. Deshalb muß der Übersetzer hier die spezifischen Bedingungen des kindlichen Rezipierens berücksichtigen.

Formal gesehen kann sich der Übersetzer hier für eine der folgenden Strategien entscheiden:

– Diese Textstelle soll neutralisiert werden (der Leser soll darüber hinweglesen).
– Die präsuppotionalen Elemente sollen verbalisiert werden.
– Die Textstelle soll nach zielkulturellen Präsuppositionen gestaltet werden.

Die Entscheidung hängt natürlich vom Gesamtzusammenhang und von der beabsichtigten ZT-Funktion ab. Hier handelt es sich um eine fremde Referenz, die nicht als bloße Information angeboten wird, sondern bestimmte Verhaltensmuster widerspiegelt. Diese Stelle hat eine Funktion im größeren Textzusammenhang, und deshalb gewinnt sie für die Übersetzung an Bedeutung. Angesichts der ZT- Funktion (Vermitteln von alternativen Denk- und Verhaltensweisen) müßte sich der Übersetzer Mühe geben, den Sinnzusammenhang dieser Stelle zu bewahren.

Der Übersetzer hat über diese Stelle nicht unbewußt hinweg operiert. Er hat eine Lösung gebracht, die die Andeutung explizit macht. Nach dieser Übersetzungslösung heißt es: »*Statt* Jeans hatte sie ein altmodisches Kleid an.« Diese treffende Explikation verhindert einen Defekt in der Textkohärenz. Ob diese Lösung die beste ist, bleibt dahingestellt. Die Übersetzung hat allerdings nicht die gleiche Wirkung und Intensität wie das Original. Das ist aber nicht als Schwäche der Übersetzung zu sehen, sondern als die Realität.

Aus dem Ganzen geht hervor, daß der Übersetzer der KL eine gewichtige kommunikative Rolle hat, die bei der emanzipatorischen KL noch bedeutender wird. Erst durch die Wahrnehmung dieser Rolle kann er seinem Auftrag gerecht werden und kann eine KL in Übersetzung entstehen, die in der Zielkultur wirksam und funktional ist. Die unerläßliche Voraussetzung dafür ist, daß der Übersetzer die Probleme der Kinderwelt und die Fragestellungen der KL kennt.

Allgemein für die kinderliterarische Übersetzung kann man sagen, daß in der Übersetzung »mehr« Anpassung an Kinder der Zielkultur (im Vergleich zu der Übersetzung der Erwachsenenliteratur) geboten ist, und dies muß nicht zuletzt im Interesse der adäquaten Übertragung des Originals geschehen. Das Problem für die Übersetzungstheorie liegt darin, inhaltliche Kriterien für dieses »mehr« herauszustellen. Das scheint aber kaum möglich zu sein, solange man globale Ergebnisse erstrebt. Zu inhaltlichen Aussagen über die Eigenständigkeit der kinderliterarischen Übersetzung kommt man dann, wenn einzelne Fragestellungen anvisiert werden.

Literatur

S. Dilidüzgün/T. Kurultay (1992): »Emanzipatorische deutsche Kinderliteratur und ihre Übersetzung ins Türkische im Hinblick auf die Kinderemanzipation«. *Diyalog.* S. 89 – 105.

Basmat Even-Zohar (1992): »Translation Policy in Hebrew Children's Literature. The Case of Astrid Lindgren.« *Poetics Today*, Nr. 13/1, S. 231 – 245.

Werner Koller (1979): *Einführung in die Übersetzungswissenschaft.* Quelle und Meyer, Heidelberg.

Justa Holz-Mänttäri (1990): »Das Transfer-Prinzip«. In Arnzt/Thome (Hrgb): *Übersetzungswissenschaft. Ergebnisse und Perspektiven.* G. Narr, Tübingen. S. 59 – 71.

Els Oksaar (1979): »Zur Sprache des Kindes und der Kinderbücher.« In: Gorschenek / Rucktäschel: *Kinder und Jugendliteratur.* W. Fink, München.

Emer O'Sullivan (1992): »Kinderliterarisches Übersetzen«. In: *Fundevogel* 93/94. Dezember/Januar 1991/1992. S. 4 – 9.

K. Reiß (1982): K. Reiss (1982): »Zur Übersetzung von Kinder- und Jugendbüchern. Theorie und Praxis«. *Lebende Sprachen* 1/1982. S. 7 – 13.

K. Reiß/H. J. Vermeer (1984): *Grundlagen einer allgemeinen Übersetzungstheorie.* Niemeyer, Tübingen.

Friedrich Schleiermacher (1813): »Über die verschiedenen Methoden des Übersezens.« In: Störig, 1963: *Das Problem des Übersetzens.* Darmstadt. S. 38 – 70.

Erich Schön (1993): »Heute ist es leider anders«. Zum Wandel jugendlicher Lesekultur« In: H. H. Ewers (Hrgb.): *Kultureller Wandel jugendlicher Lebenswelten – zur Aktualität der Jugendkultur.* Dokumentation einer Tagung. Evangelische Akademie Tutzing. S. 12 – 14.

Zohar Shavit (1981): »Translation of Children's Literature as a Funktion of Its Position in the Literary Polysystem«. *Poetics Today,* II, Nr. 4, S. 171 – 179.

Gideon Toury (1980): »German children's Literature in Hebrew Translation. The Case of Max und Moritz«. In: *In Search of a Theory of translation.* S. 140 – 159.

Hans Vermeer (1986): »Übersetzen als kultureller Transfer«. In: M. Snell-Hornby: *Übersetzungswissenschaft – eine Neuorientierung. Zur Integrierung von Theorie und Praxis.* Tübingen, S. 30 – 53.

Wolfram Wilss (1992): *Übersetzungsfertigkeiten. Annäherung an einen komplexen übersetzungspraktischen Begriff.* Tübingen.

4. Neuere Tendenzen der Forschung

Neue kritische Ansätze zur englischen und amerikanischen Kinderliteratur seit 1980: Eine Bestandsaufnahme

Jack Zipes (Minneapolis)

Seit der Etablierung der »Children's Literature Association« 1972 und der Gründung von verschiedenen Zeitschriften wie *Children's Literature, Children's Literature in Education, The Children's Literature Association Quarterly, The Lion and the Unicorn* und *Signal* im Laufe der 70er Jahre, gab es bedeutende Veränderungen hinsichtlich in der Qualität der Literaturkritik von Kinder- und Jugendliteratur in den Vereinigten Staaten und England: Während die Mehrzahl der wissenschaftlichen Studien über Kinderliteratur vor 1972 eindimensionale Literaturgeschichten oder Berichte waren, welche die guten Absichten der Kinderliteratur mit positivistischen Methoden und einer ihr korrespondierenden patriarchalen Ideologie bejahten[1], gab es eine radikale Wende in den 70er Jahren; neue Arbeiten begannen, die instrumentale Motivierung der Kinderliteratur und deren gesellschaftlich-politische als auch deren psychologische Wirkungen zu untersuchen.

Diese »Revolution« der Kinderliteraturkritik geschah nicht über Nacht; dennoch ist es seit 1980 unzweifelhaft, daß die neuen Zeitschriften, die sich mit Kinderliteratur und Kinderkultur befassen sowie die neuen Verbände und Vereine, die den Unterricht von Kinder- und Jugendliteratur an den Hochschulen (besonders in Amerika) gefördert und verbessert haben, den Weg für eine vor allem im politischen Sinne progressive Kinderliteraturkritik gebahnt haben. Die neue Kritik ist keineswegs uniform, aber sie stellt einen Bruch mit dem vorher herrschenden Konservatismus der Nachkriegszeit, 1945 – 1970, dar.[2]

Ironischerweise war es gerade während der Amtszeit von Reagan und Thatcher in den 80er Jahren, also während einer Periode der Reaktion, daß die Kinderliteraturkritik von den radikalen Versuchen der 60er und 70er Jahre zu profitieren begann. In der Tat gibt es nun in den 80er Jahren eine solche Überfülle von anregenden Studien über Kinderliteratur, daß es unmöglich ist, ihnen in dieser kurzen Arbeit gerecht zu werden. Deshalb möchte ich mich an dieser Stelle hauptsächlich mit den neuen Untersuchungen über die historischen, gesellschaftlichen und politischen Aspekte der Kinderliteratur beschäftigen.

---

1 Freilich gibt es einige Ausnahmen wie Gillian Avery, *Nineteenth Century Children: Heroes and Heroines in English Children's Stories* (London: Hodder and Stoughton, 1965) und F. J. Harvey Darton, *Children's Books in England*, 3rd rev. ed. Revised by Brian Alderson (Cambridge: Cambridge UP, 1982). Dartons Buch wurde erst 1932 veröffentlicht.

2 Für eine Sammlung interessanter Essays, die verschiedene politische Perspektiven aus der Epoche 1972 – 1988 bieten, siehe Betty Bacon, Hg., *How Much Truth Do We Tell the Children? The Politics of Children's Literature* (Minneapolis: MEP Publications, 1988).

Meiner Meinung nach entstanden diese politisch betonten Untersuchungen unter dem Einfluß der Studenten- und Antikriegsbewegung der 60er Jahre und der darauf folgenden Protestbewegungen von Frauen und Minderheiten während der 70er Jahre in Amerika und England. Das Ergebnis war eine grundsätzliche Veränderung in den Ansichten über Kinder, Kindheit und Kinderkultur.[3] Das Kind wird nicht mehr als ein Ort von Unschuld, Wahrheit und reiner Natur betrachtet. Es ist nicht mehr das Symbol einer idyllischen Vergangenheit, die wir wiederentdecken sollen, wenn wir die Zivilisation verbessern wollen. Im Gegenteil werden wir auf gesellschaftlicher, wissenschaftlicher und psychologischer Ebene angeregt, das Kind als eine Multi-Investition für die Zukunft zu betrachten, tauschbar als gute oder böse Währung, die gewechselt und angelegt werden kann, um die Gesellschaft zu verbessern oder zu zerstören. Es ist die übereinstimmende Meinung von links wie rechts, daß die Art und Weise, wie wir das Kind vergesellschaftlichen, immer zugleich eine allgemein gesellschaftliche Aussage darstellt: über den moralischen Charakter der Gesellschaft; über die Art und Weise, wie das Kind konsumieren wird und als Ware konsumiert wird; über die eigentümliche Struktur der Gesellschaft und das psychische Wohl der zukünftigen Generationen. Vor allem ist die gesellschaftliche Komponente (Energie, Geld, Prioritäten, Zeit) in der Sozialisation des Kindes eindeutig ein wesentliches Moment im Machtkampf von gesellschaftlichen Schichten und politischen Parteien geworden. Die geheime Politik – die eigentlich gar nicht geheim ist – der Regierungen in den USA und England, die Schulen zu reformieren und literarische Bildung (die »literacy« in den Staaten und England genannt wird) zu fördern, betrifft das Kind nur insofern, als es bestimmt und programmatisiert werden soll, eine Identität zu entwickeln, die den Staat und die herrschenden Mächte nicht bedroht. Denn das Kind soll hauptsächlich den kapitalistischen Markt stärken, auf dem Kinder ihren Wert primär als Arbeitskraft und Ware finden. Die Liberalen und die Linken kämpfen dagegen an und versuchen, diesen Verdinglichungsprozeß zu unterminieren. Kinder sollten ihrer Auffassung nach einen Sinn für Autonomie und ein kritisches Bewußtsein entwickeln, so daß sie vom kapitalistischen System nicht ausgebeutet werden können. Das Ziel der Unabhängigkeit ist genau das Gegenteil von dem der Konservativen, die mehr Disziplin und Moral von Kindern verlangen. Kinder sollten gehorsam sein und bestimmte ewige Wahrheiten wie Gott, Vaterland und den Staat nicht in Frage stellen.

Diesen Zweikampf zwischen den Konservativen und den Progressiven in Amerika und England habe ich offensichtlich sehr schwarz/weiss gemalt, denn tatsächlich überwiegen eindeutig die Grautöne in der Debatte über die Zukunft der Kinder, wie sie lesekundig (»literate«) werden sollten, wie man die Welt sicherer und gesünder für sie machen könnte, usw. Doch kann die große Veränderung in der Kinderliteraturkritik nicht erfaßt werden, wenn man den Hintergrund der schweren Auseinandersetzungen über die Rolle der Kinder in den USA und England nicht einbezieht, und dies vor allem in zwei Gesellschaften, deren Regierungen vorgeben, besorgt um die Zukunft der Kinder zu sein, wäh-

---

3 Vgl. Neil Postman, *The Disappearance of Childhood* (New York: Delacorte, 1982); Barry Richards, Hg., *Capitalism and Infancy* (London: Free Association Books, 1984); Marie Winn, *Children without Childhood* (New York: Pantheon, 1983).

rend die führenden Kräfte in Regierung und Industrie sowie in den Massenmedien ausschließlich um ihre Machtpositionen besorgt sind.

Ein Buch, das diese heuchlerische Politik des Staates durchschaut, und vom Kampf über die Zukunft der Kinder stark beeinflußt wurde, ist Fred Inglis' *The Promise of Happiness: Value and Meaning in Children's Fiction* (1981). Inglis beschäftigt sich hauptsächlich mit Werturteilen über Kinderliteratur. Kurz gesagt will er wissen, wann ein Buch inhaltlich gut oder schlecht beurteilt werden muß. Er geht davon aus, daß »the structure of a novel and the structure of a person are the same, and both are moral.« (31) Infolgedessen ist der Stil jedes Autors ein Indiz seiner Integrität, ein Zeichen wie aufrichtig oder unaufrichtig er im Umgang mit der Welt ist; sein Entwurf für die Handlung seines Romans stellt also ein wertvolles Benehmen dar, das vom Leser nachgeahmt werden sollte. Inglis meint: »moral behaviour takes both form and content from social structures, it expresses social structures, and it is at the same time one of those structures itself.« (82) Deshalb wird jeder Roman von seinem sozio-historischen Kontext geprägt und muß danach interpretiert und beurteilt werden, inwieweit er zum moralischen Bewußtsein seiner Leser beiträgt. Ob er eine weitergehende Rolle im klassischen Kanon der Kinder- und Jugendliteratur spielen wird, hängt von der Art und Weise ab, wie sich der Autor mit seinem Leben und seiner Zeit auseinandersetzt. Inglis betont, daß er nicht für feste absolute Maßstäbe plädiert, sondern er will die Unvermeidbarkeit des Beurteilens betonen. Da Autoren immer zweckbestimmt schreiben, müssen Leser fähig sein »in the name of the best you can convincingly imagine« (92) zu urteilen. Nachdem er seinen moralischen Standpunkt verdeutlicht hat, untersucht Inglis ausgewählte Texte in ihren Zusammenhängen und stellt seine eigene Theorie auf die Probe, indem er Beweise dafür liefert, welche Bücher von Jugendlichen gelesen werden sollten und warum bzw. warum nicht.

Wie F. R. Leavis[4], aber viel politischer, will Inglis die große moralische Tradition von Kinderliteratur etablieren, und er behauptet mit Stendhal, daß »all art holds out ›the promise of happiness‹. How shall the promise be kept?« (131) Will man wissen, ob ein bestimmtes Werk bedeutungsvoll für Kinder ist, muß man die Frage stellen: »Wie wird das Versprechen gehalten?« (131) Mit dieser Grundsatzfrage analysiert Inglis die Werke folgender Autoren: Arthur Ransome, Rudyard Kipling, E. Nesbit, Laura Ingalls Wilder, E. B. White, J. R. R. Tolkien, Richard Adams, Gillian Avery, Joan Aiken, Alan Garner, Philippa Pearce, William Mayne. Sie werden von Inglis untersucht, um festzustellen, wie sie Geschlechtsrollen, gesellschaftliche Schichten, Freundschaft und Kultur darstellen, und wie sie diese Themen in bezug auf das kategorische Prinzip ›das Versprechen von Glück‹ behandeln. Obwohl Inglis Ernst Bloch nicht zitiert, sind seine philosophische Prinzipien mit Blochs utopischer Kategorie vom ›Vor-Schein der Kunst‹ eng verwandt.[5] Der ästhetische Wert eines Kunstwerks wird durch die Art und Weise beurteilt, wie kritisch es die gesellschaftlichen Verhältnisse wiederspiegelt, um eine bessere Gesellschaft zu antizipieren. Es ist die Pflicht von Kunst, Hoffnung zu schaffen. Inglis kommt zum fol-

---

4 Vgl. F. R. Leavis, *The Great Tradition* (London: Chatto & Windus, 1955).
5 Vgl. Ernst Bloch, *Ästhetik des Vor-Scheins*, Hg. Gerd Ueding, 2 Bde. (Frankfurt am Main: Suhrkamp, 1974).

genden Schluß: »Children's novels are proposed to children by adults as the imaginative forms of life which they may work with and turn into their future lives. To take such an argument seriously is to place the study of fiction at the very heart of education, both official and informal. It is to cut back the dominance of social calculus and computational science in public thought and its schemes of reason. Literature is then no longer the consolation of your private life. Fiction-making cannot guarantee virtue, but it can freedom. And it is much better able to work for the common good than any of the alternatives which ensure the death of public thought and feeling in and out of school.« (310 – 11)

Obwohl Inglis interessante Interpretationen bietet und moralisch aufrecht ist, erinnern seine Thesen und seine Beweisführung sehr an die didaktisch geprägten Argumente der aufgeklärten Kritiker des 18. und 19. Jahrhunderts, die ebenfalls eine anständige, moralisch verantwortliche und realistische Literatur für Kinder verlangt hatten. Der große Unterschied zwischen Inglis und diesen Kritikern ist jedoch, daß er auch die verschiedenen Formen der Fantasy-Literatur akzeptiert und gegen jede Form von Zensur ist. Andererseits könnten die utopischen Kategorien, die er entwirft, um gute Kinderliteratur zu beurteilen, auch moralisch interpretiert werden, so daß die sogenannte »moral majority« sie gleichfalls ausbeuten könnte, um zu predigen, welche Literatur an den Schulen gelesen werden sollte. Auch heute gibt es keine allgemeine Übereinstimmung zwischen Amerika und England, wie man Begriffe wie Glück, die Zukunft der Kinder, Integrität, usw. definieren soll. Obwohl sich Inglis darüber im klaren ist, wie er sie deuten will, schafft er auf diese Weise weder neue wissenschaftliche Methoden noch neue philosophische Ideen, die einem Kritiker helfen könnten, Kinder- und Jugendliteratur einsichtsvoller zu begreifen und zu beurteilen. Seine Analyse wird nur durch sein historisch-kritisches Bewußtsein hinsichtlich der Funktion von Kinder- und Jugendliteratur gerettet. Insgesamt ist sein Buch eindringliches Plädoyer für eine kritisch-humanitäre Kinderliteratur und ein Ruf nach größerer gesellschaftlicher Verantwortung von Erwachsenen und Schriftstellern: sie sollen Literatur herstellen und nutzen, damit Jugendlichen geholfen werden kann, die verdinglichten und komplexen Verhältnisse ihrer Gesellschaft zu begreifen und zu bewältigen.

Darin besteht auch das Ziel von Ariel Dorfmans *The Empire's Old Clothes* (1983). Der Hauptunterschied zwischen Inglis und ihm ist, daß Dorfman aus Südamerika stammt und sich vor allem mit den imperialistischen Aspekten von Kinderliteratur und »popular culture« befaßt. Außerdem verwendet er marxistische Kategorien sehr viel stringenter als Inglis.

Bevor er 1973 gezwungen worden war, aus Chile zu fliehen, als Salvador Allende ermordet worden war, hatte Dorfman mit chilenischen Jugendlichen gearbeitet, um eine unabhängige Volkskultur zu entwickeln, die nicht den Mechanismen des kapitalistischen Systems unterworfen sein sollte. Während dieser Zeit arbeitete er mit dem belgischen Soziologen Armand Mattelart zusammen, um die Rezeption von Disney Comics in Südamerika zu analysieren; sie veröffentlichten ihre Ergebnisse in *How to Read Donald Duck: Imperialist Ideology in the Disney Comic* (1975). Dorfmans Essays in *The Empire's Old Clothes* hängen eng mit diesem Buch sowie seinen Erfahrungen in Chile zusammen. Hinzu kommen seine Erlebnisse mit den Massenmedien in den Vereinigten Staaten nach 1973. Wie

Roland Barthes versucht hatte, die Mythen, mit denen wir unser Leben ausfüllen, als sozial entworfene Konstrukte zu enthüllen[6], die starke ideologische Wirkungen ausüben, studiert Dorfman bekannte Helden der Kinderliteratur und »popular culture« wie Babar, Donald Duck und The Lone Ranger und analysiert *The Readers Digest*, um zu zeigen, daß sie alle einem gemeinsamen Ziel unterworfen sind: die Leser so zu infantilisieren, daß sie unfähig sind, für sich zu denken, und sie die Welt akzeptieren, wie sie ist: gut und unveränderbar.

In seiner scharfsinnigen Interpretation der *Babar*-Bücher, erklärt Dorfman aus historischer Perspektive, wie Babar König des Dschungels wurde, nachdem er von einer gebildeten alten Dame (offenbar ein Symbol für Mutter Frankreich) zivilisiert wurde, und wie er Kulturnormen aus dem Westen importierte, um die Elefanten in seinem Reich (leicht erkennbar als Afrika) zu erziehen. Auf diese Weise konnte er seine Machtposition bewahren und infolgedessen die des Westens. Dennoch sind es nicht nur Kolonisierung und Imperialismus, die in den *Babar*-Büchern gefeiert werden, sondern auch eine bestimmte Art zu denken, zu lesen und sich zu benehmen, wie man sie in den *Donald Duck*-Comics, den *Lone Ranger*-Hörspielen und -Filmen, aber auch im Format und Inhalt von *Readers Digest* findet. Dorfman argumentiert, daß »wie Babar ein Reich schaffte, in dem Natur und Fortschritt alliiert waren, in dem Kultur und Barbarei versöhnt werden könnten, stellen die kleinen Enten ihren Lesern – Kindern aller Altersgruppen – dar, daß es möglich ist, den hartnäckigsten Traum des 20. Jahrhunderts, der nie ausstirbt, zu verwirklichen, den Traum, der zur Gründung der USA führte, der Traum, in dem man arbeitet und zur gleichen Zeit Chef seiner eigenen Arbeit ist. Auch sie, die Enten, legen Zeugnis ab, wie Babars Land, dieselbe mythische, plötzliche Entwicklung litt, und zwar bezeugen sie dies in ihren eigenen Körpern und im Korpus der Karikaturstreifen, Episode für Episode. Solch ein kontinuierliches Fortschreiten von Niedrigkeit zu Überlegenheit, vom Primitiven zum Urbanen, von der Armut zum Fortschritt, entspricht der ästhetischen Erfahrung vom Lesen, das der Leser von der Welt bekommt. Es entspricht der Art und Weise, wie der Leser das Leben der Figuren gleichsam stellvertretend konsumiert. Der Leser beginnt die Comics zu lesen, als ob er in einem unentwickelten Gebiet wäre. Er kann die Ereignisse nicht selbst bestimmen und wird gezwungen, in Illumination, Aufklärung und Erfolg einzuwilligen – erst dadurch löst er seine Spannungen und sein Unwissen auf.« (63) Es ist gleichgültig, ob die Autoren solcher »popular culture« ihre Leser auf diese Weise bewußt belehren und manipulieren wollen. Tatsache ist, laut Dorfman: »Im Gegensatz zur Kunst lassen die Massenmedien dem Publikum kaum irgendeinen Spielraum, ihre Produkte für sich selbst zu interpretieren.« (179)

In diesem Punkt ist Dorfman mit Inglis völlig einer Meinung, beide Kritiker führen jedoch trotz ihrer guten Absichten keinen überzeugenden Beweis dafür an, daß die Leser solche ideologisch gefährlichen und heimtückischen Werke auf dem Markt Kinderliteratur und »popular culture« konsumieren, wie sie behaupten. Außerdem gehen sie an keiner Stelle auf die Unterschiede zwischen niedriger Kunst und hoher Kunst, zwischen sogenannter großer Kunst und Volkskunst (popular Art) ein. Wenn man »popular cultu-

---

6 Vgl. *Mythologies* (New York: Hill and Wang, 1972).

re« und infantilisierende oder regressive Kinderliteratur anklagen will, weil sie das Bewußtsein der Leser manipulieren und mystifizieren, sollte man, nach meiner Meinung, die ästhetische und psychologische Rezeption der Werke sehr viel differenzierter analysieren. Nur wenn man die Herstellung der Ideen und Formen in *Babar*, den *Donald Duck-Comics*, und den *Lone Ranger*-Fassungen für sich betrachtet, ist die Argumentation von Dorfman überzeugend: Es gibt ohne Zweifel eine Manipulation der Leser aller Altersgruppen in den Massenmedien und in der Kinderliteratur. Der Bevormundung und Untertänigkeit der sogenannten kleinen Leute wird in dieser Art Literatur weiter Vorschub geleistet, während der Individualist stets eine Idealisierung erfährt.

Die Manipulation des Kindes in und durch Kinderliteratur ist der Schwerpunkt zweier Studien, die sich mit der Kinderliteratur in England von den Anfängen bis zur Mitte des 19. Jahrhunderts befassen: Geoffrey Summerfields *Fantasy and Reason* (1984) und Mary V. Jacksons *Engines of Instruction, Mischief, and Magic* (1989). Summerfield konzentrierte sich in seiner Arbeit auf die wichtigsten Bücher für Kinder im 18. Jahrhundert sowie auf Studien über Kinder und Erziehungsfragen, um die große Debatte zwischen Phantasie und Rationalismus zu analysieren und um zu zeigen, wie Kinder durch Literatur vergesellschaftet werden sollten. Er stellt fest, wie Thomas Day, Maria Edgeworth, Sarah Trimmer, Charles Lamb und William Godwin, beeinflußt durch Locke und Rousseau, versuchten, moralische und rationalistische Maßstäbe in die Kinderliteratur einzuführen. Das explizite Ziel war, nüchterne, tugendhafte und vernünftige Menschen aus primitiven Kindern zu machen. Summerfield faßt seine Thesen mit der Behauptung zusammen, daß, selbst wenn die Rationalisten am Ende des 18. Jahrhunderts mehr oder weniger triumphiert hatten, die Romantik starken Widerstand lieferte, so daß der Kampf im Namen der Phantasie auch heute weiter geführt wird, wobei phantasievolle Literatur weiterhin Alternativen zum rationalisierten Alltag bietet.

Obwohl Summerfields historische Beschreibung der Debatte zwischen Rationalismus und Phantasie richtig ist, vernachlässigt er darüber die phantastischen Elemente in manchen Werken der Aufklärer und behandelt das ambivalente Verhältnis zwischen Befürwortern des Moralismus und Verteidigern der Phantasie nicht. Deshalb ist Mary Jacksons Buch ein guter Ausgleich zur Arbeit von Summerfield, denn sie setzt sich viel mehr mit den positiven Aspekten der Kinderliteratur auseinander, welche die Rationalisten produziert hatten. Ihre Hauptthese lautet: »major developments in children's books reflect diverse influences from the adult world and reflect the nearly universal assumption that children were resources to be molded or engineerd to needs and specifications determined by a prevailing social standard.« (xi) Auch wenn diese Bemerkungen mit Summerfields Hauptthese übereinstimmen, ist Jacksons sozio-historische Untersuchung zur englischen Kinderliteratur sehr viel breiter angelegt und differenzierter, denn sie behandelt auch die Politik und Praxis der Verleger; das Verhältnis zwischen verschiedenen Veröffentlichungungsformen wie den Roman, »Miscellanies«, Volksbücher, Gedichte, Zeitschriften für Jugendliche; Erziehungstheorie und -Praxis; Einstellungen der Kirche und der Puritaner; Beziehung zwischen Literatur für Erwachsene und Kinderliteratur; sowie die politischen Ereignisse. Da sie auch auf die verschiedenartigen sozio-historische Faktoren in der Entwicklung von Kinderliteratur achtet, kann sie leicht einige von Summerfields eindimensionellen Interpretationen der rationalistischen Literatur revidieren. Zum Beispiel legt sie dar, daß die ersten Verleger von Kinderliteratur nicht besonders wohlhabend waren, aber sie sich emporarbeiteten und dank ihrer literarischen Bildung (»literacy«) erfolgreich wurden. Deshalb betonten sie den gesellschaftlichen Aufstieg durch Literatur (das Alphabet-Buch, Miscellanies, Volksbücher) als Leitmotiv, und sie hoben in ihren Herstellungen alles hervor, was Kinder anregen könnte, zu lesen und zu schreiben. Es war ihnen gleichgültig, ob der Inhalt des Buches phantastisch oder religiös war. Die Hauptsache war, daß Kinder durch das Buch zum Lernen ermuntert werden würden. Dazu kommt, daß die Verleger Geld verdienen wollten, so vermieden sie Bücher, die langweilig waren. »In addition to the amusement and instruction that post-Newbery books of polite conduct and courtesy provided, they also purveyed both the idea and to an extent the wherewithal for lower-middle-class readers to shed habits deemed vulgar and to emulate or at least mimic the genteel manners of their social superiors, the middle and upper-middle classes. Clearly, such books aided – and later critics charged they abetted – what many considered the improper social pretensions of the »lower orders.« In varying degrees, most children's books published between 1740 and 1790 inadvertently undercut faith in the inviolability of class distinctions by encouraging aspirations and by heightening economic or social expectations.« (54 – 55) Wenn wir diese Situation in Betracht ziehen, meint Jackson, kann man verstehen, warum heutige Leser die damaligen Bücher zu didaktisch, rational oder grausam finden würden, während sie wahrscheinlich in ihrem eigenen Zeitalter als Botschafter von Toleranz und Hoffnung rezipiert wurden.[7] In der Tat gab es ein gewisses utopisches Moment in der frühen Kinderliteratur, das Kinder aufmuntern sollte, unabhängig zu werden. Später, am Ende des 18. Jahrhunderts und am Anfang des 19. Jahrhunderts, begannen die Kinderbücher, eher Untertänigkeit als Autonomie zu fördern.

Da Jackson (wie Summerfield) eindeutig eine Verfechterin von phantastischen Elementen im Kinderbuch ist, übersieht sie die Art und Weise, wie die Verfasser von Märchen, »Romances« und anderen phantasievollen Werken für Kinder bis ca. 1850 dem Druck einer konservativen Moral und Ideologie nachgaben. Zum Beispiel wurden Stil und Inhalt des Märchens kindertümlich gemacht und versüßt, um patriarchalische Vorstellungen von Geschlechtsrollen und den protestantischen Ethos zu stärken. Mit anderen Worten, es gab kein Gleichgewicht zwischen dem Rationalismus und der Phantasie in der Herstellung von Kinderliteratur, gleich welcher Gattung, weil die meisten Romane, Geschichten und auch Gedichte die bürgerlichen Normen und den Imperialismus des englischen Staates verinnerlicht hatten. Die konservative Hegemonie, die ihren Ausdruck in rationalen und phantastischen Formen fand, wurde ernsthaft erst nach 1848 herausgefordert, mit Lewis Carrolls bahnbrechendem Werk Alice in Wonderland (1865).

In Juliet Dusinberres umfassender Analyse, *Alice to the Lighthouse* (1987), wird erklärt, wie Carrolls ungewöhnliche Geschichte eine neue Ästhetik und Einstellung hinsichtlich

---

7 Vgl. Robert Leeson, *Reading and Righting: The Past, Present and Future of Fiction for the Young* (London: Collins, 1985).

der Darstellung eines Kindes in die Kinderliteratur einführte. Vor allem respektierte Carroll die Autonomie seiner kindlichen Leser und regte zugleich ihre Phantasie als kreative Leser an. »The irreverence which Carroll authorised in the *Alice* books was towards the pretensions of the pious author and of the entire adult word in its attitude to children, whom Carroll understood on their own terms as no writer had done before. Carroll laughs at the hierarchies of the adult world in which God and the author dance a lobster quadrille. He was irreverent not as a Christian but as an artist.« (72 – 3) Dusinberre räumt freilich ein, daß Carroll nicht der einzige war, der die Kinderliteratur um diese Zeit radikalisieren wollte. Sie behandelt andere Autoren wie Robert Louis Stevenson, Edith Nesbit, Rudyard Kipling, Kenneth Grahame, Mary Molesworth, Mark Twain, Louisa M. Alcott, Joel Chandler Harris, Susan Coolidge, und Francis Hodgson Burnett, die auf die verschiedenste Art und Weise die radikalen Experimente von Virginia Woolfs Romane antizipierten (74). Es ist dieses Verhältnis – zwischen der experimentellen Kinderliteratur des späten 19. Jahrhunderts und den Romanen von Virginia Woolf – ,das den Schwerpunkt von Dusinberres Studie bildet, denn sie will zeigen, daß Kritiker die Bedeutung von Kinderliteratur in bezug auf die Entwicklung von Erwachsenenliteratur vernachlässigt haben, und sie liefert den Beweis dafür, wie neue Einstellungen gegenüber Kindern sowie ästhetische Experimente in der Kinderliteratur ihren Platz in Woolfs Romanen fanden, und wie diese den Weg für andere Neuerungen in der Erwachsenenliteratur bahnten.

Dennoch waren diese Experimente gerade nicht das entscheidende Merkmal der Literatur am Ende des 19. Jahrhunderts, und Jacqueline Roses ausgezeichnete Untersuchung von *The Case of Peter Pan* (1984) zeigt, bis zu welchem Grad die Manipulation des Kindes als Leser und als Kunstfigur eines Werkes, nämlich *Peter Pan*, verstärkt werden konnte, einem Werk, das gar nicht für Kinder geschrieben worden war. Rose behauptet: »Children's fiction sets up a world in which the adult comes first (author, maker, giver) and the child comes after (reader, product, receiver), but where neither of them enter the space in between. To say that the child is inside the book – children's books are after all as often as not about children – is to fall straight into a trap. It is to confuse the adult's intention to get at the child with the child it portrays. If children's fiction builds an image of the child inside the book, it does so in order to secure the child who is outside the book, the one who does not come so easily within its grasp. It will not be an issue here of what the child wants, but of what the adult desires – desires in the very act of construing the child as the object of its speech. Children's fiction draws in the child, it secures, places and frames the child. This is to describe children's fiction, quite deliberately, as something of a soliciting, a chase, or even a seduction.« (1 – 2)

Rose betont, daß Barries Jagd auf einen Knaben in *Peter Pan* etwas mit einer Investierung vom Erwachsenen zu tun hat, denn der Erwachsene möchte das Kind in einem gefrorenen Bild der Unschuld darstellen, so daß der gesamte Komplex von Sexualität und sexuellem Begehren verdrängt und verdeckt wird. Das wichtigste Thema in *Peter Pan* ist das problematische Verhältnis zwischen den Erwachsenen und dem Kind, wobei Rose behauptet, daß nicht nur Barrile, sondern alle Erwachsenen in der anglo-amerikanischen Tradition gerade diese Problematik vermeiden wollten (und wollen), indem sie die Frage der Sexualität in den Fetischismus von Kindheit verwandelten. Da die Kindheit als bloße Unschuld mythologisiert wurde und das Kind selbst reduziert wurde auf einen reinen Ursprung von Sprache, Sexualität und Staat, geben wir den erwachsenen Autoren von Kinderliteratur gleichsam unser Einverständnis, daß sie weiterhin die Unterschiede zwischen uns und den Kindern sowie die Unmöglichkeit, das Kind und dessen Sprache vollkommen zu verstehen, verleugnen dürfen.

Rose geht zum Teil von Freuds Thesen über das Erinnerungsvermögen und das Unterbewußtsein aus, um ihre eigenen Konzepte darzulegen. »The most crucial aspect of psychoanalysis for discussing children's fiction is its insistence that childhood is something in which we continue to be implicated and which is never simply left behind. Childhood persists – this is the opposite, note, from the reductive idea of a regression to childhood most often associated with Freud. It persists as something which we endlessly rework in our attempt to build an image of our own history. When we think about childhood, it is above all our investment in doing so which counts.« (12)

Am Fall von Barrie demonstriert Rose, daß er nie die Absicht hatte, *Peter Pan* für Kinder zu schreiben. Die Haupthandlung des Theaterstücks wurde erst in *The Little White Bird* (1902) ausgearbeitet. Schon in diesem Buch sehen wir das problematische Verhältnis zwischen Erwachsenen und dem Kind, denn der Erzähler erzählt einem Knaben eine Geschichte, die angeblich für ihn geschrieben wurde, obwohl sich in Wahrheit sowohl die Geschichte als auch das ganze Buch an Erwachsene richtet. Nach der Veröffentlichung dieses Buches wurde *Peter Pan* 1904 als Theaterstück aufgeführt, aber als Buch wurde es nie gedruckt. Nur einzelne Kapitel aus *The Little White Bird* wurden als *Peter Pan in Kensington Gardens* (1906) herausgegeben, aber auch dieses Buch richtete sich nicht an Kinder. Deshalb wurde Barrie unter Druck gesetzt, endlich *Peter Pan* als Roman für Kinder zu schreiben, aber erst 1911 erschien *Peter Pan und Wendy*. Vier Jahre danach gab Barrie der staatlichen Schulleitung seine Erlaubnis, sein Buch zu redigieren, so daß es als Lesebuch benutzt werden konnte, um Kindern aller Schichten anständiges Englisch, d. h. ein homogenes Hochenglisch beizubringen. Der Grund, weshalb der *Peter Pan*-Stoff so oft umgeschrieben wurde, hing laut Rose damit zusammen, daß man Fragen über sexuelle Unterschiede, erotisches Begehren, Klassenunterschiede und Manipulation des Kindes, Fragen also, die jedes Kind zu recht stellt, auf diese Weise unterbinden wollte. In dieser Hinsicht unterscheidet sich Barries Werk kaum von der übrigen Belletristik für Kinder von deren Anfängen bis zur Gegenwart. Um diese These zu untermauern, unterzieht Rose die Werke von Alan Garner einer genaueren Analyse. »The writing that is currently being promoted for children is that form of writing which asks its reader to enter into the story and to take its world as real, without questioning how that world has been constituted, or where, or who, it comes from. The idea that narrative is the most efficient way of imparting information, and of making absolutely sure that the child takes it in. But, if this is the case, it is precisely because narrative secures the identification of the child with something to which it does not necessarily belong.« (62 – 3)

Ironischerweise haben Barrie und andere Autoren, die Bücher für Kinder verfassen, ewige Kindheit und Unschuld verklärt, weil es unmöglich ist, auf andere Weise reine

Sprache, absolute Normen und eindeutige Identität zu etablieren. Rose ist der Ansicht, daß »Children's literature cannot be understood as the passive reflection of changing values and conceptions of the child (images of childhood); instead I see it as one of the central means through which we regulate our relationship to language and images as such.« (138 – 39) Diese Regelung des Verhältnisses von Sprache und Bildern der Erwachsenen in einem Buch für Kinder ist demnach ein Prozeß, wodurch der Erwachsene primär seine eigene Identität als Subjekt neu konstituiert. Das Kind als Leser wird angeregt, diesen Prozeß zu wiederholen; es wird von Sprache und Handlung eingefangen und dadurch gezwungen, das Problem von Identität durch eine falsche, vom Text entworfene Einheit zu lösen. »All subjects – adults and children – have finally to take up a position of identity in language; they have to recognise themselves in the first-person pronoun and cohere themselves to the accepted register of words and signs. But it is the shift of that ›have to‹ from a necessity, which is shared by both adult and child, to something more like a command, which passes from one to the other, that seems to find one of its favourite territories in and around the writing of children's books. The difficulty of this process is partly spoken by *Peter Pan* (it can only ever be spoken in part), but *Peter Pan* has also stood for its denial. The hesitancies of both language and sexuality which have appeared throughout its history cannot be separated from the very force of its image as purity itself, embodied by the eternal child.« (141)

Obwohl ihre Vorgehensweise ganz und gar anders ist als die von Summerfield und Jackson, kommt Rose zum selben Schluß wie sie: Kinderliteratur ist eine Institution, in der sich die Vorstellungen von Erwachsenen spiegeln, um die Sozialisation des Kindes voranzutreiben, ohne dem Kind gleichzeitig zu ermöglichen, die Gesellschaft und die Sprache in Frage zu stellen. Dies bedeutet nicht, daß Rose Kinderliteratur nur unter dem Aspekt eines Repressionsinstruments betrachtet. Im Gegenteil will sie sich mit den Ansichten der Autoren und Kritiker von Kinderliteratur auseinandersetzen und die soziöokonomischen Verhältnisse bei der Entstehung von Kinderliteratur offenlegen.

Insgesamt sind die Fragen, die Rose an Kinderliteratur und an unsere Vorstellungen von Kinderliteratur richtet, symptomatisch für die Tendenzen in den Werken der besten amerikanischen und englischen Kritiker, die seit den 70er Jahren die Standardgeschichten und -Theorien der Kinderliteratur revidiert, wenn nicht revolutioniert haben. Die meisten machen deutlich, daß Kinderliteratur von Anfang an nie für Kinder geschrieben wurde. Die manipulierenden Momente in der Anfangsphase der Institution Kinderliteratur setzten bestimmte Prozesse in Gang, die auch weiterhin die Art und Weise beeinflußten, wie Kinderliteratur entworfen, hergestellt, verbreitet und benutzt wurde. Das Kind solte durch Literatur gebildet und geschult werden, so daß es jene Mechanismen des Denkens und Benehmens reproduzieren würde, die ihm von dem Autor in seinem Buch vorgegeben und vorgeschrieben wurden. Der explizit didaktische Charakter der Kinderliteratur war bis zum Ende des 19. Jahrhunderts vorherrschend in phantastischen Werken. Wie Dusinberre bewiesen hat, fingen erst mit Carrolls *Alice*-Büchern einige Schriftsteller an, das Bild des Kindes radikal zu verändern wie auch die Behandlung des Kindes durch die Literatur. Seitdem haben viele Schriftsteller, die für Jugendliche schreiben, die komplizierte Frage der Manipulation des Kindes und der Vorstellung

von Kindheit in der Literatur behandelt, ohne einfache Antworten zu bieten. Die Literaturkritik, die sich mit Kinderliteratur in Amerika und England befaßt hat, vollzog diese
Entwicklung jedoch nicht mit, sondern verschleierte das Problem der Manipulation bis
in das 20. Jahrhundert hinein. Doch seit den 70er Jahren, wie ich versucht habe zu zeigen, gibt es viele Kritiker, die die Ideologie der Kinderliteratur und ihre Sozialisations-
funktion untersuchen. Was wir nun brauchen, so scheint mir, sind Studien, die die Rezeption und Verbreitung der Kinderliteratur analysieren, damit wir auch ihre Wirkung
besser begreifen. Außerdem sollte man das Verhältnis zwischen Massenmedien und Kinderliteratur näher studieren. Schließlich gibt es kaum Analysen über die Art und Weise,
wie Kinderliteratur an den Schulen benutzt wird, und welche Bücher Kinder außerhalb
der Schule lesen, wenn sie überhaupt lesen. Welche Bücher und Comics? Welche Filme?
Warum gibt es zur Zeit solch eine große Kontroverse über »Literacy«? Diese Fragen
betreffen immer noch die Manipulation von Kindern – aber in den neuen kritischen Büchern der 80er Jahre gibt es einen großen Unterschied: Die Kritiker akzeptieren die Moral und die hochliterarische Vorschriften der sogenannten Klassiker sowie die traditionelle Vergesellschaftung des Kindes durch Literatur nicht mehr, sie stellen kritische Fragen
an die Schriftsteller, die Verantwortlichen an den Schulen und in den Verlagen und an die
Bildungspolitiker in der Regierung, die die Sprache und Bilder für Kinder immer noch
regeln wollen.

Bibliographie

Avery, Gillian. *Nineteenth Century Children: Heroes and Heroines in English Children's Stories.* London: Hodder and Stoughton, 1965.

Bacon, Betty, Hg. *How Much Truth Do We tell the Children? The Politics of Children's Literature.* Minneapolis: MEP Publications, 1988.

Bator, Robert, Hg. *Signposts to Criticism of Children's Literature.* Chicago: American Library Association, 1983.

Bingham, Jane and Grayce Scholt. *Fifteen Centuries of Children's Literature: An Annotate Chronology of British and American Works in Historical Context.* Westport, CT: Greenwood press, 1980.

Carpenter, Humphery. *Secret Gardens: A Study of the Golden Age for Children's Literature.* London: Unwin, 1987.

Darton, F. J. *Children's Books in England,* 3rd rev. ed. Revised by Brian Alderson. Cambridge: Cambridge University Press, 1982 (1932).

Demers, Patricia and Gordon Moyles, Hg. *From Instruction to Delight: An Anthology of Children's Literature to 1850.* Toronto: Oxford University Press, 1982.

Dorfman, Ariel and Armand Mattelart. *How to Read Donald Duck: Imperialist Ideology in the Disney Comic.* London: International General, 1975.

Dorfman, Ariel. *The Empire's Old Clothes: What the Lone Ranger, Babar, and Other Innocent Heroes Do to Our Minds.* New York: Pantheon, 1983.

Dusinberre, Juliet. *Alice to the Lighthouse: Children's Books and Radical Experiments in Art.* New York: St. Martin's Press, 1987.

Inglis, Fred. *The Promise of Happiness: Value and Meaning in Children's Fiction.* Cambridge: Cambridge University Press, 1981.

Jackson, Mary V. *Engines of Instruction, Mischief, and Magic: Children's Literature in England from its Beginnings to 1839.* Lincoln: University of Nebraska Press, 1989.

Leeson, Robert. *Reading and Righting: The Past, Present and Future or Fiction for the Young.* London: Collins, 1985.

Lurie, Alison. *Don't Tell the Grown-Ups: Subversive Children's Literature.* Boston: Little, Brown, 1990.

MacDonald, Ruth K. *Literature for Children in England and America from 1646 to 1774.* Troy, NY: Whitson Publishing Company, 1982.

Pickering, Samuel F., Jr. *John Locke and Children's Books in Eighteenth-Century England.* Knoxville: University of Tennessee, 1981.

Rose, Jacqueline. The Case of Peter Pan, or The Impossibility of Children's Fiction. London: Macmiallan, 1984.

Shavit, Zohar. *Poetics of Children's Literature.* Athens: University of Georgia Press, 1986.

Steedman, Carolyn, Cathy Urwin, and Valerie Walkerdine, Hg. *Language, Gender and Childhood.* London: Routledge, 1985.

Summerfield, Geoffrey. *Fantasy and Reason: Children's Literature in the Eighteenth Century.* London: Methuen, 1984.

Kinderliteratur in Frankreich

Isabelle Nières (Rennes)

Neuere Forschungsansätze (1981-1991)

Es ist eine angenehme Aufgabe, die wissenschaftlichen Arbeiten, die in den letzten zehn Jahren in Frankreich zum Thema Kinderbuchliteratur entstanden sind, hier knapp zusammenfassend vorzustellen. Die wenigen Wissenschaftler, die nach ersten Vorarbeiten von Marc Soriano und Isabelle Jan diese Forschungsrichtung eingeschlagen hatten, fühlten sich lange Zeit als Einzelkämpfer; heute sind sie es nicht mehr.

Die französische Forschung der letzten zehn Jahre zur Kinder- und Jugendliteratur zeichnet sich vorrangig durch ihre Fülle und Lebendigkeit aus. Auf jedem Kolloquium trifft man neue junge Wissenschaftler und man kann geradezu von einer »Explosion« der Doktorarbeiten, Habilitationen, der Beiträge und Veröffentlichungen sprechen. Wenn ich mich auf die veröffentlichten Arbeiten beschränke, so zähle ich in meinem Bücherschrank nicht weniger als dreißig Titel, die zwischen 1981-1991 veröffentlicht wurden und die sich ausschließlich der französischen Kinderliteratur widmen. Mir geht es hier nicht um eine erschöpfende, vollständige Auflistung (das wäre Aufgabe einer Bibliographie), sondern ich möchte anhand der genannten Publikationen – und einiger Doktorarbeiten und Zeitschriftenbände – die großen Linien der gegenwärtigen französischen Forschungsrichtungen aufzeigen.

Aufarbeitung der Geschichte des Kinderbuchs: Historische Perspektive

Der erste große Forschungsbereich ist selbstverständlich der historische Ansatz. 1981 hat Denise Escarpit mit dem »Que sais-je«-Bändchen *La Littérature d'enfance et de jeunesse en Europe*, erschienen bei Presses Universitaires, als erste diese Forschungsrichtung eingeschlagen. Allerdings war es ein aberwitziges Unterfangen, auf 127 Seiten ein so umfangreiches Thema abhandeln zu wollen. In der Folge konnte Paule Pénigault-Duhet Wissenschaftler aus verschiedenen Gebieten gewinnen, um ein dreibändiges Werk *L'Enfance et les ouvrages d'Education* (Universität Nantes) herauszugeben. Der erste Band (1983) enthält Studien vom Mittelalter bis zum 18. Jahrhundert, und die französische Literatur nimmt dort nur einen geringen Platz ein. Der zweite Band (1985) ist einheitlicher konzipiert; er ist dem 19. Jahrhundert gewidmet und mehr als die Hälfte der Beiträge behandelt französische Texte. Im letzten Band schließlich (1986), der dem 20. Jahrhundert gewidmet ist, wird wiederum der englischen, deutschen und spanischen Erziehungsliteratur ein hoher Stellenwert eingeräumt. Alle drei Bände sind also weitgehend europäisch ausgerichtet, und die französischen Beiträge bilden kein zusammenhängendes Ganzes.

1983 formulierte ich in einer Veröffentlichung der Französischen Gesellschaft für Allgemeine und Vergleichende Literaturwissenschaft zu dem Thema »Die Forschung in der Allgemeinen und Vergleichenden Literaturwissenschaft« den Wunsch nach einer gemeinsamen und fachübergreifenden Zusammenarbeit, die – mit Blick auf das Jahr 2000 – es ermöglichen sollte, endlich eine französische Geschichte der Kindheit und ihrer Kultur zu veröffentlichen, die als Nachschlagewerk dienen könnte. Die Dinge entwickelten sich nicht so, wie ich es mir vorgestellt hatte, denn sicher war es für ein solches Vorhaben, das sich einen Gesamtüberblick zum Ziel setzte, noch zu früh. Allerdings bestätigen mehrere erstklassige, historisch ausgerichtete Arbeiten der letzten fünf Jahre, daß auch andere Wissenschaftler mehr oder minder deutlich die Notwendigkeit verspürten, den französischen Nachholbedarf wettzumachen. Und daß man erst danach den Anspruch erheben könne, eine französische Kulturgeschichte des Kindes zu schreiben, die auch diesen Namen verdient.

Es fällt auf, daß es sich bei diesen Veröffentlichungen im wesentlichen um Ausstellungskataloge handelt, unersetzliche, informative Arbeitsmaterialien. Michel Manson ist Herausgeber des Ausstellungskatalogs *Trésors d'enfances au Musée national de l'Education; Education, école et jeux en France de 1500 à 1914* (Institut National de Recherche Pédagogique, 1991). Wie bereits der Titel ankündigt, geht die Zielsetzung der Ausstellung und des Katalogs über den reinen Bereich des Kinderbuchs hinaus und ist den beiden großen »Begriffen« der Kindheit verpflichtet: Wissensvermittlung und Welt des Spiels. Dem Katalog ist ein ausgesprochen reichhaltiger und interessanter Bildteil beigegeben.

Die anderen Veröffentlichungen beziehen sich auf enger gefaßte Zeitabschnitte. Anläßlich der Zweihundertjahrfeier zur Französischen Revolution sind zahlreiche Arbeiten entstanden, von denen eine Ausstellung aufgrund ihres bedeutenden Begleitkatalogs von unmittelbarem Interesse ist. Unter dem Titel *Le Magasin des Enfants* (Anspielung auf das grundlegende Werk der Madame Leprince de Beaumont): *la littérature pour la jeunesse (1750-1830)* (Ville de Montreuil, Bibliothèque Robert Desnos, 1988), präsentieren und analysieren Isabelle Havelange und Ségolène Le Men das Schaffen der Begründer dieser französischen Kinderliteratur, in der sich noch Wissensvermittlung und wachsender Anreiz des Fiktionalen verbinden. Der Katalog wird durch eine Liste ergänzt, in der Michel Manson alle Kinder- und Jugendbücher erfaßt, die während der Revolution zwischen 1789 und 1799 erschienen sind. Unter dem Titel *Les Livres pour l'enfance et la jeunesse sous la Révolution* (Institut National de Recherche Pédagogique, 1989) hat Michel Manson dieses bibliographische Verzeichnis in Buchform veröffentlicht. Er beginnt mit einem Überblick über die literarische Produktion dieser zehn Jahre und endet mit einem informativen Anmerkungsteil über die Autoren, die Verleger, Buchhändler, Drucker und über die Illustratoren. Diese beiden Werke bedeuten einen um so wichtigeren wissenschaftlichen Beitrag, als uns bislang für diesen Zeitabschnitt Nachschlagewerke beinahe völlig fehlten.

Wenn auch für die erste Hälfte des Jahrhunderts noch zahlreiche Studien notwendig sind, so fällt das Ergebnis für die zweite Hälfte des Jahrhunderts positiver aus. Von den neueren Arbeiten seien hier die Kataloge zweier Ausstellungen des Musée d'Orsay erwähnt, die beide in der Reihe »Les Dossiers du Musée d'Orsay« erschienen sind. Unter dem Titel *L'Enfant et l'image au XIXe siècle* (Dossier 24, 1988) bietet Chantal Georgel (über den engen Rahmen der Kinderbücher hinaus) eine Darstellung der Entstehung einer Kultur des Bildes im 19. Jahrhundert und der Verbindungen, die sie mit der Kindheit eingehen kann: Bilder, die der Erwachsene entwirft, Bilder, die der Erwachsene fürchtet; Bilder, die das Kind zeichnet, Bilder, von denen es träumt. Im darauf folgenden Jahr hat Ségolène Le Men in Zusammenarbeit mit Annie Renonciat unter dem Titel *Livres d'enfants, livres d'images* (Dossier 35, 1989) eine äußerst genaue und detaillierte Studie vorgestellt, die weniger die Literatur als vielmehr das Kinderbuch zwischen 1848 bis 1914 analysiert, z.B. den Markt für die Schulbücher, für die Bücher, die als Auszeichnung von der Schule vergeben werden, für die Bücher, die als Neujahrsgabe überreicht werden, aber auch die Darstellungen lesender Kinder auf Bildern und Titelblättern der Bücher selbst usw[...] Es folgt eine sehr originelle Analyse von Annie Renonciat über das »Kinderzimmer«. Diese beiden Bände des Musée d'Orsay bestätigen die Notwendigkeit, die Forschung über die Kinderbücher in den größeren Rahmen der Kultur des Kindes zu stellen, da es offensichtlich keine Kinderbücher ohne implizite Begriffsbestimmung der Kindheit und ohne Berücksichtigung der spezifischen kulturellen Gegebenheiten gibt.

Neben diesen Studien steht dem Wissenschaftler sehr nützliches Dokumentationsmaterial zur Verfügung. Die Stadt Paris hat unter dem Titel *Fonds ancien de littérature pour la jeunesse* 1987 den *Catalogue de livres imprimés avant 1914* veröffentlicht; dieser Katalog erfaßt alle Bücher, die derzeit im alten Fundus der Bibliothèque de l'Heure Joyeuse (6-12 rue des Prêtres Saint-Séverin, 75005 Paris) aufbewahrt werden. Der alte Bestand dieser berühmten Bibliothek (1924 von Margerite Gruny und Mathilde Leriche auf Initiative amerikanischer Bibliothekare gegründet) wurde im Laufe der Jahre dank einer systematischen und zielstrebigen Beschaffung von französischen und ausländischen Büchern erweitert. Der von Laura Noesser redigierte Katalog stellt etwas über tausend Bücher und Zeitschriften zusammen, die zwischen dem letzten Drittel des 18. Jahrhunderts und dem Ersten Weltkrieg veröffentlicht wurden. Der Index im Anhang führt, soweit überhaupt möglich, die Daten der Autoren und der Illustratoren sowie kurze Informationen über ihre Tätigkeiten an. Damit steht ein knappes und bündiges, für fehlende Informationen sehr nützliches Nachschlagewerk zur Verfügung.

Als letzte Arbeit sei wiederum der Katalog zu einer Ausstellung (in der Bibliothèque Forney, anschließend in der Mairie des 5. Arrondissement, Paris; Herbst 1991) erwähnt. Der Katalog mit dem Titel *Livre, Mon Ami. Lectures enfantines, 1914-1954* (Agence culturelle de Paris, 1991), für den die Ausstellungsleiterin Annie Renonciat verantwortlich ist, geht über die genaue Angabe einfacher bibliographischer Hinweise und eine historisch ausgerichtete Gesamtdarstellung weit hinaus. Für jeden Abschnitt ihrer Ausstellung hat sie regelrecht Nachforschungen über die Autoren, die Illustratoren, die Politik der Verlagshäuser, die aufkeimenden kritischen Äußerungen und die Rolle dieser berühmten Bibliothek Heure Joyeuse betrieben. Damit liefert sie eine Zusammenstellung von Informationen und Zeugnissen, die zugleich stets korrekt mit den nötigen bibliographischen Hinweisen versehen sind. Es liegt so ein in jeder Hinsicht bemerkenswertes, exakt recherchiertes Nachschlagewerk vor, das um so wertvoller ist, als es eine Zeit behandelt, über die wir ausgesprochen wenig Informationen besaßen. Es sei noch ergänzt, daß die meisten der ausgestellten Bücher aus dem alten Bestand der Bibliothek Heure Joyeuse stammen. Die Arbeit von Annie Renonciat setzt somit die von Laura Noesser fort. Beide Arbeiten sind unverzichtbare Nachschlagewerke für den bibliographischen Nachweis eines Kinderbuchs oder einer Zeitschrift für Kinder.

Fiktionale Literatur

Die verschiedenen Gattungen der Kinder- und Jugendliteratur sind in den letzten zehn Jahren sehr unterschiedlich von den französischen Wissenschaftlern untersucht worden. Der Bereich der erzählenden fiktionalen Texte mit seinen verschiedenen Formen (Erzählungen, Märchen, Berichte und Romane) ist bei weitem am besten untersucht.

Zur fiktionalen Kinderliteratur gibt es in Frankreich schon seit fünfzig Jahren relativ zahlreiche Untersuchungen, aber insgesamt sind sie veraltet und lückenhaft. Mehrere Arbeiten haben unser Wissen und unseren Blickwinkel völlig revolutioniert, ganz besonders ein Sonderheft der Zeitschrift *Nous Voulons Lire*, das Madame Escarpit 1983 anläßlich des Bicentenaire de l'Ami des Enfants herausgegeben hat. Es ist die erste französische Untersuchung über Arnaud Berquin *(1747-1791)*, der zu den Pionieren unserer Kinderliteratur gehört. Diese Arbeit und auch die von Isabelle Havelange, Ségolène Le Men und Michel Manson erlauben, eine Zeit besser zu erfassen, die nur unzulänglich bekannt war.

Es sind dann für die zweite Hälfte des 19. Jahrhunderts, die Zeit, für die die französischen Wissenschaftler immer schon besonderes Interesse gezeigt haben, neue Arbeiten über Hetzel (den berühmten Verleger von Jules Verne) sowie ein vollkommen neuer Ansatz über die Romane der Comtesse de Ségur zu nennen. Die Zeitschrift *Art et Métiers du Livre* hat einen ihrer Bände (Nr. 139, Mai 1986) den Tätigkeiten des Verlegers Pierre-Jules Hetzel gewidmet und betont die Sorgfalt, mit der die Bücher hergestellt wurden (Typographie, Seitenumbruch, Umschlaggestaltung, Illustrationen). Die Texte selbst – Jean-Pierre Hetzel als Verleger für Erwachsene, als Verleger für Kinder oder als Autor-Nachdichter für Kinder (unter seinem Pseudonym P-J Stahl) – waren Thema eines Kolloquiums, dessen Beiträge Christian Robin unter dem Titel *Un Editeur et son siècle; Pierre-Jules Hetzel (1814–1886)* (ACL Edition; Société Crocus, 1988) veröffentlicht hat. 1986 hat Marielle Mouranche ihre Dissertation an der Ecole des Chartes zu dem Thema *Les Livres pour l'enfance et la jeunesse de 1870 à 1914* verteidigt. Leider war mir diese Doktorarbeit nicht zugänglich, aber es gibt allen Grund für die Annahme, daß damit die Dissertation von Marie-Thérèse Latzarus *La Littérature enfantine en France dans la seconde moitié du 19e siècle* aus dem Jahr 1923 vollkommen überholt ist. Unter dem Titel »Lecture anachronique« hat Francis Marçoin in *La Revue des Livres pour Enfants* zwei Studien über zwei Romane des Second Empire herausgegeben, die heute in unterschiedlichem Maße in Vergessenheit geraten sind: *La Maison roulante*(1869) von Madame de Stolz (Nr. 133, Sommer 1990) und *Romain Kalbris* (1869) von Hector Malot (Nr. 139, Frühjahr 1991).

Die meistuntersuchte Schriftstellerin, deren Werke eine völlig neue Interpretation erfahren haben, ist aber ohne Zweifel die Comtesse de Ségur. Den Anstoß dazu gab sicherlich das Buch von Laura Kreyder *L'Enfance des saints et des autres. Essai sur la comtesse de Ségur* (Schena-Nizet, 1987), die (endlich!) das Werk der Comtesse in die politische, literarische und religiöse Kultur ihrer Zeit einordnet. In Fortsetzung dieser Forschungsrichtung sind die beiden Doktorarbeiten von Francis Marçoin und Marie-France Doray, verteidigt im Juni 1989, entstanden. In seiner Dissertation *La Comtesse de Ségur ou le bonheur immobile* (Dissertation, Lille III, 1989) sieht Francis Marçoin das Werk der Comtesse de Ségur vorrangig als das einer Schriftstellerin, und er gibt ihm seinen Platz in der Geschichte der Empfindsamkeit und in der Geschichte des Romans, sowohl dem für Erwachsene (*L'Auberge de l'ange gardien* als Adaption der *Misérables* von Victor Hugo) als auch dem für Kinder, so wie er sich in Frankreich unter dem Second Empire entwickelt, wieder. Die Dissertation von Marie-France Doray, die bei Rivages 1990 unter dem Titel *La Comtesse de Ségur: une étrange paroissienne* erschien, ergänzt die von Francis Marçoin, indem sie verstärkt den Blickwinkel auf die Ideengeschichte, das soziale Denken und auf die pädagogische Absicht richtet, die dem Werk unterlegt sind. Diesen drei Titeln sei noch der Hinweis auf einen Band der *Revue des Livres pour Enfants* (Nr. 131-132, Frühjar 1990) und ein Kolloquium, das im Oktober in Cerisy-La-Salle stattfand – die Tagungsbeiträge sind allerdings bis heute noch nicht veröffentlicht – hinzugefügt. Unter dem Titel *Les Leçons de Sophie; à propos des manuscrits de la comtesse de Ségur* (Bibliotechne, Mailand 1990) hat Laura Kreyder ihren eigenen Vortrag über *Les Mémoires d'un âne* publiziert, eine unveröffentlichte Arbeit über die autobiographischen Aspekte des Werks (im Vergleich mit der *Histoire d'une âme* der Heiligen Theresa) und eine Studie über *L'Evangile d'une Grand-Mère*, in *Revue des Sciences Humaines* zu dem Thema Jugendliteratur (Januar-März 1992) erscheinen wird. Abschließend sei noch darauf hingewiesen, daß Claudine Beaussant in der Sammlung »Bouquins« (Robert Laffont, 1990) eine Gesamtausgabe der Werke der Comtesse de Ségur herausgegeben hat. Der Anfang des ersten Bandes enthält die erste vollständige Ausgabe des Briefwechsels der Schriftstellerin mit ihrem Verleger. Diese bislang nur bruchstückhaft bekannte Korrespondenz ist von größtem Interesse. Die drei Bände mit zusammen mehr als dreitausend Seiten sind die erste kritische Ausgabe der Werke der Comtesse de Ségur. Es ist eine befriedigende Vorstellung, daß der Comtesse de Ségur endlich der ihr zustehende Platz in der Literatur des 19. Jahrhunderts eingeräumt wird und daß ihr die ihr zustehende Anerkennung als Schriftstellerin zuteil wird.

Endlich beginnt sich die Wissenschaft in einzelnen Studien auch mit dem Kinderroman der ersten Hälfte des 20. Jahrhunderts zu beschäftigen. Wiederum unter dem Titel »Lecture anachronique« hat Francis Marçoin in *La Revue des Livres pour enfants* (Nr. 134-135, Herbst 1990) einen kleinen Beitrag von Paula Berna über *Le Cheval sans tête* (1955) veröffentlicht. Die wichtigste Darstellung findet sich allerdings in der gleichen Zeitschrift, in der den beiden Kinderbuchautoren Colette Vivier und Charles Vildrac ein Band (Nr. 141, Herbst 1991) gewidmet ist. Marc Soriano stellt diese beiden Schriftsteller aus der Zeit zwischen den Weltkriegen vor. Francis Marçoin analysiert Vildracs Werk ausgehend von den utopischen Träumereien, und Claude Anne Parmegiani untersucht insbesondere die bemerkenswerten Illustrationen, die Edy Legrand für *L'Ile Rose* (1924), den berühmtesten Kinderroman Vildracs, entworfen hat. Nelly Kuntzmann ihrerseits hatte die Idee, sich mit *Milot*, einem 1933 von Charles Vildrac zusammengestelltem Lesebuch für die Grundschule, zu beschäftigen. Ebenso interessant sind die Seiten über Colette Vivier, besonders der Vergleich, den Anne Perrot zwischen *Entrez dans la danse* (1943) von Colette Vivier und *The secret Garden* (1910) von Frances Burnett anstellt und eine Studie zu den zwischen 1940 bis 1947 bei Gallimard erschienenen bemerkenswerten »albums instructifs«. Dieser Sonderband sowie die Ausstellung und der Katalog von Annie Renonciat spiegeln die Aufmerksamkeit wider, die einer bislang vernachlässigten Periode der französischen Kinderliteratur endlich zuteil wird.

Neue Forschungsbereiche

Die Kinder- und Jugendliteratur darf aber nicht allein auf den Bereich der fiktionalen Erzählung beschränkt werden, und in Frankreich beginnt man neue, bislang kaum bearbeitete Forschungsgebiete zu erschließen. So hat Alain Fourment eine Dissertation zu dem Thema Kinderzeitschriften verfaßt, die 1987 unter dem Titel *Histoire de la presse des jeunes et des journaux d'enfants (1768-1988)* (Editions Eole) veröffentlicht wurde. Durch die überaus zahlreichen Zitate, die wissenschaftlichen Hinweise und die Bebilderung in einem Forschungsbereich, in den die Wissenschaftler sich allein schon wegen des schwierigen Zugangs zum Material nicht vorwagen, wird es zu einem wertvollen Nachschlagewerk. Daniel Raichvarg seinerseits hat sich in seinen Forschungen mit einem bedeutenden, aber auch bislang stark vernachlässigten Gebiet beschäftigt, nämlich mit der Populärwissenschaft im 19. Jahrhundert. Daher ist das zusammen mit Jean Jacques entstandene Buch *Savants et ignorants* (Edition Seuil 1991) ein hoch willkommener Beitrag. Leider habe ich das Buch selbst noch nicht in der Hand gehabt, da ich aber die früheren Arbeiten von Daniel Raichvarg kenne, ist anzunehmen, daß er auch in diesem Fall die populärwissenschaftliche Aufarbeitung für Jugendliche in romanhaften Darstellungen und in Zeitschriften verfolgt. Damit sind mit den Kinderzeitschriften zwei Bereiche zu nennen, die in Zukunft weiter erforscht werden.

Die meisten Arbeiten und der größte Fortschritt in der Forschung sind allerdings im Bereich der Illustration und der verschiedenen Beziehungen zwischen Text und Bild zu verzeichnen. Ségolène Le Men hat über eine dieser Interaktionen zwischen Schrift und Bild, die ABCdarien gearbeitet. Ihre Dissertation, 1984 bei Promodis unter dem Titel *Les Abécédaires français illustrés du 19e siècle* erschienen, differenziert zwischen Allgemeinbildung, Bildung der Kinder, Gelehrtenbildung. Auch hier wieder ein Nachschlagewerk. Claude-Anne Parmegiani hat die erste französische Untersuchung, die sich speziell mit Kinderbuchillustratoren beschäftigt, unter dem Titel *Les Petits Français illustrés, 1860-1940* (Editions du Cercle de la Librairie, 1989) veröffentlicht, eine Betrachtung über Illustrationen für Kinder vom Second Empire bis zum Beginn des Zweiten Weltkriegs. Am Beispiel von zwanzig der großen Illustratoren untersucht sie die Politik der Verlagshäuser, die verschiedenen Formen der Kinderdarstellung sowie die Verbindung zwischen

Illustration und zeitgenössischer Malerei, Neben dieser Arbeit sind noch drei Monographien zu nennen: das Buch von Christian Alberelli über den Autor und Illustrator *Benjamin Rabier* (Glénat, 1981), *Le Grand livre de l'oncle Hansi* (Herrscher, 1982), gemeinsam von Pierre-Marie Tyl, Tomi Ungerer, Georges Klein und dem Historiker Marc Ferro herausgegeben, und 1984 im gleichen Verlag erschienenen *Job ou l'Histoire illustrée* von François Robichon. Die Zielrichtung dieser drei Studien geht nicht speziell auf die literarische Produktion der Kinder- und Jugendbücher, sie sind aber eine informative Fundgrube. Abschließend gilt es noch auf das faszinierende Buch *Jeux graphiques dans l'album pour la jeunesse* (CRDP Académie de Créteil. Universität Paris-Nord, 1991) hinzuweisen, das, von Jean Perrot herausgegeben, die Beiträge eines 1988 in Paris stattgefundenen internationalen Kolloquiums zusammenfaßt. Die Perspektive ist eine analytische und sie ist die schöne Seite des Bilderbuchs – eine gelungene Ergänzung zu den bisher angeführten historisch ausgerichteten Arbeiten.

Ich möchte diese geraffte Besprechung der während der letzten zehn Jahre in Frankreich entstandenen Arbeiten mit zwei Büchern von Jean Perrot, dem sicherlich eifrigsten Wissenschaftler unter uns, beschließen. In dem ersten Buch *Du Jeu, des enfants et des livres* (Editions du Cercle de la Librairie, 1987) hinterfragt Jean Perrot die großen zeitgenössischen Tendenzen des Imaginären und des Ästhetischen in der für Kinder und Jugendliche bestimmten Literatur im Hinblick auf das Spiel, das Überraschende, das Theater und das Fest, und bei seinen Analysen fehlt keines der heute wichtigen, in Frankreich entstandenen oder übersetzten Bücher aus den Bereichen Bilderbuch und Roman. Eine andere, stärker historisch ausgerichtete Perspektive bestimmt *Art baroque, art d'enfance* (Presses Universitaire de Nancy, 1991), da es in diesem Buch darum geht, der mehr oder minder deutlichen barocken Ästhetik zu folgen, die von den Märchen Charles Perraults und Madame d'Aulnoy über Lewis Carroll, Carlo Collodi oder die Comtesse de Ségur bis hin zu den heutigen, verschwenderischen Bilderbüchern führt. In beiden Büchern finden sich so viele, in wenigen Zeilen kaum faßbare Ideen und Analysen; sie bilden das nötige Gegengewicht zur historischen, rein informativen Bestandsaufnahme anhand hochwissenschaftlicher Untersuchungen.

Ausgehend von diesem kurzen Überblick der in Frankreich in den letzten zehn Jahren entstandenen Arbeiten kann man feststellen, daß die Kinder-und Jugendliteratur endlich ihren Platz in den verschiedensten Forschungsbereichen, Kulturgeschichte, Literaturwissenschaft, Soziologie, Ästhetik, erhält. Sie findet allmählich Eingang in die französischen Universitäten durch Dissertationen und Veröffentlichungen. Allein die schlichte Aufzählung der bibliographischen Daten der hier auf wenigen Seiten genannten Arbeiten signalisiert eine regelrechte »Beschleunigung« der Forschung: sieben Veröffentlichungen zwischen 1981 und 1984, elf zwischen 1985 und 1988, achtzehn zwischen 1989 und 1991. Insgesamt ein vielversprechendes Zeichen für die Zukunft.